让 我 们 一 起 追 寻

秦汉帝国

中国古代帝国之兴亡

秦漢帝国：中国古代帝国の興亡

〔日〕西嶋定生（mishjima sadao） 著

顾姗姗 译

社会科学文献出版社
SOCIAL SCIENCES ACADEMIC PRESS (CHINA)

目　录

·1·

秦汉帝国：中国古代帝国之兴亡

前　言

本书内容与问题点

本书的内容围绕着中国最早形成统一国家的秦汉两大帝国的历史展开。这段历史始于公元前 3 世纪后半期，终于公元 3 世纪初，长达四百多年，从当今算起，需回溯至两千年以前。当时的日本还处于被称为弥生的时代，各个零星的原始小国刚刚在各地诞生。

然而在如此久远的时代，中国大陆上却已经出现了一个强大的统一帝国，它的出现无论对中国史还是世界史，抑或日本史都具有重大的意义。这是在具体叙述这段统一帝国的历史之前，必须首先指出的一点。因为此问题贯穿秦汉史的始终，不事先明确，则可能使读者难以领会正文叙述的具体史实的意义。

中国统一王朝国家的起点

秦汉帝国这一最早统一国家的出现，在中国史中究竟具有什么意义？概括而言，它的意义在于因统一国家的建立而形成的国家构造基本形态，与这一时代造就的精神文化基本形态，一同跨越并规范了其后中国两千年的漫漫历史。换言之，随着这一时代的肇始而出现的"皇帝"制度以及当时形成的儒学国教化，成为贯穿此后中国历史的重要特征。

如下文所述，拥有皇帝称号的至高君主，就最早出现在这个时代。而皇帝制度在此后的两千年历史中被历朝历代所传承，直至清朝在 20 世纪的辛亥革命中灭亡才偃旗息鼓。同时，由于皇帝制度与中央集权的官僚制、郡县制共生，因此官僚制与郡县制（隋代时起为州县制）也同皇帝制度一样，在之后两千年的历史中作为中国国家构造的基本形态被延续了下来。

但这一历史特征会使人产生一种印象，认为这是由于支撑国家构造的中国社会与经济在秦汉以后的两千年中一直没有发生过变化或发展的结果。这种观点被称为停滞史观，但是，在现实中，它却已经通过对比亚洲与欧洲社会的特点演变为一种有力的学说。即使到了今天，在外国学者中也仍有许多人持这一观点。但最新研究成果显示，实际上中国的社会与经济总是与时俱进、不断变化与发展的，上述观点实难令人苟同。

尽管如此，皇帝制度以及与其并存的官僚制、郡县制作为国家构造的基本形态存续了两千年以上的现象，仍然是中国史的重要特征。而这一特征形成并确立于秦汉时代的事实，也正表明了秦汉时代在中国史上所具有的重要意义。

这一时代确立了国教地位的儒学，作为其后两千年之久的中国各王朝的国教，一直是国家政治、社会发展的指导理念。忽视儒学，则意味着难以踏入中国学术思想史、中国精神文化史之门。当然这并不意味着，秦汉以后中国的精神文化领域就只有儒学存在。佛教传入、道教形成后，佛道在某些历史时期受到国家推崇，在社会中也拥有众多信奉者。但即便如此，儒学也从未被否定或排斥过，始终保持在中国精

图1　"始皇帝二十六年诏版铭"中的"皇帝"二字

神文化领域中的正统地位。

同时，儒学是与时俱进、不断变化与发展的事物。由二程（程明道、程伊川）与朱子推动的宋学的兴盛以及清朝考据学的蓬勃发展等，都体现了这一点。而在中国史中始终保持了正统思想地位的儒学，确立国教地位正是在秦汉时代，可以说这再一次表明了秦汉时代在中国历史上具有何等重要的意义。

东亚世界形成的开端

接下来，让我们考虑一下这一时代在世界史中具有何种意义。在此，必须关注以下两点问题。其一，这一时代的中国对于欧洲、印度等处在与中国完全不同地域的历史而言，有何意义？其二，这一时代的中国对于朝鲜、越南等与中国有密切关联的周边地区而言，又具有什么意义？从这两点出发来考察的方法，是以"世界史"的内容为基点引申出的。

第一点是在将世界史理解为人类发展史或地球全民族历史的前提下的问题。在这一前提下，思考作为中国历史的一个篇章的秦汉时代，它的历史特征在人类发展史上应当如何定位，以及理解这一时代的历史对于理解人类历史又具有何种意义的问题。

实际上，秦汉时代的中国虽然开创了中亚通道，建立了与西亚的联系，但是它与欧洲之间的关系自不待言，与西亚、印度之间也并没有建立起密切的联系。因此，对比中国与罗马帝国、印度孔雀王朝的历史、国家构造及其特征，就成了可以探讨的主要课题，希望读者可以根据本书内容独自展开思考。

第二点指在近代出现全球一体化、世界共同体之前，地球的各地区存在多个不同的世界，考察世界史的相关问题时，必须建立在这一认识的基础之上。由于近代以前中国是东亚世界这一完整独立的世界的中心，因此秦汉帝国在世界史中有何意义的问题，在此就等同于秦汉帝国在东亚世界中具有何种意义的问题。概括地说，它的意义在于，由于秦汉帝国的发展，东亚世界的雏形被孕育出来。进一步说，如正文中将详述的那样，对于东亚世界而言，秦汉帝国的出现造就了它最初的形成契机，具有极为重要的历史意义。

日本由未开化走向文明的契机

最后，让我们思考一下对于日本史而言，秦汉帝国的出现具有何种意义的问题。

如上文所述，当时的日本正处于弥生时代，以水稻种植为中心的农业刚刚形成，青铜器和铁器在当时的日本人看来还是陌生的新式工具。统一国家虽然尚未形成，但具有政治色彩的社会已经在各地出现，据《汉书·地理志》记载，当时已有百余个小国被中国所认知。其中的某个小国还同汉帝国在朝鲜半岛设置的乐浪郡展开了外交。公元1世纪中期，九州北部的奴国遣使到东汉的国都洛阳朝贡，获得了光武帝御赐的金印。穿越漫长岁月终于走出原始社会形态的日本，从这一时代起开始具备了吸收中国发达文明的能力。

由此，日本的政治社会逐渐走向成熟，文明也得以茁壮发展。也就是说，秦汉帝国的出现使日本由未开化社会蜕变为文明社会，促进了其政治社会的日益成熟以及诸多小国的涌现。就日本而言，其文明社会的进程是在秦汉帝国所展示的中国文明的影响之下逐步展开的，这是尤为值得注意的一点。并且，这还意味着中国文明不仅只是被单纯地传入了日本，文明传入的同时还伴随着日本与秦汉帝国之间政治关系的产生。

上文提及的奴国使者前往东汉国都朝贡的史实，或者是安帝时期倭国王帅升（亦作师升）的使者在洛阳朝贡的史实，都体现出了以上这一点。

对日本而言，秦汉帝国的出现不仅使日本由未开化社会迈向文明社会，同时还为日本加入东亚世界这一完整独立的政治文明世界创造了契机。

换言之，日本在文明发展初期处于中国文明影响之下，而当时代言中国文明的正是秦汉帝国。因此，从日本史的角度来看，秦汉帝国在中国大陆上的诞生与其国家构造形态以及那个时代的文化形态，都具有不容忽视的重要意义。

本书的论述重点

如上所述，秦汉帝国的出现不论对于中国史，还是对于世界史，或者是对于日本史而言都具有重要意义。要理解这一点，仅仅考察统一国家的形成这一方面的内容，则不免视野狭隘，有失全面。

秦汉帝国是秦帝国与汉帝国的合称，原本是为了便于行文而造出的术语，当然，不是指它们曾作为一个统一国家存在过。而且，秦帝国统一全国后仅 16 年就寿终正寝了，与此相对，汉帝国的历史则横跨了四百多年，分为西汉、东汉，其间还介入了由王莽建立的新王朝的历史。因此，在考察秦汉帝国的四百年历史时，必须充分考察这些历史变动，才能正确理解秦汉帝国的国家构造与文化等诸方面的问题。

因此，笔者将带着上述这些问题意识，在正文中具体探索从秦帝国建立到东汉王朝灭亡这段历史。之所以这样安排，是因为虽然我们在此概括地使用秦汉帝国的国家构造和文化这样的固定用语，但现实中它是处在不断推移与变化之中的事物。例如皇帝制度，在其形成时期的秦帝国和其后的汉帝国就呈现出不尽相同的面貌。又如，有关儒家文化的问题，儒家被国教化并占据了国家正统文化的地位，都是在西汉末期以后才发生的现象。

更确切地说，本书的重要目的就在于，探明上述这些时代特征是在怎样的历史潮流中逐渐形成的。因此，在以下的正文中，笔者将围绕着秦汉帝国的历史推移展开叙述。

1

秦帝国的崛起

一 大一统国家出现的历史背景

大一统国家突现之疑

公元前221年，秦王政——这位不久后被称为始皇帝的秦国君王，歼灭了战国六雄中最后一个残存的国家齐国，由此完成了天下一统的宏业。中国史上诞生了首个大一统王朝。天下统一后，各种新制度、新政策陆续登上历史舞台。如下文所述，诸如使用"皇帝"的称号，制定朕、诏、制等皇室专用语，废除封建制、实行郡县制，没收天下兵器，统一度量衡和文字等一系列新政策都在这一年实施。一夜间，一个拥有全新国家结构与特征的大一统国家拔地而起。

的确，这些政策在大一统以前全是未曾有过的事物。然而，这却并不意味着大一统国家崭新的政治结构也是随着这些政策的颁布与实施在短时期内形成的。它的诞生是一个经历了漫长岁月酝酿与准备的历史结果。

但是，孕育出大一统国家的种种社会变化又发生于何时呢？

解答这一问题，可从以下两大问题的讨论入手。第一，大一统的秦汉帝国令人耳目一新的国家构造到底新在何处？第二，这种崭新的国家构造基于何种社会变化而形成？

图2　始皇帝统一全国后，制定度量衡的标准 *

* 图中的权为秤的分铜，权身刻有始皇帝二十六年（前221）以及秦二世元年（前209）的诏书。

封建制向郡县制的转变

秦汉帝国的国家构造与此前历代王朝迥然不同之处，首先在于郡县制的全面实施。相对于郡县制，封建制是此前历代王朝国家构造的最大特征。此处所说的封建制并不等同于中世纪欧洲的封建制，而是指天子将皇室亲族与功臣分封为诸侯，并在地方赐封其土地，而受封者的子孙也将世代继承对那片封地的支配权，可将此制度大致理解为周王朝统治体制的延续。

始皇帝统一天下后废止了这种封建制统治体制，取而代之在全国推行郡县制，将全国分为若干个郡，又在郡内设立若干个县，并派遣中央官员分赴各个郡县，从而实施对全国国民的统治。

到了汉朝，中央也实施了类似于秦朝郡县制的国家政策：将皇室成员封为侯王，并赐与其名为"王国"的封国，而功臣则被封为列侯、获赐封邑。然而实际上，在册封仪式不久后，诸侯王与列侯对这些封国封邑的直接支配权就被中央否认，真正的支配权掌握在中央派遣来的官员手中，他们唯一能够获得的是来自封地的租税，这与秦朝对郡县的控制方式具有相同性质。因此，虽然封国封邑在名称上与郡县不同，但从实际的统治情况来看，两者呈现出相同的特征。假如从国家统治形态这一视角来考虑，可认为秦、汉两帝国都是以郡县制为基础的国家结构形态的。关于此问题，还将在下文中展开更为详细的阐述。

有关郡县制产生的问题

既然郡县制是定义秦汉帝国性质的最基本的制度形态，那么假若能明确郡县制产生时期的话，有关大一统国家形成的问题也就迎刃而解了。

明末清初的学者顾炎武最早提出了解答。他在所著《日知录》中明确指出，早在春秋时代，秦、楚、晋、齐等国就已将其占领的新领地以"县"的称谓命名了。这一见解得到了诸多后世学者的赞同，其中，赵翼、姚鼐等清朝学者、前些年去世的顾颉刚以及美国学者顾立雅（H. G. Creel）还对这一见解展开了进一步的阐述。

春秋战国时代是中国历史上发生显著社会变动的时代，因而，假如春秋时代已经出现"县"这一说法成立的话，那么春秋时代应被理解为从封建制到郡县制的过渡时期。但是针对这种观点，增渊龙夫氏则提出了有力的反对意见。

增渊氏认为，即使"县"这一称谓从春秋时代就已经出现，但是"县"的君主并不拥有其领地的直接支配权，"县"的性质实际上和诸侯封与功臣拥有的封邑并无差别，属于世袭的领邑。因此，不能单纯地根据"郡""县"称谓的出现就草率做出郡县制已经产生的推断，而应当从其他的视角重新审视与探讨郡县制的产生过程。

本书在考虑作为秦汉帝国特点之一的郡县制的问题时，也将从郡县制的内容和特征是如何形成的这一问题出发。

郡县制的内容与特征

如上所述，秦汉时期担任郡县长官的不是世袭的贵族，而是由中央任命的官僚。这些官僚代表皇帝直接统治国民，但地位不能被子孙世袭。这种郡县制成立的必备条件是，对世袭式的贵族制的否定以及官僚制的确立。换言之，强化皇权、摧毁贵族制是秦汉郡县制成立的首要条件。

其次，秦汉郡县制与封建制在统治国民的方式上也呈现出不同的特点。封建制下，国民是以氏族集团为单位接受国家统治的。而在秦汉郡县制之下，国家对国民的统治形式，从以氏族集团为单位转变成了以独立的个体为单位。

虽然个体的国民构成了家庭，并形成村落生活，但是，在郡县制的统治原理下，国家并不以家庭或村落作为管理与支配的单位，而是将构成家庭的个人作为把握的对象，并以个人为单位征收人头税、课赋徭役。这一统治原理的特征，似乎诉说着郡县制产生之前曾发生的一场巨大社会变动。这是秦汉郡县制产生的第二个必备条件。

秦汉郡县制如何产生，更确切地说，就是郡县制的内容与特征是如何形成的问题。下文将围绕着上述两个条件，继续探讨氏族制是如何解体以及官僚制又是如何成立的问题。

氏族制的解体

关于氏族制解体的问题，可分为以下两种情况考虑。第一，作为郡县制支配对象的被统治阶级——氏族集团的解体；第二，支配阶级中的氏族制的解体。

春秋时代以前，由于农业生产工具还停留在石器或木制的水平，因而人们能够开垦的土地也极为有限。尤其在降水量稀少的年份，依靠自然降水灌溉的原始农耕在华北高原的土地上简直就是天方夜谭。人们只能在有涌泉的山麓下，或者在地下水位高并且极少发生洪灾的河岸低处耕作。因此，有限的可耕土地，不可避免地形成了人们以氏族为单位的集体生活方式。

春秋末期，由于铁制农具的出现，那些过去无法开垦的土地终于开始成为人们耕作的对象。华北高原的黄土地有一种被称为毛管现象的特性，土壤中的水分极其容易蒸发。铁制农具能迅速挖掘地表土壤，一定程度上抑制了土壤中水分的快速蒸发。而使用牛牵引铁制农具的牛耕发明以后，人们则能更为便捷地开垦土地了。并且，水渠的开凿解决了干旱地区的灌溉问题，堤坝的建造又消除了下流冲积平原遭受洪灾的危险，农耕土地的面积大幅度地增加了。

图3　汉代牛耕画像石*

* 牛耕始于春秋末期。

由于诸情况的变化，

农民没有必要再在有限的土地上坚持以氏族制为本的集体生活了。氏族单位分解为家庭单位，人们分散到新的农耕区域。在那里，农业生产变成小型家庭的生产活动，这种五口之家是秦汉时代典型的农民家庭。

但是，农民阶层中氏族制的解体完全是依靠农民自身完成的吗？起到关键作用的铁制工具和牛耕也是自然进入他们生活中的吗？答案是否定的。这一过程中，必然存在一个提供农民生产工具、推动他们开拓新土地的背后力量。诸如拦截河流、开凿灌溉运河、建筑堤坝这些庞大的治水工程，若仅仅依靠农民的力量是绝对无法完成的。因此必须考虑的是：作为这个时代氏族制解体的一个因素——支配阶级中氏族制的解体和官僚制确立之间的问题，也就是君权强化的问题。

官僚制的产生与君主权的强化

春秋战国时代，诸侯国之间的不断争战致使众诸侯国不断湮灭。亡国后的贵族无法维持长久以来以氏族制为基础的集团统一体，不得不流落于其他国家。其中一些旧贵族寄身于其他国家权势者的门下，成为食客。而那些权势者则以广收贵族的方式进一步扩大了自身势力。春秋战国时代被称为"宾客"的人就是指这些投奔他人门下的亡国贵族。

春秋时代以前，诸侯、卿、大夫作为各个氏族集团的代表，其权威由氏族集团支持，因此无法将自身权威凌驾于氏族成员之上。

但是，他们通过豢养"宾客"的方式，借助宾客的势力，逐步摆脱了原先氏族成员对其权威的制约，凌驾于氏族成员之上，并使他们归属在自身支配之下。也就是说，春秋时代以前存在于支配阶级中的氏族制，不论是在已经灭亡的诸侯国中，还是现存的强国中都已瓦解，取而

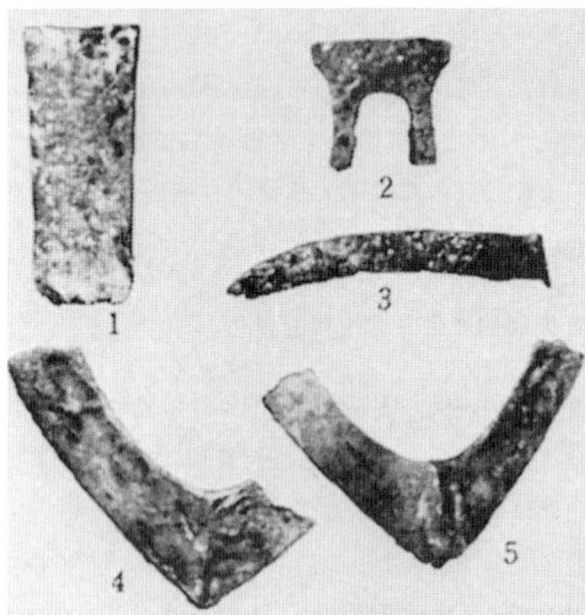

1.锹头　2.锄头　3.镰刀头　4.犁头

图 4　战国时代的铁制农具

代之的则是应称为家长制的新的君主强权。

君主们安排自己的"宾客"分担诸如统领军队、管辖地方等事务。在农耕地的问题上，由于原先氏族统治机构仍旧残存，新的君主势力无法在短时间内摧毁原有的土地支配权。因而，广集民众、开拓新的土地，是君主们扩大直辖地的重要途径。在这种情况下，君主提供给移居至新土地的农民们铁制农具以及耕牛，并为农民开垦土地进行治水、灌溉工程。此外，君主还在开拓地征集壮年男性农民参军。这样的征兵方式，相对于过去只征集贵族子弟构成军队的惯例来说，更加有利于建立起大规模的军队。而"宾客"们则作为新生代君主的幕下官僚，或负责管辖这些开拓地，或统领新建军队。

郡县制的成立

如此看来，秦汉时代的郡县制，不能仅从"县"或者"郡"的名称的出现来断定它的诞生，而应当从氏族制的解体、君主权的产生、农耕地的开拓、新军队的建成等一系列的社会变革现象来考察和判明。

这些社会变动的萌芽始于春秋时代后期，进入战国时代则发展为一股势不可挡的时代潮流。当然，这些变动并不是在春秋战国时代的所有国家中同时爆发的，旧统治阶级的氏族集团也不是在同一时刻轰然垮台的。这些变动或在国家与国家之间，或在某个国家之内，都是逐步展开的。并且，它在各地的发展速度与规模也呈现着参差不齐的现象。其中，彻底实行了上述新的社会变革的国家，成为战国时代的最后赢家并完成了一统天下的大业，而这个国家正是秦国。

秦王国的发展历程

秦国国土最初位于西北边境，在春秋时代秦穆公时期（前 659－前 621 年在位）国力发展，达到了能与中原诸国相匹敌的程度。战国时代秦孝公（前 361－前 338 年在位）时期，通过任用商鞅实行变法自强改革，秦国迈入强国之列，领土也得到了进一步的扩张。商鞅变法中的改革包括：对新领土实行县制，为发展小型家族制定"分异法"，在村落中实行村民相互监察制度，设立严格的赏罚制度，下令对旧贵族实行管辖制度等。这些政策与制度已具备大一统国家的时代特征，体现出鲜明的历史先驱性。

但秦国的君主权绝对化，还未能在商鞅变法中得以完成。秦孝公死后，旧贵族阶级立即开始反击，商鞅被处死，改革的进程反而倒退了。虽然如此，秦国仍位列战国诸雄之中，称霸中国西北部。秦孝公之孙昭襄王（前305－前251 年在位）时期，秦国继续扩张势力，领土不断增多。当时，昭襄王的名将白起率兵攻陷了东部邻国韩、魏、赵，一时间形成了与东部的齐国并驾齐驱、平分天下的格局，甚至出现了西帝昭襄王、东帝齐湣王的称谓。这大概是历史上首次将在世君主称为"帝"的例子。这一时期，秦国还兼并了巴蜀，将其化为"郡"。而昭襄王的曾孙就是之后吞并战国六雄、完成统一天下的秦王政，即中国的始皇帝。

图5 秦的虎符＊

　＊ 刻有"甲兵之符、右在皇帝、左在阳陵"的铭文。虎符分为左右两部，皇帝掌管右部，地方官掌管左部。只有在中央使者所持的右部虎符与地方官所持左部虎符契合的情况下，才能打开地方兵库。虎符代表着皇帝对军队的绝对支配权。

综上所述，不难发现，统一帝国秦帝国并不是随着始皇帝统一天下而骤然形成的。在此之前，春秋时代后期发生了一系列社会变动，正是在那样的背景下，代表君权强化和官僚制发展的郡县制才得以产生与发展，而且，其中根本地改变了整个社会结构、促成秦帝国统一天下的原因还在于统治阶级和被统治阶级中氏族制的解体。秦国人敏锐地觉察到了这样的历史动向，并且顺应了这样的时代潮流，相应推行了富国强兵的政策。可以说始皇帝统一天下，实际上是秦国与时俱进、变法自强宏图的最后点睛一笔。

虽然有以上的历史酝酿，但始皇帝统一天下的征途绝非平坦。首先，始皇帝的出生、成长过程就极不寻常，他仅凭个人的力量是绝对无法登上秦国王位的。并且，上述实施的新政策，其制定过程也都离不开其他优秀人才的献计献策。下文将围绕着这位中国史上首位皇帝以及其统治时代展开详细的阐述。

二　秦王政即位

秦王政的身世及其即位

叙述始皇帝身世之前必须从他的父亲庄襄王谈起，时代也要上溯至庄襄王的祖父昭襄王在位时期。那时庄襄王的身份还是秦公子子楚，被作为秦国人质送至赵国，生活在赵国国都邯郸（今河北省邯郸市西北）。

邯郸当时住着一位名为吕不韦的大富商，他是阳翟（今河南省禹州市附近）人，在邯郸经商。春秋末期起，中国就已经有了较为发达的商品经济，到了战国时期，大商人活跃在各个地方，吕不韦也是其中之一。当他遇见公子子楚的时候，心中萌生了一个长远的打算。

吕不韦先是赠重金给子楚，为子楚结交天下名士诸侯创造条件，极力提高他的名望。由此可知，庄襄王当时即便贵为秦公子，作为人质滞留在赵国的生活必然也充满了许多窘迫与艰辛。

不久后，子楚在赵国的名望便传回秦国。虽然他原本只是众多秦公子中的一位，而且是差不多就要被秦国人遗忘的公子，但他在赵国的名望终于使他在自己的国家获得了瞩目。继而，他被昭襄王的太子妃即华阳夫人收为子嗣，成为秦国王室的嫡嗣。

吕不韦还将自己的爱姬进献给了子楚。此女出生于邯郸的富贵人家，善歌舞，据说她被献给子楚时腹中已经怀有吕不韦之子。昭襄王四十八年正月（前259），她为子楚诞下了一名男婴，赐名为政。而这个男婴就是世人皆知的始皇帝。

不久后，子楚从邯郸返回秦国。昭襄王离世，子楚的父亲孝文王即位。作为秦国嫡嗣的子楚，理所当然地被封为了秦国太子。吕不韦资助子楚的计划可谓一帆风顺。孝文王即位三日后猝死辞世，于是，太子子楚便飞快地登上了王位，称庄襄王。由于吕不韦在子楚即位的过程中立下了汗马功劳，因而被任命为秦国丞相。就这样，一介商人吕不韦就此成了高高在上的秦国执政者。

庄襄王登基三年后也很快辞世，其王位由出生于邯郸的嬴政继承。时值公元前247年，嬴政年仅13。随后吕不韦晋升为相国，获得十万户封邑，称文信侯。

开凿郑国渠

秦王政即位后，秦国的政局动荡不安。秦王年幼，国家政务都由大臣代办，再交由孝文王的正妃华阳太后总揽决断。而大臣的全权代表则是相国吕不韦。但是，如下文所述，吕不韦虽位居众人臣之上，却并不是一位积极的政治家。秦王政即位元年，新领地便发生叛乱，年年饥馑，还多次出现了彗星凶兆的天象。秦王政六年（前241），韩、魏、赵、卫、楚国联合攻秦；八年（前239），秦王之弟长安君又起兵发动了叛变。

政局如此动荡不安，秦国此时却采用了一个来自韩国的水利工程家郑国献出的治水富国政策。郑国建议秦国先将渭水支流泾水的上游阻断，再从那里开凿出一条人工水路，将泾水引入东部 300 里（约 120 公里）外的洛水，以解决开垦渭水北岸荒地的灌溉问题。据《史记·六国年表》记载，这项工程始于秦王政即位元年。

但是，工程建设过程中，这项治水工程的真实目的暴露了出来。实际上，这是韩国为避免遭受秦国侵略而精心策划的阴谋。韩国认为如能设计使秦国大兴土木工程，那么必然能耗其国力，使其停止东进步伐。因此，韩国才派遣郑国上演了上述献策的一幕。韩国的计谋败露后，秦国当然要处死郑国。但郑国力辩水路修成后将带给秦国的种种好处，最终促成了这项工程的竣工。工程竣工后，4 万余顷（约 18 万公顷）土地得以开垦，渭北平原涌现出一块块沃土，当时 1 亩地（4500 平方米）的粮食收成增至 1 钟（1 钟为 6 石 4 斗，约 101 升）。因此，这项土木工程不仅解决了全国老百姓的饥馑问题，而且令秦国的国力大增，为此后秦国统一全国奠定了坚实的经济基础。当时开凿的灌溉渠道一直沿用至唐朝，人称郑国渠（汉代又建造了郑国渠的分支白渠，两渠统称为郑白渠）。

吕不韦与《吕氏春秋》

秦王政即位初期，皇权旁落，国政都经由相国文信侯吕不韦处理。据说，那时吕不韦门下结集了一万家僮、三

图6　郑国渠复原图（白渠、漕渠、成国渠为汉代开凿）

千食客。上文曾指出，召集食客是当时权贵提高社会权力和威信的最佳途径。同时食客也由此获得庇护，并且可在秦国政坛谋求到一席之地。不过，吕不韦似乎并未能充分发挥这些食客的才能与力量为秦国打开一个新的政治局面。

吕不韦的食客曾受命编纂了一部《吕氏春秋》，该书流传至今，颇具意义。食客们将自己的所见所闻著述下来，分录为八览、六论、十二纪，共计二十余万字。据说，其内容包罗了天地万物、古往今来，混杂了儒、道、杨、墨、名、法、兵、农等诸子百家的学说。因此，在后世的图书分类中被冠以"杂家"之名。

但是，这部《吕氏春秋》并不代表吕不韦作为政治家的态度与见解。因为吕不韦并不信奉诸子百家学说中某个特定的政治思想，同时也没有意图在秦国的政治中实现其中某个特定的思想。实际上，他只要求他的食客们客观地著述各家思想。但是，这一客观著述的过程，自然促使所有学说融会贯通在一起。正可谓道家的无为自然之道。牵强地说来，吕不韦的政治思想与道家思想最为接近。

吕不韦作为执政者，没有留下任何积极为政的功业。这也表明在其掌权期间，秦国的国家政治理念尚未进入后世那样彻底贯彻法家思想的阶段。

然而，与无为而治的吕不韦的心愿相悖的是，不久后秦国就发生了一件颠覆了整个国家政治理念的事件，同时也是导致吕不韦悲惨结局的事件——嫪毐之乱。

嫪毐之乱

上文曾提及，秦王政的母太后曾是吕不韦的宠姬。这种关系据说在吕不韦成为相国之后也未曾断绝。但是，由于吕不韦担心事情败露招揽祸事，便将一名男子伪装成宦官送至太后身边供其受用，此男子名为嫪毐。

嫪毐入宫后深得太后宠爱，秦王政即位八年（前239）被封为长信侯，并获赐山阳地，拥有宫室苑囿、车马衣服等享之不尽的荣华富贵。甚至秦国大大小小的政事也任由他独断专裁。此后他还得到了河西太原郡的封地。

翌年，22 岁（一说为 21 岁）成人的秦王政，前往秦旧都雍城（今陕西省凤翔县）举行了加冠仪式。而留守咸阳的嫪毐却在此时突然叛乱，企图发兵攻打雍城。得知消息后，秦王政立刻调兵反攻国都咸阳。嫪毐惨败，与其党羽暴死于车裂、枭首之刑。秦王政的生母太后被幽禁于雍城，与嫪毐所生的二子也被扑杀。而当时嫪毐门下的食客中被夺去官爵流放蜀地的，据说多达四千余户。

这场叛乱似乎不费吹灰之力就被平定了。因此也有学者认为，嫪毐并未谋反，实际上是即位后一直未能握住实权的秦王政及其拥护者苦心经营了一场"反政变"的军事政变。而这次政变同时也带来了出人意料的结局，也就是将相国吕不韦送上了失势自尽的不归之路。

那时，吕不韦以相国的身份赴雍城参加秦王政的加冠仪式，不难推测在雍城的他必定也遵照皇命去征讨了嫪毐的叛军。但是，叛乱平定后，他与太后以及嫪毐之间的关系也随之败露。吕不韦被罢去相国之位，被遣回封国河南，幸免一死，但两年后得知要被流放蜀地，最终以自杀了断了终生。而吕不韦的食客们，秦以外国家的人被逐出了秦国，秦国人则被流放到了蜀地。昌极一时的吕门三千食客如树倒猢狲般轰然而散。商人出身、攀至宰相地位的吕不韦，就这样悲惨地结束了他的一生。

图 7　秦都咸阳第一号宫殿复原图*

*《文物》1976 年第 2 期。

图 8　1959～1961 年在咸阳古城址中出土的瓦当与砖块

李斯登场与"逐客论"

平定嫪毐之乱、举行加冠礼之后的秦王政，真正地将旁落的王权握在了自己的手中。一度被幽闭于雍城的太后也获准返回了都城咸阳。吕不韦与嫪毐的势力主要来自其他国家的食客的事实，开始受到关注，驱逐秦国以外所有外来人的"逐客令"在此时被颁布了出来。不过也有人认为"逐客令"最早颁布于郑国的治水阴谋败露之后。因上书"逐客论"、反对"逐客令"而登上历史舞台的人就是李斯。

李斯，楚国人，曾与韩非同师于《荀子》作者荀卿，学习帝王之术，弃儒学而信奉法家学说。入秦后投奔吕不韦，成为其舍人（食客中的一种身份），又经吕不韦推荐做了秦王政的郎官（秦王身边的御卫）。之后，由于向秦王陈述六国离间之策，得到了秦王的赏识，官至丞相府长史。离间策奏效后，他再次被赐予客卿身份。从上述李斯的身世来看，李斯本人也是"逐客令"所驱逐的对象。那么他是如何反驳逐客令的呢？"逐客论"的内容大致可概括如下。

纵览秦史，穆公、孝公、惠文王、昭襄王这些让秦国不断强大的君王，无一不重用他国贤人助本国大

业。如今秦王却颁布逐客令驱他国能人贤士，此举乃
迫贤人助他国势力，无异于以兵器献敌国、以谷物施
盗人之举。

这篇《谏逐客书》使得始皇帝废除了逐客令。李斯
不但官复原职，还被任命为秦国最高司法官——廷尉。此
后他又多次向秦王政献计献策，其中很多计策被秦王采
纳。

李斯与秦王的君臣唱和意味着以嫪毐之乱为转折点，
秦国政治方针发生了巨大的变化。如上所述，吕不韦掌
权时，他的政治思想最终向无为自然靠近。但当遵奉法
家思想的李斯成为秦国重臣时，秦国政治则将法家思想
作为镇国之器。法家思想主张君主无所不能，君主制定
的法律至高无上，君主以法统治天下，是一种与道家的
无为自然之道、儒家的仁义孝悌之道截然相反的政治思
想。

而将这种思想系统化的学者则是李斯的同门——公子
韩非。传说秦王政曾读其著作《韩非子》，叹道"嗟呼，
寡人得见此人与之游，死不恨矣"，可见秦王政对其钦佩
之情。然而，当公子韩非作为韩国使者出使秦国时，李斯
却向秦王进言此人入秦必招致灾难，将韩非扣留在秦国，
甚至不顾同门友人之情，最后竟然逼其自尽。

假若要按照法家思想来追求秦国的最大利益，那么上述李斯的举动倒也显得顺理成章。秦国由此进入了一个以法家思想治理国家的历史新时代。

三 "皇帝"的诞生

统一天下

秦王政即位时，秦国虽已位居战国诸强之首，但韩、魏、赵、燕、齐、楚六国依然各自称霸一方。秦国逐一击灭这六国，发生在秦王政即位第十七年即公元前 230 年以后。

这一年，秦首先举兵攻韩，擒拿了韩王，将韩旧地划为颍川郡，秦灭六国的战火就此点燃。灭韩后，秦军顺势包围赵国都城邯郸，公元前 228 年，邯郸失守，赵王沦为秦囚。其后继者赵国公子嘉，自立为代王，并试图合纵东方的燕国共同抗秦。因为燕国当时也笼罩在秦兵即将攻临的恐慌之中。

燕国太子丹派遣荆轲刺秦王的历史一幕就发生在这一时期。当时，燕国谎称投降秦国，以进献燕国富庶之地的地图为名，使荆轲获得接近秦王的机会。荆轲将匕首藏在地图卷轴中，欲在献图时刺死秦王，然而计划失败，荆轲当场丧命。于是，秦国以此为借口，于公元前 226 年出兵燕国，攻陷了燕国国都蓟城。燕王不得不呈出太子丹之首，逃至辽东。

燕国灭亡后第二年，魏国国都大梁也被秦军攻陷，魏王降服，魏国旧地被划分为魏郡。此时，秦国调转军旗进攻南方的楚国，于公元前223年俘虏了楚王。翌年，楚国将军项燕战死。同年，秦国击败逃至辽东的燕王，俘获了自立为赵国代王的赵公子嘉。随后秦国攻入最后的大国——东方的齐国。翌年，齐国都城临淄陷落，齐王也沦为秦国阶下囚。

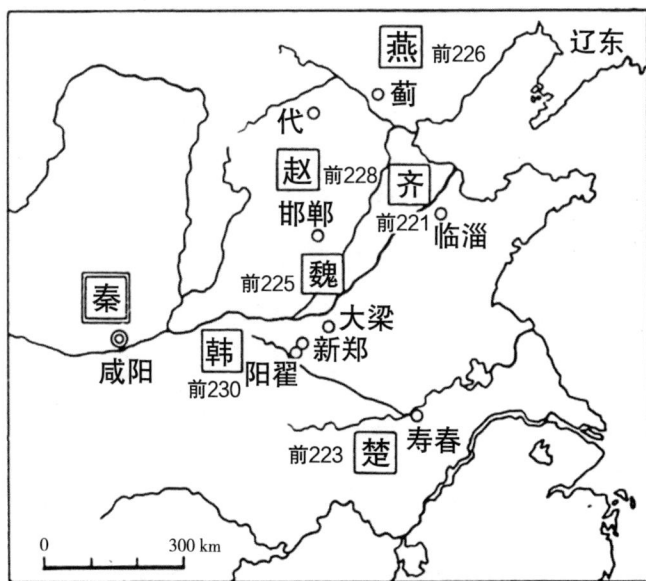

图9　秦灭六国地图

就这样，短短十年间，秦王政逐一歼灭了其他战国六雄，一举统一了天下。正如世人所知，这一年为公元前221 年。

制定"皇帝"称号

统一天下后，秦王政的第一项改革便是制定新的君主称号。因为王这一称谓，与已灭亡的六国国王的称谓相同，难以体现他作为全中国的统治者至高无上的地位和权威。于是，制定一个恰当的新君主称号便成为一件向后世传颂秦王功德的国家大事。出于这种考虑，秦王政下令群臣选定新的君主称号。

接到命令后，丞相王绾、御史大夫冯劫、廷尉李斯等便与众博士商议，回禀道：天皇、地皇、泰皇乃世之三贵，此三贵中，泰皇又居至尊，因此泰皇可作天子之新称号，而朕、制、诏这三字则唯天子可用。

秦王政听完此番回禀，并未完全采用，而是将泰皇之"泰"字舍去，增以"帝"字，定天子之称为"皇帝"。而关于朕、制、诏等皇帝专用词语的建议则被原封不动地采用了。

由此，"皇帝"这一称谓便诞生了。其作为天子的正式称谓一直被中国历代君主所沿用，直至清朝灭亡。甚至诸如罗马皇帝、德国皇帝、俄国皇帝等外国国王的称谓，也都来自中国"皇帝"这一称谓的译文。

接下来我们需要考察的问题是，秦王制定的"皇帝"的称号中到底蕴含着何种抱负，又包含了何种历史意义。

"皇帝"语义及其本质

关于秦王政采用"皇帝"称号的问题，有学者将其解释为"皇帝"的称谓有合并中国传说中最早的三皇五帝的意图。但是，这一后世的解释却缺乏可信度。"皇帝"的"皇"字，同"煌"字，有"发光、照耀""美丽""伟大""宏大"之意。例如，"皇天"表示"浩瀚的天空"，"皇祖"意为"伟大的祖先"。而"皇帝"的"帝"字，则是上帝之意。上帝乃天帝，是天界中主宰宇宙万物的至高无上的神。所以，"皇帝"一词包含着"煌煌上帝"即普照万物的至高无上的神的意义。

此前，中国的君主被称作"王"或者"天子"。关于"王"这一字的原意，虽然存在种种解释，但"王"字最初似乎具有"大"的意思。而"天子"一词，最初同"大子""元子"，意思是"父子"概念中的长子。但是，随着中国特有的万物受天支配的思想的形成，"天子"逐渐演变成受天帝即上帝之命来统治人民的君主的意义了。也就是说，"天子"从属于"天帝"，只有受到天帝的命令才能获得权威。那么，与"天子"一词相比，"皇帝"

则意味着"煌煌天帝"，其本身就是天帝。

由此可知，"皇帝"的称号体现了统一天下后君主的最大特征。"皇帝"具有等同于天界中支配宇宙万象的天帝的意义，实际上意味着天帝降临到地界。因此，这位被称为"皇帝"的君主就是一种绝对至高无上的存在。

秦统一六国后，将翌年建造的宫殿命名为"极庙"，不久后又开始建造以阿房宫为中心的大规模的都市。都城的设计再现了天极即以天帝为中心的星象世界，仿佛在向世人告示皇帝正是下凡的天帝。

始皇帝的称号

秦王政从秦国的一国之王一跃成为支配天下的至高无上的皇帝。有学者指出，秦王政在制定皇帝称号之后，还废止了谥法，自称始皇帝。所谓谥法，是指在君主驾崩后，由后人根据君主生前业绩为其制定恰当的谥号的法令。秦王政认为谥法会令儿子批判父亲，于是便加以废除。而自称始皇帝，则表达了他对皇权能传于二世、三世，千年万代而永不旁落的深切愿望。

但是，这种说法却会让人产生极大误解，似乎秦王政在世时就已经被称为"始皇帝"了。实际上，秦王政生前虽自称"皇帝"，却从未称自己"始皇帝"。也就是说，始皇帝这一称谓是后世才有的，而二世皇帝的称谓也同样如此。这些都可从当时的史料中得到证明。

下文中将会叙述，始皇帝巡视各地时，都会刻石以宣扬其统一天下的功绩。图 10 中石刻的末尾部分是秦二世补刻的部分。秦二世在补刻文中指出：此刻文中所载

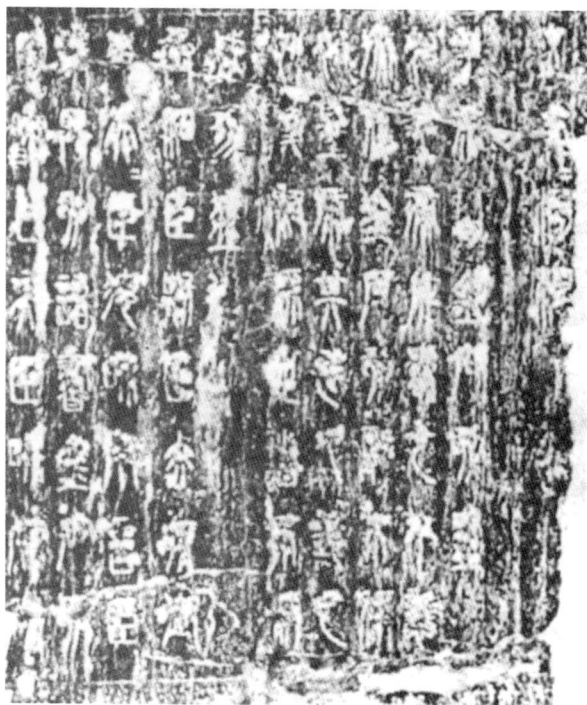

图 10　琅琊台石刻 *

　* 前两行为始皇帝时期石刻文的末尾部分，第三行以后是秦二世追刻部分。在第四行、第六行的上方刻有"始皇帝"三字。

"皇帝"乃始皇帝，在此补刻示明，以免后世混淆。

从此石刻文可断定，始皇帝的称号是秦王政离世后才产生的。不过，历史上惯称秦王政为始皇帝，下文也将采用这一历史惯称。

四　始皇帝的功业

后世恶名及原因

始皇帝并未得到后世较高的评价，甚至还留下了为政无道的暴君的恶名。实际上，司马迁在著述《史记·始皇本纪》时，其文笔风格也体现出对始皇帝的批判态度。例如，他通过尉缭之口描绘秦王政称帝之前的面貌时，就将其写为高鼻长目，胸突如鹯，声厉如豺，恩寡情薄，心若虎狼。那么，为何汉代以后的历史学者对始皇帝的评价如此之低呢？主要有以下两点原因。

第一，汉朝在赢得秦朝天下后，为了使汉朝政权正当化，必然需要宣传和夸大前朝的政治过失。汉初贾谊在其著作《新书·过秦论》里就曾论述了秦的种种过失，司马迁《史记》也采用了这一观点。因此，我们在考察记载着始皇帝基本资料的《史记·始皇本纪》时，必须注意到司马迁对他的否定评价与其身为汉朝史学家的立场有着密不可分的关系。

第二，始皇帝弹压儒家的政策使其成为后世人眼中的儒家大敌。上一节曾谈到，始皇帝的政治立场立足于法家思想，采取了废儒家学说并镇压儒者的政策。因此，当儒家思想被定为国教、成为国家正统思想时，曾经下令焚书坑儒的他必然成为世人批判的对象。

然而，仅从以上两个立场出发，则无法完全正确理解始皇帝的历史功业，还必须从他作为中国历史上第一位登上皇位的最高君主的立场以及从他实施的各种政策来解读他的一生。

封建制的废除与郡县制在全国的实行

秦王政称帝后实施的第一项政策是废除封建制，在全国推行郡县制。秦国灭六国统一天下后，如何统治如此辽阔的国土自然成为秦王朝面临的第一个课题。此时，丞相王绾献出了这样一个策略，即将地方分封给皇子，由皇子来统治地方。

而这一策略却被廷尉李斯否定，他首先陈述了周朝守国政策失败的历史：周文王、周武王将国土分封给自己的兄弟、儿子以及同姓人，不久后，这些同姓诸侯的关系却日渐疏远，甚至相互攻击，导致周朝衰落。接着，他又强调如今始皇帝威慑天下，若要安邦治国，不应采用周朝的封建制，而应以郡县制来统治管理天下，并且，还可用从郡县征收的赋税来供养和犒劳皇室子弟以及功臣，确保国家的富强与安宁。作为法家思想信奉者的李斯，提出这一主张是十分自然的。

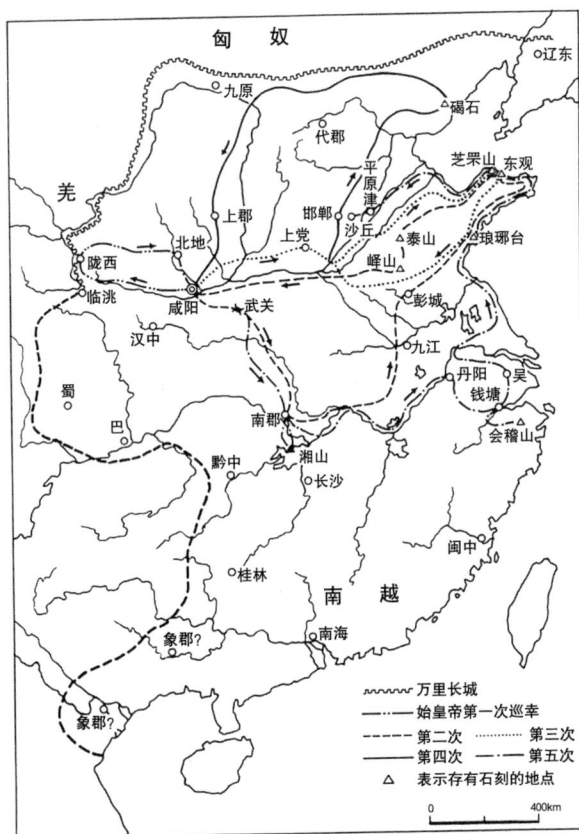

图 11 秦朝疆域及始皇帝巡幸图

最终，始皇帝采用了李斯的主张，将全国分为 36 郡，并在各个郡中设置长官——守、副长官——丞、军队指挥官——尉、监察官——监（御史）等官员，并且这些官员都由中央直接派遣。当然，这 36 郡并不都是新建成的，其中许多郡在先秦扩张、逐一歼灭六国的过程中就已经设置。此时重申郡的设置意味着对封建制再现的否定，郡县制由此在全国范围内实施。之后，由于秦国又新增了土地，加上面积较大的郡被分为几个小郡，因而，36 郡后来发展成为 48 郡。

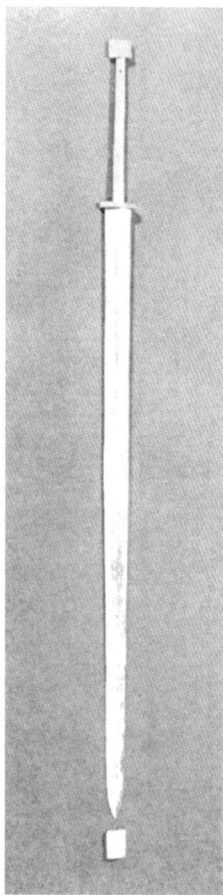

收缴民间兵器

在实施郡县制的同时，秦朝还禁止民间收藏兵器，

**图 12　出土于兵马俑坑的
青铜长剑***

＊剑长 91.5 厘米，陕西省秦俑博物馆所藏。引自《中国秦兵马俑》。

将天下兵器都收缴至咸阳，并熔铸成钟鐻、十二金人。钟
鐻为乐器，而十二金人是青铜铸造的人像，据说每座铜像
都至少重千石（12万斤、约30吨）。

秦朝政府收缴民间兵器，目的是让郡县制之下的人民
丧失武装能力。据说隋文帝统一南北朝之后也采用了这个
政策。另外，日本历史上的丰臣秀吉颁布狩刀令，其目的
也如出一辙。但是，历史上只有始皇帝将收缴来的兵器熔
解铸造成了钟鐻和金人。这也表明，当时秦政府收缴来的
兵器，不是铁制兵器，而是青铜兵器。

上文曾提及，中国从春秋末期就已经进入了铁器时
代，铁制农具得到普及，由此发生了一场巨大的社会变
革。但是，始皇帝统一时期，兵器却仍以青铜制造。这
是由于中国的铁器时代始于铸铁，但锻铁技术比较落
后。制出的铁硬度高、质地脆，不适于用作兵器。因
此，直到秦朝，人们还仍旧使用青铜兵器。但是，这并
不意味着秦朝不存在铁制兵器，只不过数量极少罢了。
汉代以后，社会才全面完成由青铜兵器到铁制兵器的过
渡。甚至到了3世纪，魏国曹操的军队还在使用青铜制
造的箭镞。

统一度量衡、货币、文字

秦朝在全国推行郡县制的同时，还统一了度量衡、货

币、文字。全国统一以前，战国诸国有各自的度量衡，流通的货币的形状、重量也都各不相同，有布钱、刀钱、圆孔钱等。这种情况给统一后的国家财政政策以及社会生活造成了许多不便之处。

于是，始皇帝决定统一度量衡，并制造标准量器分配到全国。保存至今的"秦量""秦权"就是当时的标准量器与衡器。而测量长度的度量单位也被统一，八尺为一步变成六尺为一步就是在那时被改定的。根据《史记》记载，当时连全国车辐的宽度也被统一起来。

同时，形式各样的货币也被统一成被称为"半两钱"的货币。半两钱重半两（一两为 24 铢，半两则为 12 铢，约 8 克），是一种中央部分镂有四方孔的圆形钱币。这种圆形方孔的形态，不仅成为历代中国铸造钱币的典范，朝鲜、日本也蹈袭了这种铸币形态。

正如殷代甲骨文以及青铜器铭文所示，中国使用汉字的历史悠久，文字形态样式也多种多样。发展至战国时代，各个国家的文字形态就更加多姿多彩了。到了始皇帝时期，李斯提议将全国文字字体统一为篆体。现存秦统一时期的金石文都是用篆体篆刻的（参照图 1）。

巡幸地方与石刻文

统一天下后第二年，始皇帝开始巡幸地方以示皇威。

图 13　商鞅量（上海博物馆藏）*

* 这一方升上刻有秦孝公时期的商鞅制以及始皇帝以之为准的铭文。

图 14　秦代半两钱

始皇帝共巡幸五次，第一次（前 220）向西北地方，第二次（前 219）向东方、南方，第三次（前 218）向东方，第四次（前 215）向东北地方，第五次（前 210）向南方，西至陇西（今甘肃省临洮县），北临碣石（今辽宁省绥中县），东达芝罘（今山东省文登市），南抵会稽（今浙江省绍兴市附近）（请参照图 11）。

关于巡幸，我们应注意的是，始皇帝除了西方，在其他三个方向巡幸时都抵达了海洋，也就是说都走到了陆地的尽头。唯有西方未能远涉，其原因正如下文所述，是由于西方存在匈奴势力。

始皇帝巡幸时，在各地刻石文传于后世。始皇帝刻石共有七处：峄山（今山东省邹县）、泰山（今山东省泰山）、琅邪台（今山东省琅琊台）、芝罘山（今山东省文登市）、东观（同前）、碣石门（今辽宁省绥中县）、会稽山（今浙江省绍兴市东南）。除了峄山刻石文，其他六处的刻石文都被采录到了《史记·始皇本纪》之中。虽然《史记》中未记载峄山刻石文，但从宋代以后流传的拓本仍能了解到其刻石文的主要内容。不过，根据容庚的研究，《史记》记载的刻石文存有误字和衍文。在引用始皇帝刻石文时，可参考容庚的研究（《始皇帝刻石考》，《燕京学报》第十七期）。

七处刻石文内容各有不同，但共同点在于各石刻文都有称颂始皇帝功业的内容，即皇帝平定暴虐六国，君临天下，恩泽万物，令国家太平、黔首（即人民）安定。

泰山封禅

公元前 219 年，始皇帝于第二次巡幸途中，在泰山举行了封禅仪式。后世认为，始皇帝是举行封禅仪式的第一

位皇帝，并且仪式必须在泰山山顶举行。但"封"与
"禅"是不同的仪式，登"封"礼在泰山举行，降"禅"
礼则举行于梁父山麓。

始皇帝举行封禅仪式的内容不明。据说，始皇帝举行
仪式之前，召集鲁国儒生询问封禅礼法，也未能得到明
解，始皇帝封禅之仪一直被秘而不宣。继始皇帝之后举行
封禅仪式的皇帝是汉武帝，但这一次封禅仪式也被作为秘
事，未被载入史书。直到继汉武帝之后第三位举行封禅仪
式的东汉光武帝时期，封禅仪式的内容才得以明了。

泰山位于山东断块山地西部，雄峙于华北平原东部。
泰山自古以来就被视为圣山。在泰山山顶秘密举行封禅仪
式时，地界的皇帝向天界的天帝报告治国宏业，封禅仪式
也是皇帝与天帝直接交流的仪式。

图 15　泰山 *

* 从山东省泰安市泰岳庙遥望泰山之景。

万里长城

琅琊台刻石文中有这样一段描绘始皇帝统治领域的刻文："六合之内，皇帝之土。西涉流沙，南尽北户。东有东海，北过大夏（今山西省太原市）。人迹所至，无不臣者。"然而，尽管刻石文如此颂扬始皇帝的丰功伟业，但实际上，北方的匈奴始终是秦国束手无策的大敌。

匈奴原本是北方蒙古高原的游牧民族，通过各部落的不断统一，逐渐成长为一个强大的国家。匈奴人精于骑射，以骁勇称霸于北方。因而匈奴便成为秦国平定战国六雄后继续向北方扩张时的心头大患。公元前215年，始皇帝派将军蒙恬率30万大军北伐匈奴。

据《史记·始皇本纪》记载，公元前215年，原为燕国人的卢生进献给始皇帝一本预言书，书中写道"亡秦者胡也"，正是这一预言才引导秦国打败了匈奴。然而这一历史是否属实，还有待考证。也有可能是司马迁考虑到不久后秦国在秦二世胡亥的统治下走向灭亡的事实而虚构出的历史故事。实际上，秦国北伐匈奴的真正原因在于，建国后逐渐强大的匈奴国与秦国之间的对立与矛盾在这一年激化。

蒙恬率军北伐，将秦国势力扩展到黄河以南的河套地区，继而又下令沿黄河建筑要塞，设34县，让大量汉族人移民戍边。秦朝还修建了西起临洮（今甘肃省岷县）东达辽东（今辽宁省辽阳市），长达一万余里的城墙，也就是万里长城。

不过，这个长城与现今的长城不同。我们所常见的长城修筑于明代，其位置与始皇帝时期的也不相同。此外，人们常常会误解长城由始皇帝首次修造。事实上，早在战国时代，各个国家就已经开始修建与邻国之间的城墙了。进入秦朝后，始皇帝将其中位于北方的秦、赵、燕三国的城墙连接起来，才构成了守护北方的巨大屏障。

可以说，万里长城是在始皇帝巨大权力之下建造而成的历史丰碑。但是，正由于这一丰碑，连年有数十万人力被投入修筑长城的工程之中，秦国国力受到极大的消耗。另外，长城的修筑也违背了"率土之滨，莫非王臣"这

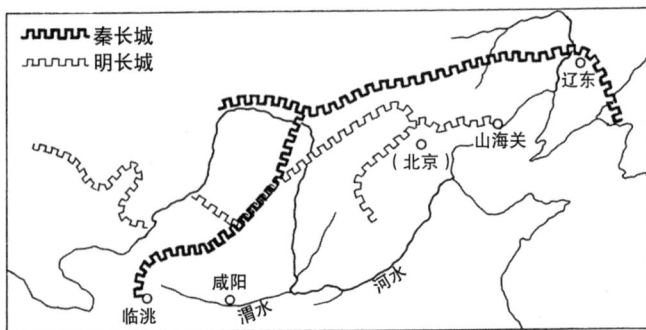

图16　万里长城

种皇恩浩大无所不及的理念，实际上限制了皇恩皇威照泽的地理范围。在之后的中国历史上，长城成了区别中国与北方民族的一条漫长的边界线。

阿房宫与骊山陵

始皇帝时期大兴土木工程，其中与长城相提并论的还有阿房宫与骊山陵。阿房宫于公元前 212 年开始修建，位于秦朝建于渭水南岸的新都城的中心。宫殿当时并没有正式名称，阿房为当地地名。据说，阿房宫的前殿（正殿）东西长 3 里（约 1500 米），南北宽 500 步（约 690 米）。（《三辅旧事》记载的这一正殿面积，同现存的夯土台基的面积相差不大。）殿上可坐 1 万人，殿下可竖立 5 丈（11.5 米）高的旗。

阿房宫四周还建有阁道（两层结构的长廊），其中一条向南延伸至南山山顶，为宫殿正门，一条向北延伸横跨渭水，连接咸阳宫。当时人们根据所认知的天体构造学，将阿房宫拟为天极，渭水比作天汉（银河），咸阳宫视为营室（十二星宿名称，位于天马座），通过阿房宫的布局再现了阁道由天极出发、横跨天汉、到达营室的星象理念。正如上节所述，皇帝的居所对应天帝居住的天体，因此其构造与天体形同。

另外，骊山陵是始皇帝在继承秦国王位时起就在咸阳东部渭水南部的骊山为自己预先营造的陵墓。他在统一六国后，再次扩大了陵墓的规模。地宫墓室建造于地下极深处，据说为此凿穿了三层地下水，同时建造了防水的椁室。宫殿楼阁景观，建于椁室之中，内设百官座次，当时始皇帝还准备以无数奇珍异宝填满宫室。

为防止盗墓者的侵入，地宫内设置了机关暗弩。地宫内屋顶的装饰物，灿烂如日月星辰，地上则以水银再现黄河、长江等百川大海的地貌，并利用机械使水银始终保持流动的状态。也就是说，地宫的构造融会了天文地理的理念，再现了现世宇宙的景观。此外，地宫中还燃着工匠们精心设计的用人鱼膏制成的长明灯，据说能让地宫永远明如白昼。骊山陵巨大的陵冢，则建造在这座地宫之上。

为建造阿房宫与骊山陵，秦朝动用了70余万囚徒作为劳力，其中还有一部分囚徒负责从渭水北方的北山运送石材，从遥远的蜀、楚（今四川省、湖北省）等地运送木材。然而秦朝灭亡时，壮美的阿房宫却销殒在了项羽大军点燃的大火之中，骊山陵也饱受盗墓之祸。如今，阿房宫只留下巨大的夯土台基作为它的遗影。而在骊山陵，现存的边长500米的方形体、高约75米的巨大陵冢，也只是依稀保留了当时陵冢的一部分面貌。

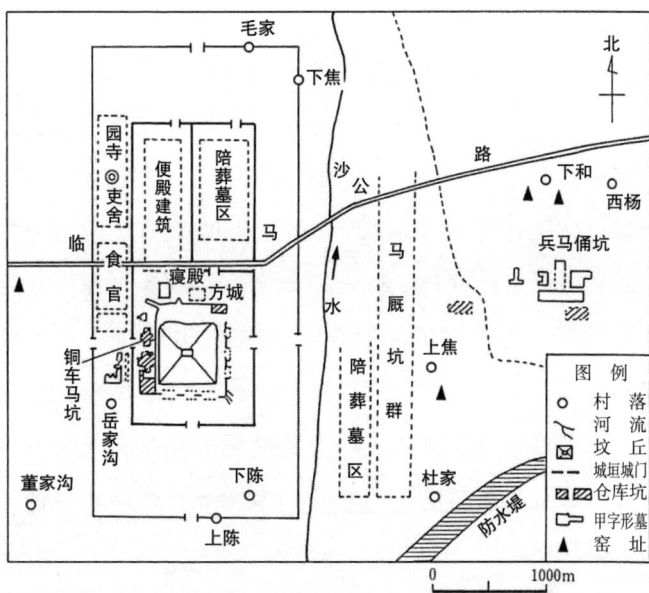

图17　秦始皇陵遗迹的平面构造图

兵马俑坑与铜马车的发现以及睡虎地秦墓（追记）

就在本书截稿后不久，中国发生了一件令世界震惊的
20 世纪考古学界最大的发现，即秦兵马俑坑的发现。
1974 年，在距秦始皇陵的陵冢东方约 1.5 公里的地点，
一个农民正在掘井，当他挖掘到地下约 5 米深时，一块陶
像的碎片突然出现在眼前。而正是这一块碎片的出现，使
得令世界震惊的古代遗迹最终展露在了人们的面前。

马俑坑中，整齐排列着陶制的士兵与车马。其大小略大于真人真马，士兵们一律身披战袍，其中一部分身着铠甲、手持武器。陶俑形象逼真，容貌充满个性。兵马俑坑被分为一号坑、二号坑、三号坑、四号坑（仅四号坑未完工，无兵马俑）。其中最大的一号坑为东西朝向的长方形坑体，230 米长，62 米宽，约 5 米深，其发掘工程至今还未完工。一号坑中约有 6000 个士兵俑和 32 匹马俑，它们被分为 38 列。比一号坑规模较小的二号坑排列着步兵、骑兵、战车队混编的部队，而三号坑则安置着将军级别以下的将领俑像，被认为是兵马俑的司令部。

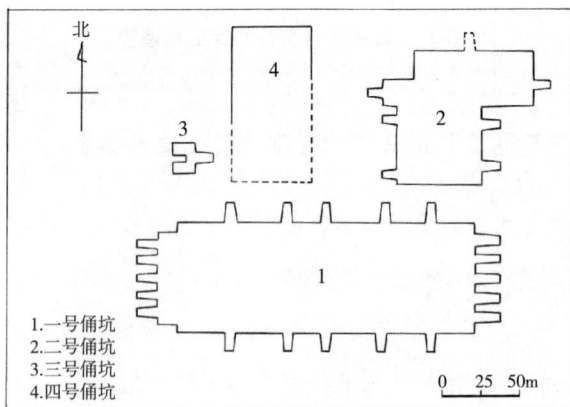

北

4

3

2

1

1.一号俑坑
2.二号俑坑
3.三号俑坑
4.四号俑坑

0　25　50m

图 18a　秦始皇兵马俑坑平面图

图18b 一号俑坑出土状况

关于兵马俑坑的情况，不论在文献还是在后世的传闻中都无法找到。其存在是通过后世的发掘调查才得以被世人所知的。兵马俑发现之初，有学者认为兵马俑坑不仅存在于秦始皇陵的东方，也有可能存在于其他方位。但通过进一步的调查，兵马俑坑只存在于陵冢东方的事实得到了确认。

但是，兵马俑为何只存在于秦始皇陵的东方呢？有学者解释，这是因为始皇帝平定的战国六雄都位于东方，因而在死后的世界也必须防备来自东方的敌人。而另一种观点则是，秦始皇陵的布局与构造模仿的是当时的帝都咸阳，因此兵马俑的位置也遵循了帝都的军队配置。

之后，秦始皇陵中又有了新的重要发现。1980 年，秦始皇陵西侧偏北的陪葬坑中出土了两乘四马前驾并配有驭手俑的铜车马。由于长年埋于土中，铜车马受损严重，不过经修复之后，还是得以显现出了原貌。车、马、驭手的大小均为实物的二分之一，零件与装饰物都极为精巧。专家预计除了这两乘以外，还应该存在其他的铜车马。据说，铜车马再现了始皇帝生前巡幸天下时的仪仗卤簿的景观。或许始皇帝死后在他的地宫中，就是乘着这辆铜车马前往他陵园内的寝庙用膳的。

除了兵马俑坑和铜车马，还有一个重要发现诉说着始皇帝时期的辉煌成就。1975 年，位于湖北省云梦县睡虎地的墓地中，出土了始皇帝时期的大量竹简。这些竹简散乱在被葬者的遗体上，共 1155 片，其中 600 多片书写着秦律以及其他相关法律。如上文所述，始皇帝时期的秦国

图 19　出土于秦始皇陵的铜车马复原图 *

* 引自《文物》1983 年第 7 期。

尊重法家，以严格执法闻名后世。可是这个时代的法律条文，除了文献中记载的一两条之外都未能流传于后世。而睡虎地发现的秦简蔚为大观，使人们初次了解到了始皇帝时代法律条文的内容。睡虎地出土的秦简，即便不能完全反映秦朝当时所有的法律内容，其重要文献价值也绝不亚于兵马俑的发现。

焚书坑儒

因精通法家思想而备受始皇帝重用的李斯，出任廷尉后不久又晋升为丞相。公元前213年，他进谏始皇帝：

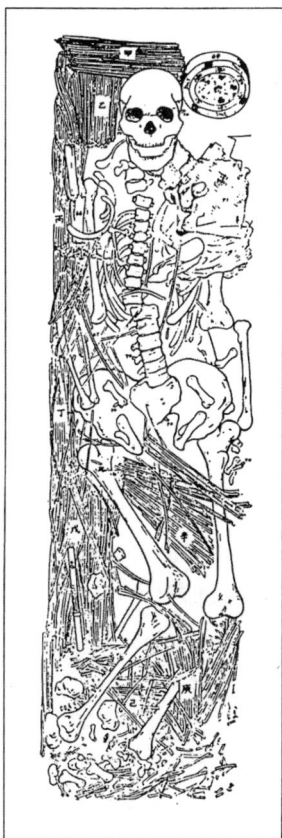

图20　睡虎地秦墓竹简的出土状况图*

* 引自《云梦睡虎地秦墓》，文物出版社，1981。

臣请史官非秦纪皆烧之。非博士官所职，天下敢有藏《诗》《书》、百家语者，悉诣守、尉杂烧之。有敢偶语《诗》《书》者弃市，以古非今者族。吏见知不举者与同罪。令下三十日不烧，黥为城旦。

天下藏书中，只有医药、占卜以及农业技术等类别的书籍才能幸免于难。始皇帝采用了李斯的这一建议，颁布了著名的焚书令。

李斯之所以提出这种强硬政策，是因为与博士淳于越在政治观点上的对立。同年，博士淳于越在朝廷向始皇帝盛赞殷周的封建制度，提出不学古法则国运不长的观点。淳于越代表儒家的思想观点，他的这一进言必然令李斯按捺不住。因为秦朝如恢复封建制，秦朝的国家政治结构则将发生极大的转变，李斯也将在朝廷中失去用武之地。于是，李斯反驳淳于越：当朝儒生不师今而学古，非议当世，惑乱黔首（人民）；在皇帝法令至高无上的国家中，妄加议论国家颁布的法令，又在君主前夸耀，甚至以之为荣誉，那么皇威何在呢？这就是李斯弹压儒者的论据，提出焚书建议的理由。

焚书令颁布后第二年，又发生了儒生诽谤皇帝的事件，弹压儒学的政策进一步激化升级。首都咸阳所有儒生全部受到御史审查，其中被认为触犯了秦朝禁令的 460 余名儒生被统统活埋。而这就是后人所熟知的坑儒事件。坑，乃穴埋之意。当时反对压制儒家并向始皇帝劝谏的长子扶苏，也被始皇帝以监督将军蒙恬军队的名义遣送到了北方前线。

焚书坑儒的政策是以维护秦朝体制为目的颁布与实施的。由于秦国统一天下后在全国推行郡县制已近十年，随着时间的推移，人们在脱离战争痛苦的最初喜悦之中逐渐体会到了郡县制的残酷性。而指出郡县制的种种残酷性的正是儒者。

儒学思想中，理想的君主观称为"王道"。而具有新特征的秦朝"皇帝"观念，则不在儒学思想的范畴之内。这导致儒学与秦朝体制难以融合。于是，当天下出现评判始皇帝统治的风气时，儒学者欲采用儒家的传统理论来解决问题，便无法逃脱被无情弹压的命运。

儒学者如果要对"皇帝"观念妥协，获得秦朝政府的认可，则必须改变儒学本身，使儒学的内容思想靠近以"皇帝"观念为准则的统治者的思想。而这一转变，直到下一个朝代——西汉后期才得以完成，这一过程被称为儒学的国教化。

不死仙药

上文曾阐述到"皇帝"意为"煌煌天帝"，作为一种永恒的存在，超越于生死之外。始皇帝也期待自己能如天帝一般永生不死。公元前 219 年，始皇帝东巡，遇到一齐人方士，名为徐市（一说为徐福）。徐市称东海有蓬莱、方丈、瀛洲三岛，岛上有仙人与不老不死之药，并自荐要为始皇帝赴岛求仙寻药。于是，始皇帝便集童男童女数千人，同时资以重金，派其东渡求药。尽管徐市一行东渡数年未果，但始皇帝寻仙求药的愿望愈加强烈。公元前212年，方士卢生向始皇帝进言：

> 臣等求芝奇药仙者常弗遇，类物有害之者。方中，人主时为微行以辟恶鬼，恶鬼辟，真人至。人主所居而人臣知之，则害于神。真人者，入水不濡，入火不蒸，陵云气，与天地久长。

始皇帝听后便决定自此不称朕，而称真人，并下令近侍不得泄露自己的所在与行踪，否则以死罪处之。始皇帝的这种渴望得到长生不死药、共存于天地、同化于宇宙的欲望渐渐走向极端。

按照通常的理解，始皇帝对不死仙药的执着追求，体现了人类的普遍欲望。尽管他成为大一统国家的支配者，获得了常人不敢想象的地位，却也无法逃脱死亡的宿命。因此，求得仙药，便成了他作为人的最后的欲望。但是，始皇帝寻求仙药，并不是从作为一个人的立场出发，而是在"皇帝"的立场上去避免作为"皇帝"难以容许的死亡的命运。然而尽管醉心于求仙寻药，始皇帝第五次巡幸时，死亡仍旧无可避免地降临。徐氏一行无功而回，以真人之说进谏始皇帝的卢生也因恐惧方术无效而逃之夭夭。不死仙药，终究成为一场黄粱美梦。在下一章中，我们将详述始皇帝之死。

《史记》的记述与始皇帝

《史记·始皇本纪》中还有其他许多关于始皇帝事迹的记述，但是这些记述多受汉代批判始皇帝风气的影响。例如，关于始皇帝规定自己每日批一石（120 斤，约 60 公斤）重的奏折、批完前不休息这样一个勤于政事的逸话，也在司马迁笔下的方士卢生口中，变成了始皇帝贪恋权势的例证。同时需要留意的是，所谓奏折重 120 斤，应当从当时文字是书写在竹简上的情况来考虑。

此外，《史记》中还有关于秦为水德的记述。秦朝统一天下后，按照五行相克的思想，考虑到秦替代周，而周为火德，水克火，所以秦决定为水德。而与水德相对应的颜色为黑色，数字为六，方位为北。因为从阴阳学来说，北方属阴。于是，秦朝将代表入冬（阴）的十月定作一年的开始。服饰旌旗以黑色为尊，又以六为圣数，符传长度、法冠高度各为六寸，车辐宽六尺，一步长为六尺，车乘的马匹也为六匹，并将人民称为黔首（意为黑色的头），又将属阴的黄河改名为德水。

不过，根据栗原朋信的研究（《秦汉史研究》，1960），《史记》中秦为水德由始皇帝决定的这一记载并不属实，秦为水德是汉代以后才有的说法。根据栗原的考察可以得知，秦朝以前，就已经存在将十月定为岁首、称人民为黔首的先例了。而且，秦朝也并未将六定为圣数，甚至在汉代初期也还未出现秦为水德的说法。后世之所以将秦德解释为水德，是因为水德在阴阳学中属阴，刑法则要在阴时实行，那么在后世人的眼中，以法家思想作为国家基本政策、实行严苛的刑法制度的秦国，其德就必然为水德了。因此，包含批判意味的秦为水德说，就自然产生了。司马迁也受这种时代影响，在《史记》中留下了秦为水德的说法。

2

秦帝国的崩溃与汉帝国的崛起

一 始皇帝之死与二世皇帝即位

始皇帝之死

始皇帝三十七年（前210）十月（阴历十月为秦朝岁首），始皇帝开始了他的第五次地方巡幸。丞相李斯、中车府令赵高以及始皇帝幼子胡亥随行扈从。胡亥是始皇帝最为宠爱的皇子，因而才被特许跟随其巡幸天下。在这次巡幸中，他们先到达了楚地云梦（今湖北省的湖泊），继而下扬子江，从浙江上会稽山，在会稽山留下刻石文后北上，再度巡游琅琊山，最后在前往芝罘岛的海域中射杀了一条巨鱼。据说，因为当时有人向始皇帝进言，就是这海中的巨鱼才让徐市等人东渡求药无果。之后，在巡幸大队行至平原津（今山东省平原县附近）时，始皇帝突发重病。

虽然病势沉重，但无人敢说出万一始皇帝驾崩之类的话。这是由于始皇帝生前一贯忌讳他人谈论自己的死。然而始皇帝病情急剧恶化，他自身也意识到大期将至。于是，他才口授玺书给正在北方戍守的长子扶苏，并在玺书中命扶苏回咸阳主持丧葬，并指定皇位由扶苏继承。玺书指的是盖有皇帝玉玺印章的诏书。但是，还未等到玺书寄出，始皇帝就在沙丘的平台驾崩了。沙丘位于今河北省平乡县附近。时值始皇帝三十七年（前210）七月丙寅之日，始皇帝终年50岁。

作为扈从的丞相李斯，担心发布始皇帝驾崩的消息会让诸皇子及天下发生变故，于是秘而不发。除李斯之外，知道这一内情的只有胡亥、赵高以及侍奉始皇帝的五六名宦官。始皇帝的遗体被置入棺后继续放在御车中，由宦官陪乘直至咸阳。途中，上呈餐饭、百官上奏的一切事宜皆与始皇帝生前一样。但是，由于炎炎夏日，始皇帝的遗体发出难以遏止的恶臭。于是，李斯等只得命随从在车上装载一石（120斤、约60公斤）鲍鱼，借鱼的臭味混淆腐尸的气味，才将始皇帝驾崩的消息隐瞒住，直至咸阳发丧。

伪诏的阴谋

在始皇帝驾崩后未发丧期间，李斯、胡亥、赵高三人暗地策划了一个巨大的阴谋。三人将落入赵高手中的始皇帝临终前口宣的玺书销毁,重新伪造了立胡亥为太子的遗诏以及赐公子扶苏、将军蒙恬死罪的诏书。

赵高原本是教授胡亥书法与法律的宦官,深得胡亥信赖。因此,赵高参与这一阴谋的理由非常容易理解,在《史记》中,司马迁也将赵高当作这次阴谋的主谋记载下来。但是此处存在一个问题:作为严格忠于法令、真正使法家思想成为治国思想的李斯,因何加入了这次阴谋的策划与实施呢?《史记·李斯传》为我们提供了这一问题的答案,文中详细描述了赵高如何利诱李斯、而李斯又是如何从最初抵抗到最终动摇的内心变化过程。

根据《史记》的描述,李斯最终加入到阴谋之中的理由在于,对长子扶苏继承皇位之后自身安危的担忧。然而这又从何谈起呢?

我们首先回想到的是长子扶苏被送往北方戍边的事件。正如上文所述,扶苏在坑儒事件发生时,曾因向始皇帝劝谏而触犯龙颜,被遣送到了北方。当时焚书令的立案者是李斯,因此坑儒事件的发生,必然也同李斯的推动有着直接的关联。那么对扶苏而言,李斯便成了他难以原谅的人物。因此,洞悉这一切的李斯,便不得不担忧扶苏即位后自身的命运。对于反对儒学思想、代表法家思想的李斯而言，打击保护儒学者的公子扶苏，或许也是他完成自我行为正当化的过程。

丞相李斯的加入使得这一阴谋得以实现。但是，法家的根本思想是君主权威至高无上，那么李斯伪造诏书的行为则无疑与法家思想背道而驰。他为自己今后所做的计划，与其法家立场也是相互矛盾的。假若《史记》关于这场阴谋的记载属实，那么李斯的计谋确实使他获得了暂时的成功，也保全了他原有的地位。然而不久后，也正是他的计谋将其逼入了悲惨的人生结局。关于这一点将在下文中详细阐述。

阴谋得逞后，胡亥顺理成章地成为太子，在全国为始皇帝发丧时，登上了皇位。而他的长兄扶苏以及将军蒙恬则在北方戍边的阵营中被处以死刑，至死也不明白事情的真相。

假若《史记》记载属实，那么以上就是秦二世皇帝即位的经过。但是，我们稍作考虑就能明白，即便胡亥伪诏登基的阴谋属实，它也绝不可能以史料的形式流传后世。我们唯一能够确认的，只有幼子胡亥即位以及长子扶苏和将军蒙恬受诏获死这两个事实。然而仅仅根据这两个事实，也无法证实到底当时是否有人伪造了诏书。也许是由于秦二世时代秦朝急速衰落，街头巷尾的人们将它与长子扶苏、将军蒙恬的冤死联系了起来，渐渐形成了胡亥伪诏登基之说。

图 21　秦始皇陵的远景[*]

[*] 引自《中国秦兵马俑》。

秦二世失政

胡亥即位后，将始皇帝下葬骊山陵，又任命赵高为郎中令（护卫皇帝的郎官的长官）加以重用，同时为了显示新皇威仪，还效仿始皇帝进行地方巡幸，由丞相李斯扈从。据说这次巡幸队伍从碣石沿海南下，至会稽山后，北上到达辽东（今辽宁省）。途中，胡亥遍访了始皇帝立下刻石的地点，并在刻石文的末尾增刻新文。如上文所述，胡亥新增的刻文追记了这些刻石都是由始皇帝所建的主旨。其刻文内容在《史记》中也有记载，而其中一些刻石保留至今，也证明了史书所载刻文的真实性。

巡幸归朝后的秦二世立刻着手强化自身皇权的策略。这是因为始皇帝儿子（皇子）多达20人，他们的存在无一不威胁着胡亥的皇位。而始皇帝时期以来的重臣，对胡亥的统治也未全部信服。于是，胡亥便与赵高密谋，展开了对这些危及皇位的皇子、重臣的肃清与杀戮。将军蒙恬的弟弟蒙毅、胡亥的兄弟，甚至连他的姐妹诸公主都无一幸免地含冤而死。然而，这一肃清策略也使秦二世失去了所有亲人，最终陷入孤立无援的危险境地。

上文曾提到，始皇帝骊山陵在其生前便开始营建。秦二世在下葬了始皇帝之后，竟然把收罗陵墓中陪葬的奇珍异宝作为自己登基后的第一项大事。为此，他征集新的徭役，驱使众多囚徒为其从事搬运珍宝的劳动。

始皇帝葬礼结束后，秦二世又下令再次启动始皇帝时期未完工的阿房宫建造工程，被迫服劳役的人数也愈加庞大。此外，首都咸阳还常驻5万兵士，平日练习射术，以防备外敌入侵。

维持如此庞大的土木工程以及屯兵的口粮，必然需要大量的粮食供给，这大大超出了关中的供给能力。因此，秦二世下令地方向都城运送更多的粮食，急速加大了对人民的剥削与压榨。秦朝末期中国历史上的第一次农民动乱，就是在秦政府对人民实行严苛统治的背景下发生的。

秦朝通过推行郡县制加强了对人民的统治，然而由于始皇帝时期大兴土木工程动用了极多的农民劳动力，农民负担急剧加重，这无疑导致了农民的贫困与动乱。但是，大范围的农民动乱并未在始皇帝时期发生，而爆发在秦二世时期。其中的必然原因是秦二世政府

图 22　泰山刻石秦二世补刻的部分（清代拓本）＊

＊ 清代初期刻文存 29 字，由于 1740 年的一场火灾，现仅存 10 字。据说此刻文由李斯书，图中刻文第一行可见"臣斯"的文字。

进一步加剧了对农民的暴敛诛求。

可以说，秦二世的政治策略，不论是在朝廷还是在地方都存在导致秦朝衰亡的致命隐患。

二 农民起义的爆发以及秦帝国的灭亡

陈涉、吴广举兵

秦二世即位翌年（前209）七月，爆发了陈涉、吴广领导的中国历史上的首次农民起义。

陈涉出身贫民，名胜，字涉，据说他原本是受雇于他人的耕庸。由此也可知当时的社会已经分化出了土地丧失的无产阶级和拥有大量土地的地主阶级。陈涉做耕庸时，曾对身边一起耕田的人言道："苟富贵，无相忘。"同伴们却大笑曰："若为佣耕，何富贵也。"于是陈涉叹息起来，说出了那句为后人所熟知的名言："燕雀安知鸿鹄之志哉。"这句话不仅表现出他作为贫苦农民的反抗精神，同时也隐含着导致他悲惨结局的原因之一，即对同一阶级的轻蔑意识。

陈涉举兵起义的事件发生在他被朝廷征用、前往北方戍守的途中。当时，他和吴广以及900名兵丁正赶往服役地，行至大泽乡时遭遇大雨，道路被封锁，而抵达服役地的期限却迫在眉睫。按照秦朝的军法，凡所征戍边兵丁，不按时到达指定地点者一律处斩。在这一危急时刻，陈涉、吴广分别自称是秦公子扶苏和楚国将军项燕，煽动正担心被处以斩刑的其他兵丁，杀死了押送兵丁的秦吏。于是，陈涉自立为将军，吴广为都尉，举兵发动了中国历史上的第一次农民起义。当时，陈涉等向起义军大呼"王侯将相宁有种乎"，痛斥人的身份怎能只由出身决定，极大地鼓舞了农民起义军。

然而，当时起义军中只有 900 人，并且是一群刚集合而来的农民。他们手中没有兵器，据说最初都是削木为矛，立竿为旗。但是，起义军攻下大泽乡后，在那里夺取了兵器，接着又攻下周边的县城。当起义军到达陈地（今河南省淮阳县附近）时已经发展成为拥有战车六七百乘、战马千余骑、兵卒数万规模的军队。其中有许多是来自被攻陷的县城的士兵，或者是县城附近的农民。

陈涉将部队全部集结于陈地，并召集附近的三老（地方掌教化的乡官）和豪杰，让他们推举自己登上王位，定国号为"张楚"，任命吴广为"假王"。新建的"张楚"国虽然规模很小，但作为对抗秦朝而建立的政权具有深远的意义。定国号为"张楚"，是为了宣扬新政权的建立代表着被秦灭国的"楚"王朝的复活，以此统一人心。张楚，意为大楚。

各地爆发起义

由一介贫民领导的起义要对抗统一了天下的秦帝国，这不免成为震惊世人的大事件。早已对秦王朝的暴政充满愤懑的民众，无不紧张地关注着事件的发展。当陈涉在陈地建立新王朝的消息传开后，全国各地相继爆发农民起义。而这一全国起义的风暴，距离陈涉领导的起义仅仅只过了两个月，也就是陈涉举兵后的同年九月。各地农民纷纷举兵呼应陈涉的号召，处死秦政府的郡守、县令。之后成为汉高祖的刘邦、秦灭亡后成为西楚霸王与刘邦争夺天下的项羽与其叔父项梁发动的起义，也都发生在这一年的九月。

陈涉领导的起义军在建立政权后，逐渐丧失了农民军的本质，滋生严重的官僚习气。陈涉自身也由一介农民摇身变为高高在上、万人仰视的统治者。他派遣部将前往全国各地，企图将各地的农民起义军纳入张楚政权之下。但各地的农民起义军都各自为政，陈涉想要将全国起义军系统化的计划以失败告终，甚至连最初在陈涉麾下壮大的张耳、陈馀等部，也叛离了陈涉政权。

据说，陈涉称王后，同他一起劳作过的耕庸伙伴也去拜见他，但陈涉为了维护自己的王威竟然将他们全部处死。有学者认为，这也是导致陈涉最初追随者不断叛离的原因。秦朝政府当然也不会放任陈涉起义军叛变中央。于是，秦二世派少府章邯率大军讨伐各地的农民起义军，陈涉的各部军队均遭受了秦军毁灭性的打击。

陈涉领导的起义军，虽然成功地建立起自己的政权，然而在秦军的打击以及内部的叛离之下，急速走向灭亡。首先，吴广在起义军内部纷争中丧命，同年十二月，陈涉被自己的车夫杀害。而这一切的发生，距陈涉谋划起义前后仅仅六个月。

陈涉、吴广领导的起义军最终惨遭失败，但起义的意义值得肯定与赞扬。他们领导的起义不仅是中国历史上爆发的首次农民起义，还掀起了全国范围的大规模农民起义的风潮。陈涉与吴广以外的起义军都是在观望了他们起义之后的两个月，才揭竿而起的。因此，汉代以后谈及秦末农民起义的学者，都将陈涉和吴广作为秦末起义的领袖与倡导者，并给予高度的评价。

其中呼应陈涉、吴广的号召举兵起义的刘邦，在成为汉帝国的皇帝后，还为陈涉安排了 30 家守冢。同时，为陈涉举行的祭祀仪式，直到司马迁撰写《史记》的时期也未曾间断过。从后人对陈涉的追悼可知，陈涉、吴广领导的农民起义，作为结束秦朝统治的导火线，在汉朝获得了极高的肯定。

而在各地呼应陈涉、吴广举兵的诸多起义军中，刘邦和项羽领导的起义军尤为引人注目。

刘邦举兵

刘邦，出生于沛丰邑（今江苏省丰县）的一个农家，在家中为末子，其父母姓名不详。据说，刘邦年轻时曾游侠四方，回到故乡后做了泗水亭长。亭是指地方每隔十里设置的驿站，而亭长则负责管理亭，并率领那里的亭兵维护附近的治安，属于县里的下级官吏。

刘邦做亭长时，娶了从单父县迁徙至沛县的吕公的女儿吕雉（名雉，字娥姁），也就是之后的吕后。虽然吕公极具名望，但是由于当时避难来到沛县，并不具政治权势。因此，刘邦担任亭长的同时，还与妻子一起从事农耕。

然而，到底是什么事件将当时安稳度日的刘邦推上了农民起义军的领袖位置呢？

秦二世登基不久后，刘邦作为泗水亭长押送劳役的囚徒前往骊山。但途中不断有囚徒逃脱，刘邦害怕因此受到罪罚，便在丰邑西部的泽地释放了剩下的囚徒，自己成为逃亡群匪中的首领。之后，聚集到刘邦手下的人达到数百，其中除了囚徒以外，还有听闻了刘邦亡命一事慕名而来的沛县年轻人。

刘邦亡命期间，陈涉、吴广领导的起义爆发，沛县县令为维持自己在沛县的地位也企图发兵响应。于是他打算招抚刘邦返回沛县，同时也便于控制和利用他手中的人力。但刘邦尚未返回沛县，县令就改变了招安的主意。刘邦便借此机会，呼应沛县县内的父老（村落的领导阶层）、子弟（青壮年），一举打败了沛县县令。之后，他以讨秦的名义建军，并自称沛公。又同沛县的下级官吏萧何、曹参以及屠夫（屠犬夫，当时有食犬习惯）樊哙，将部队扩大到拥有沛县子弟三千的军团。此时为秦二世元年（前209）九月。

不久后，刘邦的军团又攻陷了沛县近邻的一些郡县，翌年正月，与当时被拥立为楚王的楚国望族景氏中的景驹联合。同年二月，刘邦向景驹借兵攻打砀地（今安徽省砀山县），胜后获得六千兵力，其军团人数此时达到了近万人。四月，他又同楚国望族项梁联手，得到项梁五千兵力援助，举兵大战秦军。

项羽举兵

秦二世元年九月，项羽同其叔父项梁也举兵发动了起义。项羽名籍，字羽，他的祖父是当年迎战秦国大军并战败而亡的楚国名将项燕。项氏一族在楚国可谓是代代出名将的望族。

项羽同其叔父项梁，呼应陈涉、吴广的起义号召，杀死了会稽太守，在吴中（今江苏省苏州市附近）率领八

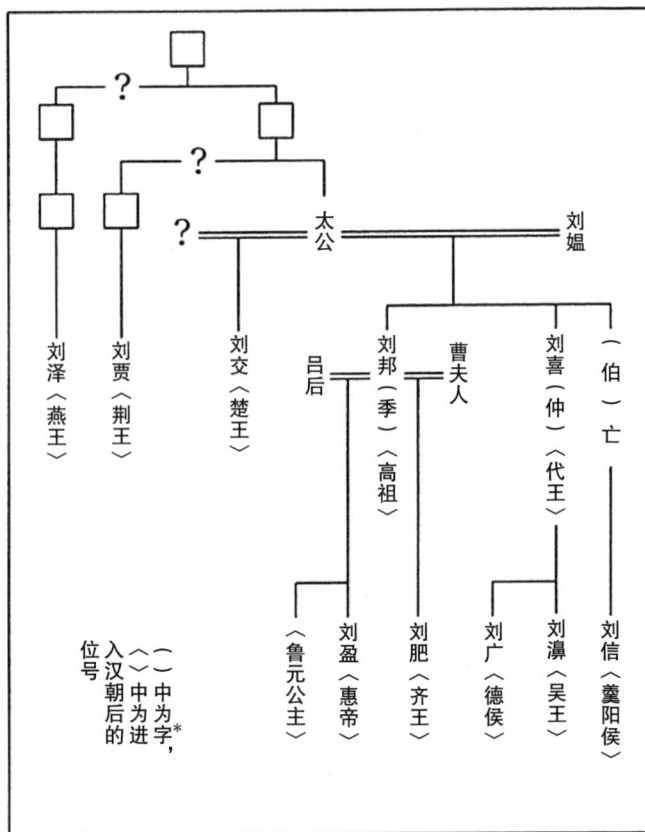

图 23　刘邦起义时的家族关系

*原文如此，但括号内其实应为兄弟排行。——译者注

千兵力发动了他们的第一场起义。随后，他们的军队渡过长江西上，与陈婴的两万兵力合并在一起，在渡淮河时形成了拥有六七万兵力规模的大军。此时，项羽、项梁指挥

大军开始攻打当时自立为楚王的景驹，夺取景驹性命后吞并了他的军队，项氏大军的势力再次得到壮大。也是从这一时期起，项羽、项梁与刘邦的两大军团开始了初次汇合。

秦二世二年（前208）六月，项羽、项梁寻访到楚怀王之孙熊心后，立其为楚怀王，并打起重建楚国的口号，试图统一各地分散的起义军。楚国政权建立之后，楚军分为项梁领导和项羽、刘邦领导的两大军团，分别向秦都挺进。然而，同年九月，项梁领导的楚军部队在定陶（今山东省定陶县）被秦将章邯的大兵击败，项梁战死，楚军势力受到重创。

这一时期，楚军的上将军是宋义，他受楚怀王之命去巨鹿（今河北省平乡县）解救正困于秦兵包围之中的赵王歇。然而，救援大军行至途中，宋义却下令先按兵不动。于是项羽断然杀死宋义，取而代之自立为上将军，在巨鹿大破秦军，将赵军从危难之中解救出来。

巨鹿之战以前，全国的各起义兵团群龙无首，甚至兵戎相见。然而，项羽在巨鹿骁勇善战的事迹一经传开，他们便纷纷投奔至项羽麾下。全国分散的起义兵团第一次被有组织地统一起来。此后，以楚军为主的起义联合军，在各地不断击退前来镇压的秦军部队。秦国名将王离、长史欣在巨鹿之战的第二年（前207）倒戈归于楚军麾下，远近闻名的章邯也在同年七月归顺楚军。而秦军如此迅速地走向瓦解的背景则在于秦王朝内部的分崩离析。

图 24　项羽、项梁的作战路线

诛杀李斯一族

据说陈涉、吴广起义的消息传入咸阳宫廷后，宫中的博士与儒生纷纷向秦二世进谏，指出此"乱"应立刻发兵讨伐，引得秦二世当场勃然大怒。其中一个名为叔孙通的儒生善于察言观色，说道，"'群盗'鼠窃由地方军镇压即可"，这才平息了秦二世的怒火。之后，那些将陈涉、吴广起义称为"反"的儒生被一律治罪，言称"群盗"的儒生才免遭重罚。秦二世的心中存在极为简单而粗暴的判断标准："反"是冒犯皇权的重罪，"群盗"则是扰乱地方安全的短暂动乱。甚至他还认为与皇权对立的"反"根本不可能发生。可见，秦二世时期，皇权观念已经发展到脱离实际而徒有形骸的地步了。

在这样的宫廷氛围中，丞相李斯虽屡次想要面圣劝谏，但都被秦二世拒之门外。秦二世还怀疑，担任三川太守的李斯之子李由和其管辖地中不断壮大的吴广起义军是否在串通勾结。于是，李斯写了一篇长篇谏文向秦二世阐述贤主的"督责之术"，指出只有贤能的君主尽力实行督责之任，天下才能归于太平。作为辅佐始皇帝统一天下、起草中国历史上首个君主集权化国家体制方案的老臣，李斯将法家思想的政治理念精华全部写进了这篇著名的谏文之中。

但秦二世将李斯提倡的"督责之术"仅仅理解成增重税收、强化刑法的措施，于是秦朝的苛政愈演愈烈并走向了极端。秦二世唯独信任郎中令赵高。赵高向他进献谗言道：保持皇帝威严，必不得使人窥见龙颜。秦二世便再不出席有李斯级别以下官员参加的朝会，仅留赵高在身边内侍、传达圣意。在赵高的煽动下，秦二世更加怀疑李斯之子三川太守李由串通起义军。赵高还危言耸听，向秦二世挑拨：丞相之位权重位高，臣赵高死后，李斯必然要夺取您的皇位。就这样，在赵高的谗言和陷害下，李斯被冠上谋反的罪名。李斯宗族以及门客全部被捕，在狱中遭受了种种酷刑。

据《史记》记载，李斯在狱中的最后一封上书中，列举自己犯下的七项大罪。而所谓的七项大罪实际上是指他为秦帝国所做的种种贡献，例如，拥立秦王为天子；建立社稷、修建宗庙，显示君主的贤明；统一度量衡与文字；兴建游观以示皇威；缓刑罚、轻赋税，为君主赢得民心等。李斯在文中委婉地为自己上诉，正是这些功绩才令自己招致了死罪。

但是，李斯这封最后的呈书也落入赵高手中。秦二世三年（前207）冬（岁首十月），李斯被腰斩于咸阳闹市，并夷三族（三族为父、儿、孙。李斯传记为秦二世二年七月）。而与此同时，被朝廷怀疑同起义军串通的李由，却仍旧以三川太守的身份坚守城池，在受到项梁军队进攻后，力战而亡。

人们通常认为是始皇帝建立了秦帝国，秦二世毁灭了秦帝国。但实际上，自始皇帝时期起，国家的法治体制就都是由李斯一手立案制定的。可以说，秦帝国的每一刻历史荣光中都闪烁着李斯的身影。始皇帝死后，竭力拥护秦二世登上皇位的李斯未曾想到自己会遭到如此冷遇。而与此并行的则是秦帝国的迅速衰败。伴随着李斯的死，秦帝国也迎来了它的历史终结。

秦帝国灭亡

李斯死后，赵高代替李斯登上丞相之位。而上文中提到的秦军将领不断倒戈投降的局势，就是从赵高成为丞相时开始的。不断壮大的起义军团在所经之处取得了节节胜利，不久后，楚军的各路部队如潮涌般向关中挺进。赵高见势不妙，担忧秦二世向自己追究秦军战败责任时会性命不保，于是便密谋了弑君计划。著名的"指鹿为马"就发生在这一时期。赵高将鹿说成马进献给秦二世，秦二世见后，说此物非马，而周围一些侍臣为迎合赵高也指着鹿说其为马。据说日语中的"马鹿"一词就与此有关。从这件事开始，赵高确信朝臣已经服从于他，于是决定实施弑君计划。

秦二世三年（前207）八月，赵高命令他的女婿咸阳令阎乐带士卒千余人闯入内宫，将秦二世弑杀。这是中国历史上发生的第一次皇帝被弑事件。之后，赵高立秦二世兄长之子——公子婴为秦王。在此之所以废帝号而称王，是因为当时起义军已经占领了先秦时代的六国领土，并都各自立地称王，而秦国仅在关中保留一些势力。由此可见王与帝的称号差别甚远。

被立为秦王的公子婴，在宗庙举行接受玺绶的登基仪式之前，要先斋戒五日。其间，他将赵高传至斋宫，将其刺杀。据说，公子婴怀疑赵高外通起义军，担心赵高杀害自己、自立为王，于是做出了先下手为强的决定。继李斯之后，赵高一族也被全部诛杀。

此时，楚将沛公刘邦率军从南方直指关中。而从东方进军的项羽军队，在挺进途中正遇到残留秦军的抵抗。于是，刘邦率 10 万兵马率先攻进关中。在霸水岸边，秦王婴用绳绑缚自己，坐上白马车亲自赶到刘邦军前投降，献上了皇帝御用的玉玺。秦朝灭亡。

刘邦进入咸阳后，贴封了秦宫和府库后，等待项羽入关。刘邦召集关中父老，废止秦朝法律，并和他们约法三章：杀人者死，伤人者及盗者抵罪。

大约一个月后，项羽率 40 万大军也进入了关中。入关后，他首先杀死了已经降服的秦王婴、秦室诸公子以及其族人，又放火焚烧咸阳宫殿，收敛秦宫的金银财宝分赏给自己麾下的将领。据说，美轮美奂的阿房宫被点燃后，火势整整延续了三个月才缓缓熄灭。并且，骊

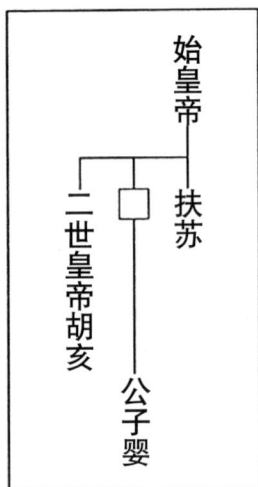

图 25　秦王朝帝系表

始皇帝

扶苏

二世皇帝胡亥

公子婴

山陵也遭到项羽军队的破坏，陵墓中陪葬的奇珍异宝不断被盗出。而这距离始皇帝驾崩仅三年。

三　楚汉之争

鸿门宴

项羽与刘邦之间曾约定先入关中者为王。如上文所述，刘邦大军绕过河南，领先项羽大军一个月进入关中，并降服了秦王。项羽抵达关中时，以秦都咸阳为中心的关中地区基本已经被刘邦势力控制。但是，刘邦在霸上（灞上）的驻军仅有 10 万人，而项羽在鸿门（今陕西省西安市临潼区）的驻军多达 40 万，甚至号称百万。名义上，项羽作为楚国上将军是伐秦大军的最高司令官，而刘邦只是楚军麾下的一员大将。因而，两者的盟约与各自的实力之间产生了极大矛盾，双方剑拔弩张。

项羽入关后，刘邦面临的第一次危机，发生在他前往项羽阵营拜见项羽之际。当时，项羽的谋臣范增指出应当防备刘邦，并建议项羽在酒宴时将刘邦除掉。但是，这一计划被项羽的同族项伯透露给刘邦的近臣张良。项伯之所以有这一举动是由于他与张良为旧知故友，不忍对张良见死不救。张良得到消息后，立刻禀报了刘邦。于是，刘邦会见项伯，并请他向项羽转达自己绝无异心的立场。

刘邦仅带着百余骑人马来到鸿门，项羽出迎并设宴款待。酒席间，范增多次对项羽暗示刺杀刘邦，但项羽迟迟不动。范增便令项羽之弟项庄舞剑时寻机刺杀刘邦。同席的项伯见情势危急，便也拔剑而舞，用身体阻挡住项庄，使刘邦暂时脱险。正当此刻，军门外的樊哙翻开帐帷闯进酒席间。

樊哙最初以屠狗为业，是从刘邦第一次举兵起义时就一直追随刘邦的猛士。当他在军门外听闻主公遇险，便立刻负剑持盾，推倒了门卫闯入酒席。《史记》这样描述他闯入帐中时愤怒的神情：头发上指，目眦尽裂。项羽略感惊讶，握剑侧起单腿，问道：此为何人？张良介绍说：是刘邦手下的参乘樊哙。项羽这才重新坐好，大赞其壮士，令人赏赐樊哙酒肉。樊哙站着将酒一饮而尽，拔出剑，把项羽赏赐的半生猪腿放在盾上切着吃起来，又面向项羽陈说起刘邦对其是如何之忠心耿耿。趁此空隙，刘邦便以上厕所为由从席间退出，一路策马奔回了霸上的阵营。

范增得知刘邦已逃的消息，当场将张良代刘邦献给项羽的白玉斗扔在地上，并拔剑击得粉碎，转向项羽道："竖子不足与谋！"长叹其错失了除掉刘邦的良机。

分封十八王

秦朝灭亡后，项羽统领天下，并重新划分了新的势力范围。首先他尊楚怀王为义帝，自称西楚霸王，定都彭城（今江苏省徐州市东北）。同时将伐秦将军、六国旧贵族以及秦军降将等十八人分封到全国各地为王。这种体制否定了秦朝的郡县制，完全倒退到封建制下的诸侯分立的国家形态。据说除十八王以外，项羽还分封了其他诸侯，但具体内容不详。

义帝	楚怀王心（楚怀王之孙）
西楚霸王	项羽（楚上将军）
衡山王	吴芮（番君）
临江王	共敖（楚柱国）
九江王	英布（楚将）
常山王	张耳（楚将）
代王	赵歇（赵王）
临淄王	田都（齐将）
济北王	田安（齐将）
胶东王	田市（齐王）
汉王	刘邦（沛公）
雍王	章邯（秦降将）
塞王	司马欣（秦降将）
翟王	董翳（秦降将）
燕王	臧荼（燕将）
辽东王	韩广（燕王）
西魏王	魏豹（魏王）
殷王	司马卬（赵将）
韩王	韩成（韩将）
河南王	申阳（楚将）

图 26　楚政权与十八王 *

* 括号内为讨秦举兵之前的地位。

受封之后，诸将领便各自前往自己的封地，时值公元前 206 年。然而，这一体制还未稳固就发生了动荡。翌年五月，未被封王的原齐国大将田荣，出兵攻打临淄王田都之后，又向胶东王田市、济北王田安发起进攻，杀死二王后自立为齐王。而田荣、田市、田安，实际上都是战国时代齐国的王族田氏的后代。

建立汉政权

此时，刘邦被封为汉王。汉，指汉中之地，即从关中越秦岭到汉水上游，现在的陕西省南部地区。汉帝国的国名，就源自刘邦封地——汉地的名称。

按照与项羽的盟约，汉王刘邦原本应当为关中之王。但是，关中被分为三块，分别封给了秦军的降将。而刘邦却被封到了偏远的汉中。刘邦心怀不满，分封后翌年五月，开始遣兵向关中挺进，击败雍王章邯，降服塞王司马欣、翟王董翳，统一了关中地区，并在关中设置了陇西、北地、上郡、渭南、河上、中地等诸郡。紧接着，河南王申阳也降服于汉王，他的封地被定为河南郡。可以说，是汉王刘邦将郡县制重新置回了历史轨道。

进入关中后的汉王刘邦，在公元前 205 年将汉都移至栎阳（今陕西省西安市临潼区），向人民开放了秦朝时的御苑，并允许人民耕种。同年二月，他又下令推倒秦朝社稷、新建汉代社稷，赐民以爵，免除两年租税以及从军家庭的一年徭役。赐民以爵的政策，其实早在战国时代就已实施。对人民施以君恩，其目的在于增强君主与人民之间的纽带，安定社会秩序。关于这一点，将在下文中详述。

其中，三老政治制度也是在这一时期制定的。所谓三老政治制度是指，在乡中选举具备以下条件的人作为三老担任教化乡民的工作：50 岁以上；具有个人德行；能作为乡民表率。乡三老中再选举出县三老，协助县令、县丞、县尉，即县中的长官、副官以及军事指挥官，共同教化县民。

当时的农村构造，分为称为父老或者父兄的领导层以及被称为子弟的青少年层。也就是说，村落的管理秩序与年龄层直接挂钩。刘邦当年揭竿而起之际，就是沛县父老让沛县的 3000 子弟去跟随刘邦的，从中可窥见当时村落的管理形态。汉王刘邦把三老制度固定下来，将乡里的父老与子弟的关系编入王朝的地方统治制度中，并使其成为国家最末端的统治机构。关于这一点，将在下章进一步阐述。

就这样，汉王朝建立了自己的政权。然而，它的势力仅限于以关中为中心的中国北方部分地区。此时，东方还屹立着齐、燕等国，而南方则是霸王项羽的西楚国。他们之中，项羽的势力最大，占据盟主地位。假如位于北方地区的汉国要扩大领土，那么在刘邦与项羽的两大势力之间就必然会爆发一场殊死之争。

楚汉之争

如上文所述，西楚霸王项羽尊楚怀王为楚义帝。但实际上，这不过只是名义上的尊称，汉二年十月（当时十月为岁首，因而为公元前206年），项羽认为义帝已经开始妨碍自己，便命令九江王英布（黥布）将楚义帝杀害。这一事件恰好成为汉王刘邦讨伐项羽的极佳口实。当时，刘邦降服了西魏王豹，并擒获殷王司马卬，将其封地设为河内郡，势力正处在不断壮大之中。当刘邦在东征途中，从洛阳新城的县三老董公处得知楚义帝被弑杀的消息后，便即刻为义帝发丧，谴责项羽弑杀义帝的罪责，并向全国诸王发出了讨伐项羽的檄文。

图27　楚汉之争要图

　　当时，项羽正出兵齐国处理田氏一族的内部纷争。项羽将田假封为齐王，而未被封王的田荣之子田广意图违抗项羽，将田假赶出齐国。但实际上，在田广背后，田荣之弟田横才是这一叛乱的主谋。项羽率兵入齐国的目的就是

打击事件的主谋田横。此时，汉王刘邦乘虚而入，侵入项
羽的居地彭城，掠夺了城中的金银与美女。项羽得知消息
后，立刻率三万精兵急返彭城，大破刘邦号称五六十万的
汉军部队，将刘邦围困于彭城之中。危急之中，刘邦侥幸
地被一场暴风雨所解救。狂风暴雨之下，树断枝折，阵营
混乱，沙石飞扬，昼暗如夜。刘邦趁着这番混乱，仅带着
十余骑兵逃出了彭城。

彭城之战后，与汉军联合的诸王纷纷叛离刘邦，归顺
到项羽楚军帐下。并且，留在沛县的刘邦的父母妻儿也被
项羽俘虏，作为人质扣留在项羽军中。受到如此重创的刘
邦之所以能够在此后东山再起，其原因在于他拥有得力的
家臣萧何与韩信。

萧何在彭城之战期间，留守关中，负责充实国力与向
前线补给粮食。彭城失守后，他竭力动员关中老少参军，
补充汉军兵力。韩信虽然最初投奔项羽，因不被重用才转
投到刘邦帐下，但他很快被刘邦任命为将军，在各大战场
发挥了优秀的军事才能。彭城之战落败后，韩信带兵讨伐
并降服了魏王豹与赵王歇，促使汉军在华北的势力得以重
生，汉王也将阵营安置到了荥阳。

翌年（前204）四月，项羽率兵包围了刘邦所在地荥
阳。为时不久，荥阳城便粮草匮乏，眼看就要被楚军攻
破，刘邦再次陷入危机。但是这一次，刘邦却也因为将军

纪信的自我牺牲而大难不死。纪信佯装成汉王，假称要投降项羽，包围在城外的楚军听到后，高呼项羽万岁。刘邦便趁机带着十余骑兵逃出了荥阳。而将军纪信在佯装计谋败露后，被项羽烧死在荥阳城中。

荥阳失守后，韩信继续在刘邦手下为其率兵征战。在他的指挥下，汉军终于再次将齐地纳入汉国的势力范围之中。于是，刘邦封韩信为齐王，并让他管理齐国。

楚汉之争，从军事上看，项羽领导的楚军始终占有优势。但是，从地理物资上看，汉王刘邦占据关中、盘踞华北，为其弥补了在军事上的劣势。楚汉之争似乎会成为一场看不到终点的战争。而在战争下备受苦难的则是楚汉两国的人民，被征兵入伍的壮丁在沙场上非死则伤，而剩下的老弱病残也终日疲于军粮的运送。所见之处满是民生凋敝的景象。

在这样的背景下，项羽、刘邦曾经亲自在兵阵前对峙谈判。当时，他们分别出现在各自城池的高墙上（参照图28）。项羽首先向刘邦提出：为解救处在水深火热中的民众，不如你我二王单枪匹马一决胜负来结束这场旷日持久的战争。而刘邦则指责项羽犯下十宗罪，并冷静地回复，若要决斗不如以智力一分高低。在这次对峙中，刘邦还被项羽军中的伏弩射中而身负重伤。

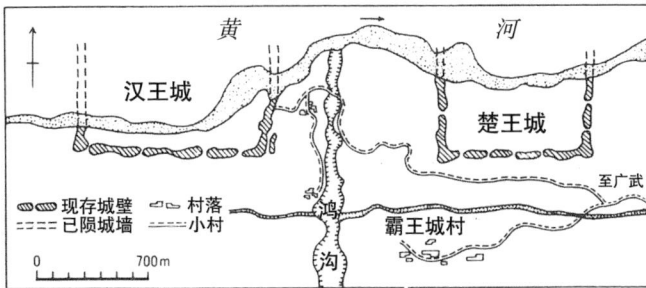

图 28　汉王城与楚王城的城址＊

＊ 河南省荥阳市广武镇西南方。1972 年调查。

项羽战败

公元前 203 年，汉王刘邦迎来了赢得这场持久战的转机。楚汉约定和解，以鸿沟（从河南省荥阳市到开封市的一条水路，现今仅存河道遗迹）为界平分天下，西为汉，东为楚。被扣留在项羽军中的刘邦的父母妻儿也被送回刘邦身边。于是，项羽、刘邦便解散阵营，准备返回各自的都城。

然而此时，刘邦却违背了和约，命令军队从后方偷袭正在返回楚地的项羽军。据说这一作战方案是由曹参、陈平提出的。

自此，楚军和汉军的实力关系发生了根本性的转变。刘邦带领军队乘胜追击，与韩信、彭越等诸将汇合后，在埚下（今安徽省泗县以西）将项羽重重包围。一日夜晚，项羽听到四面的汉军阵营中传来阵阵楚歌，不禁感叹竟然连家乡楚地的士兵也投奔了汉军。"四面楚歌"的典故就出自埚下之战。夜半时分，在汉军的重重包围之下，项羽让自己的爱姬虞美人最后一次为自己陪酒，感慨至极悲歌而起：

> 力拔山兮气盖世，时不利兮雅不逝。雅不逝兮可奈何，虞兮虞兮奈若何？

雅乃项羽的爱骑，而他的爱姬的名字作为花名——虞美人草也流传至今。

眼见大势已去，项羽只得带着八百余精锐骑兵乘夜突围。渡过淮水后一路南逃，疾行至东城（今安徽省定远县附近），最后到达长江北岸乌江浦（今安徽省和州东北）。此时，项羽身边只剩下二十余骑兵，而乌江浦对岸的江东地区便是项羽的家乡。乌江亭长劝项羽急渡长江回到江东旧地："江东虽小，地方千里，众数十万人，亦足王也。"然而，面对乌江亭长的劝说，项羽笑答："籍与江东子弟八千人渡江而西，今无一人还，纵江东父兄怜而王我，我何面目见之。"最后在与追杀而来的汉军的搏杀中，自刎结束了一生。其时项

羽 32 岁，为刘邦即位
后的五年十二月（前
202 年。十二月为当
时年初后第三个月）。
项羽自刎后，汉军士
兵蜂拥而上将其残忍
分尸。带回项羽部分
尸体的将士都被汉王
刘邦封为列侯。最后，
汉王刘邦合并了项羽

图 29　拉弩的士兵*

* 1954 年出土的沂南东汉墓中的画像石。

的尸首，将其厚葬。同时赦免了项羽一族，之后，又
封在鸿门宴中曾经救助他的项伯为诸侯。

四　汉帝国的建立

刘邦称帝

汉五年（前 202）二月甲午日，战胜项羽统一天下的
汉王刘邦在氾水北岸的定陶正式称帝，同时将王后重新封
为皇后，太子封为皇太子。秦二世死后一直空缺的皇位再
次迎来新的君主，中国史书中也第一次出现了皇后、皇太
子的称号。

汉王称帝的过程如下。首先楚王韩信、韩王信、淮南王英布、梁王彭越以及原衡山王吴芮、赵王张敖、燕王臧荼联名上疏：

> 先时秦为亡道，天下诛之。大王先得秦王，定关中，于天下功最多。存亡定危，救败继绝，以安万民，功盛德厚。又加惠于诸侯王有功者，使得立社稷。地分已定，而位号比拟，亡上下之分，大王功德之著，于后世不宣。昧死再拜上皇帝尊号。

汉王刘邦便推辞道："寡人闻帝者贤者有也，虚言亡实之名，非所取也。今诸侯王皆推高寡人，将何以处之哉？"于是，诸侯王便再次上疏恳请：

> 大王起于细微，灭乱秦，威动海内。又以辟陋之地，自汉中行威德，诛不义，立有功，平定海内，功臣皆受地食邑，非私之也。大王德施四海，诸侯王不足以道之，居帝位甚实宜，愿大王以幸天下。

刘邦这才应允道："诸侯王幸以为便于天下之民，则可矣。"于是正式称帝。

刘邦与始皇帝之比较

汉王称帝的过程，与始皇帝第一次采用"皇帝"称号相比，既有共同点也有相异点。诸侯王在给汉王刘邦的上疏中阐述了统一乱世、安抚万民的意识以及不称帝号则不能将功业传于后世的观点，这与始皇帝时的情况相同。同时，关于皇帝之号贵于王号的认识，两者也是一致的。然而，始皇帝时代，"皇帝"为"煌煌天帝"之意，是下凡到人间的宇宙主宰者，刘邦称帝号时却没有宣告这种意义。此外，刘邦后来定都长安营造宫殿时，将正殿命名为"未央宫"。这与始皇帝将正殿命名为"极庙"不同，并没有始皇帝时期要将天体构想再现于人间的意图。

两者之间最大差异还在于处理皇帝与王之间的关系上。虽然两者都认为帝位尊贵于王位，但是始皇帝在称帝之后，取消了王位；而刘邦称帝，其前提是诸侯王的存在以及诸侯王的拥立，同时诸侯的王位也在皇帝的权威下得到了保证。始皇帝否定王位，代表着废止封建制；而汉朝保留诸侯的王位则无疑意味着封建制的复活。秦朝郡县制与汉朝郡县制也因此出现了不同，此问题将在下文中详述。

同时还应当注意的是，刘邦称帝前以汉王身份建立汉国时，似乎已经自称"天子"了。汉十二年，刘邦自叹

"吾立为天子，帝有天下，十二年于今矣"。以此可推断，刘邦在汉王时期便已自称"天子"了。而始皇帝登上皇位后自称天子的史料，至今尚未被发现。不过，李斯在死刑前的最后一封上书中，将自己拥立统一了天下的秦王成为天子的事情，归为自身七宗罪责中的一项。但是，这封上书被赵高毁灭，内容却载于《史记》，前后极不合逻辑，因此《史记》所载的李斯的狱中上书，应当为他人所撰。由此可推断，始皇帝是李斯在狱中上书被杜撰的时代才开始被人们理解为天子的，在秦王时代还未称为天子。

那么，天子与皇帝到底有何区别呢？此问题将于第六章详述，在此不做深入探讨。

中国历史上，农民出身的皇帝仅有汉高祖刘邦以及明太祖朱元璋二人。从这一点来看，出生时便为秦王的始皇帝与农民出身的刘邦，在成为皇帝之后，两者的意识与思想似乎也有所差别。这也可以从原秦朝博士叔孙通整顿汉朝宫廷礼仪时，高祖所说的那句"吾乃今日知为皇帝之贵也"，略窥一斑。

此外，始皇帝的皇帝称号是他亲自下令甄选而定，而汉王刘邦则是经过了由诸侯王推戴的形式才正式称帝的。这种称帝形式，被沿用于之后的历代中原王朝皇帝的即位仪式之中。这里也反映出了秦朝与汉朝皇帝观念所存在的微妙差别。

建都长安

汉高祖刘邦最初打算在洛阳建都，但是一名叫娄敬的戍卒请求谒见高祖，他进谏道：关中地险坚固宜作都城。高祖便询问张良，张良也建议定都关中。于是，高祖当日便启程关中，决定迁都长安。娄敬因进谏有功而获赐皇姓。

长安宫城的营建由萧何主持。据说，公元前 200 年，刘邦攻打匈奴败北返回长安时，以未央宫为中心的庞大宫殿，其东阙、北阙、前殿、武库、大仓等正在如火如荼的建设之中。高祖见其壮丽，便怒责萧何："成败未可知，是何治宫室过度也！"萧何答道："天下方未定，故可因以就宫室。且夫天子以四海为家，非令壮丽亡以重威。"高祖听后甚悦。

汉九年（前 198），刘邦再次采纳了娄敬的建议，命令地方的豪族显贵，如齐地田氏家族，楚地昭氏、屈氏、景氏、怀氏家族等都移居到都城长安的周边地区。田氏是战国时代齐国的王族，昭氏、屈氏、景氏、怀氏是楚国王族的后代。这些战国时代的名门望族在地方上仍旧保存着一定的势力，将他们从地方迁徙至都城，不仅便于中央政府对其直接统治，同时也有利于充实都城经济。田氏诸侯到达长安后，按到达顺序，分列为第一氏、第二氏、第三氏，并被赐予新姓。东汉的第五伦，就是诸田氏的后裔。

图 30　未央宫遗址 *

* 东西约 136 米、南北约 318 米的长方形台地，北部稍高。照片
展示了从东方观望北端部分时的风景（笔者拍摄）。

图 31　长安城宣平门遗址发掘状况 *

* 长安城的城墙与城门建造于汉惠帝时期。

高祖刘邦的功臣

刘邦称帝后还有一件大事必须妥善处理，即如何安置那些在沛县举兵之后就与他同甘共苦、浴血奋战，助其完成统一大业的功臣。其中，有像萧何、曹参这样从刘邦在沛县起兵时就加入起义军的功臣，也有如陈平、韩信等那样在起义军壮大时期加入的功臣。不过，他们大都有一个相似点，就是出身都比较贫寒低贱。

其中出身高贵者仅数人，如战国时代韩国丞相之子张良、原秦朝御史张苍以及秦朝待诏博士叔孙通等，但是他们都是在刘邦军团声势浩大之后才归入刘邦麾下的。其他出身较好的功臣也只不过是一些地方官府中的下级使役，如担任过沛县主吏掾的萧何、沛县狱吏曹参以及同为狱吏的任敖、泗水兵吏周苛。此外，陈平、王陵、陆贾、郦商、郦食其、夏侯婴则都出身庶民。樊哙原以屠犬为生，周勃则是编织用于养蚕的席子的工匠，时而还在丧事上为人吹笛，灌婴是贩卖绢丝的商人，娄敬以牵灵车为业，无一不来自贫苦的下层社会。

此外，韩信是今天人们所熟知的那个年轻时贫困无居而放浪淮阴、受漂母分食之恩、遭无赖胯下之辱的典故的主人公。而陈平，据说年轻时寄居在只有 30 亩土地的兄长家中，因无所事事被兄嫂厌弃，到了婚嫁年龄，连穷人

家的女儿也嫌弃他，好不容易才娶到了一个有五次婚史的
寡妇。

就是由这样一群来自社会底层的人，构成了刘邦军
团，一同协助刘邦完成了称霸天下的大业。但他们之所以
聚集到刘邦周围，其原因并不是在于刘邦也出生于低贱的
农民家庭。可以说这一现象是那个时代的普遍特征，秦末
的各个起义军团，不论其领袖出身如何，集结而来的兵士
大多来自贫困的社会底层。起义军领袖与他们之间的关系
超越了同族或者同乡这样的血缘、地缘关系，也就是说，
是一种建立在感情上相互信任的关系。

这种关系被称为"主客关系"，兼具人德与实力的人
为主君，聚集而来的与其没有血缘或地缘关系的人则成为
"宾客"。这正是春秋末期以后中国社会发生变革之际各
个力量集团形成的原理。战国时代的孟尝君、春申君、信
陵君、平原君的势力集团，以及上一章阐述的吕不韦与其
宾客之间的关系，无一不是在这一原理下形成的。换言
之，在刘邦军团中，刘邦与其麾下的兵将也是以这种
"主客关系"为纽带结合在一起的，可以说这恰恰体现出
了当时的时代特征。

分封功臣

这种以主客关系为纽带建立的集团，毕竟还具有私人

性质。然而，现在刘邦已经成为汉帝国的皇帝。那么，改变他与隶属于他的功臣之间的私人性质关系，自然地被提上了日程。当年他自称沛公与项羽军团联合，在楚怀王的楚军大旗下共同作战时，就曾经给帐下的功臣相应的军衔，并按军功给每人赐了爵位。

刘邦为各个功臣分封的爵位为楚爵，其依据是战国时代楚国的爵位制度。对于功臣来说，获得军衔、受封爵位，便意味着个人身份从私人性质向公家性质的转变。之后，刘邦从沛公成为汉王，建立汉国，汉朝建立时，他们的身份性质就已经发生了决定性的转变。最后汉军在楚汉之争中大获全胜，刘邦称帝，便对其所有功臣一律实行了具有公家性质的礼遇。

这种公家性质的礼遇在当时称为论功行赏。刘邦称帝翌年十二月（刘邦称帝在二月，但由于十月为岁首，因而十二月为称帝翌年）所进行的"封建功臣"就是这种论功行赏。根据《史记》《汉书》中的《功臣年表》记载，汉高祖时期所分封的列侯总计143人，其中除去与刘邦同族的4人外，其他受封者都是有功之臣。列侯是在二十等爵制中最高的爵位，汉高祖时期称为彻侯，之后为避汉武帝刘彻的名讳，因而被改为通侯或列侯。

列侯可获封邑，其爵位也可世代相传。封邑以列侯的名称冠名，例如，萧何被封为酂侯，其封邑便称为酂县，而被封为平阳侯的曹参，其封邑则称为平阳县。

列侯以在其封邑征收的租税为其收益，封邑中设县令或置相（相当于县长官级别），列侯家中设家丞等级别的家臣，由他们直接实行对封邑的统治以及财政管理。各封邑的封户数量有所不同，汉初，平阳县可征收 16000 户租税，酂县则可征收 8000 户租税。

战乱结束后，民生逐渐恢复，封邑的户数不断增加，列侯可征税收也随之增长。例如酂侯萧何和平阳侯曹参，数代之后，其继承者的封邑户数都达到了四万。据《史记·货殖列传》记载，汉武帝时期封邑千户的列侯，其年收入为 20 万钱，由此可知万户列侯的收益何等丰盈。

如上所述，刘邦的功臣们通过受封最高爵位以及封邑，获得了具有公家性质的身份与地位。并且，这种身份与地位得到了皇权的保护，在《封爵誓》中以文字的形式被明示出来。《封爵誓》的内容为"使河如带，泰山若厉，国以永宁，爰及苗裔"，以丹砂书写于铁质契卷。而铁券又被分割为两部分，一半赐予列侯保管，一半纳入金匮石室收藏于宗庙之中。

立诸侯王

列侯之上，还有称为诸侯王的最高爵位。只有皇帝近亲或者有大功勋的功臣才能受此王位。如上文提及，刘邦是由诸王联名上疏被推戴为皇帝的。刘邦称帝以后，他在保留原有诸王爵位的同时，对其中一些王的爵位又重新作了安排，特别分封了他的近亲以及功臣，称其为诸侯王。例如，刘邦称帝第一年，发生燕王臧荼谋反事件，刘邦俘杀臧荼后，分封自己幼年时代的同乡好友、同年同月出生的卢绾接替了燕王之位。另外，刘邦又将彭越封为梁王，改封衡山王吴芮为长沙王，迁齐王韩信为楚王，徙韩王信至太原郡晋阳。之后，韩信被疑谋反，贬为淮阴侯。翌年，韩王信也因投降匈奴，被废除王位。

刘邦除了分封功臣以外，还分封了许多自己的近亲与同族。因此，中国历史上第一次出现了同姓诸侯王的现象。汉六年（前201）正月，刘邦封其兄长刘喜为代王，异母弟刘交为楚王，庶子刘肥为齐王，同族人刘贾为荆王。其后，在分封其兄长之子刘濞为吴王的同时，又将自己的诸子也立为王，分封到全国各地。

对比诸侯王与列侯之间的差别可知，诸侯王身份高于列侯，其封邑的大小也有天壤之别。列侯的封邑仅为一县，而诸侯王的封邑则达到数郡数十县。例如，荆王刘贾的封邑包括东阳郡、鄣郡、吴郡的53县；楚王刘交的封邑包括砀郡、薛郡、郯郡的36县；代王刘喜的封邑包括云中郡、雁门郡、代郡的53县；而齐王刘肥的封邑则达到胶东郡、胶西郡、临淄郡、济北郡、博阳郡、城阳郡的73县。

提及这些封邑时并不以郡名或者县名，而是冠以"国"名称呼，例如，荆国、楚国、代国、齐国。因而，不论列侯还是诸侯王，他们的封邑名称都冠以国字，并无差别。然而，列侯与诸侯王，其封邑面积不仅相距甚远，并且从实力来看，诸侯王在自己的封邑内拥有极大的自治权，其行政机构独立于中央朝廷，构成却与中央朝廷基本相同。具体而言，其封邑内设有辅佐王的太傅、管理王国国民的内史、负责军事的中尉、统帅百官的相国（后称为丞相）以及御史大夫、廷尉、少府、宗正、博士、大夫等类似中央朝廷的人事结构。

此外，列侯多居住于首都长安，赴封邑者极少。而诸侯王则生活在自己封邑内的都城，仅在首都长安设置临时的居所。因此，可以说诸侯王在其封邑各自为国，其王国具有独立于中央朝廷的特点。

消灭异姓诸侯王

汉帝国的国家政治结构呈现出与秦帝国郡县制极为不同的特点。在汉帝国，除一部分直接由皇帝管辖的郡县外，其领土内还并存着上述列侯、诸侯王的侯国与王国，特别是其中诸侯王王国，其分布面积覆盖了汉帝国的大部分领土。相对于皇帝直辖的 15 郡，汉帝国内广泛分布的王国的领域达到三十余郡。从这一点来看，汉帝国中央朝廷对全国的控制远不及秦帝国。

如上所述，中央朝廷将王国内的统治权委任给诸侯王。其王国内的官员，除了丞相由中央朝廷任命以外，其他人选都任由诸侯王亲自决定。并且，诸侯王可自立年号，掌握王国的财政大权。因此不难发现，这种分封王国的郡国制的实施，实际上意味着周代封建制度的复活。此外，从王国所具有的各种自主权来看，它脱离中央朝廷控制，出现独立的倾向也并不令人意外。

针对这种倾向，或者说由于预见了分封王国将导致的不堪后果，汉高祖在位期间采取了一定的措施。这一措施就是消灭诸侯王中的异姓王、保留同姓王的政策。具体而言，政策根据血缘的亲疏关系，排除异己，将逐渐脱离中央朝廷统治的诸侯王重新归于中央政权之下。

汉六年（前189），高祖治罪赵王张敖，废其为列侯；十一年，在长安处死了已经被贬为淮阴侯的原齐王、楚王韩信，又派将军柴武俘杀了投降匈奴的韩王信；同年，以谋反罪诛杀梁王彭越一族，并令人将彭越的尸体腌制成咸肉分于诸侯。在这一局势下，淮南王英布（黥布）自感将大难临头，便起兵反叛，首先攻杀了荆王刘贾。但他的军队很快被汉高祖亲自率领的大军击破，英布战亡。燕王卢绾目睹了这一肃清异姓诸侯王的过程，便逃奔至匈奴，其王国也随之灭亡。

如上所述，汉高祖时期，除了长沙王吴芮的王国得以幸存并传于后代之外，主要的异姓诸侯王都被清除。

吴芮于汉高祖五年被封为长沙王，不久后便与世长辞。他的王位一直传至第五代子孙，文帝末年（前157），由于王室无嗣，其王国才被废除。因此，除了吕后时期的特例以外，汉高祖之后，汉王朝中再未出现过异姓诸侯王。汉高祖的遗言"非刘氏不王"成为汉王朝历代分封诸侯王时不成文的祖训。

皇权对诸侯王、列侯的统制

较之周代诸侯，汉代诸侯王受到皇权强烈制约这一点，不仅体现在同姓、异姓的问题上，同时也体现在他们对中央朝廷的义务之中。虽然诸侯王在其封国内被委以自治权，看似独立于中央，但定期入朝谒见皇帝则是他们必须履行的义务。入朝谒见的仪式在春秋两季举行，春季入朝称为"朝"，秋季入朝称为"请"。入朝谒见的仪式极为重要，诸侯王如有懈怠，便会被斥为不守藩礼，甚至会被扣上谋反的罪名。

同时，在军事方面，文帝二年（前178）之后，诸侯王的军权开始受制于中央朝廷。如上文所述，封国中设有廷尉这一武官职位。然而，从文帝二年开始，封国单独发兵的权利被中央收回，由皇帝向诸侯王发布战争命令。诸

图 32　长沙马王堆汉墓"彩绘黑漆外棺"*

　　*墓主长沙国丞相、初代轪侯利苍，他曾经辅佐的长沙王是汉初唯一未遭刘邦肃清的异姓诸侯王。

　　侯王只有在收到中央朝廷所遣使者带来的发兵令时，才能使用自己封国内兵器库中的兵器。

　　发兵令的凭证是一种可一分为二的虎符。其使用方法是，中央使者携其中的一半前往封国，将其与封国所持的另一半拼接。只有两部分虎符的文字恰好吻合时，才能打开当地的兵器库。这种使用虎符发兵的制度沿袭了秦制，不仅使用于封国，同时也使用于对郡的军事控制。

图 33　东汉虎符

此外，对诸侯王的控制还体现在封国的王位继承问题上。牧野氏在研究（《西汉封建相继法》收录于《中国家族研究》，生活社，1944）中发现，其实不仅是诸侯王的王位继承，列侯的爵位继承也受中央控制。根据牧野氏的研究可知，诸侯王、列侯的爵位继承与周代的诸侯继承法不同，只有儿子才能继承，远亲毋庸置疑，就连孙子、兄弟之子也没有继承权。只有在得到皇恩特赦的特殊情况下，其儿子以外的人才可能继承诸侯王或列侯的爵位。这种继承法仅用于诸侯王与列侯的继承问题，与一般官民的继承法大相径庭。此外，这种继承法并不是在吴楚七国之乱（前 154）爆发后才产生的，早在汉初就已经形成，其发端大概可以上溯到战国时代。

这种针对诸侯王、列侯的继承法，体现了皇权凌驾诸侯王与列侯之上的绝对优越性。由此可见，诸侯王与列侯并未脱离中央朝廷，也难以在地方建立完全独立的政权，他们始终处于中央皇权的控制之下。

不过，尽管受到皇权的诸多制约，诸侯王、列侯仍拥有种种特权以及面积广大的封土，这些因素导致封国逐渐走上独立王国的道路，并且引发了景帝时期封国联合叛变的吴楚七国之乱。

五　汉初的国家体制

中央政府的国家统治机构

汉代的国家政治体制，除了在地方设置王国、侯国这一点以外，其他都承袭秦制。从这一点可以说，虽然存在从郡县制向郡国制的转变，但汉帝国实际上是秦帝国的传承者。

西汉的中央官制经历了以下三个时期的变革，景帝时期、武帝时期以及任用王莽进行改制的成帝、哀帝时期。在阐述这些变革之前，让我们先观察一下在此之前的汉初中央机构的特点。

中央朝廷的最高官职为丞相，负责统领以民政为中心的所有政事。同时，在制定国策时，丞相还负责主持朝议，将朝议中群臣商定的政策上奏给皇帝最后裁决。朝议是皇帝处理政务不可缺少的环节。当年刘邦称汉王时，任命萧何为汉国丞相，到了楚汉争霸时期，关中地区的民政就都由萧何管理整治。刘邦称帝后，丞相一职仍由萧何担任，高祖十一年（前196）改称为相国，其地位也变得更为尊贵。秦朝时中央设左右丞相两员，高祖时仅设一员丞相，之后的惠帝、吕后时期恢复左右两丞相，汉武帝时期则重袭高祖时代一员丞相的制度。除以上职责外，丞相还负责管辖自己的行政官府，即丞相府。武帝时丞相府的官吏人数达到382人。

丞相之下的官职为御史大夫。通常认为御史大夫职掌监察，但实际上，监察百官民众是御史大夫的属官御史中丞的职责。御史大夫则负责统辖御史府，起草诏命文书，作为皇帝近臣将经过皇帝裁决后的政策传达给丞相。后来，御史大夫承副丞相之职，丞相的政务也可由其代理。

职掌汉帝国军事事务的官职为太尉。刘邦称帝初年，命卢绾担任太尉。不过，从分封卢绾为燕王后直至高祖十一年（前196）任命周勃任太尉的这一段时期，太尉的设置情况尚不明确。在汉高祖之后的中央机构里，太尉一职也是时置时废，其正式废止是在汉武帝初期。

治粟内史职掌帝国的财政税收，这也承袭了秦制。从被称为"内史"可以推测，治粟内史最初掌管京师（首都）财政，后来才发展为管辖全国财政税收的政府机构。

图 34 "丞相之印章"与"御史大夫章"*

* "丞相之印章"封泥印（左）与"御史大夫章"封泥印（右），均为五字印，据考证为汉武帝太初元年（前 104）之后的物品。

汉景帝后元年（前 143），治粟内史改称大农令，汉武帝太初元年（前 104）又改名为大司农。虽名称几经改变，但其作为国家机构管理财政税收的职能一直未变。

廷尉负责国家司法，裁决罪行。其职权不仅限于京师，同时拥有高于郡守的司法权。其中，文帝时期的廷尉张释之的逸闻极为有名，据说他担任廷尉时执法严明，甚至连当时的文帝也不敢恣意行事。

皇帝的官廷事务机构

上述的诸官职被置于中央政府机构之中，具有全国统治机构的性质。而除了以上官职以外，中央官僚机构中还设有其他许多重要的职位。不过从那些官职的性质来看，与其说是国家统治机构，不如说它们是专为皇帝以及其家族服务的宫廷事务机构。这一点反映出，汉帝国的中央朝廷仍带有君主私人机构的浓重色彩。它由以下诸多官职构成。

首先，皇帝的宫廷事务机构中设有郎中令、卫尉、中尉，他们负责保卫皇帝的人身安全以及皇帝所在宫殿与都城的治安。其中，郎中令直接负责保卫皇帝安全，并统率其他郎官。郎官从官僚或者资产丰厚的大家族子弟中挑选，他们宿卫在皇帝近侧，并在皇帝行使公务、驾临仪式时，贴身保卫皇帝安全。中央与地方的主要官员，都从郎官中选拔任命。

换而言之，汉代的高级官僚都要先从郎官做起，侍奉皇帝于近侧，与皇帝之间建立私人性质关系之后才能被提升到较高的职位。由此可知，官僚与皇帝之间的私人从属关系，普遍存在于官僚制度的最基层。郎中令一职，于汉武帝太初元年（前104）被改名为光禄勋。此外，卫尉统率南军，负责宫城内的守卫；中尉统率北军，负责维护都城即长安城内的治安。太初元年的改革中，中尉被更名为执金吾。卫尉统率的南军士兵，根据征兵制度每年由地方征集而来；而中尉率领的北军，则由三辅地方的材官（步兵）和骑士（骑兵）组成。但是，汉初还未有三辅一称，因此北军大概是由从首都附近召集来的士兵组成。

其次，宫内还设有侍奉皇帝个人生活的机构，如少府、太仆、将作少府。相对于管理国家财政的治粟内史，少府是职掌宫内皇室财政的机构，其中还设有分局，分别负责管理皇室财务、处理皇帝身边琐事以及后宫事务等。

根据加藤繁博士的研究，西汉的财政机构分为治粟内史（大司农）和少府，其中，少府管理的皇室财政费用甚至超过了大司农管理的国家财政费用。以西汉中期元帝（前 48－前 33 年在位）时期一年的财政状况为例，相对于大司农管理的 40 亿钱，少府以及从少府分离出去的水衡（参照第四章第五节）所管理的皇室财政费用竟达 43 亿钱。汉初，盐税与铁税都由少府负责管理，直到武帝时期管理权才移交到大司农。因而，虽然上述元帝时期的数额是汉代中期的数额，但仍可推断，汉初少府管理的皇室财政金额一定大于国家财政金额。

其次，太仆掌管皇帝车马，将作少府负责宫室与帝陵的营建，可以说都是为侍奉皇帝生活所设的官职。景帝中六年（前 144）之后，将作少府改称将作大匠。

此外，为皇室服务的官职还有詹事、宗正、奉常。詹事职掌有关皇太后、皇后、皇太子的事务；宗正负责管理皇帝宗室外戚的事务；而奉常则主管宗庙、祭祀、陵墓以及宫廷礼仪。因而这三个职位也不是为服务国家而设置的机构，而是为处理一切与皇帝宗族或者祖先有关的事务的皇室家政机构。景帝中六年（前144），皇太后的詹事改名为长信少府，奉常改名为太常。

如上所述，在中央政府不仅设有丞相府、御史府这样的国家统治机构，与其相并存的，是甚至规模更大的负责处理有关皇帝公私事务的其他诸机构。这些机构的设置与运行，基本上继承了秦制。因而必须说，汉初中央政府机构的特点并不为汉帝国所独有，而是共通于秦帝国。从春秋末期到战国时代，国家性质不断发生改变，最终出现了家长制的君主专制，在这一过程中形成了上述中央机构的特点。

郡县的行政机构

汉王朝实行郡国制度，除了在地方设置王国、侯国以外，同时也实行郡县制。汉朝郡县制与秦朝相同，郡中设守（长官）、丞（副官）、尉（军官），县中设令（大县的长官）或长（小县的长官）、丞（副官）、尉（军官）。并且，这些官员都由皇帝任命，从中央派遣到地方，称为长吏。与此相对应的是功曹、都邮等郡县的下级官吏，他们由各郡县长官在当地挑选任命，称为少吏。

景帝中二年（前148），郡守、郡尉改为太守、都尉。

在现在的日本有时也将县知事称为"良二千石",而这实际上是效仿中国汉代郡太守的称谓。当时汉代郡太守被称作秩二千石（秩，表示汉代的中央、地方官吏的等级，分为中二千石、二千石、比二千石、千石、比千石、八百石、六百石、比六百石、五百石、四百石、比四百石、三百石、比三百石、二百石、百石等。西汉末期废止了八百石和五百石。不过，这些数字仅仅表示等级，不代表实际的俸禄）。此外，县令的等级在秩千石到六百石之间，县长则在秩五百石到三百石之间。

县内继续分置乡，乡内设乡官，即三老、啬夫、游徼。其中的三老一职，如上文所述，由乡内富有德望的人担任，负责乡民的教化工作，一些乡三老还可通过选拔成为县三老。啬夫和游徼由县派遣而来，啬夫主管诉讼、征收赋税，游徼负责抓捕盗贼、维持治安。

乡内还继续分置里。里位于地方行政的末端，其规模大约有百户人口。里的周围筑有土墙，其大门称之为闾，设负责看守大门的监门一职，出入里的人都必须通过此门。里的内部为宅地，宅与宅之间筑有围墙。房屋建在宅内，当时称为家屋，每宅居住一户人家。每户人家平均五人，因此也被称为五口之家。另外，"兄弟阋于墙，外御其务（侮）"这句话就是以里宅格局为背景而产生的。里内的长官称为里正，此外还有上文中提及的负责教导的父老、父兄以及作为年轻劳动力的子弟。

除了设置在乡内的里以外，有的里还单独存在，或者数个里集合成亭乃至乡。一个县分为数个乡，各个乡又分为数个里。里内的居民基本都是农民，其耕地位于里的外围。而县城的情况也与此相同，因而当时的都市，即便设有郡或县的管理机构，以及称为市的商业区，其中的居民大部分都为农民。那么，这些农民是如何承担国家义务的呢？关于这一问题将在下文中详述。

郡国制存在的两大课题

上文阐述了汉帝国建立的大致过程及其国家构造的特点。可以说，汉帝国的萌芽诞生于秦朝末年的起义军之中，之后它不仅继承了秦朝的皇帝制度，其国家机构的运行也基本承袭秦制。汉帝国与秦帝国唯一的不同处在于，秦帝国实行郡县制，而汉帝国则推行郡国制。但是，这个不同点却给汉王朝带来了两大历史课题。

第一，尽管皇权对诸侯王国的发展具有制约意义，但皇帝的圣意无法阻止诸侯王国日趋独立化。面对王国逐渐独立的问题，该如何决断，不久后便成为中央政府迫在眉睫的课题。第二，与秦帝国单一的郡县制不同，汉帝国出现的王国、侯国导致人们产生了封建制复活的

丞相　辅佐皇帝、总理内政外政、调和阴阳
　　　→相国BC96　　左、右丞相BC194 →丞相BC178──────→大司徒BC1 →
太尉　军事最高统帅　──────→废止BC141　大司马新设BC119　大司马BC87 →
御史大夫　以副丞相身份辅佐丞相　　　　　　　　　　　　　　→大司空BC1 →
将军（前、后、左、右及其他）军事指挥官，不常设──────
奉常　掌管宗庙、陵墓、礼仪──────→太常BC144──────
郎中令　天子的宿卫，并统帅郎官──────→光禄勋BC104──────
卫尉　统帅南军，负责宫门的警备──────→中大夫令BC156→卫尉BC143──
中尉　统帅北军，负责长安城内的警备──────→执金吾BC104──
太仆　掌管卤簿车马
廷尉　职掌监狱、诉讼事务　　　　　　→大理BC144→廷尉BC137──
典客　负责接待来朝蛮夷　　　　　　→大行令BC144→大鸿胪BC104 ┐
宗正　职掌天子宗族事务──────　　　　　　　　　　　→宗伯AD4 │
治粟内使　职掌国家财政事务　　　　　→大农令BC143→大司农BC104──
少府　职掌皇室财政与宫内事务──────
水衡都尉　职掌皇室财政、铸币事务　新设BC115──
将作少府　职掌宫室陵墓的营建和修理　　　→将作大匠BC144──
奉车都尉　掌管御乘舆车　　　武帝时期新设──
驸马都尉　掌管天子副乘　　　武帝时期新设──
太子太傅　皇太子的师傅，不常设──────
太子詹事　职掌太子宫中庶务──────
皇后詹事　职掌皇后宫中庶务　　　　　　　→合并于大长秋BC18
长信詹事　职掌皇太后宫中庶务　　→长信少府BC144　　→长乐少府AD4
将行　职掌皇后宫中事务　　　　→大长信BC144
典属国　职掌来降蛮夷事务　　　→增设属官BC100→合并于大鸿胪BC28
内史　管理首都──────┬→右内史BC135→京兆尹BC104 ┐管理三辅
　　　　　　　　　　└→左内史BC135→左冯翊BC104 ┤　　　　　→
主爵中尉　管理列侯　→主爵都尉BC144→右扶风BC104 ┘
　　　　　　　　　　　列侯的管理由大鸿　胪负责
司隶校尉　负责三辅、三河、弘农的督察　　新设BC89→废止　司隶→
　　　　　　　　　　　　　　　　　　　　　　　BC9 BC7
郡守　郡长官　　　　──────→太守BC148
郡尉　职掌郡的军事──────→都尉BC148
刺史　地方监察　　　　　　　　新设──→牧──→刺史→牧
　　　　　　　　　　　　　　BC106　BC8 BC5 BC1
西域都护　统御西域诸国　　　　　　　　新设BC60
戊己校尉　设于西域　　　　　　　　　　　新设BC48──

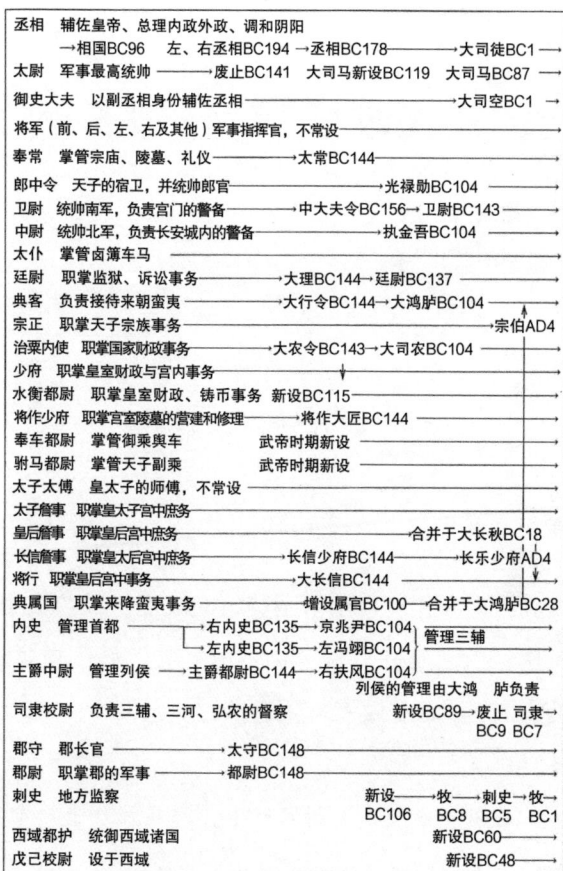

图35　西汉时代主要官职名变迁

观念，而这一观念又成为汉帝国周边民族与中国皇权结合的理论开端。关于这两点，将于下一章阐述。

3

汉初的刘氏政权

一 吕后之乱

高祖之死

汉高祖刘邦在讨伐淮南王英布的战场上被流矢射中，身负重伤，返回长安后伤势仍不见好转。吕后便延请良医，劝说高祖就医，高祖却不恩准：

> 吾以布衣提三尺剑取天下，此非天命乎? 命乃在天，虽扁鹊何益?

高祖临终前，吕后向高祖征求其驾崩后丞相的人选，高祖便嘱咐吕后：接替萧何的最佳人选为曹参，其次为王陵；王陵为人愚直，可令陈平辅佐，但陈平过于聪明，不可独任丞相；周勃为人忠厚，安刘氏天下者唯有周勃，可任其为太尉。吕后又继续询问这些大臣死后由谁继任，高祖只道"此后亦非乃所知也"。对于吕后而言，高祖的遗言预示了她的最终命运。

汉十二年（前195）五月，刘邦在长安的长乐宫走完了他波澜壮阔的一生。除了终年53岁之说以外，也有终年62岁或63岁的观点。由于刘邦驾崩四天后朝廷仍迟迟秘不发丧，功臣将领们都提心吊胆，认为朝廷要在诛杀他们之后才为高祖发丧。卢绾逃奔匈奴一事便发生在这一时期。发丧后，刘邦遗体被安葬于长陵，皇太子刘盈即位。刘盈为刘邦与吕后所生，后称惠帝（前194－前188年在位）。惠帝为刘邦议定的谥号为"高皇帝"，并命令各郡建造高祖庙，也就是历史上所谓的郡国庙。

在此之前，帝庙只设于国都，并没有在地方立郡国庙的传统。即便是被称为极庙的始皇帝庙也只建在首都咸阳。直至汉朝，帝庙才开始建造在各个地方。其先河开创于汉十年（前197）。当时高祖刘邦的父亲去世，刘邦赠其"太上皇"谥号后，又命令诸侯王在各自封国内的都城建立了太上皇庙。刘邦去世后，惠帝也令各郡国立高祖庙，因而郡国立帝庙，便固定为制度。此后，文帝去世时，由景帝为其在各郡国立文帝庙；武帝驾崩后，其巡幸过的郡国也都为其建立了武帝庙。到了元帝时期，天下68个郡国中，共建了167座帝庙，这一现象在中国历代王朝之中都极为罕见。

汉朝至元帝时期，由于儒学思想地位的巩固，郡国庙成为巨大的社会问题。关于这一点将在下文中详细阐述。在此，让我们先考虑产生这种特殊的郡国庙现象的原因。

这一现象的产生大概是与汉朝皇帝同时被尊为天子和天下子民之父的身份有关。高祖在汉十一年曾说道"今吾以天之灵，贤士大夫，定有天下，以为一家"，表达了天下为家的思想。那么，皇帝是天下子民之父，其祖先便是天下子民的祖先。因此，为了让天下子民祭祀自己的祖先，就便必须在各个郡国设立宗庙。这就是郡国立庙的理论依据。而其中的根本目的则在于，增强人民对皇权皇威的尊崇意识，进而强化对人民的支配与统治。这也可从汉代二十等爵制的特征之中略窥一斑。关于这一点也将在下文中阐述。

惠帝与吕后

高祖有八位皇子，其中与吕后所生仅惠帝一人。惠帝天生体质孱弱，因此吕后为保护其太子地位，一直对其他皇子以及他们的生母保持着戒备之心。据说，高祖也因担忧惠帝体弱，曾一度考虑改立与戚夫人所生的赵王刘如意为皇太子。惠帝由于听从了留侯张良的计策，才得以保住皇太子之位，并在高祖驾崩后顺利登基，其母吕后也被封

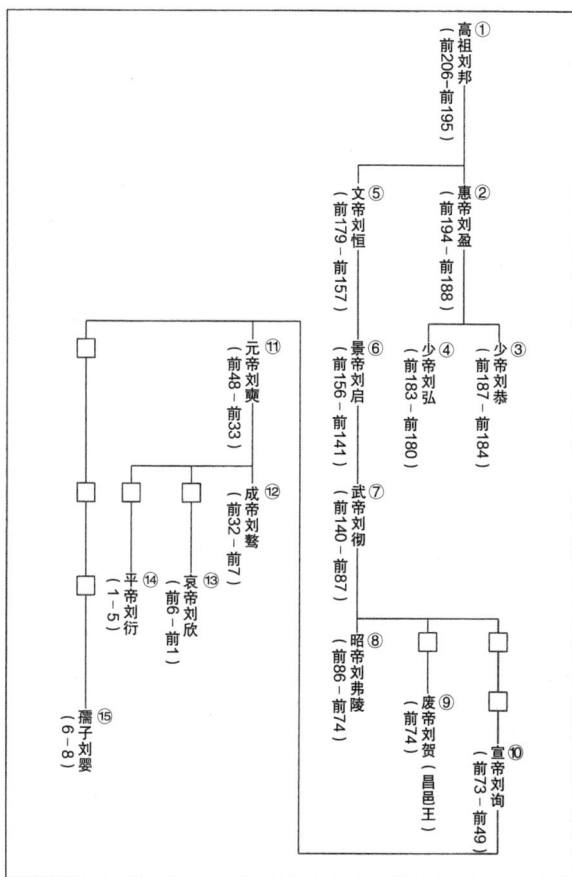

图36　西汉帝系[*]

[*] 括号内为在位时期。

为皇太后。

　　但是吕后善妒性凶，不仅计划毒害赵王刘如意，而且还将戚夫人断臂断足、剜眼、熏聋、灌哑后，投入厕中唤作"人彘"。惠帝觉察到母后要暗杀刘如意的想法后，刻意与刘如意一同寝居，明里暗处加以保护，但终究防不胜防，刘如意被吕后寻机灌毒而死。此外，惠帝由于看到被残害成人彘的戚夫人，惊愕悲痛，从此便不理朝政，放纵淫乐以解苦楚，最终致病而亡。时值惠帝即位七年，年仅23岁。惠帝未有子嗣。

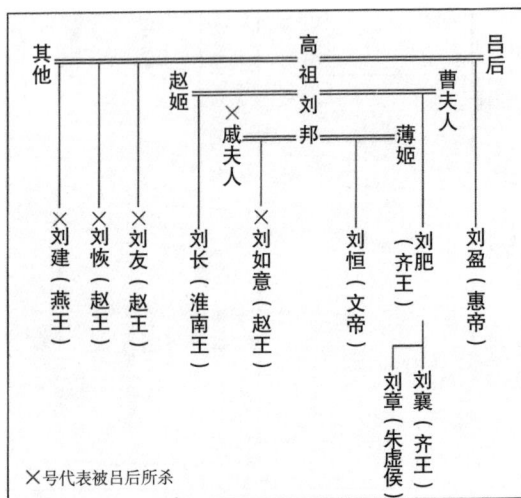

其他

赵姬

×戚夫人

高祖刘邦

曹夫人

薄姬

吕后

×刘建（燕王）

×刘恢（赵王）

×刘友（赵王）

刘长（淮南王）

×刘如意（赵王）

刘恒（文帝）

刘肥（齐王）

刘盈（惠帝）

刘章（朱虚侯）

刘襄（齐王）

×号代表被吕后所杀

图 37　高祖诸皇子与其母

除了赵王刘如意以外，高祖其他的皇子也都曾面临被吕后杀害的危机。其中，齐王刘肥将自己封国中的一部分土地进献给吕后才免遭一死。而继刘如意之后，被封为赵王的原淮阳王刘友、原梁王刘恢、燕王刘建都惨遭吕后杀害。也就是说，高祖皇子中的幸存者只有齐王刘肥、代王刘恒、淮南王刘长。并且，齐王刘肥在惠帝在位时病逝。因此，吕后时期幸存的仅有代王和淮南王。

长安筑城

惠帝二年（前193）相国萧何去世后，遵循高祖遗言，其位由曹参继任。然而曹参辅政时，仅仅依照由萧何整备的法律来治理国家，并且日夜饮酒作乐，缺乏积极的执政热情。他的这种政治理念与汉初流行的黄老思想不无共通之处。

惠帝五年（前190），曹参也因病而去世。吕后便继续遵循高祖遗言，命王陵为右丞相，陈平为左丞相，令周勃为太尉。这一时期，最令人瞩目的是长安筑城工程的竣工。

高祖刘邦建都长安后，根据萧何的方案，营造了以正殿未央宫为中心的诸多宫室，却未来得及修整长安城的建筑，尤其是修建长安城墙的工程还尚未展开。上述的筑城工程就是指修建长安城墙的工程。这一工程从惠帝即位元年动工，历时五年竣工。其间，众多百姓被动员到这项工程的建设之中。惠帝三年（前192）春，长安城外方圆600里内，共有146000名男女被征集，进行了为时30天的劳动。同年六月，诸侯王与列侯封国内的20000徒隶

（触犯刑法者）也被调入长安充当劳力。惠帝五年正月，长安城外方圆 600 里内的 145000 名男女再次被动员，进行了 30 天的劳动。终于在这一年的九月，长安的筑城工程落下了帷幕。

当时的长安城位于现在的西安市西北郊。根据其残留的城墙遗迹，基本可以计算出当时长安城的规模。而根据最新调查，城墙东侧长 5940 米，南侧长 6250 米，西侧长 4550 米，北侧长 5950 米，呈现出不规则形状。每侧还留有城门遗址，城墙内西南部为未央宫前殿的夯台遗迹。城内除了宫殿、官府以外，还设有九市（公共市场）。其中东西两市建于长安城墙完工，翌年其他七市于东西市之后建立。

市，是指当时都市里的特定商业区，人们只有在这一特定区域才能进行商品买卖。市内建有称为市楼的数层高的展望楼，亦称旗亭楼。展望楼中置太鼓，用来报时或者通知紧急情况。据说负责管理市场的官役就是在展望楼上瞭望市场。东西两市大概都建有这样的市楼，东市、西市的面积相当于四个里，各方 266 步（约不到 370 米）。而长安九市中的其他七市，如直市、柳市等，关于它们是建在长安城外还是长安城内的问题，至今尚未有定论。

汉初长安，没有确切的城市人口数量。但根据西汉末期平帝元始二年（2）的人口统计可知，三辅（以长安为中心的关中地区，分为京兆尹、左冯翊、右扶风）地区的户数为 647180 户，人口数为 2437418，其中长安县的户数为 80800，人口数为 246200，长安城的户数略低于长安县。不过，长安城虽大，但内部建有未央宫、长乐宫、明光宫、北宫、桂宫等诸多宫室，其占地面积达长安城内总面积一半以上，而百姓的居住区则相对较为狭小，长安城的大部分人口应当是居住在长安城外的。

此外，高祖曾经采纳娄敬的策略，下令楚国昭氏、屈氏、景氏，齐国诸田氏迁徙到关中，又命令秩二千石以上

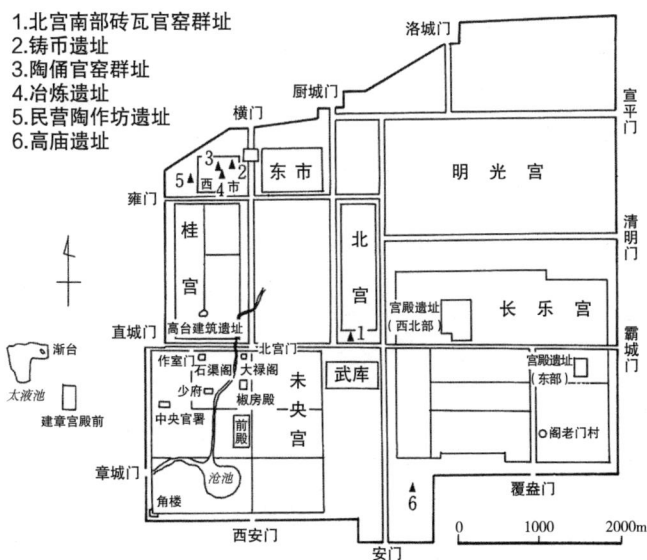

图 38A　汉长安城平面图 *

* 引自《考古》1996 年第 10 期。

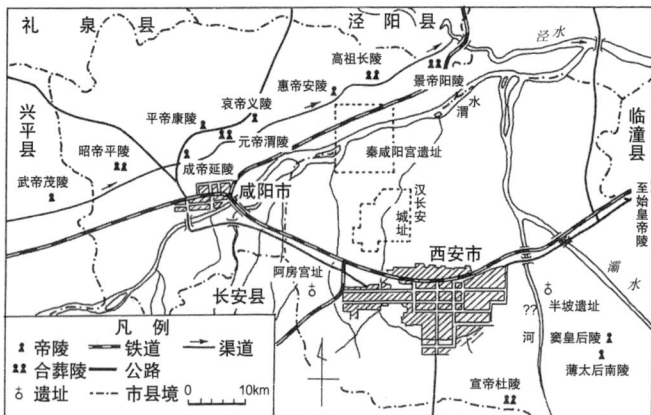

图 38B　西汉诸皇陵的位置图 *

* 引自《汉诸陵位置考》，《考古与文物》1980 年创刊号。

的高官以及富豪迁入三辅地区居住。高祖驾崩后安葬于长陵，之后历代汉朝皇帝又不断营建皇陵，朝廷还以守护皇陵为名目，在皇陵附近建造新城，并设奉常命其管辖。之后，各地高官、富豪也纷纷移居新城，长安周边逐渐形成数个卫星城市，汉代三辅地区的居住人口也愈加密集。

吕后称制

我们将视线转回到汉初的政坛。上文所述惠帝，其皇后是同母姐姐鲁元公主之女，但两人之间未有子嗣。因此，吕后只得将惠帝后宫一位美人（后宫的女官名）所生的男婴作为惠帝皇后之子，立为皇太子。惠帝病逝后，皇太子继位。但由于即位时皇帝尚年幼，吕后便名正言顺地开始了临朝称制。

所谓临朝是指在朝廷上裁决政务，称制是指发布制书、诏书。临朝称制就意味着这两项原本只有皇帝才能行使的国家权力转由皇太后全权代行。表面上称之为代行，实质上天下万机都由吕后一人独裁，汉朝进入了吕后专制的时代。但其实此前的惠帝登基不久后就不理朝政，因而准确地说吕后专制应始于惠帝时期。

吕后临朝称制后，便将惠帝诸子立为王，自己的兄弟姐妹以及其子立为列侯。同时，又将其兄周吕侯吕泽之子吕台、吕产以及建成侯吕释之之子吕禄封为将军，统率南北军。通过这些举措，吕后不仅掌握了都城的兵力，并且将重要的军权全部纳入吕氏一族手中。翌年，吕台被封为吕王。吕台虽然在受封当年去世，但高祖所定"非刘氏不封王"的汉室祖训就此被吕氏打破。

不久后，吕后所立幼帝得知自己并非惠帝皇后所生，而自己的生母也被灭口，不禁口出怨言。吕后闻知，便将幼帝幽禁弑杀，重新立惠帝皇子中的恒山王弘为皇帝。但此后，吕后仍然称制揽权。新皇登基之后，甚至连年号也不曾更改。

吕后称制六年（前182），吕台之弟吕产被封为吕王。翌年，高祖皇子赵王刘友被吕后幽杀。而继任赵王的梁王刘恢，在妻子被吕后毒杀后，也悲极自刎。梁王之位就被吕王吕产继任，而赵王之位则被吕禄接任。并且，统率南北军的大权，依旧由吕产、吕禄二人执掌。

如此一来，吕后称制后，汉代的刘氏政权就都被吕氏一族掌控，天下出现"非刘氏"的吕氏诸侯王。

剿灭吕氏一族

吕后在称制后的第八年（前180）病亡。遵吕后遗诏，梁王吕产任相国，赵王吕禄任上将军。吕禄将女儿嫁与朱虚侯刘章。刘章为高祖庶长子齐王刘肥（惠帝六年没）之子、现齐王之弟，性格刚直，一向不满吕后一族专权，甚至对吕后也无丝毫惧意。

一日，吕后在宫中宴饮，让刘章担任酒官。刘章便请曰："臣，将种也，请得以军法行酒。"吕后许之。众人酒兴正浓时，刘章请求要为吕后唱一首耕田歌，其中不乏讽刺吕后之意：你今日虽风光显赫，但原本不过是与我祖父刘邦一起耕田的农妇而已。吕后笑答："顾而父知田耳。若生而为王子，安知田乎？"此话也绵里藏针：你的父亲才是货真价实的农民出身。刘章答了一句"臣（对君主的自称）知之"，便唱了起来：

深耕概耕，立苗欲疏；非其种者，锄而去之。

这首歌谣意为：耕地要深，撒种须密，栽植禾苗则要疏朗，而禾苗之间的野种则必须锄去。整篇唱的都是当时的耕作之道，然而在吕后酒宴上，这首歌则成了对吕后的深刻讥讽。当然，这首耕田歌谣也蕴含着世人对汉室仅分封刘氏、对非刘氏则残忍诛杀的讽刺。

听完这首歌谣，吕后沉默不语。席间气氛沉重，年轻的刘章陷入险境。此时，吕氏一族中有一人喝醉，离开了酒席，刘章便追出去，拔剑将其当场刺死。返席后，他向吕后报告，臣刚才是去行了军法，众人一片惊愕。但吕后最初同意他按军法监酒，所以无法将他治罪，酒宴也因此结束。据说，此后吕氏一族都惧怕朱虚侯刘章。

吕后去世后，出任相国、上将军的吕产和吕禄，便开始策划使用南北军将刘氏一族以及不屈服于吕氏的大臣一并铲除。

但是，这一阴谋被吕禄之女即刘章的妻子告知了刘章。刘章即刻派使者，将消息火速转达给其兄长齐王。齐王得到消息后，一边向诸侯王传檄寻求联合，一边组织军队准备讨伐吕氏。另一方面，朱虚侯刘章、太尉周勃、丞相陈平等，则在长安都城与齐王呼应。他们设计先让赵王吕禄把将印返还给太尉，令其前往封地赵国。这样，太尉周勃便掌握了北军的兵权。梁王吕产未知事情走向，准备以相国身份前往未央宫密谋，到达后被阻拦在未央宫门口。此时，朱虚侯刘章带领太尉周勃调来的北军士兵千人赶来，搜出躲在郎中府厕内的吕产，将其当场斩杀。之后，刘章与率领北军的太尉周勃汇合，将吕氏一族男女老少全部诛杀。而当时不在都城的吕禄不久后也被捉拿，被处以斩刑。

就这样，在吕后死后，吕氏一族被剿灭于弹指之间。齐王闻此捷讯，便收兵返回了齐国。

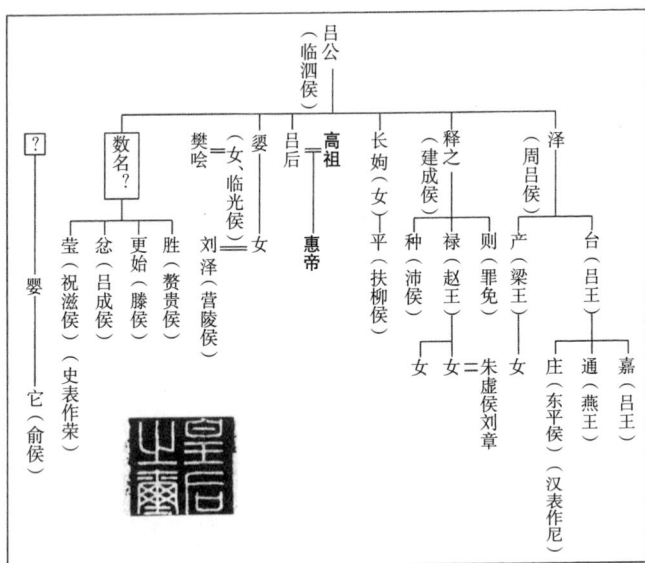

图39　吕氏一族与"皇后之玺" *

* 皇后玉玺于1968年出土于吕后陵西方大约1公里处（边长约27.6毫米）。

128

二 文帝即位与民爵制度

文帝即位

吕氏一族被诛灭后，刘氏政权暂时摆脱了危机。处理政变后的各种事务便成为汉室面临的首要问题。而其中的核心问题就是推举何人继承皇位，因而，从高祖子孙中挑选出适任者就成为刻不容缓的事情。最后，高祖之孙朱虚侯刘章的长兄齐王刘襄和高祖之子代王刘恒，被列入了候选人名单。诸大臣围绕二人谁应当即位展开了讨论，其结论如下：

齐王虽为高祖嫡长孙，但母家有恶人，名为驷钧，假若立齐王为皇帝，那么就有可能招致类似吕后外戚专政的危机。而代王不仅是高祖唯一在世的皇子，性格仁孝宽厚，其母薄夫人及母家薄氏一族都品性仁善。因而，代王刘恒便成了皇位继承的不二人选。

从都城出迎代王的使者到达代国后，代国的王廷上下却为代王是否应当即位而争论不休。反对派认为，将吕氏一族推翻的汉室诸大臣善于谋略，诡计多端，不可信任。支持派则认为，天下人心归于刘氏，纵然是汉室大臣也不敢违背人心所向。支持派中有代国的中尉宋昌。

但是，代王行事极为小心谨慎。他与母亲薄夫人商量，并且用龟卜预测凶吉，结果占卜出一个吉兆："大横庚庚，余为天王，夏启以光。"天王，即为天子。夏启，则是第一位由禅让成为天子的夏代始祖——禹的儿子的名字。代王又派遣舅舅薄昭去长安面见周勃，探听选定代王的事由。经过一番谨慎的准备，代王才下决心由宋昌陪同前往长安。

到达长安时，丞相陈平、太尉周勃等群臣都来到渭桥（长安北侧的渭水桥）迎接，周勃向代王跪呈天子的玉玺和符信。但是代王拒不接受，要求到达长安城内的代国王邸之后再接受群臣的推举即位。接受群臣请立时，代王谦称自己无德无能没有资格登上皇位，面西辞让了三次，又面南辞让了两次，最后在群臣三番五次的推戴之下才同意登基。

高祖刘邦称帝时也是此番情景，经历了群臣的反复推戴与再三推辞的过程。此后，这一过程成为汉代以后历代皇帝登基仪式的典范。

于是在群臣拥戴之下，代王接下天子玺符，即玉玺与符信，登上了天子之位。当日代王进入未央宫，翌日便前往高庙，即高祖庙拜谒。由此可知，接受玉玺与拜谒高庙构成了当时皇帝即位的礼仪过程。以上就是文帝即位的经过。

赐民以爵

即位后的文帝（前179－前157年在位）当夜便颁布诏书，赦免天下，赐男子爵一级，赐女子每百户牛酒，令天下宴饮五日。

在汉朝，朝廷常常在皇帝即位、元服、立皇后、立太子或者出现祥瑞之兆等国家大庆之日，颁布赐爵诏令。其次数在西汉、东汉约400年间，约达200次之多。例如，上述刘邦在关中称霸建立汉国（前205）、惠帝即位（前195）以及惠帝驾崩后吕后立惠帝之子为皇帝之时（前187），也都曾对百姓进行赐爵。

赐民爵位后，百姓便成为有爵者。按照现代人的理解，爵位是一种高贵身份的象征，拥有爵位者即为贵族。然而在汉朝爵位可赐予百姓，一般百姓拥有爵位并不罕见。

西汉中期开始，朝廷给百姓赐爵的行为更为频繁。1930年左右，一支瑞典探险队在中国西北边境的黑河河岸发现了大量西汉后半期的木简（居延汉简）。记录于木简上的大部分士兵姓名，其前面还同时记录着他们各自的爵位。这恰好证明当时普遍实行赐爵制度。换言之，在汉朝，百姓拥有爵位的现象是极为普遍的。

赐民以爵的举措，实际上在秦朝就已经开始施行。始皇帝统一天下第三年（前219）以及在那之前，都曾赐给百姓爵位。有学者认为，这种赐爵制度可追溯到战国时代。商鞅在秦国辅佐秦孝公时，力图改革自强，爵位制度便是商鞅变法的成果之一。商鞅在变法中规定，士兵在战场上凡斩下敌人一个首级，便可获爵一级。而这一规定之所以能够生效，其原因是当时或者更早的时期，爵位已经作为一种荣耀在民间广为人知了。

当然，爵位不仅可以赐予百姓，同样也可以赐给官吏功臣，或者如商鞅变法中规定的那样，赐予有军功者、向国家交纳大量谷物者。同时，爵位制度的内容还包括爵位的等级，其中高祖分封给功臣的彻侯（列侯）为最高爵位。

但是，分封功臣官吏爵位之外，对一般百姓也广泛赐爵的现象，可以说是秦汉时代尤

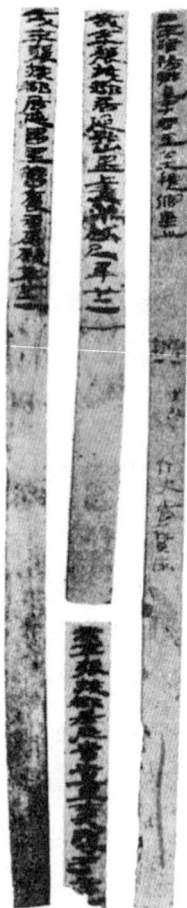

图40　有爵士兵的木简*

*（居延汉简）右为公士，中上为上造，左为簪褭，中下为大夫，皆为田卒或戍卒。

为显著的特色。在这一制度中，我们可以窥探到当时国家与社会之间关系的秘密。而解读这一秘密的关键，则隐藏于以下汉文帝即位时仅二十字的赐爵诏文之中：

> 朕初即位。其赦天下，赐民爵一级，女子百户牛酒，酺五日。（《汉书·文帝纪》）

赦令的意义

在中国历史上，赐民以爵的政策是秦汉独有的特色。虽然在南北朝等时代，中央朝廷也曾经效仿这一政策，但都流于形式，其具体内容被人们遗忘，令后世学者也无据可循。因此，即便是唐朝注释《汉书》的颜师古，对此问题的注释也不免疏漏失正。笔者认为，要解析这一特殊爵位制度的内容与性质，首先应从分析文帝即位时的赐爵文书开始。而文章开篇"赦天下"所代表的赦令意义，则更是首先需要解决的问题。

赦令是赦免犯法者被科刑的指令，其中的对象也包括尚未被判刑的犯法者。赦令以皇帝名义颁布，显示了皇恩浩大，类似于当今的恩赦令。但赦令在汉朝的意义，却与当代有所不同。汉朝的赦令，除了专门为赦免罪犯而颁布以外，许多都是同赐民爵位的告示一起颁布的。这一现象值得我们深思。

查阅有关汉代发布赦令的记载，可发现赦令的目的在于"更始自新"。"更始"意为重新开始，"自新"意为主动进入新的生活。赦令的对象——罪犯，是犯下罪恶的人，其身份区别于一般百姓。这种区别，意味着在老百姓的社会中，罪犯的待遇也与其他百姓截然不同。就这一点而言，罪犯与奴婢的社会身份相同。因此，在汉朝，正如奴婢要被主人强制劳动一样，罪犯则要为国家充当劳役。这就是所谓劳动刑。但依据赦令，罪犯可获得赦免，从劳役中解放出来，回归到一般老百姓的生活之中。

因此，所谓"更始自新"就是让罪犯从赦令颁发前的状态中解脱出来，重新回归为一名普通的百姓。并且，被赦免者之后的身份，与一般百姓毫无差别，同为经营社会生活的一员。这也正是更始自新的意义所在。

那么，具有这种意义的赦令，为何要同赐予百姓爵位的诏书一起颁布呢？这是由于赐爵在某种意义上对百姓也意味着一种"更始自新"的机会。但是，获得爵位又因何能够"更始自新"呢？要解释这一问题，必须再次细读文帝登基时的赐爵文书。

何谓"赐民爵一级"

在文帝登基时颁布的赐爵诏书中，"赦天下"的次句就是"赐民爵一级"。那么何谓民，何又谓爵一级呢？此诏书中仅记"民"一字，但根据其他的赐爵记载可推断，此处的"民"不是指特定的民，而是指天下之民，即全国的一般民众。相对于下文中的"女子"可知，此处的"民"是男子之意。我们还可在其他赐爵文书中，发现明确记载"男子"一词的文句。

关于"民"这个字，后世人，如唐代颜师古（《汉书》注释家）、章怀太子李贤（《后汉书》注释家。为武则天杀害，近年其墓室得以发掘，墓中装饰着极为精美的壁画。参见《文物》1972 年第 7 期）将其解释为户长（户主）。但是，通过考察汉代民间的有爵者，可发现其中的一些有爵者也并非户主。因此，此处的"民"应当指一般男子。而通过进一步考证可知，受爵男子的年龄被限定在 15 岁以上。

其次，让我们考察一下何谓爵一级的问题。汉朝的爵位，根据级别来区分尊卑。

如图 41 所示，作为最低级别的第一级称为公士，第二级为上造，第三级为簪袅，以此类推，直到第二十级为最高级别"彻侯（列侯）"。那么，所谓赐一级是指赐予最低级别的爵位"公士"称号吗？

从西汉的赐爵事例来看，朝廷给百姓赐爵时一律赐予一级爵位，而二级以上的爵位则赐予从事特定职务的百姓。但是，例外的是，当查阅上述居延汉简中记录的士兵名称时可发现，拥有第二级爵位"上造"的士兵人数众多。因此可知，所谓赐爵一级并非指一概赐予"公士"的爵位。

1	公　士
2	上　造
3	簪　袅
4	不　更
5	大　夫
6	官大夫
7	公大夫
8	公　乘
9	五大夫
10	左庶长
11	右庶长
12	左　更
13	中　更
14	右　更
15	少上造
16	大上造
17	驷车庶长
18	大庶长
19	关内侯
20	彻　侯（通侯、列侯）

图41　汉代二十等爵位表

图42　居延汉简中的赐爵记事*

* 木简上所记的干支为赐爵日期，这位名为戴通的男子共被赐爵八次，最后的爵位为公乘。"豆册七　公乘邨宋里戴通　卒故小男丁未丁未丙辰戊寅乙亥癸巳癸酉令赐各一级丁巳令赐一级"。

只有将"爵一级"的"一级"理解为单位，才可以合理解释上述的爵位现象。此外，在居延汉简中还发现了证明"一级"是单位的木简。因此，关于汉代赐爵制度，具体而言就是，无爵位者在被赐爵一级后，成为最低级别的"公士"；而"公士"爵位者被赐爵一级时，则获得第二等级"上造"的爵位。

不过，一般百姓可以获得的最高爵位仅到第八级"公乘"。那么，在西汉时期，拥有公乘爵位的百姓如果获得加爵机会时，是否能再次被赐爵一级呢？关于此问题的答案已不得而知。但是，东汉时期的诏书曾针对这一情况给出了具体的指示：将爵位分与自己的儿子或兄弟或兄弟的儿子。这告诉我们，即便到了东汉，百姓所能获得的最高爵位仍为第八级"公乘"。

何谓"女子百户牛酒"

赐爵文书中，"赐民爵一级"后面的文字是"女子百户牛酒"。那么，女子、百户、牛酒应当如何理解？

关于"女子"一词，后世或解释为户主之妻，或解释为女户主。而"女子"是作为对应男子的词语，如上所述，赐民以爵的对象，不论其是否为户主，年满 15 岁的所有男子都可以获得爵位。那么，与此相对应，此处的"女子"不应是户主之妻或女户主之类的特定人群，而应当解释为所有的一般女子。

其次，"百户"当然是户数为百的意思，但为何要以百户作为单位呢？百户不是单纯从数学意义上考虑而定下的单位，应当将其考虑为具有某种意义的社会单位。

如上文所述，在汉朝，作为社会单位的百户，相当于地方行政机构最末端结构的"里"的户数。据此可试将文书中的"百户"解释为一个里。汉朝的历史记载中，存在每50户赏赐牛酒的记事。这虽然与赐爵无直接关系，但根据这个事例可知，汉朝历史上曾以半个里为单位赐牛酒。另外，在日本律令时代的乡里制度中，一里为50户。出土于藤原京的一片木简上记有"五十户"这样的汉字，其发音被标注为"里"的发音。这两个例子恰好佐证了"百户"代表"里"的推断。

接下来，再考虑牛酒的问题。在后世，当人们提及马酒时，首先想到的是蒙古地区的一种由马乳发酵而成的酒（古美思）。牛酒是否就是牛乳发酵而成的酒呢？其实，在汉朝还有与牛酒类似的词，如羊酒和鸡酒。暂不论羊酒为何物，但毋庸置疑的是鸡酒绝不是由鸡的奶乳发酵而成的酒，而是分别指鸡和酒。因此可断定，所谓牛酒指的是牛肉和酒，而羊酒则是羊肉和酒的意思。

上文曾提及，高祖刘邦与燕王卢绾同乡同里、同年同月同日生。二人出生时，同里的各家各户曾带着羊酒去刘家与卢家庆贺。也就是说，不论羊酒还是牛酒，都是指用于庆祝喜事的肉和酒。

因此"赐民爵一级，女子百户牛酒"的意思就是，赐予男子一级爵位，以里为单位恩赏一般女子牛肉与酒。而之所以将里作为单位，大概是作为标准以明示人们可获得的牛肉与酒的数量。现在我们可从汉武帝时期的史料中得到确认，当时赏赐给一个里的牛酒量为一头牛和十石（约180立升）酒。按一里赏赐一头牛和十石酒来计算，赐爵于天下万民时，牛酒的总量将是一个巨大无比的数字。然而令人遗憾的是，关于当时汉朝政府是如何完成如此巨大规模的赏赐盛事的，已无从知晓。

何谓"酺五日"

赏赐到里的牛酒用在何处？赐爵诏书中的最后一句"酺五日"，为我们提供了明确的答案。

所谓酺，是指聚饮，也就是指人们聚集在宴会上一起饮食。因此，赐爵文书中的"酺五日"意味着朝廷允许众人同饮共餐五日。为何人们聚集在一起饮食需要得到许可呢？这是因为在汉朝的法律中有以下一条奇怪的规定：凡三人以上无故聚饮，罚金四两。

但是，这条法规禁止人们集会，并不是出于治安目的。当时，集会饮酒的行为是一种行"礼"的方式，而

"礼"是国家视为构成社会秩序的根本。聚饮时，若有人仪态不端，无疑会破坏和猥亵"礼"。在这种思想下产生了关于聚饮的禁令。还有些地方官为了严格执行聚饮的禁令，防止过度饮酒而造成的非"礼"，甚至禁止百姓在婚礼这种重要的庆"礼"中举办酒宴。

因此，赐爵时允许百姓同饮共餐五日，就意味着朝廷许可百姓宴饮，并且不会以聚饮禁令作罚。但是，朝廷所许可的宴饮必须合乎"礼"。因为饮酒礼节，原本与祭祀仪式密切相关。因而不难推断，朝廷赐爵时准许的酒宴是同祭祀仪式结合在一起举行的。

赐男子一级爵位、以里为单位赐女子一头牛和十石酒以及许可五日宴饮，这三者之间又有何种关联呢？解答这个问题可以从对以下两者间的关系，即汉朝在皇室大庆时赐民以爵的措施与这一措施使百姓也成为有爵者的结果之间的关系入手。

里的秩序形成与民爵制度

如上文所述，在秦汉时期，里内有称为父老的指导阶层，同时还有叫作子弟的劳动阶层。这种父老与子弟之间的关系是一种自然形成的社会关系，与国家政权没有关联。但是，如果国家要直接管理人民，就必须将里的社会秩序经由国家之手进行规范。当治水工程以及灌溉设施为人们带来更多开拓地时，正是因为国家从各地征集移民到开拓地居住，开拓地才开始出现农村、出现里。在这种人为方式下形成的里，不存在传统的社会秩序，因此必须经由国家之手来制定相应的社会秩序。这些情况便是国家实行赐民以爵措施的重要历史背景。

更为重要的历史背景是，从战国时代开始国家兵制发生变革，一般男子也可通过征兵制进入军队。这一背景与赐民以爵的措施同样有着密不可分的关系。春秋时代以前，构成军队的是"士"，而"士"的身份远远高于其名衔本身。具体来说，入伍为"士"，是出身于支配阶级的贵族子弟才能拥有的特权，庶民不在其中。同时，基于"礼"的社会秩序也只在贵族阶层运行，庶民不存在于这种"礼"的秩序之中。《礼记·曲礼篇》中的"礼不下庶民，刑不上大夫"所表达的就是这个意思。

但是，战国时代之后，庶民作为士兵被编入军队，从此享受"士"的身份待遇。那么，"礼"的秩序必然也就成为他们必须遵循的准则。因此，作为"礼"的象征，他们也被赋予了爵位的称号。

以上这些构成了汉朝频繁实行赐民以爵措施的时代背景。而赐民以爵，一方面是为了通过国家之手将里的社会秩序规范化、制度化；但另一方面，它作为一种方法，无法直接对没有爵位的百姓实行其规范化的目的，换言之，这一方法不能吻合于目的。通过以上对赐予民众的爵位如何作为里的秩序被固定下来的问题以及对文帝即位时赐爵诏书各部分内容的综合讨论，可引证出下文中的观点。

爵位的确定与宴饮的席位

朝廷赐男子一级爵位之后，此前无爵的男子便可获得第一级的公士爵位，而已有公士爵位的男子则加爵一级晋升为上造。以此类推，里内的男子都能各自获得相应的新爵位。文帝即位时，由于同时颁发了赐爵令与赦令，因而当时犯了法的人不仅可以被免罪，而且能够与其他庶民男子一样享受赐爵的恩惠，"更始自新"的切实意义也体现在这里。

如此一来，里内所有的男子都拥有了新爵位。但是仅仅这样，还不能断言里的新秩序也随之确立了。

里的新秩序，必须通过百姓之间对彼此新爵位的相互确认，并且使其作为一种神圣的身份固定之后才能得到确立。在此过程中起到重要作用的是"酺五日"，即朝廷许可的五日宴饮。宴饮时必须先决定席位尊卑，之后，里内的男子再根据各自爵位的高低到相应的席位就座。假若出现了爵位相同的情况，则大致按照年齿来确定席位尊卑。

那么，宴饮时没有爵位的女子的座席如何呢？大致是妻子坐于丈夫下席，女儿坐于父亲下席，母亲坐于儿子下席。席间，人们饮用和品尝的是朝廷赐予每个里的女子的牛酒，总量为牛一头、酒十石。虽然赐爵令上记载的是赐女子牛酒，但实际上牛酒由女子和同席的男子一起享用。虽然尚未发现描写里内宴饮具体情景的文献，但以上宴饮的场景可从《礼记·郊特牲篇》的记载中推测出来。

朝廷许可的宴饮必须在特定的场所举行。上文曾阐述过关于"礼"的重要性，因此宴饮的场所也必须合乎于"礼"。同时，这也是由于饮酒礼仪本身就与祭祀紧密相关的缘故。里内合乎"礼"的场所，则首推里社。里社是里内居民宗教生活的中心地。在里社举行的祭祀活动，具有维持里内居民作为共同体成员加强彼此联系的作用。

里社的祭祀仪式通常在春秋两季的社日定期举行。遇到朝廷赐爵时，里社不但是举行临时祭祀的场所，同时也是里内百姓宴饮的场所。

因而，赐爵时的"酺"就自然地成为在里社的神明之前所进行的餐饮仪式。依照里社神圣的餐饮礼仪，里的百姓按照各自新爵位的序列入席。这一餐饮仪式，不仅为百姓确认里内新的身份秩序提供了机会，而且也使这种身份秩序在神明的见证之下同时具有了契约性质，进而里内新的生活秩序真正得到了规范化。

图43 描绘祭祀的画像石：正在举行祭祀的族人 *

* 前列为长者，后列为年轻人。（出土于沂南汉墓）

皇帝与民爵制度

以上通过分析文帝即位时颁发的诏书可知，在汉朝，国家通过赐民以爵的措施来规范里的社会秩序。除了三老、孝悌、力田等特殊身份以外，朝廷赐予百姓的爵位从西汉的一次一级发展到东汉的一次两级。幸逢赐爵机会越多的人，其爵位自然也就越高。不过，朝廷赐爵的结果，和里自然形成的父老与子弟的社会关系即被称为齿序的年龄秩序并不矛盾。因而，从表面上看，国家通过赐爵规范了里的社会秩序。而实际上，赐爵只是实现了国家权力对里原有的年龄秩序的再确认。我们暂不论在开拓地形成的新集落的情况，至少在有一定历史的里内，其原有的传统秩序并没有因为这一国家措施而发生改变。

但尽管如此，在两汉时期，中央颁布赐爵诏书的次数仍达到约两百次。其原因何在？这个问题可从赐爵一方与受爵一方的不同立场来考虑。

赐爵是专属于皇帝的特权，其他人不得擅自行使，诸侯王赐爵也会遭到处罚。如上文所述，皇帝赐民以爵的措施在即位、元服、立皇后、立皇太子或者有瑞兆降临等国家吉庆之际实施。因此可以说，赐爵的本质是在国家庆典时昭示皇恩浩荡。例如，朝廷立皇太子时，虽然不对天下所有男子，仅对继承父位的男子即民户的嫡子进行爵位的赏封，但是这种赏赐方式是为了与皇太子是皇帝子嗣的关系相互辉映。此外，皇帝巡幸地方时，也有封赏当地百姓爵位的情况，这也是皇恩泽于万民的例子。

因此，对于皇帝而言，赐民以爵除了规范社会秩序以外，同时还能施恩于万民，加强皇帝与民众之间的关系。虽然人民向国家交付租税、执行徭役，是国家统治的对象，但同时国家也无法脱离人民而独立存在。可以说，人民是构成国家权力的基盘，代表国家的皇帝向人民施恩，其目的就是巩固国家权力的基盘。

另一方面，从受爵者的立场来考虑，获得爵位意味着能够享受与之相对应的特权。如果少了特权，爵位便会沦为虚名，皇帝施恩的行为也会失去实际意义。通常认为，庶民的特权是指：有爵者在犯罪后，可通过被免去爵位来代替受刑。但是，正如上述《礼记·曲礼篇》表现出的那样，作为象征"礼"的爵位，原本就是在与"刑"的概念对立之中产生的，也就是说，在内涵上爵位对立于刑罚。由此可知，对于有爵者而言，通过被剥夺爵位来免除刑罚的特权，并不是一种需要经过特别赐予才能拥有的权利。应当说，庶民拥有爵位后，其社会身份就得到了皇权的直接保障，一旦失去了爵位就会被排斥到社会秩序之外。在社会秩序之外的奴婢、罪犯之所以不能获得爵位，就是由于这一原因。

在汉朝，一般百姓可以互相买卖各自拥有的爵位，但是出售爵位是贫困百姓谋生的最后手段。因为出售爵位而丧失自己社会身份的行为，几乎等同于卖子为奴。

汉朝皇帝的权力容易被误解为与人民之间没有直接联系。但实际上，通过给人民赐爵，皇权与人民紧密地结合在了一起。当然，这与当时皇权对人民的人身支配体制也有着紧密的联系。另外，上文曾阐述到，这一爵制并不是汉朝特有的产物，战国时代就已出现并延续下来。汉朝爵制是秦朝爵制的继承者，恰好也体现出了这一点（参考西嶋定生《中国古代帝国的形成与构造》，东京大学出版会，1961）。

三　贾谊与晁错

文帝时期的政治

诛灭吕氏一族后，代王被拥立即位，后世称为汉文帝

（前 179 – 前 157 年在位）。在汉朝历代皇帝之中，文帝堪称仁君。他在位 20 年间，不仅多次颁布诏书奖励农业发展，还限制自己的日用品以及奢侈品的用度，减少郎吏人数，以减免百姓田租、消减宫廷开销，甚至还发放国库中的谷物救济贫民。他废除了肉刑即戕害肉体的刑罚，制定了徒刑。弥留之际，文帝留下了薄葬的遗诏，嘱咐不准为其陵墓修筑陵台，不得使用金银铜锡的器物作陪葬品，葬礼期间只允许官吏和庶民为其服丧三天。

人们认为，秦末之所以爆发了全国性的农民起义，是由于始皇帝和秦二世苛敛诛求使人民陷入贫困。但是较之秦朝，民生凋敝到极点的应当是各地战乱不绝的楚汉战争时期。当时百业俱废，饥馑频发，据说一石米的价钱竟为 5000 钱。死亡人数达到人口总数一半以上，甚至还出现了人吃人的惨状。据说正是由于这种情况，刘邦才允许百姓卖子为奴的行为。

直到惠帝和吕后称制时期，民生才逐渐从凋敝之中恢复起来。虽然这段时期吕氏一族势力扩张导致了刘氏政权陷入困境，但对于农民而言，这是战乱后脱离凋敝、进入休养生息的时期。而农民生活最终恢复到战前水平则是在文帝统治时期。因此可以说，文帝的劝农政策是和平时代的产物，同时这一政策也提高了他作为仁君的美誉。

然而，农业复苏和以其为基础的经济发展，却导致了新的社会矛盾的产生。商人、手工业者的生产活动使社会生活日趋奢侈，继而造成农民生活再次陷入水深火热。文帝时期，贾谊向朝廷直谏了这一新生的社会矛盾。而这种政治观点，又由活跃在文帝之后的景帝（前 156 – 前 141 年在位）时期的晁错继承并发展了下去。

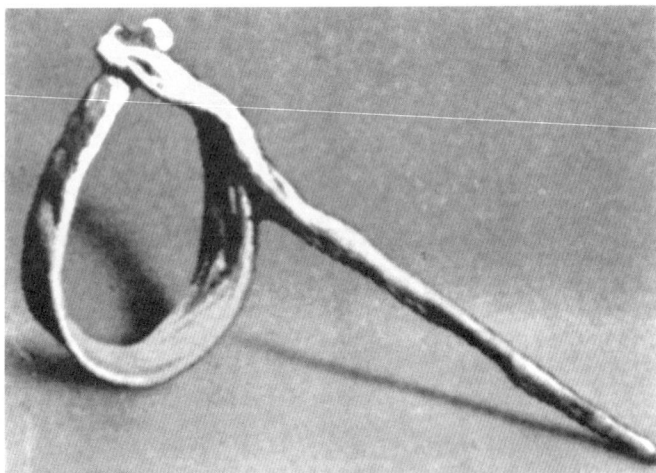

图 44　刑徒的钳（颈镣），出土于景帝阳陵北方[*]

[*] 钳被发现于服劳动刑刑徒的遗体上，墓坑中数具遗体相互枕藉，死者无墓志，呈现出与洛阳南郊东汉时期的刑徒墓地不同的景象（1972 年发掘于陕西省泾阳县）。

贾谊的安民政策

贾谊出身于洛阳，18 岁时便通《诗》《书》（《诗经》《书经》），以文章享有盛名。文帝即位时将其召入朝中担任博士，当时他仅二十余岁。入朝后，贾谊深得文帝欣赏，同年便被提升为大中大夫。但是，他因才气遭到周勃等大臣的嫉妒与诽谤，被左迁为长沙王太傅。赴任途中，他在湘水畔缅怀战国末期同样因谗言被朝廷外放而失意投江的楚人屈原，写下《吊屈原赋》，曲折地抒发了对自身境遇的不平与悲叹。

贾谊谪居长沙四年多之后，再次被文帝召回长安。他在文帝之子梁王身边任太傅的同时，也经常向文帝陈述政事。他所陈述的政事主要围绕以下三点展开：第一，针对匈奴的政策；第二，安民政策；第三，统治诸侯王政策。其中与上述社会矛盾紧密相关的是安民政策，贾谊作了以下的阐述：

> 今民卖僮者，为之绣衣丝履偏诸缘，内之闲中，是古天子后服，所以庙而不宴者也，而庶人得以衣婢妾。白縠之表，薄纨之里，緁以偏诸，美者黼绣，是古天子之服，今富人大贾嘉会召客者以被墙。古者以奉一帝一后而节适，今庶人屋壁得为帝服，倡优下贱得为后饰，然而天下不屈者，殆未有也。且帝之身自衣皂绨，而富民墙屋被文绣；天子之后以缘其领，庶人孽妾缘其履：此臣所谓舛也。夫百人作之不能衣一人，欲天下亡寒，胡可得也？一人耕之，十人聚而食

之，欲天下亡饥，不可得也。饥寒切于民之肌肤，欲
其亡为奸邪，不可得也。国已屈矣，盗贼直须时耳。
（《汉书·贾谊传》）

从以上贾谊的进言可知：文帝时期，庶民阶层中的富
人与贫者之间已经有了巨大的贫富差距；富人不是奴隶主
就是大商人，他们穿戴的布帛来自手工业者生产的奢侈
品，但一百个人做出的衣料也不够一个人的用度；商人与
手工业者的增多导致农民人口减少，最终出现一个农夫耕
作的粮食要供给十个人来吃的情况。因而，贫者与农民都
遭受着饥寒之苦，社会秩序崩溃的危机迫在眉睫。

据《汉书·食货志》的记载，贾谊还指出，在这样
社会不安的状况下，假如方圆二三千里的地区发生旱灾，
或者匈奴从边境来袭，那么朝廷就只能束手无策地目送天
下毁于一旦。接着贾谊又主张，作为防备之策，可强制脱
离农业从事工商业的农民回归农业，进而使社会恢复安
定。

贾谊的这种思想，其核心为重本抑末即以农业为本加
以重视，视工商业为末加以遏制。这与战国以来的儒家、
法家主张的思想相互贯通。文帝采取的劝农政策，就是基
于贾谊进献的这一重农抑商政策。

贾谊于文帝在世时病逝，年仅 33 岁。他的政论与作

品被辑录为《新书》58 篇，流传后世（今《新书》已佚）。后来，他对匈奴的政策、安民政策以及统治诸侯的政策，由晁错继承并发扬光大。

晁错的农民穷乏论

晁错，颍川人，初学申不害、商鞅的刑名之学即法家之学，后被推举为太常之吏，奉命跟随九十余岁的原秦朝博士齐人伏生，学习当时还不为人知的《尚书》（即《书经》）。伏生所传《尚书》被称为《今文尚书》，其学派称为今文学派。与此相对，被认为发现于鲁国的孔子旧宅墙壁中的《尚书》则被称为《古文尚书》，其学派称古文学派），后又经太子舍人、门大夫职位后，担任博士。之后他被任命为太子家令即皇太子（之后的景帝）的属官，得到皇太子重用，以其辩才与智慧被冠以"智囊"之称。

在他的政论中，对匈奴的政策以及导致他悲惨结局的统制诸侯王的政策，都很令人瞩目。在此，让我们先关注上述贾谊的安定民生政策是如何由晁错继承发扬的问题。晁错针对当时农民的生活状况，曾这样论述：

今农夫五口之家，其服役者不下二人，其能耕者不过百亩，百亩之收不过百石。春耕夏耘，秋获冬藏，伐薪樵，治官府，给徭役；春不得避风尘，夏不

得避暑热，秋不得避阴雨，冬不得避寒冻，四时之间
亡日休息；又私自送往迎来，吊死问疾，养孤长幼在
其中。勤苦如此，尚复被水旱之灾，急政暴虐，赋敛
不时，朝令而暮改。当具有者半贾而卖，亡者取倍称
之息，于是有卖田宅鬻子孙以偿责者矣。而商贾大者
积贮倍息，小者坐列贩卖，操其奇赢，日游都市，乘
上之急，所卖必倍。故其男不耕耘，女不蚕织，衣必
文采，食必粱肉；亡农夫之苦，有仟伯之得。因其富
厚，交通王侯，力过吏势，以利相倾；千里游敖，冠
盖相望，乘坚策肥，履丝曳缟。此商人所以兼并农
人，农人所以流亡者也。今法律贱商人，商人已富贵
矣；尊农夫，农夫已贫贱矣。故俗之所贵，主之所贱
也；吏之所卑，法之所尊也。上下相反，好恶乖迕，
而欲国富法立，不可得也。（《汉书·食货志》）

可见，晁错对于当时社会矛盾的洞察，较贾谊更为深
刻。贾谊的陈述仅指出这种贫富差距的矛盾，而晁错的论
述则准确地分析出导致这种贫富差距逐渐增大的社会原
理。

首先，晁错通过直视农民的具体生活，指出农民贫
困的原因在于国家赋税体制。当时的赋税体制规定，除
了田租等一部分赋税以外，人头税、资产税等都以货币

形式上缴。因此农民为了完成纳税就必须持有货币，这导致商人、高利贷者趁机而入。商人不断获利，而农民却日益贫困，甚至出现了农民丧失土地的现象。可见，农民的贫困化与商人的富裕化，都是国家权力不断运行造成的结果。这种伴随土地丧失的农民贫困化现象反映了刘氏政权基盘的弱化，是关系国家生死存亡不可忽视的问题。

纳粟授爵政策

晁错陈述了对农民现状的分析之后，继而为文帝提出相应的对策——纳粟授爵制度。这种制度规定农民向国家上缴谷物时，根据其上缴数量可获得相应的爵位，其主要原理如下。

由于能够上缴大量谷物的主要限于商人这样的富人阶层，他们为获得更高的爵位必然会从农民那里购买谷物，同时农民也可以由此获得货币。而国家纳入谷物后，财政得到充实，从而又能减轻对农民的课税。同时，由于谷物有了稳定的买家，农民对农业生产的积极性也自然提高。另外，民众所渴望的爵位可由皇帝无限制地授予，并不会增加国家开支。如果将这些纳入国库的谷物运送到北方长城附近，则能够维持抗击匈奴侵略三年所需的军粮。

晁错制定这一政策时，不仅以当时的爵位制度为背景，同时还综合考虑了以下的各种因素。当时，商人经营的商品主要是奢侈品，国家规模的谷物市场尚未形成，因此即使农民生产的谷物超出自身需要，也无法将剩余的部分转化为商品。但是即便如此，农民仍然被课以货币形式的纳税义务。农民购买食盐、铁制农具所需的货币，除了通过出售自己生产的谷物的途径以外别无他法。

文帝采用了晁错的这一建议。在边境地区，凡交纳600石谷物者，便赐予其第二级爵位上造，以此类推，对于交纳4000石者，甚至赐予了以往不得赐予庶民的第九级五大夫的爵位。此外，交纳12000石者，则可获得第十八级大庶长的爵位。

此后，晁错又建议向郡县输纳谷物以作储备。当时天下连年丰收，无饥馑之灾，文帝便在即位十二年（前168）将农民田租减半，翌年后全免。整个汉朝国家完全不向农民征收田租的年代，唯有文帝这一时期。文帝免税的政策，直到景帝即位元年（前156）朝廷开始征收农民三十分之一的收成才终止，一共持续了12年之久。

诸侯王问题的产生

如上所述，由于贾谊和晁错的建议，人民暂时摆脱了新的危机，刘氏政权的统治基础得以稳固。但是，从文帝时期开始，威胁刘氏集团统治的其他危机却不断升级。这一危机源于汉帝国的国家体制特点。郡国制的实施，致使诸侯王的势力发展为中央朝廷的巨大忧患。

文帝前三年（前177），济北王刘兴居趁文帝为讨伐入侵北方的匈奴出征太原之际，发动了叛变。文帝急命柴武为大将军，率领10万大军围剿了济北王的叛军。济北王刘兴居是这一年刚刚去世的原朱虚侯刘章之弟，最初封号为东牟侯，曾在平定吕后之乱时同其兄朱虚侯一起立下大功。事后，朱虚侯与东牟侯分别被封为城阳王、济北王。但是，济北王的封地却是从齐王封地中分割出的一部分土地。有学者指出，对封地的不满正是济北王叛乱的原因。

文帝前六年（前174），淮南王刘长因谋反罪被废除王号，在流放蜀地的途中自杀而亡。刘长为高祖之子，而当时高祖在世的皇子也仅剩下他和文帝。淮南王之所以被判谋反罪，是因为他在封国行事皆仿天子之法，例如不用汉法，实施自制法令，赐封爵位，出入宫中皆号令警戒清道。

济北王和淮南王同为刘氏一族，并且都与当朝皇帝血脉相连。可以说"非刘氏不封王"这一高祖遗训，在铲除吕氏一族后得到了切实的贯彻，然而诸侯王与皇室之间的关系也开始出现了不可修复的裂痕。

抑制诸侯王政策

针对诸侯王势力增大的问题，首先提出应加以抑制的大臣是文帝时期的中郎袁盎。淮南王谋反事件发生时，袁盎进谏文帝通过削减诸侯王封土的方法削弱诸侯王的势力。但这一建议未被文帝采用。继袁盎之后，力谏抑制诸侯王政策的人便是贾谊。

而贾谊上奏削藩，已经是在济北王叛乱、淮南王谋反事件之后了。这两次事件意味着，威胁刘氏政权的危机已不是来自异姓王，而是源于同姓诸侯王势力的扩张。作为对策，贾谊主张将齐、赵、楚国等大国分割为数个小国，并将这些小国再分封给各国诸侯王的子孙。这一政策实际上同此后武帝实行的"推恩令"的内容一致。但是，文帝时期的中央朝廷还不具备做出这一决断的条件，因而贾谊的建议未能被采用。

贾谊之后，继续主张抑制诸侯王政策的大臣就是晁错。他的政论文曾被集录成书，达二十多篇，可惜现在已经失传，具体内容不得而知。不过可以明确的是，他不但同袁盎、贾谊一样主张削减诸侯王领地，还主张通过增设新法令来制约诸侯王的行动。

此时，中央与诸侯国之间的矛盾已经非常明显。要稳固刘氏的中央政权，就必须抑制同姓诸侯王的势力。而作为方法，分割诸侯王封土并在其领域内增设新法规，便是显而易见的应当采取的政策。

于是，朝廷的削藩政策首先从处理有软肋的诸侯王展开。淮南王刘长肇事谋反，朝廷便以此为由，将其封邑淮南国降格为郡。之后，封城阳王刘章（原朱虚侯）之子为淮南王，重新设置淮南国。文帝前十六年（前164）命淮南王转任城阳王，将淮南国划为三块，封给原淮南王刘长的三位儿子，分别立为淮南王、衡山王、庐江王。于是，朝廷假借对谋反罪臣的后代施恩的形式，完成了对封国的分割。

同年，齐国悼惠王刘肥（高祖长子）的六个儿子，逐一被封为齐王、济北王、济南王、淄川王、胶东王、胶西王。此前齐王刘襄去世，但没有留下子嗣，如按上述的封建继承法，齐国理当灭亡。文帝便利用这一时机，以扶立悼惠王之子的名义，将齐国分割为六个小国，并在小国中分别拥立新的国王。不过，朝廷的实际目的无非是要分割齐国、削弱大国的势力。

这种削藩的方法，一方面强化了中央政权，另一方面却使中央政权与诸侯王势力之间的对立表面化。不久后，两者之间的矛盾全面爆发，也就是吴楚七国之乱的爆发。时值文帝去世、皇太子即位后的景帝时期。

四 吴楚七国之乱

吴王刘濞之势

吴楚七国之乱是指发生在景帝即位三年（前154）诸侯国中的吴、楚、赵、胶西、胶东、淄川、济南七国联合举兵进攻中央的内乱。各诸侯王以实力最强大的刘濞为盟主，在汉帝国内的东南部相互联合，形成了一股对中央政权极具威胁的反叛力量。叛乱爆发初期，汉帝国的中央军队与七国叛军之间实力相当，双方孰胜孰负难以预料。那么，组织起如此强大的反中央联合军的吴王刘濞到底是何方人物呢？

吴王刘濞是高祖刘邦之兄刘仲之子。汉十一年（前196），高祖亲征淮南王英布，20岁的刘濞从军跟随刘邦出征立功，被封为吴王。其封国面积之广，达3郡53城。被封为吴王之后的40余年，刘濞一直致力于吴国的建设，他举兵叛乱时已62岁，在刘氏一族中为最长者。刘濞是如何治理吴国的呢？主要方法如下。

首先，刘濞下令开采封国内豫章郡（疑为鄣郡之误）内的铜山，招致亡命之徒进行采矿、铸铜的劳作，将铸造的铜币流通于天下。同时，他又令囚徒煮海水制盐，出售给其他国家赚取利益。因此，在吴国，朝廷虽不向人民课税，但国库也始终保持充盈。文帝时期，汉帝国还未出现由中央统一管理的铸币业与制盐业。此外，刘濞召集的亡命之徒都是从他们本籍地逃亡而来的犯人，也就是从其他郡国统治下逃脱而来的流民。"亡命"一词的原义为失去命籍（户籍）的人，即丧失户籍者之意。

吴王刘濞不仅是刘氏一族的最长者，并且通过以上的治国方法使吴国成为各诸侯王国中最为富强的国家。

吴王刘濞因何对中央朝廷起了叛逆之心呢？文帝时期，吴王刘濞的太子入长安觐见，与陪同文帝的皇太子（之后的景帝）博弈时发生争执，被皇太子用棋盘当场砸死。可以说，丧子事件是吴王刘濞忤逆朝廷的起因。

自此之后，刘濞便称病不再履行诸侯王入朝觐见的义务，全心致力于富强吴国的设计与经营。

七国之乱

至景帝时期，中央朝廷开始强化抑制诸侯王的政策。而抑制政策的突然强化，进一步加速了以吴王刘濞为盟主的七国联军起兵叛乱的步伐。文帝时期任太子家令的晁错，在景帝即位后备受重用，出任内史（首都长官）后，翌年被提升为御史大夫。在其任职期间，他的一贯主

图45　吴楚七国之乱

张——削减诸侯王封地的政策得以逐步贯彻，因而激起诸
侯国纷纷举起叛旗。晁错曾在公卿、列侯、刘氏宗室集体
朝议时，向景帝进言：诸侯王犯罪，不应赦免，而应削减
其封地。据说当时除詹事窦婴外，他的进言遭到了朝廷众
人的反对。

　　楚王刘戊第一个被削减了封地，晁错告发他的罪状
为：文帝在位期间，文帝之母薄太后去世，全国发丧，刘
戊却在此期间奸淫女子。楚王刘戊被免死，但代价是被中

央削去封地中的东海郡。不久后，赵王刘遂也因罪被削河间郡，胶西王刘邛被削常山郡。

吴王刘濞听闻这些消息后，预测吴国不久也将被削地，便说服胶西王与其联盟，举起了诛杀御史大夫晁错的旗号。之后，刘濞又说服楚王、赵王加入联盟。而胶西王则去拉拢齐、淄川、胶东、济南、济北的诸侯王，九国联盟就此成立。

景帝三年（前154）正月，朝廷下令削减吴王刘濞豫章（疑为鄣郡之误）、会稽二郡。豫章郡盛产铜矿，会稽郡为制盐地，都是吴国的富庶之地。削藩旨意到达后，吴王刘濞便下令吴国：

> 寡人年六十二，身自将。少子年十四，亦为士卒先。诸年上与寡人同，下与少子等，皆发。

吴王动员了二十余万人在广陵（今江苏省扬州市北）起兵，向西进军。同月，胶西王在斩杀了中央的派遣官吏之后起兵叛变，胶东王、淄川王、济南王、楚王、赵王也随之而起。但齐王背离盟约，济北王也因臣子抗命而举兵不成，最初的九国联盟变为了七国联盟。

此外，这次叛乱联盟不仅限于七国，同时牵涉到外部势力。首先，吴王刘濞起兵后，曾派遣使者前往南方以寻求闽越、东越的参战，虽然没有得到闽越的回应，但获得了东越的兵力支援。其次，赵王刘遂还曾向匈奴派遣使者，说服了匈奴入盟。也就是说，七国联盟的作战方针是联合外部势力、从三个方向夹击中央。

举兵后，吴王的军队渡过淮水与楚王军队汇合，继续向西方挺进。同时，吴王还向各地诸侯王传送斥责晁错罪状的檄文，请求诸侯王联合以诛杀晁错，并安排了各部队的进攻路线，立下封赏有功者的约定。另外，胶西王的军队与胶东王、淄川王、济南王的军队汇合，包围了齐国首都临淄。而他们攻打齐国的理由则是齐王背约、脱离盟军。

晁错受刑

七国叛乱的消息到达中央后，景帝立刻任命太尉周亚夫为三十六将军之总将，迎击吴楚大军。周亚夫是平定吕后之乱中的功臣太尉周勃（后为丞相）之子，是文帝弥留之际特意留下遗言"即有缓急，周亚夫真可任将兵"的名将。派遣周亚夫的同时，景帝还命曲周侯郦寄迎战赵王军队，将军栾布抗击齐国诸王（胶西、胶东、淄川、济南）军队，大将窦婴屯守荥阳以监视齐国、赵国军队。

但窦婴在出发之前，却与袁盎展开密谋，袁盎曾在文

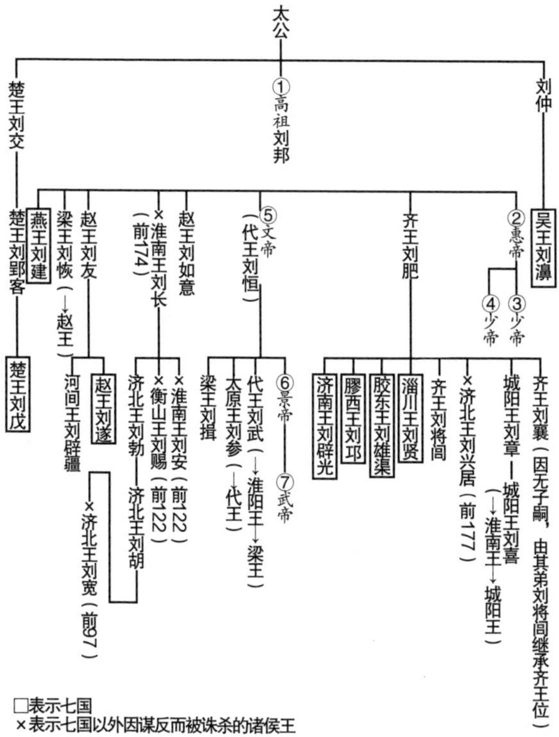

图46　吴楚七国之乱的人物关系图

帝时期进献过抑制诸侯王的策略。两人经过密谋认定：借朝廷之手诛杀叛军举旗问罪的晁错，是不动一兵一卒便能平定七国之乱的最好办法。实际上，窦婴、袁盎向来同晁错交恶，当时袁盎又离官居家，处于受制于晁错的境地。于是，窦婴向景帝进言，袁盎有解决七国之乱的良策。景帝同意召见袁盎。袁盎谒见景帝时，以所陈之策为秘策为由，请求单独进见。侍臣们退出后，皇帝身边仅剩下御史大夫晁错一人。但袁盎再次请求单独面圣，心存不满的晁错也只得退下。

晁错退下后，袁盎向景帝陈述七国之乱的原因，建议只要斩杀元凶晁错、将削地归还诸侯国，便能兵不血刃地平定七国叛军。但是，晁错在景帝为皇太子时便是景帝的宠臣，斩杀晁错对于景帝而言，可谓于情不忍。但是，面临着要因内乱令万民死还是令一人死以救万民的抉择时，景帝觉悟到站在帝王的立场上就绝不能有个人私情。默然许久后，景帝同意了袁盎的秘策。

数日后，晁错在毫不知情的状况下，由中尉为其穿戴好朝衣（上朝官服）后，被直接带到东市处以腰斩。在文帝、景帝时期畅谈经世之学的晁错，就这样走完他人生的最后一幕。

窦婴和袁盎用晁错之死换取叛军议和的秘策成功了吗？为了把朝廷已诛杀晁错的消息告知吴王刘濞，袁盎被任命为太常出使吴王军队的阵营。袁盎曾由中央派遣出任过吴国的丞相，与吴王刘濞为旧知。但是，吴王刘濞听闻袁盎作为使者到来，连见都未见。吴王刘濞作为七国盟主起兵的真实目的，并不在于他们所打出的旗号——清君侧、诛晁错。刘濞深知，要解决中央与诸侯王之间的矛盾，除了战争已绝无他途。这是一个历经了汉初的血雨腥风仍大难不死活到 62 岁的刘氏长老的冷静判断。当他知道袁盎来意时，仅说了一句"我已为东帝，尚何谁拜？"袁盎出使失败，几经险境才逃回了长安。

吴楚七国败北

吴王刘濞指挥吴楚两国大军渡过淮水进入梁国，在棘壁之战中斩杀梁军数万人。梁王刘武为景帝之弟。但梁王还是镇守住了其国都睢阳（今河南省商丘市南），成功地牵制了吴楚大军西进的步伐。另外，胶西王率领的四国联军，虽然将齐国的都城临淄包围，但由于齐王的防御战术与坚守，始终攻城不下。中央军与叛军的战局进入僵持状态。

此时，中央军总将周亚夫得知叛军已经攻至睢阳，便采取了切断吴楚大军粮道的相应对策。他一方面命令军队退至东北部的昌邑（今山东省金乡县西北）保存兵力，另一方面派遣轻兵（轻装士兵）在淮水、泗水的河口一带扰乱敌军，切断吴楚大军与本国之间的运粮道路。这一策略果然奏效，包围睢阳的吴楚士兵开始面临军粮断绝的困境。吴王刘濞便命令军队围攻昌邑，但周亚夫只防御而不迎战。最终，吴楚大军中出现饥饿而死的士兵，逃兵现象也屡屡发生。

意识到形势不妙的吴王刘濞，带着数千人马弃军连夜

秦汉帝国：中国古代帝国之兴亡

东逃，渡过长江后，进入丹徒（今江苏省镇江市），在那里与东越派遣来的军队汇合。但实际上，此时的东越军已经成为朝廷的内应。吴王刘濞最终死在了东越军的诱杀之下，而这距离他起兵之日仅仅两个月。

吴王逃走后，吴楚两军的士兵纷纷投降周亚夫或梁王，楚王刘戊自尽而终。包围临淄的四国联军，耗费了三个月却始终未能破城而入。中央的讨伐军日益逼近，诸侯王只得率领各自军队撤回本国，但都遭到中央军的追杀，各诸侯王皆以自尽而终。如此，七国叛军在举兵三个月后全部覆灭。虽然赵王撤回赵国后固守城池十个月之久，但最终也被将军郦寄的军队攻陷，战败自杀。

平定叛乱后对诸侯国的控制

七国之乱导致汉政权动荡不安，爆发之初甚至出现了双方胜负难料的局面。但尽管如此，这次叛乱仅持续了三个月就以中央军的胜利而告终，七国诸侯王全部败亡。七国之乱对于国家今后统治诸侯王的政策有何影响呢？

虽然发生了诸侯王叛变的事件，但朝廷将其平定后，并未废除诸侯王制度，它与列侯制度一起被延续了下来。之后，汉朝皇帝的诸皇子也都被分封为王，可以说汉帝国的郡国制度依然如故。但是，针对叛乱后的情况，中央制定并实施了新制度。

第一，诸侯王要与其封国的国政分离。在此之前，诸侯国的官吏，除了中央派遣的丞相以外，全部由诸侯王任命。七国之乱后，诸侯国的丞相改称为"相"，与中央机构同名的官职被废除，如御史大夫、廷尉、少府、博士等。同时，减少其他官吏人数，封国的政务一律由中央派遣的相职掌。此外，增加中央派遣官吏人数，并且他们的义务不是为诸侯王效力，而是以中央机构官吏的身份行事，并负责监视诸侯王。因此，诸侯王的行动更大程度地受到了中央的制约。

这一改革产生的结果是：首先，诸侯王即便在封国居住，也无法干涉其封国的国政；其次，诸侯王的收入仅限于由中央派遣的官吏在其封国内征收的租税，杜绝了像以往吴王刘濞那样擅自经营制铜业、制盐业的情况。

第二，缩小了各诸侯王的封地。叛乱爆发之前，一位诸侯王的封地可达到数个郡数十城。叛乱平息后，在新封诸侯王之中，即便是封给皇子的国，面积也仅限于十余城。同时，七国之乱以前存在的大诸侯国，在诸侯王死后，通过将其领土分封给各个儿子的方法，缩小了封国的面积。例如，在讨伐七国之乱中立功的景帝之弟梁王刘武的封国原本北接泰山，西达高阳，拥有大县四十余城，然而刘武死后，这样一个大国就被划分为五块，分别封给了他的五个儿子。

完成中央集权化

继景帝之后，武帝即位，他所实行的推恩令将上述分封王国的方针制度化。元朔二年（前127）推恩令在郎中主父偃的建议下开始实施，其主要内容是，以对诸侯王的子弟广施皇恩为名义，规定诸侯王必须将自己的封地再分封给其子弟，并立其为列侯。换言之，推恩令在名义上是为了普及皇恩，而实质上无疑是有意将诸侯王的封地一代一代地分割缩小。可以说，推恩令的颁布使贾谊、晁错等主张的抑制诸侯王的政策获得了最终的成功。

此外，在武帝时期，为抑制诸侯王，还施行了左官律、附益律和阿党律。左官律是指禁止擅自与诸侯王结为君臣关系的法律。附益律是指禁止诸侯王增加封国赋税以及对封国国民施加其他负担的法律。而阿党律则针对中央派遣到封国的官吏，如相等，在发现诸侯王犯法却不向中央汇报时使用的法律。上文中曾提及，中央派遣的官吏负责监视诸侯王的行动，诸侯王因此受中央控制。阿党律便与此有紧密的关系。

历史上曾有一个关于朝廷抑制诸侯王政策的轶事。轶事的主人公为1968年发掘的满城汉墓的墓主——武帝的庶兄中山王刘胜。武帝建元三年（前138），刘胜入朝觐见，在酒宴间突然闻乐而泣，武帝询问其缘由，他回答，因为自己想起了在封国内受到中央派遣官吏的种种严厉监视才不免伤怀。但根据《史记》记载，刘胜实际上过的是纸醉金迷的生活。而且，在他与妻子的墓穴中还发现了金缕玉衣等数以万千的奢华陪葬品。

图 47　河北省满城汉墓的中室前景[*]

　　[*] 满城汉墓营造于山腹之中，墓洞全长 52 米，中室前方有南、北两个副室，图中正面的门为主室入口。发掘于 1968 年。

　　七国之乱后，朝廷通过派遣官吏的举措，完成了对诸侯王统治的强化以及对封国的支配。因此，汉帝国的国家体制虽然称为郡国制，但实质上已与郡县制极为接近。很显然，这代表了汉帝国中央集权化的完成以及皇权前所未有的强化。景帝时期所进行的这些改革，为其后即位的武帝将汉帝国的繁荣推向鼎盛，奠定了坚实的基础。

五　匈奴、南越、朝鲜

汉初对外关系

探讨西汉初期刘氏政权发展史时，如仅关注汉帝国内部的历史，观点不免会产生局限性。因为自高祖时期起，汉帝国就已经与周边诸多国家建立了外交关系。这些关系不仅与汉帝国内部产生的问题紧密挂钩，同时还与刘氏政权的发展以及其特征的形成有密不可分的关系。

当时汉帝国的周边国家，首先要从匈奴、南越和朝鲜谈起。因为在汉帝国的近邻地区，除了这三个国家以外，其他地区还没有形成国家政权。此外，由于地理上的隔绝，一些已经存在的国家还尚未被当时的汉帝国所认知。例如当时处于弥生时代前期的日本，由于政治社会发展落后，其存在就不为汉帝国所知。此外，例如在现在的云南省，当时就有西南蛮夷诸国，被深山峡谷所阻绝，直到汉武帝时期以后，汉廷才了解到那一地区的情况。

考察匈奴、南越、朝鲜与汉帝国之间的关系时，一方面要关注其交涉史与汉帝国国力盛衰之间的关系，另一方面也必须重视汉帝国与这些国家建立的是何种形式的外交关系。

为何在此要强调形式对于体现国家间关系的重要性呢？这不仅是由于当时的外交形式与中国的国家构造，特别是汉帝国的郡国制有着密切的联系，同时还因为汉帝国与周边国家之间形成的外交形式，是影响此后中国处理与周边国家之间关系的原型与典范。

如上所述，当时的日本处于弥生时代前期，水稻生产刚刚起步，铁器也刚从朝鲜半岛传入不久，还未与中国建立起直接的联系。但是尽管如此，对日本而言，这一时代的中国与周边国家的关系仍是一个重要问题。其原因不仅在于，汉帝国与朝鲜建立外交关系使汉文化间接地影响了日本；同时更为重要的原因是，这一时期所形成的汉帝国与周边诸国之间的关系形式，在日本与中国建立关系时起到了一种典范作用。因此，这个时期汉帝国与其周边国家之间的关系问题，同时也是日本史学界不可忽视的课题。

东亚世界与中国文化圈

当我们把视野投向更为广阔的空间时，不难发现汉帝国建立之后，中国以一定的方式与周边诸多国家建立起政治关系，形成了一个以中国为中心的"世界"。这一世界被称为东亚世界，在全球一体化也就是近代社会形成之前，它曾与地中海世界、伊斯兰世界、欧洲世界以及南亚世界等多个世界并立于地球之上。

东亚世界的中心国家是中国，正如它也被称为汉字文化圈一样，其特点是以中国文化为中心。但是，东亚世界作为中国文化圈成立，其前提是存在于这一体系的中国与周边国家必须建立起一定形式的政治关系。

例如，从汉字的传播考虑可知：汉字原本是标记中国语言的符号，每一个文字同时包含着发音与意义。因此，汉字很难传入使用不同语言的朝鲜与日本。尽管如此，汉字仍旧传入了朝鲜与日本。只不过朝鲜和日本使用汉字的最初原因，并不是为了来标记朝鲜语、日语，而是因为当时存在不得不原封不动地使用中国文字的历史缘由。

关于这一缘由可从当时的历史背景中寻求答案。朝鲜或日本之所以使用中国文字，并不是要与中国进行交易或者吸收中国文化，而是政府在处理与中国之间形成的政治关系时必须学习汉字，来解读和制作外交文书。使用汉字来标记自己民族语言的现象，如朝鲜的吏读、日本的万叶假名，是后来才发生的现象。

因此，考察东亚世界如何形成的课题，首先必须从中国与周边国家之间的政治关系是如何形成的问题着手。中国的对外关系始于西汉初期，并且如上文再三重复的那样，对外关系的展开总是伴随着一定的具体形式。因此，对于其具体形式以及特点的考察显得尤为重要。

东亚世界的发端

我们通常认为东亚世界以中国为中心，包含了朝鲜、日本、越南地区，而并不将蒙古高原、西藏高原等纳入其中。从汉字文化圈的角度来考虑，也可知蒙古高原、西藏高原这两个地域不属于东亚世界的原因。但是，与中国保持政治关系的周边国家中，不仅有东亚世界的诸国，还有许多位于北方、西方、南方的国家。这意味着与中国建立政治关系的国家，并不都是以中国为中心的东亚世界的成员，而它们之间也存在很大的差异。这种差异因何而生呢？

首先考虑到的原因是，东亚世界以外的地域在接受中国文明，例如汉字文化之前，就已经拥有自己独特的文化与文字了。但是，按照这一解释就会出现新的疑问。匈奴人当时没有使用文字，汉字文化为何没有在其居住地蒙古高原得到传播呢？关于这一疑问，必须从以下两点来分析。

第一，匈奴等占据蒙古高原的诸民族，始终不断地重复着迁徙与交替。因此，即使汉字文化被某一个民族吸收，当他们迁徙到其他土地时，原来土地上的文化也就随之消失了。在民族迁徙时，他们与中国之间的政治关系也自然消失，保留与本国语言无关的汉字的必要性也随之丧失。

第二，上文所述中国与周边国家的政治关系形式，分为两种不同情况，即属于东亚世界的周边国家与东亚世界以外国家，在这两种情况下政治关系的形式也各不相同。当然，在某些时代，这两种不同情况也曾出现过相同的政治关系形式。但必须注意的是，游牧民族国家的盛衰以及迁徙导致了他们与中国之间的政治关系形式常常处于一种不稳定状态的事实。

包含着上述问题点的中国对周边国家的政治关系及其具体形式，在西汉初期中国发展对外关系之际首次登上了历史舞台。其中，匈奴、南越、朝鲜与中国的关系及其具体形式，呈现出了各不相同的特征。西汉初期中国的对外关系史，作为东亚世界形成的发端是绝不可忽视的课题。在此，我们首先从中国与匈奴之间的关系谈起。

匈奴帝国的出现

始皇帝时期，匈奴被将军蒙恬率领的大军驱逐至河套地区北部，但不久后他们就恢复实力统一了蒙古高原一带的各游牧民族，建立起一个强大的帝国。而这一过程就发生在统一国家分崩离析的秦末汉初，也就是秦帝国灭亡、汉王刘邦与楚王项羽如火如荼地展开抗争的时期。因此，当汉王刘邦再次统一中国、建立汉帝国时，北方已经形成了一个与其匹敌的强大的匈奴帝国。统一匈奴帝国的君主是冒顿单于。

单于是匈奴国家君主的称号，其妻称为阏氏。单于的正式名称为撑犁孤涂单于，撑犁（相当于蒙古语、土耳其语 tengri）的意思是天，孤涂（有学者认为其相当于通古斯语的"子" guto，叶尼塞语的〔bi〕kjal）的意思为子。同时，单于（有学者认为相当于蒙古语中的扩展 delgüü）意为广大，引申为"诞生于天的大君主"，与中国的天子、皇帝的名称相对应（引自东洋文库《骑马民族史》1 正史北狄传，平凡社，第 52～53 页）。

冒顿单于弑杀父亲头曼单于之后自立，在东方降服了东胡，在西方征服了月氏，在南方又夺回了被秦掠走的土地，最后在北方建立起第一个强大的帝国。他将大本营安置于蒙古高原的中央地区，以东为左，以西为右，分别设置左、右贤王，左、右谷蠡王，左、右大将，左、右大都尉，左、右大当户，左、右骨都侯等。领地实行世袭制，人们过着逐水草而居的游牧生活。

其中，左、右贤王和左、右谷蠡王的王国最大。左贤王最后被立为太子，成为左屠耆王，屠耆的意思为贤。左、右骨都侯的职责是辅佐单于。这些大臣中，官位较高者拥有的兵力可达万骑，较低者也有数千骑兵力。同时还设置了长，共 24 名，长统领的骑兵号称拥有万骑兵力，长之下又配置千长、什长、裨小王、相、都尉、当户、且渠等属官（以上关于匈奴的国家构造的阐述，参照了护雅夫《北亚古代游牧国家的构造》，岩波讲座《世界历史》第 6 卷）。

从以上看来，冒顿单于建立的匈奴帝国，已拥有了一套完整的国家机构组织来统治辽阔的蒙古高原。但是，我们不可将上文所述的匈奴帝国与汉帝国相匹敌简单地理解为两国人口相当。匈奴帝国虽幅员辽阔，但由于游牧社会的性质，全国人口据说只相当于汉帝国的一个郡。而汉帝国的郡，即便是大郡，人口也不过五六十万而已。那么，人口如此之少的国家，因何在历史上被看作与汉帝国相匹敌的大国呢？

其原因就在于匈奴帝国所拥有的强大军事力量。据说，游牧民族的人在童年时就会在羊背上拉弓射鸟，成年后无不精于骑射，披上铠甲后就能作为骑兵奔赴战场，整个社会始终是一个具有组织性的战斗集团。冒顿单于统一蒙古高原时，所拥有的控弦之士即骑射兵多达三十余万。

这意味着这个国家所有的男性都能战斗。可是在游牧民族社会，除了畜牧业以外就没有其他产业了，牲畜的肉用来食用，兽皮用来制衣。而农耕社会的中国，不但有丰富的农产品以及先进的织布业，而且已经开始生产铁器以及丝绸等奢侈品。这些都是令匈奴垂涎欲滴的物产。为获取这些物产，匈奴便不断南下侵寇。因此，这样一个觊觎中国并不断入侵的强大军事帝国，自然会被汉帝国视为与自身相匹敌的大国了。

图 48　匈奴势力版图

与匈奴的关系

汉六年（前 201）也就是高祖统一天下后的第二年，韩王信被封为代王迁至晋阳（今山西省太原市）。同年九月，匈奴入侵晋阳，韩王信被包围在马邑（今山西省朔州市东北）。韩王信投降叛变。高祖大怒，翌年九月亲自率军攻打晋阳，追击韩王信至平城（今山西省大同市）。

此时，匈奴大军兵临城下，高祖大军整整七日被包围在平城附近名为白登的丘陵上，最后在陈平的计谋之下，大军才得以脱险。

白登之围后，高祖派遣刘敬（娄敬在迁都长安时立功而被赐予刘姓）出使匈奴议和，将刘氏宗室的一名女子当作汉公主（天子之女）嫁给单于做阏氏，约定每年向匈奴进献一定数目的棉絮、丝绸、酒、米以及其他食物，并与匈奴结下兄弟之约。汉与匈奴进入兄弟之国的关系。但是，由于汉每年要向匈奴奉送物品，两者的关系与其说是对等，不如说匈奴位于汉的上风。

此后，匈奴一直保持着对汉的优势。即便是在汉帝国，身为异姓诸侯王的燕王卢绾在预感到不测时，也是逃到了匈奴才保全了性命。此外，吕后时期，冒顿单于致吕后的国书中写着"你是寡妇之身，何不与我相会而尽男女之欢"的内容（此国书载于《汉书·匈奴传》，原文为："孤偾之君，生于沮泽之中，长于平野牛马之域，数至边境，愿游中国。陛下独立，孤偾独居，两主不乐，无以自虞，愿以所有，易其所无。"——译者注）。对于单于的无礼，吕后大怒，欲出兵匈奴，但是受到了在平城之战中亲身体验过匈奴之强大的群臣的劝阻。因此吕后只得复信冒顿单于，写下"我已老龄，不配侍奉单于左右"之类的应答。

文帝前三年（前177）五月，匈奴右贤王侵入鄂尔多斯掠杀百姓。于是，文帝派遣丞相灌婴率车骑兵85000人前往讨伐，右贤王退至塞外（长城外）。在这次讨伐中，文帝也亲自出征，大军一直抵达晋阳。但此时又爆发了济北王刘兴居的叛乱事件，因此朝廷只得终止了讨伐匈奴的计划。由于这一战事，汉与匈奴之间的关系暂时破裂。第二年（前176），匈奴主动提出要与汉和亲复交，汉答应了匈奴的请和。《史记》与《汉书》的匈奴传等记载了当时两国交涉的文书，这些文书的内容体现了当时两国的关系，具有珍贵的文献价值。

首先，文帝前四年（前176）冒顿单于致国书于文帝，开篇曰：

天所立匈奴大单于敬问皇帝无恙。

前六年（前174），文帝答复冒顿单于，国书开篇曰：

皇帝敬问匈奴大单于无恙。

这两封国书中都记载了双方的正式称号（冒顿单于的国书中的"天所立"是上述"撑犁孤涂"的汉译），并且都使用"敬问"这一敬语。这些遣词用语表明了两国处于对等关系。从中国的对外关系立场而言，这种关系称为"敌国"。所谓敌国，并不是指战争状态下的对手或仇国，而是指匹敌之国、对等之国。在这种关系之下，对等指的是什么呢？正如"敌国抗礼"一词所表达的一样，匹敌的国家在"礼"上对等，因此，匈奴帝国与汉帝国的外交关系是以对等之礼展开的。

匈奴的强势态度

两国通过上述的国书交涉恢复了和亲关系。同时，匈奴向汉赠送骆驼一匹、战马二匹、拉车之马八匹；汉向匈奴赠送绣袷绮衣（用赤色绢作为衬里，绣合而成的夹衣）、绣袷长襦（绣合而成的夹面长衬衣）、锦袷袍（锦面的夹衣和外袍）各一件，比余（梳子）一个，黄金饰具带（黄金装饰的衣带）一件，黄金胥纰（黄金带扣）一件，绣（绣花绸子）十匹，锦三十匹，赤绨（赤色绸子）和绿缯（绿色丝绢）各四十匹。虽然这些都是两国互赠君主的礼物，但从内容上看，两国的国礼之间却有相当大的差距。

不久后冒顿单于去世，其子即位，号老上单于。此时，文帝又派遣宗室女子冠名公主嫁为匈奴的阏氏，并让宦官中行说以辅佐汉公主的身份同行。中行说到达匈奴后，臣于匈奴，得到了单于的重用，并教会匈奴人使用汉字。甚至当匈奴收到汉的上述形式的国书后，中行说还让单于针对汉使用一尺一寸长的牍（用于书写的木片，当时纸还未发明）而使用一尺二寸的牍来回信，并把印玺的尺寸加长加宽加大，将国书的开篇写为：

天地所生，日月所置，匈奴大单于敬问汉皇帝无恙云云。

这封国书不但反映出汉人教授匈奴人汉字的事实，同时还隐含着匈奴欲将本国地位置于汉帝国之上的意图，虽然两者的关系应当为"敌国抗礼"。

果然，文帝前十四年（前166），老上单于违背和亲之约，率领14万匈奴兵从西方侵入汉帝国，掠杀百姓，抢夺牲畜，其前锋骑兵甚至进入到仅距长安300里的雍甘泉。文帝立刻动员10万大军防守长安，同时令东阳侯张相如任大将军领兵出击匈奴大军。老上单于滞留塞内一个月后撤到塞外，汉军追至塞外后便鸣金收兵，双方没有发生正面交战。然而此后，匈奴仍然连年侵寇汉帝国的边郡，汉帝国苦不堪言。

文帝后元二年（前162），两国再次互通使者，恢复了和亲关系，并且由汉继续向匈奴进献岁贡。议和第三年（前160）老上单于去世，其子即位，号军臣单于。而军臣单于即位不到一年，便背弃和亲约定，频频入侵中国。因此，汉朝廷不得不在北方屯兵，并建造烽亭以应急变。

贾谊和晁错之所以在他们的政论中常常陈述对匈奴的政策，原因就在于上述两国的关系。继文帝之后，景帝即位，随后七国之乱爆发，赵王企图联合匈奴南下攻略，其背景也在于当时匈奴与汉之间的关系。

景帝时期，没有出现匈奴大规模入侵的现象，汉朝廷也如约每年向匈奴贡献。两国在边境开设关所，进行商品交易，一直保持着友好关系。

如上所述，西汉初期汉与匈奴的关系，从高祖在平城战败之后，便一直重复着和亲政策与和亲政策失败的历史。但概观双方的关系史，虽然匈奴帝国的势力一直压制着汉帝国，但是当两国处于和亲关系时，两国一直是以"敌国"之礼为原则，即在对等的关系下往来。这种以"敌国"相处的形式，是汉帝国与周边国家之间建立外交关系的一种形式。而本节开头所强调的关系形式的重要意义在此也可略窥一斑。

与南越的关系

相对于汉与匈奴的关系，汉与南越之间的关系呈现出不同的特点。南越是越人在西汉前半期以现在的广东、广西两省为领土形成的国家，第一位国王叫赵佗。

赵佗不是越人，原为真定（今河北省真定县）人。始皇帝时，南越地区曾设有桂林郡、南海郡、象郡等数郡，赵佗是当时南海郡龙川县的县令。秦二世时，赵佗受南海都尉任嚣的遗嘱，继任南海都尉。秦朝灭亡，他将桂林郡、象郡吞并，建立了南越国，定都番禺（今广州市），自号武王。

汉朝建立后，汉十一年（前196），高祖派遣陆贾出使南越，封赵佗为南越王，命其统治越人。赵佗虽为汉人，但其统治的南越国居住的几乎都是越人。这一时期，汉朝首次将外民族的国家称为藩国。

然而，至吕后时期，朝廷突然禁止向南越贩卖铁器。面对朝廷的这一举措，赵佗判断这必然是心怀吞并南越野心的长沙王向朝廷提出的建议。于是，赵佗自立为南越武帝，进攻长沙国，在长沙国的边邑横扫数县。自此，南越脱离汉帝国，赵佗成为独立的君主。他将南越的势力继续扩张到闽越（今福建省南部）、西瓯骆（今越南北部），自称帝号，在南越国实施了与汉帝国相同的宫廷制度。

文帝即位后，朝廷再次派遣陆贾出使南越，诘问赵佗擅自称帝的罪责。当时文帝致赵佗的书状以"皇帝谨问南越王，云云"开篇，其内容是为了晓谕赵佗：吕氏之乱平定后，寡人成为皇帝，今后你应罢帝号，南越是汉朝廷的藩国。赵佗拜读这封书状后，诚惶诚恐地给文帝写了回信，开篇曰："蛮夷大长老夫臣佗，昧死再拜，上书皇帝陛下，云云"，结篇又写道："昧死再拜，以闻皇帝陛下"。

回信的大致内容是：皇帝陛下若恩准臣佗任原南越王一位，臣佗自此废止帝号。

南越王的臣礼

由文帝与赵佗之间的书信可知，与上述文帝与冒顿单于之间的书信相比，两者在形式上呈现出极大的不同。文帝的文书都以"皇帝敬（谨）问"开篇，而赵佗在回信中，不但称自己为"蛮夷大长老""臣佗"，并且使用了"昧死再拜""上书""皇帝陛下"这样的用语。赵佗自鄙为"蛮夷大长老"是为了表明毋庸说武帝之号，今后南越王之称，也将废而不用。自居"臣佗"是在承认文帝为君主，自己为臣下。根据中国礼法，臣下自称时必须省略姓氏，因而他在书信中仅称佗（参照尾形勇《汉代的臣某形式》，《史学杂志》第 76–77 期，1969 年）。而"昧死再拜""上书""皇帝陛下"这样的用语，则都是臣下对皇帝使用的敬语。

可见，赵佗的遣词用语所表现出的汉与南越的关系，与汉匈关系完全不同。汉与匈奴是兄弟之国关系，相互间应当按照"敌国"的关系形式来行使对等之礼。汉与南越之间为君臣关系，赵佗对于文帝就必须遵行臣礼形式。

匈奴、南越都是汉帝国的周边国家，但它们与汉帝国之间的关系大相径庭。据说，此后赵佗虽然以南越王的身份向汉皇帝实行臣礼，但实际上在南越国内依然以帝号自居。

可以说，汉帝国与周边国家之间的外交形式，体现着两国间的政治关系，而对于周边国家的国内体制却不具备直接的约束力。

（追记）1983 年，广州市象岗山发掘出第二代南越王之墓，由于墓室未遭盗墓者的破坏，许多珍贵的陪葬品得以完好地重现天日。其中尤为令人瞩目的是印有"文帝行玺"的方形金印，边长 3.1 厘米、重 148.5 克，以龙为钮。这一印玺反映出南越王在其国内一直自尊帝号的事实。而且，相比汉皇帝的玉玺，南越王印玺的体积更大（《西汉南越王墓》上、下，北京，1991）。

汉初，汉帝国不仅与南越一国保持关系，同时也与越人的其他国家往来。闽越国位于现在福建省，有闽越王；东越国位于现浙江省，有东越王；西瓯（西于）国位于现越南北部，有西瓯王。从这些王的称

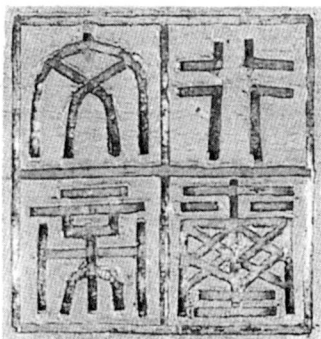

图 49 "文帝行玺"之印 *

* 引自《西汉南越王墓》。

号来看，与"南越王"具有相同特点。由此可知，这些周边民族国家也都是由汉帝国分封，它们与汉帝国之间的关系在最初被定位为君臣关系。

与朝鲜的关系

众所周知，朝鲜半岛中最古老的国家称为箕氏朝鲜。有人认为，箕氏朝鲜国是周朝初年由殷朝的遗臣箕子建立的。但实际上，这只是后人借两者姓氏相同而做出的附会之说。战国时代，中国的影响波及周边地区，箕氏朝鲜国附属于战国七雄中东北部的燕国。秦灭燕后，朝鲜被划为辽东郡的郡外地区，汉朝建立后，其地又被划为燕国。

高祖末年，燕王卢绾逃往匈奴。燕人卫满也率领千余人亡命东方，进入朝鲜后，赶走了箕氏朝鲜最后一代君王箕准，取而代之，自称朝鲜王，将国都定在王险。据说王险就是现在的平壤，因此其领域大概就是以平壤为中心的半岛西北部。从那时起，箕氏朝鲜被卫氏朝鲜所取代。

惠帝—吕后时期，朝鲜王卫满经由辽东太守的引荐，成为汉帝国外臣。所谓外臣是指中国周边国家的首领与中国皇帝结为君臣关系，其国家从属于中国。上述的南越王赵佗就可以说是汉帝国的外臣。此外，首领成为外臣的国家被称为外藩。

引荐卫满时，辽东太守向其提出作为汉帝国外臣的条件：第一，必须固守边境，不得使周边蛮夷入侵中国；第二，周边蛮夷首领要谒见中国天子时，不得阻碍。前者表达了中国建立外藩的目的是防止蛮夷入侵。从这里可看出在中华思想之下中国对蛮夷的排斥态度。而后者则指明了在出现蛮夷希望承天子之德入朝的情况下，外藩不得阻碍。由此可见，在王化思想下中国对蛮夷的招抚姿态。

汉朝在外藩设置时所提出的两个条件，分别体现出中原王朝处理与周边民族国家关系时的两大原则——中华思想（华夷思想）与王化思想（王道思想）。而外藩的设置与存续都必须遵循这两大原则。

内藩与外藩

如上所述，在汉帝国的初期，南越王与朝鲜王分别同汉皇帝结为君臣关系，成为汉帝国的外臣。而在秦朝，这种周边民族国家以一定形式从属于中国的现象却从未发生。此后，南越王与朝鲜王在汉武帝时期被灭，其领土被划为汉帝国的郡县。如上所述，外藩政策的出现是一个不容忽视的课题，它打开了东亚世界作为一个政治机构逐渐形成的契机。为何秦帝国没有出现外藩政策而汉帝国却出现了呢？

这个问题的答案存在于秦的郡县制与汉的郡国制之间的差异之中。始皇帝统一天下后，在全国实行郡县制，其政治愿望也表露在他所立的刻石文中，即"人迹所至，无不臣者"。始皇帝实行郡县制，将无限广阔的天下全部归于他直接的、统一化的支配之下。可是从另一个角度来看，郡县制是否定封建制而产生的制度，受此制约，秦朝无法超越郡县制的局限性，难以使向外扩展政治势力的理论与形式相吻合。

与此相对，汉帝国采用郡国制，并在国内分封土地，建诸侯王、列侯。相对于全国统一实行郡县的秦朝，这反而倒退了一步，似乎反映了皇权的弱化。然而，从另一方面来看，汉帝国通过同时实施郡县制和封建制，使国家具备了与不实行郡县制的领域之间建立政治关系的相对应的理论与形式。

汉帝国将周边民族、国家归为外藩，并赐予其首领王侯爵位。这种方式既能够保持当地首领对其领地的支配权，同时又可将其领域划入汉帝国的势力之中。而这之所以能够成立，就是因为汉帝国郡国制的存在。作为外臣的南越王与朝鲜王，与作为内臣的汉帝国国内诸侯王一样，都被授予金印紫绶。外藩是相对于汉帝国内藩国的称谓。那么，内藩与外藩的差别在哪呢？作为内藩君主的诸侯王，根据高祖遗训，必须出身于刘氏，并且其丞相（后称为相）由中央派遣。吴楚七国之乱以后，诸侯王对藩国的统治权被中央剥夺。与此相对，作为外藩的周边民族国家，其君主不需要与刘氏同姓，而且没有从汉帝国派遣而来的常驻官吏，外藩的君主虽然对汉皇帝行臣礼，但仍可保持在其国内的统治权。

如上所述，中国皇帝册封周边诸国的君主，授予他们王侯爵位，将其国家作为外藩纳入本国统治之中的体制，被称为册封体制。册封原本指授予国内王侯爵位，在此则作为将周边国家归属到中国王朝的方法来使用。可以说，正是以这样的册封体制为基轴，中国与周边国家之间形成了诸多的政治、文化关系，进而迎来了东亚世界的诞生。

在汉帝国建立初期，中国首次出现了以设置外臣、外藩为标志的册封制度。然而，这一制度还未在汉代得到稳固，不久后就迅速消亡了。关于这一问题，将在下章阐述。

4

武帝的外征与内政

一　对匈奴的战争

武帝即位

　　景帝后三年（公元前 141）正月，景帝驾崩。14位皇子中的第九位皇子——16 岁的刘彻于景帝驾崩当日继承了皇位，他就是武帝（前 140 – 前 87 年在位）。武帝这一称号，同文帝、景帝一样，是后人赠给他的谥号。而之所以称他为武帝，是因为他统治期间的汉帝国武力雄厚，威震四方。不过谥号虽然如此，武帝本人却从未亲临过战场。

　　武帝在位 54 年，跨越半个世纪以上。中国的历代王朝史之中，除武帝之外，在位期间超过半世纪以上的皇帝，仅有清朝的康熙帝（1662 – 1722 年）和乾隆帝（1736 – 1795 年）。而武帝长达 54 年的统治时代，正是汉帝国以武力向东西南北四方扩张，汉帝国疆域不断扩大的时期。当时的疆域范围，形成了后世中国人对中国领土概念的原型。然而，武帝时期的历史重要性，并不局限于以武力发展国力这一点。

武帝时期的对外军事行动，建立在文帝、景帝时期苦心构筑的坚实的财政基础上。司马迁在《史记·平准书》中这样记载：

> 至今上（武帝）即位数岁，汉兴七十余年之间，国家无事，非遇水旱之灾，民则人给家足，都鄙廪庾（仓库）皆满，而府库余货财。京师之钱累巨万（万万为亿），贯朽而不可校。太仓（大司农所管国库，位于长安城外东南）之粟陈陈相因（陈米不断增多之意），充溢露积于外，至腐败不可食。

正是凭借如此富庶的国家财政，汉帝国才能不断进行军事远征。而军事远征的展开也不会受国库盈亏的制约，因为一旦出现国库亏空的情况，国家便会另辟财源。

因此，在武帝时期，一系列新的财政政策被搬上了历史舞台，如新税收名目的制定，盐铁专卖制度、均输、平准法的实施，货币制度的确立，等等。这些政策的实施无不影响到人民的日常生活，同时也是造成社会变动的重大事件。假若没有强大的国家权力在背后支持，这些新政策的实施则将举步维艰。因此，国家开始改革、整治行政机构，对官吏们提出了只对皇帝效忠、严格执法的要求。但是，接二连三的军事远征与民生安定之间却产生了不可调和的矛盾。在这种矛盾的间隙，商人与地方豪族一边承受着国家对他们的压制，一边趁机不断壮大势力。

由于对外战争的胜利，武帝时期很容易被误解为是一个繁荣昌盛、充满辉煌的时期。然而实际上，它却是一个充斥着各种错综复杂的社会矛盾的时期。在这些矛盾的相互撞击之下，中国不得不经历着种种社会变动。远征的辉煌胜利令无数将士横尸异域、冤魂不散，同时在国内也埋下了社会矛盾的种子，导致国民的生活处于水深火热之中。可以说，武帝时期就是一个横跨了50年不断制造种种矛盾的时期，而绝不是一个充满繁荣与辉煌的时期。

武帝时期的对外政策存在上述的意义与后果，而其对外政策的重点则在于解决高祖平城战败后一直悬而未决的对匈关系问题而发动的对匈奴战争。下文中，我们将以对匈奴战争为切入点来展开对武帝时期历史的叙述。

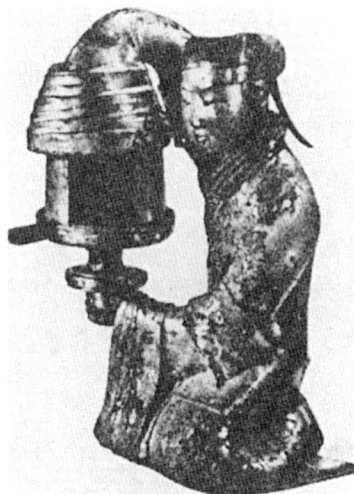

图 50　长信宫灯 *

＊长信宫位于长乐宫中，是太皇太后的居所。图中的长信宫灯曾是武帝祖母窦太后所用之物，后被赐予窦氏一族中的中山王妃窦绾（1968年出土于河北省满城汉墓）。

对匈奴战争

武帝即位后的数年间，一直保持着景帝时期以来的与匈奴的和亲政策。建元六年（前 135 年。年号的设定始于武帝时期，建元为武帝第一个年号。不过，实际上年号最初制定于元鼎四年即公元前 113 年。元鼎这一年号，是当时在汾阴发现铜鼎时被命名的。而元鼎之前的建元、元光、元朔、元狩则是追加命名的年号），窦太后（文帝的皇后）去世，年轻的武帝终于从祖母的掌控之中解放了出来，开始了他作为专制君主的统治。他首先面临的问题，就是对匈奴政策的问题。

同年，他命令丞相田蚡举行朝议，针对可否出兵匈奴展开讨论。正如第二章所述，即便是在君主专制政体之下，皇帝也不能脱离朝议单独决断国家大事。当时，大行（原本称为典客，后改称为大鸿胪，执掌外藩归顺后的事务）王恢快主张开战，御史大夫韩安国则主张维持和亲政策。结果，韩安国的主张得到了众臣的赞同，而开战主张则在武帝的一丝期望之中遭到了否决。

然而，第二年即元光元年（前 134），马邑（今山西省朔州市）的一位富豪聂壹向王恢献出的诱敌之计，却点燃了此后汉帝国对匈奴长期战争的导火线。聂壹常与匈奴进行商品交易，他提出的计谋是：首先由他前赴匈奴，向单于谎称自己杀死马邑官吏后会投降匈奴，希望单于出兵收取马邑；其次，当军臣单于被诱入马邑后，再由埋伏的汉军将其一举歼灭。

元光二年（前 133），朝廷再次举行朝议，王恢提出应当采用聂壹之计的主张得到了赞同。同年六月，御史大夫韩安国任护军将军、卫尉李广任骁骑将军、太仆公孙贺任轻车将军、大行王恢任将屯将军、大中大夫李息任材官将军，共率领 30 万大军屯聚于马邑周围。对此毫不知情的军臣单于则听信了聂壹的谎言，带领 10 余万骑兵南下，越过长城，向马邑挺进。

在匈奴大军逐渐靠近马邑的途中，军臣单于突然生疑。他发现沿途的原野虽有牧群，却无人放牧。于是，他急令进攻汉军的一所烽燧（烽火台），俘获烽燧守卫队长，拷问之下，得知了汉军的计谋。于是，匈奴大军停下进军马邑的步伐，调转马头向塞北撤退。此时，汉军急忙追击，但草原上早已没有了匈奴军的踪影。

这就是历史上著名的马邑之围。汉军请君入瓮的计划最终告败，主事者王恢死于狱中。由于这次汉朝的诈敌之计，汉与匈奴的和亲关系彻底破裂，之后，匈奴连年侵扰西汉边郡，掠杀汉民。迫于马邑之围后与匈奴的紧张关系，汉帝国也只得将对匈奴的战争继续下去。

将军卫青出征匈奴

元光六年（前129），汉廷派遣四位将军各率领 10000 骑兵，从四个方向进攻匈奴。然而，这次进攻计划以汉军败北而告终，四将军中，骑将军公孙敖损失 7000 骑兵，骁骑将军李广被匈奴俘获，只有车骑将军卫青俘虏数百人返回长安。从这一时期起，卫青作为对匈奴战争的主角开始活跃于历史舞台。

卫青是武帝宠姬卫子夫之弟。卫子夫原本是武帝姐姐平阳公主的歌伎，她的母亲也是平阳侯家的一个名为卫媪的婢女，其父不详。也就是说，卫子夫是婢女即女奴所生之女，而她本人最初的身份也是女奴。建元二年（前139），18岁的武帝去拜访大姐平阳公主，宴席间对卫子夫一见钟情，便在轩中临幸了卫子夫。轩中的意思为厕中（吉川幸次郎：《汉武帝》，岩波新书，第25页）。

即日，卫子夫便随武帝入住汉宫。武帝的第一位皇后陈氏膝下无子，为此花费9000万钱巨资医治，却也毫无结果。元光五年（前130），陈皇后被废。两年后即元朔元年，卫子夫诞下一位皇子后被立为皇后，人称卫皇后。

卫青与卫子夫同母异父，卫青的生父名为郑季。但从卫青不能跟随生父姓郑这一点也可知，作为女奴所生私生子，卫青在童年时期过着为奴为隶的生活，据说他在郑家是一个放羊的牧童。之后，由于姐姐得到武帝宠爱，他才受裙带之恩被召入宫中为武帝效力。

卫青在元光六年（前129）首次出征匈奴后，一生共七次出征匈奴。第二次出征是在翌年，即他的姐姐被封为皇后的元朔元年（前128）。这次，他仍旧是以车骑将军的头衔挂帅，率领三万骑兵从雁门（今山西省代县以北）出击，斩匈奴兵数千人。第三次出征是在元朔二年，他进击云中后，在河套地区杀敌数千人，并夺取牛羊百万余头，将匈奴的白羊王和楼烦王击退。由于这次出征的胜利，汉廷在河套地区设立了朔方郡，而卫青则以其军功被封为长平侯（食邑3800户）。

此后，匈奴军臣单于去世，其弟左谷蠡王伊稚斜自立为单于，并发起对军臣单于之子——于单的进攻，匈奴内乱爆发了，于单逃到了汉朝。之后，伊稚斜单于便连年侵寇汉的北部地区，其右贤王也不断侵扰河套地区。

元朔五年（前123），休兵若干年后的卫青，率领六名将军以及十万余骑兵展开了他的第四次出征。这次出征的目标锁定在匈奴右贤王身上。卫青大军从河套地区出发，一路向塞外深入，采用出其不意的战略包围了右贤王的营幕，俘虏右贤王王族十多人，男女15000人，获牛马数百万头，取得了全胜。据说，当时右贤王落败时，仅带走了数百名骑兵及一个爱妾。卫青因立下此军功而被赐予了大将军的印绶，他的三位儿子，包括还在襁褓之中的婴孩也全部被封为列侯。

翌年（前123），大将军卫青又统帅前次一同出征的六位将军十万多骑兵，先后第五次、第六次

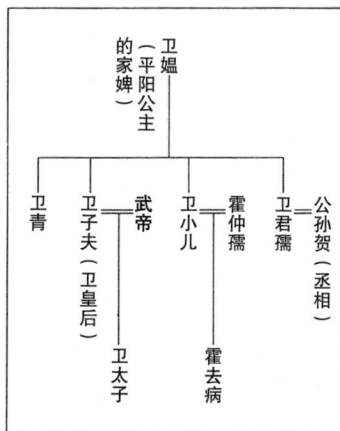

图51　卫皇后一族

出征匈奴，立下了斩敌 19000 人的军功。不过，这一年的出征，汉军未能大获全胜，两位将军共痛失三千余骑兵，其中一位将军侥幸逃回，另一位将军则向匈奴投降了。元狩四年（前 119）卫青第七次出征匈奴，不过此时的主角已经不再是他，而是青年将领霍去病。

青年将领霍去病驰骋沙场

霍去病是卫青的外甥，是卫皇后的姐姐卫少儿与小吏霍仲孺私通所生。卫少儿与卫皇后、卫青一样，也是卫媪的私生子。霍去病出生不久，其父霍仲孺就抛弃妻子返回了故里。但幸运的是，卫少儿的妹妹受到武帝宠爱，因此她能够带着霍去病嫁给詹事陈掌为妻。陈掌是汉高祖的功臣陈平之孙，位居列侯，封号为曲逆侯。霍去病便是在曲逆侯陈掌的府第中被抚养成人的。

霍去病年少时起就长于骑射，18 岁时，靠着卫皇后的关系被召入宫中，当上了皇帝近侧的官员——侍中。元朔六年（前 123），他跟随叔父大将军卫青，两次出征匈奴。在他的率领下，其部队立下了斩敌 2028 人、首虏单于近亲两人的军功。回到汉地后，霍去病被封为列侯，称冠军侯。

元狩二年（前 121）春，霍去病被任命为骠骑将军，率一万人马由陇西出发讨伐匈奴。年仅 20 岁的霍去病率领大军越过焉支山（今甘肃省丹县东部的大黄山），向西挺进千余里（约 500 公里）后，与匈奴军展开了会战。会战中，汉军斩杀了折兰王、虏胡王，俘虏了浑邪王之子以及其手下高官，获敌首 18000 余级，并带着休屠王为祭天而铸造的金人（铜像）凯旋。这一战果着实令武帝喜出望外，于是，武帝恩赏了霍去病更多的封户，并于同年夏季命其再次远征匈奴。

在这次远征中，霍去病与合骑侯公孙敖率领数万人马，由陇西方面向北挺进，同时，博望侯张骞（关于此人将会在下文中详述）与郎中令李广则率兵从右北平（今河北省北部）出动。但是，李广的军队被匈奴左贤王包围，遭受到几近全军覆没的重创，而其他两位大将也因迷失方向而错失了歼敌的良机。在三位大将失利的局面之下，只有霍去病的军队渡过居延（黑河上流）到达了祁连山（今甘肃省张掖县酒泉南方），在那里斩杀了 3 万敌军，并且俘获了匈奴诸王及其部下共 122 人。

霍去病的全面胜利彻底击溃了匈奴的西部防线。负责西线防守的浑邪王受到单于斥责而担心被杀，因而主动投降了汉军。武帝接到这一禀报之后，命令霍去病带兵迎接降军。但是，见到霍去病率兵而来，浑邪王军中突然出现一部分企图逃跑的士兵，于是，霍去病便下令斩杀了这8000 名逃兵，将浑邪王从军队中请出，单独用车送至长安，亲自率领其他投降部队前往都城。

当时投降部队的人数达到数万，是曾经号称拥有十万人马的大军。如此庞大的匈奴部队降汉，且降兵全部被押送至首都长安，这无一不是对匈奴战争打响以来首次发生的状况。年轻将领霍去病在当时是何等的春风得意，其情景大概是我们无法想象的。

降汉后的浑邪王被封为漯阴侯，封户一万。裨王（副王）呼毒尼被封为下麾侯，鹰庇被封为辉渠侯，禽梨被封为河綦侯，大当户铜离被封为常乐王。由此可见，凡仰慕汉帝国皇帝之德而归顺汉廷者，皇帝都会对其广施恩惠与仁德。而立下汗马功劳的霍去病自然也不在话下，皇帝恩赐了更多封户。

浑邪王降汉，使得汉廷减少在西北方的防卫部署成为可能。驻扎在陇西、北地、上郡三郡中的汉军前线部队，人数减少到了原先的一半，人民的兵役负担得到了减轻。浑邪王投降后，其领土归入汉帝国，汉廷在那里设置了河西四郡，即武威、酒泉、张掖、敦煌，建立起了汉帝国与西域诸国往来的根据地。

匈奴撤出北方与对匈奴战争的中断

但是，单于所统帅的匈奴大本营却势力完好，丝毫未受到任何打击。翌年，匈奴军侵入了右北平。第三年即元狩四年（前119）春，武帝命大将军卫青和骠骑将军霍去病各率领五万人马进击单于的大本营。对卫青而言，这是他的第七次出征。两路大军的辎重部队人数达到了数十万人。霍去病原本计划从定襄（今山西省大同市西北）出击，但是，当他从俘虏的匈奴兵口中得知单于正向东方转移的情报后，便转而决定从代郡（今山西省大同市）出发，而由定襄方面进攻的路线则由卫青率军负责。这大概是因为霍去病当时已经开始担当起对匈奴战争的主将职责。

不过，在北进草原的途中，遭遇单于亲率的主力部队的却不是霍去病，而是大将军卫青。卫青与匈奴作战经验丰富，立刻下令军队排列成圆形阵营，并让小股部队首先出击以诱出单于军队。而正在此时，一场狂风突起，飞尘砂石迎面而来，一时间两军无法确认彼此的方位。但是，卫青却利用这一机会，命在阵营中待机的两翼部队一起出动，将单于的军队团团包围起来。

匈奴军队瞬间溃败，单于带着数百个骑兵，骑着骡马突围而逃。入夜后，杀场上仍然一片刀光剑影。当卫青得知单于败逃的消息之后，一路追击到天明，不过最终也未能将其擒获。据说在这次战役中，匈奴军一万余人战死，而单于落逃后数十天，竟然连匈奴方面也没有任何关于他所在的消息，右谷蠡王甚至还因此准备自立单于。

另一方面，霍去病率领的部队虽未与单于主力部队正面交锋，但所获首级多于卫青部队，并且还俘虏了匈奴王族 3 人以及高官 87 人。由于战功多按数字衡量，这次出征的军功全部归于霍去病，他麾下的许多将军也被封为列侯。与此相对，令单于败走的卫青及其部将则未获得恩赏，卫青也仅是与霍去病一同被授予了大司马这一新设的官职。

战争结束后，匈奴单于将大本营转移到漠北（戈壁以北）。在其后的一段时期，长城附近再也没有出现过匈奴人的身影。而汉帝国在对匈奴的战争中，有十万将士战死沙场，战马也全部用尽，经年累月充盈起来的国库出现空亏，加上又开始出兵南越、朝鲜，汉帝国已无法再继续对匈奴的战争了。因此，以元狩四年的征战为转折点，武帝时期对匈奴的战争便暂时落下了帷幕，战火再次燃起则发生在武帝在位的后半期。

与舅父卫青一同晋升为大司马的霍去病，很快成为世人仰慕的对象，那些原先出入于卫青府中的官吏都转投到霍去病门下去谋取官爵。其中，只有任安对此风潮不屑一顾，一如既往地出入卫青府。任安和司马迁为知心挚友，司马迁后来因李陵事件受牵连被处以宫刑时，就是向任安倾诉了悲痛与愤慨。当时的书信可见于《汉书·司马迁传》中的《报任安书》。

由于军功赫赫，18 岁被封为列侯、22 岁荣登大司马之位的年轻将领霍去病，却仅仅在两年之后即元狩六年（前 117）24 岁，因病早逝了。

霍去病仿佛是为了对匈奴战争而诞生的，当匈奴退至漠北、大汉北疆安定时，他的人生也随之驶向了终点。

当时，武帝正在长安西北方营建将来的陵墓。霍去病病故后，他便命令工匠将霍去病的墓室建造在自己的陵墓旁。为了向世人昭示他的赫赫战功，其墓地样式仿照祁连山修建而成。我们可以在现存武帝陵墓茂陵的山麓下看到霍去病墓地周围一片乱石嶙峋，墓前巍然屹立着一座马踏匈奴的巨石雕刻。

图 52　对匈奴之战 *

　* 这幅图描绘了右方战车周围的步兵（汉军）与左方从山岳而来的骑兵（匈奴兵）在桥上展开战斗的场面（1954 年出土于山东省沂南县东汉墓）。

图 53　霍去病墓的旧观*

*由于经过修整，霍去病墓如今已原貌全失。

　　而卫青则颐享天年，之后还成为驸马（天子女儿的丈夫），娶了他原来的主人平阳公主为妻，元封五年（前106）去世。

二　南越、朝鲜的郡县化

南越国的内乱

　　建元四年（前137）南越王赵佗寿终正寝，他的孙子赵胡继承了王位（追记：在他的墓中发现了"文帝行玺"

的金印，赵胡为第二代南越王。请参照上文）。此时，邻国的闽越王遣兵侵入南越国边境。但是，南越王严格遵守着与汉帝国之间签订的藩国间不得擅自相互进攻的约定（藩国职责），没有发动反攻，只是将情况上奏给了汉廷。武帝阅完奏文，即刻派遣两员大将率兵讨伐闽越。但在汉军抵达闽越之前，闽越王的弟弟余善就已经杀死了闽越王来向汉廷谢罪。于是，汉廷将余善册封为东越王。而南越王则对汉廷火速出兵、解救本国危难之举，心怀感激，将太子婴齐派遣到长安，以武帝宿卫的身份侍奉汉廷。外藩国太子入汉宫担当宿卫，意味着藩国以遣送人质的形式表达对汉的忠诚。

婴齐居于长安期间，娶了邯郸的樛氏为妻，并生下一名男婴，取名为兴。后来其父赵胡去世，他便带着妻儿返回故土，继承了王位，成为南越王。此时，他决定尘封曾祖父时代起就一直使用的刻有"武帝"二字的印玺。这大概是由于他在长安目睹过汉帝国的强盛与威仪，因担忧使用这种称帝号的印玺会给藩国南越国招致灾祸而做出的决定。但是另一方面，对于汉皇帝让他入朝觐见的诏令，他却称病不应，只派遣自己的儿子次公入朝宿卫。因为一旦入朝觐见，外藩南越王很可能会受到和其他内藩诸侯王相同的待遇，其结果将导致南越王失去其外藩国的自主权。

由此可知外藩所具有的两面性，一方面，它臣服于汉帝国皇帝，另一方面，它又希望以外藩身份被汉帝国认可，从而保持外藩王的统治权。同时，这也反映出当时汉帝国试图将外藩内藩化的倾向。表面上，汉帝国与南越保持着亲善关系，但实际上这种亲善关系的背后酝酿着一种暗流涌动的紧张关系。

这种紧张关系在赵婴齐之子赵兴继承王位之际浮出了水面。赵婴齐去世后，赵兴之母成为南越国太后，如上所述，她来自中原。此时，武帝派安国少李出使南越国，提出让南越王入朝、成为内藩的要求。据说，这个安国少李原本是南越国太后的情人。太后与南越王回应了此要求，并上书保证将同其他诸侯王一样三年入朝一次并撤去在汉朝边境的关卡。于是，南越国的丞相吕嘉被汉廷授予银印，内史、中尉、太傅也都被授予各自相应的官印。

官印的授予意味着从此以后王国官吏的任命都转由汉廷决定。与此同时，南越国原有的刑法规定被废除，开始实行汉帝国的律法。而汉廷派遣的使者们也常驻下来以监视南越国内的动态。

关于太后与南越王对汉廷的回应，丞相吕嘉始终持反对态度。吕嘉家族是南越的大氏族，他本人历任了三朝丞相，侍奉了三位南越王，家族中出任高官的多达七十余人，同族的男子均娶王女为妻，女子也全部与王族通婚，其家族势力甚至凌驾于国王之上。从吕嘉一族的立场来看，身为汉人的太后和她的儿子南越王欲将南越国变为汉廷内藩的行为，无异于将越族人的土地出卖给他国。越族人被汉廷任意统治，这是吕嘉绝不能容忍的事情。于是，南越国分裂成两个派别，也就是以太后、南越王为中心的亲汉派以及以吕嘉一族为中心的越人派。

南越国的灭亡与郡县化

元鼎四年（前113），做好了入朝准备的南越王和太后，在启程前大设酒宴，打算在酒席间借助汉使节的力量，将吕嘉当场杀死。当日，吕嘉命弟弟率兵在宫外守候。但是，当他踏入酒席间时却觉察出气氛有异，于是当即离席，和他的弟弟兵分二路退回到宅第，并一直固守不动。南越国的国民都支持吕嘉，吕嘉也由军队层层保卫着，因此，无论南越王还是汉使节都无法下令攻打吕宅。局势一直僵持了数月。

得知此事的武帝，为尽快除去吕嘉，同意了壮士韩千秋的自荐，授其两千兵力，命其与南越王太后的弟弟樛乐一同进军南越。得知汉军来袭的消息，吕嘉先发制人，协同他的弟弟攻入王宫，杀死了南越王、太后以及汉使者，将前南越王婴齐与越人妻子所生之子赵建德立为新的国王。同时，吕嘉的军队还在迎战汉军的途中，反奸了韩千秋和樛乐的全部人马。

元鼎五年（前 112），武帝开始对南越国展开大规模的讨伐。他分别任命卫尉路博德为伏波将军从桂阳（今湖南省南部）方面、主爵都尉杨仆为楼船将军从豫章（今江西省南部）方面，率领十万人马进击南越，此外还任命了两名降汉的越人为将从其他方面进击。各路兵马直指南越首都——番禺（今广东省广州市）。同年冬季十月（元鼎六年岁首），番禺陷落，吕嘉和赵建德逃走后不久受擒。吕嘉被处死，赵建德则在之后被封为列侯。于是，从赵佗的统治以来，经历了 5 个世代、93 年历史的南越国就这样灭亡了。

南越国灭亡后，其国土被划为郡县。汉廷在那里设置了九郡：南海（今广东省广州市）、苍梧（今广西壮族自治区苍梧县）、郁林（今广西壮族自治区桂平市）、合浦（今广西壮族自治区北海市）、交趾（今越南河内）、九真（今越南清化省）、日南（今越南顺化）、珠崖（今海南省海口市琼山区）、儋耳（今广东省儋州市）。现在的广东省、广西壮族自治区、海南省以及越南北部的广大地区，都处在汉廷的直辖之下。

当时，汉廷还曾派出使者，向西南部的其他民族提出发兵攻打南越的要求，但是这些民族非但拒绝出兵，而且还杀死了汉使。于是，汉廷便派兵攻打了这些民族地区，并将那里的土地全部郡县化。这些郡有牂柯（今贵州省平越县）、越嶲（今四川省西昌市）、沉黎（今四川省汉源县）、汶山（今四川省茂县）、武都（今甘肃省成县西北）等。同时，南越国东边的邻国——东越国，在南越国灭亡后的第二年即元鼎六年（前111），其国王余善在汉军的压迫之下最终举兵反抗。元封元年，汉军击溃了东越国军队，并且命令东越国国民全部迁徙到中国，定居在长江与淮河之间。因此，现在的福建地区在那时呈现出的是一片荒无人烟的景象。

不过，在西南方的诸民族中，位于今天贵州省西部的夜郎国以及位于今天云南省的滇国一直存续了下来。夜郎王与滇王入汉觐见，受领了王印，维持了他们作为国王的身份。1956 年到 1957 年之间，在对云南省晋宁县附近石寨山的遗迹，即滇王墓的发掘调查过程中，出土了与当时中国墓穴特点迥然相异的青铜器陪葬品，同时还发现了刻有"滇王之印"的金印。

图 54　滇王之印 *

* 1956 年至 1957 年出土于石寨山西汉墓的金印。

这些国家位于深山幽谷之中，据说在汉廷使者来访时，他们还不知道汉王朝是一个统一帝国，甚至滇王与夜郎王都向使者提出了汉与自己的国家到底哪国更大的问题。"夜郎自大"这个成语就来自这一典故。从武帝时期起，这些位于深山老林之中的国家开始变为汉帝国的外藩国。

卫氏朝鲜的灭亡与郡县化

朝鲜王卫满在惠帝、吕后时期成为汉廷外臣后不久，就吞并了朝鲜周边的诸部族。在他的孙子卫右渠成为朝鲜王的前后时期，又出现了许多汉帝国的亡命者逃奔到朝鲜的现象。卫右渠不仅从不入汉朝拜，还阻碍辰国、真番国遣出的使者前往中国谒见汉皇帝。这些无不违背了上文中曾提到的作为外藩应当履行的约定。

元封二年（前109），武帝遣使者涉何出使朝鲜，诘问朝鲜的背约行为。但是，卫右渠却对诘问拒而不受。在返回汉地的途中，涉何便杀死了负责护送的朝鲜裨王（副王），并将事情原委上奏给武帝，涉何因此被封为辽东郡的东部都尉。而卫右渠则因裨王被杀而心怀怨恨，发兵侵入辽东郡，将涉何攻杀。武帝因此下令出兵讨伐朝鲜。

受命讨伐朝鲜的将领由曾出兵南越的楼船将军杨仆和左将军荀彘担当。一方面，杨仆率五万水军由齐地（今山东省）出发，走海路进攻；另一方面，荀彘率领辽东郡士兵从陆地发动进攻。但由于卫右渠出兵迎击，两员大将的进攻受挫，汉军陷入了出师不利的境地。之后，汉军虽然艰难地将朝鲜首都王险城包围，但由于卫右渠坚守城池，历经数月却攻而不下。杨仆和荀彘的行动还不统一，出现了一方刚准备议和，一方却要发动进攻的局面。

围城战持续到第二年时，荀彘将杨仆监禁，合并两支部队后展开了对朝鲜军的总攻，终于控制住了战局。同年（即元封三年，前108）夏，卫右渠被臣下尼谿相杀害，尼谿相带着他的首级降汉。但是，汉军仍旧未能在短时间内攻破王险城，受到了卫右渠旧臣的殊死抵抗。由此可见，汉军兵临城下之时，朝鲜的抵抗是何等顽强。

王险城陷落后，卫氏朝鲜灭亡，汉便将朝鲜故地全部郡县化，设置了乐浪、玄菟、临屯、真番四郡。乐浪郡地跨今平安道、黄海道、京畿道，其郡治被置于卫氏朝鲜国的首都王险城，即现在的朝鲜平壤附近，大同江南岸如今还存有当时郡治的遗址。玄菟郡被设置在鸭绿江的中游两岸地区，临屯郡在今江原道地区。而关于真番郡的位置，则有北方和南方两种说法，支持北方说的学者认为它位处鸭绿江中游地区（在这种情况下，玄菟郡位于今咸镜南道地区），支持南方说的学者则认为其位处今庆尚北道地区，或者在今忠清南道和全罗北道之间。

图 55 "乐浪太守章"封泥

于是，除了南部地区以外，朝鲜半岛进入了由汉帝国直接统治的时期。不过，其中临屯、真番两郡在设置后的第二十六年即昭帝始元五年（前82）被废止，合并到了乐浪、玄菟两郡。玄菟郡的治所，也于元凤六年（前75）被迁到辽东郡郡内（今辽宁省新宾县西部）。这些都反映出汉帝国的直接统治未必成功，汉帝国在原住民的反抗之下不得不做出让步或退出的决策。

此外，由于朝鲜四郡的设置，汉帝国的影响开始波及日本。《汉书·地理志》中有如下一段记述："乐浪海中有倭人，分为百余国，以岁时来献见云。"这是中国史书中首次明确提到倭人即日本人的记述（《山海经》虽然也有倭人的记述，但缺乏明确性），它表明当时的中国文化已经经由朝鲜半岛传播到了日本。然而，这种关系被表现为某种具体的政治关系，则是一个世纪之后的事情了。

图56 汉代的朝鲜四郡

外藩的郡县化

汉帝国初期，成为汉帝国外藩的周边政权主要有南越国和朝鲜国。如上章所述，外藩的出现与汉帝国的郡国制有紧密的联系。中国文化圈在东亚世界中形成时，外藩是在基层传播中国文化的媒体，进一步说，外藩是中原王朝与周边政权之间的政治性关系的一种具体表现形式。南越国和朝鲜国从汉皇帝那里获封王号，成为汉帝国的外藩，这一过程正是东亚世界形成的历史开端。不过尽管如此，如上所述，以上两国在武帝时期最终都因汉军的讨伐而走向灭亡，两国故土也都沦为了汉帝国的郡县。

回顾这一历史，东亚世界仿佛是在刚具雏形时就遭遇到了挫折。因为消灭外藩、实行郡县意味着：汉帝国否定了中国与周边政权之间的政治关系，在周边政权中推行与中国相同的政治体制。这一情况与秦帝国的郡县制相同，其无限性反而造成了它的有限性，存在由单一体制的同化而引起的体制自身的局限性。

当时，在汉帝国内，最初的郡国制也已发生变质。如上章所述，内藩的统治权从诸侯王那里被转移到中央派遣的官吏手中。虽然内藩在名义上还称王国，但实际上已等同于郡县。这一政治方针，不仅针对内藩，同时也运用在对外藩的关系当中。这可从上述汉廷将南越国内藩化的政策中略见一斑。因此，武帝推行的南越国、朝鲜国的郡县化政策，实际上意味着要将郡国制回归为郡县制。随之，东亚世界的萌芽仿佛也被无情地毁灭了。

但是，仅从以上的角度考察，还不能完全理解南越国、朝鲜国郡县化的问题。南越国的情况是：对于汉帝国欲将本国郡县化的意向，南越国事先明确表达了认同的态度，南越的国内纷争，尤其是丞相吕嘉刺杀了南越王和太后、汉使这一事件，才是导致汉帝国出兵讨伐的契机。在此之前，南越国受到闽越国进攻时，因为严守了与汉帝国的约定，汉帝国还因此发兵闽越国。朝鲜国灭亡的情况则是：起因在于朝鲜王背弃职责约定，阻碍邻国使者前往汉朝参拜，而直接导火线则在于朝鲜王兵刃汉辽东郡东部都尉这一事件。

观察两国灭亡的原委可知，外藩应遵守的职责约定一直是汉廷所重视的地方。而汉廷之所以将视其为问题，与其说是源于否定外藩的理论，不如说是因为汉廷存在肯定外藩、促使外藩保持名实相对的理论。

如此看来，南越国和朝鲜国的灭亡并不意味着外藩制度本身被否定。实际上，上述的夜郎王、滇王等国王，在以后也一直稳坐于王位之上。不过，在武帝时期，汉帝国推广郡县制的政治方针却也属实。这一历史背景，恰好与南越、朝鲜两国因违背约定被灭国的事件重叠在了一起。因此设置外藩这一汉帝国对于周边政权的政策，实际上一直被执行了下去。西汉时代，钩町（西南地区的异民族）、高句丽等政权的君主也都被授予了王位。

西汉末期以后儒学国教化，王道思想被进一步强化，这为汉廷德化周边民族的君主、授其官位、招抚其为内臣提供了思想上的根据。进而，此后的中国进一步扩展了与周边政权的政治往来。

三　发现西域之路

张骞首度西行

要理解武帝时期的对外关系，考察当时汉帝国在世界所处的地位，就不能忽略中国与当时被称为西域的中亚诸国之间的通道是在武帝时期被发现的史实。并且，我们还要从这段历史中，找寻出那位在肉体与精神上超越了人类所能承受的痛苦的极限、史上首位走完西域之路的人物——张骞。

张骞出生于汉中（汉水上流地域，今陕西省城固县），武帝即位之初被挑选为郎官，担任武帝宿卫一职。宿卫这一职务，凡担当一段时间后便可从中央调到地方转任官吏。而张骞则收到了出使西域的命令，由此踏上了他坎坷多舛的人生旅途。

张骞启程的具体年份不明，但是从他之后的功绩可推定，他出发于武帝即位后不久后的建元年间（前140－前135）。汉廷交付他的使命是：抵达大月氏国，推动大月氏国与汉帝国建立同盟关系，并缔结夹击匈奴的约定。从这一计划的提出可推测，大月氏国也对匈奴怀有深仇大恨。

月氏原本是居住在今天甘肃省的一个民族，由于匈奴冒顿单于的进攻而被迫迁徙到西方。据说在老上单于时期，月氏王被匈奴杀害，其头颅还被制成了酒器。因此汉廷认为，即便月氏逃至西方，也绝不可能忘却对匈奴的仇恨。而且，当时还未满 20 岁的年轻武帝是从投降的匈奴人口中亲耳听到这些情报的。在武帝心中，与月氏联手的想法滋生膨胀起来，他决定从郎官中挑选出一位出使大月氏的人选。于是，张骞被选拔成为使者。而这一切都发生在上述武帝发动对匈奴战争之前。

张骞率领着一行百余人，从长安向着西方启程。虽然说是出使大月氏国，但这是一个连大月氏国所在地都不明确的旅程。并且，他们还必须在途中穿过匈奴的领地。最终，张骞一行人被匈奴人发现，并被押到了军臣单于的面前。单于对张骞言道："使吾欲使越，汉肯听我乎?"

于是，张骞就这样被扣留在了匈奴十余年，其间匈奴人为他娶了一名匈奴女子，并生下孩子。但是即便这样，他也从未忘记过自己的使命，一直等待着机会逃出匈奴。

从匈奴成功逃脱的张骞，循着大月氏国的方向，向西奔走了数十天，到达大宛国，在那里获得了意想不到的热情款待。大宛国位于咸海河源之一的锡尔河上游的费尔干纳地区。张骞从大宛国王那里得知了大月氏的所在地，并且在大宛国王的好意之下被护送到了康居。在那里他又得到康居的护送，到达了大月氏。康居国位于大宛北方，是一个沿着锡尔河河畔、在草原上过着游牧生活的国家，而大月氏大概位于其南方的阿姆河流域的北部地区。

张骞到达大月氏后了解到，大月氏的确是由被匈奴杀害的月氏王的太子继承了王位，但是他们已经臣服了南方的大夏国（巴克特里亚）。而且，大月氏的土地肥沃，牲畜繁多，生活安定，人们对匈奴的仇恨已经淡去。当年月氏种族被匈奴打败后，暂时逃到了伊犁地区落脚，但是在那里又遭到乌孙人的攻击，于是再次西逃到达大夏的领域，占领了那里的北部地区，终于获得了能够安居的土地。

在大月氏一年多的努力使张骞终于明白，说服大月氏缔结夹击匈奴约定的使命绝对无法完成了。于是，张骞踏上了返回祖国的归途。归途中，他选择了经由塔里木盆地南侧（天山南路）避开匈奴、穿越羌族地区的路线，然而又被匈奴人发现，再一次被扣押在了匈奴境内。不过因此，他也得以和他的匈奴妻子团聚。

第二次扣留生活过去了一年多，恰逢军臣单于去世，匈奴国爆发了左谷蠡王攻打单于太子的内乱，张骞便趁此机会，带着妻子和一个随从逃出了匈奴，历尽千辛终于踏上了长安的土地。这一次回国，距离他从长安出发已经过去了 13 年。当时一起出行的百余人中，平安返回的只有他和他的一个随从。回国的具体年份虽然不详，但一般认为大概在元朔三年（前 126），正是将军卫青出征攻打匈奴的时期。

图 57　西汉时期的西域（约前 115 – 前 36）

张骞再度西行

根据张骞回国后的奏报，汉帝国第一次了解到西域的情况。《史记·大宛列传》以及《汉书·西域列传》中关于西域地区的地理风俗的详细记述，都是根据张骞的叙述书写而成的。西域地区主要有大宛、乌孙、康居、奄蔡、大月氏、安息、条枝、大夏等国家，位于大夏东南方的还有身毒国（印度）。张骞对身毒国的了解，主要来自他停留在大夏时的见闻。他在当地市场发现了邛地（今四川省西昌市东南）的竹杖和蜀（今四川省成都地区）布，便询问大夏人购买于何处，从而得知是身毒出售这些物品。

由此，他推断身毒国与蜀地理位置接近，因此两地间才有贸易活动，若要避开匈奴，从汉前往西域的话，经由身毒的路线将会是一条便捷之路。他向武帝陈述了这一想法，并请求亲历而行，武帝准许了他。于是，张骞从蜀地进入南方山地，开始找寻通往身毒的道路。但张骞的这次努力最终没有获得成功。但是，由于他的尝试，中国首次开辟了通往滇国的道路。

此后，张骞跟随卫青大将军参加了对匈奴战争，按军功被封为博望侯，成为列侯。但是，元狩二年（前121）夏出兵匈奴之际，张骞以将军身份同郎中令李广一起从右北平出击，由于迟误了军期，根据军法要被处以斩刑。张骞通过缴纳赎罪金的方式幸免了死罪，却因此失去了列侯爵位。

但是，武帝十分看重张骞所掌握的西域知识，而张骞也再次上奏，提出了代替与大月氏联手的方案，即与乌孙联手夹击匈奴的计划。乌孙曾经臣服在匈奴之下，但乌孙国王昆莫的父亲被匈奴人杀害，现在的乌孙国已不再服从匈奴。如果将乌孙招至已经降汉的原匈奴国浑邪王的旧地，并与其缔结兄弟盟约，切断匈奴国的右臂，就可以让匈奴深陷苦境，并且还有可能促成大夏以及其下的西域诸国都向汉廷臣服。

武帝赞同了这一计划，再次派遣张骞出使西域。元狩四年（前119），张骞率领一行 300 人踏上了行程。用于乘坐、载物的马匹，按照每人两匹的规格配置，途中食用的牛羊达数万头，而预备赠送给乌孙王等邻近国家诸王的财物则是价值达数千亿的黄金、布帛。

途中，一行人幸运地未受到匈奴人的侵扰，顺利到达乌孙。张骞向乌孙国王力说夹击匈奴的策略，然而乌孙朝中无一人赞同。当时，乌孙王已经年迈，而乌孙国内分裂为国王、早逝太子之子以及太子之弟三股势力，政局动荡不安。此外，夹击匈奴的策略得不到赞同的原因还在于：乌孙畏于匈奴的强大，对强盛的汉帝国还一无所知。

开通西域之路

不得不放弃与乌孙联盟计划的张骞，派遣副使分别访问了大宛、康居、大月氏、大夏、安息、身毒、于阗、扦罙诸国，之后踏上了返汉的归途。当时，乌孙派遣数十人，并配备了十余匹马护送张骞。据说，乌孙通过那些到达了汉土的使者的描述，才第一次了解到汉帝国的强大。

张骞于元鼎二年（前115）平安返回汉土，被任命为大行令（接待外国使臣的长官），但是在三年之后就与世长辞了。那时正值上述汉帝国出兵南越的年份，即元鼎五年。

张骞的两次远行，不仅令汉帝国了解到西域的各种情况，而且也让大宛、乌孙、大月氏、大夏等西域诸国首次认识到汉帝国的强盛，之后他们都纷纷派出使者访问汉帝国。与此同时，往来于西域之路上的商人也不断增多，西域的珍奇异货进入中国，中国的物产也被出售到了西域地区。

从西域进入中国的主要物产有葡萄、石榴、苜蓿（三叶草的一个品种）等，而中国出口的物产中最为著名的则是丝织品。据说，中国产的丝织品经由西域一直被运送到罗马帝国的首都，在那里，中国丝织品是按照相同重量的黄金价格进行交易的。

这条通道后来之所以被称为丝绸之路，就是因为它是中国丝织品交易通道的缘故。然而远远不止于此，在希腊语中，中国被称为"塞里斯"，意思为绢，可知中国最早是以盛产绢物而声名远播的。张骞开辟的西域之路，其影响是如此深远而又广泛。

图 58　有菱形纹刺绣的茶色薄绢 *

* 这件物品反映了当时中国高度发达的绢丝制作工艺（1972 年出土于长沙马王堆汉墓）。

李广利远征大宛

刚刚进入汉帝国视野的西域诸国同时还是良马的盛产地。其中最著名的是"汗血马"，据说这种马能够日行千里（约 500 公里），剧烈奔跑后会流赤色汗水，因而被称作汗血马。

武帝也未能压抑住渴望拥有这一名马的欲望。据西域归来的使者所言，大宛贰师城中有此马，但大宛王将其藏匿起来，无论如何也不愿交予汉使。于是，武帝派遣使者出使大宛，希望以千金求得汗血马，但是，大宛王却始终不同意。汉使见不能完成使命，便对大宛王口出不逊，横加辱骂。于是，心生愤恨的大宛国贵族便在汉使返程的途中将他杀害了。听到这个消息后，武帝勃然大怒。而这就是汉军最初远征大宛的原委。

当时，武帝的皇后卫子夫已经年过五十，年轻的李夫人取而代之受到了皇帝的专宠。据说，李夫人也出身倡人（歌伎）。但是，这位李夫人仅留下一位皇子就薄命归西了。武帝痛失爱姬的悲哀，随之转化成了对李氏家族的恩宠。但李夫人的兄弟当时还是庶人，为了给他加官晋爵，必须让他先立下些功劳。武帝听闻西域国家虽然远僻，却没有强兵，认为这正是让李氏建功立业的绝好机会。于是，便任命李夫人的长兄李广利为贰师将军，统率远征军讨伐大宛。

太初元年（前104），贰师将军李广利率领着属国（归服汉廷的少数民族政权）的六千骑兵以及来自郡国的数万名无赖子弟，向着大宛出发了。而军粮则计划在途中通过攻略小国来获取。但是，途中所遇小国全都固守城池，无一被攻下。当汉军千辛万苦到达大宛东部的郁城时，旗下仅剩下数千名饥渴疲惫的士兵。之后，军队又遭到大宛军的袭击，直到第二年，李广利才率兵退到敦煌地区。

获汗血马凯旋

得知远征失败的武帝，禁止李广利踏入玉门关，令其滞留敦煌，再次远征大宛。不过，为第二次远征招募来的主力兵，已经不再是被赦免的罪犯或者无赖子弟。鉴于上一次的失败，汉廷还为远征军准备了 10 万头牛，3 万余匹马，数万头的骡、驴、骆驼以及充足的粮食与兵器。一年多后，大军再次从敦煌朝着大宛出发。此外，汉廷还从内郡调遣了 18 万正规军，作为后备军前往河西地区加入远征部队，又颁布了"七科谪"，征集人力为贰师将军向敦煌运粮。

"七科谪"的意思是七种有罪之人，它反映了当时社会的罪人观，颇受学界关注。具体而言，第一种为犯罪官吏；第二种为亡命徒，即脱离本籍者；第三种为赘婿，即自卖为奴者；第四种为贾人，即商人；第五种为原从商者；第六种为父母从商者；第七种为大父母即祖父母从商者。根据各项内容可知，第四项以下体现出当时社会视商人为罪人的观点。

李广利军队到达大宛的王城后，采用了让水工把城下水路改道、断绝城中水源的策略。在汉军包围王城四十余天后，城内水源竭尽。于是，贵族们杀死大宛王，提着他的首级，并以进献良马为条件，主动请求投降。

李广利收下良马数十匹，中马以及中马以下三千多匹，将其中一位贵族立为大宛王。太初四年（前101）春，李广利带着原大宛王的头颅以及良马凯旋。武帝为夺得汗血马龙颜大悦，封李广利为海西侯。据说，武帝在给乌孙国的贡马赐名为"西极"的同时，将汗血马称为"天马"，还命人作了一首"西极天马之歌"用来在祭祀时演奏。

图59　金马*

* 出土于武帝茂陵东部，引自《中国画报》1985年第4期。

四　对匈奴战争的重启

苏武牧羊

如上所述，卫青、霍去病在汉对匈奴的战争中大获全胜，使汉对匈奴的战争暂时落下了帷幕。然而，汉帝国与西域诸国建交，势力逐渐延伸到匈奴西部，对于这一情况匈奴则无法袖手旁观。乌孙与汉帝国建交之际，匈奴甚至还出兵试图讨伐乌孙。

贰师将军李广利远征大宛时，匈奴地区正好出现大雪绵延不绝、牲畜因饥寒成群死亡的灾情。匈奴社会也随之动荡不安，但是此时，单于与左大都尉之间又发生了战争。原因在于，年轻的单于性嗜杀人，而左大都尉则打算将其弑杀用以降汉。

汉廷得知消息后，特意建造了受降城等待左大都尉的来降。太初二年（前103）春，为援助左大都尉，汉廷还派遣浞野侯赵破奴率两万骑兵直指匈奴腹地。这是一次时隔16年对匈奴的出击。但是，赵破奴的军队还未到达目的地，单于就先杀死了左大都尉，并用八万骑兵将赵破奴的军队团团包围，赵破奴被俘。最后，两万汉军骑兵全部成了匈奴的降兵。

出击失败后，太初三年（前102），汉帝国派遣兵力至五原郡塞外建造列城，在那里屯驻军队，同时又在居延开始建城。但是同年秋，列城就遭到了匈奴的侵毁。诸如此类的小规模军事斗争此起彼伏，与此同时，两国在外交上也频频发生冲突。只要一方派出使者，那么另一方也派出相同级别的使者；一方扣留了使者，那么另一方就扣留对方的使者。在这样的背景之下，和亲政策的恢复，可谓困难重重。

苏武出使匈奴被扣留的历史事件，就发生在这一时期。天汉元年（前100），苏武以中郎将身份被授予汉节（皇帝赐予使者的信物，用牦牛毛装饰的旗杆），由滞留在汉的匈奴使者随同，携带价值不菲的赠礼，出使匈奴。那一年元旦且鞮侯单于即位，向汉皇帝送来国书，称"汉天子，我丈人（即长辈，"丈人"是古代对老年男子的尊称）行也"，提出了解决两国关系的方案。因此，汉廷认为恢复和亲有望，便派遣苏武出使匈奴。

但是，单于见到汉使送来价值不菲的赠礼时，却妄自尊大起来，和议因此而失败。此时，早先降于匈奴、现为丁灵（零）王的卫律，逼迫苏武投降匈奴，苏武不从，并试图自尽，但未能成功。于是，苏武被扣留了下来，关进了连水都没有的地窖。他通过啃嚼冰雪，吞食节杖上的牛毛才维系住了生命。终于从地窖被释放后，他又被送到了贝加尔湖附近的荒野。匈奴人让他放牧公羊，并说只要生出了小羊就放他回汉地。可是公羊如何会产出小羊呢？

就这样，在之后的19年中，苏武始终不曾屈服于匈奴，在极为困苦的扣留生活中一直持节而立。在上述张骞的事迹中，我们发现了一个在精神与肉体上都超越了人类极限的人。在此，我们再次从苏武的事迹中看到了与张骞如出一辙的人物形象。

李陵投降

苏武出使匈奴后的第二年即天汉二年（前99），远征大宛凯旋的贰师将军李广利，又接到了讨伐匈奴的命令，于是他率领三万骑兵由酒泉（今甘肃省酒泉市附近）出发。对匈奴的战争，在此又一次拉开了帷幕。李广利首先在天山（天山山脉的东部）与右贤王交锋，斩获敌军一万余首级。但是，在归途中却遭到匈奴大军的围剿，全军六七成兵士全部战亡，战局惨烈。

当时，与李广利军队同时从居延出击的还有另一支小部队。这支部队由骑都尉李陵率领，是一支有五千人的骑兵部队。李陵出身于陇西名族，是前将军李广之孙。李广将军曾在文帝时期迎战入侵的匈奴军，在武帝时期与卫青、霍去病一起数次远征匈奴，以骁勇善战闻名于朝野。但是，在元狩四年（前119）对匈奴作战中，他的军队因迷失方向延误了军期而受到诘责。李广为了保护自己手下的将校，主动献出了生命。

从居延出击的李陵部队意外地遭遇了单于三万人马的主力部队，浴血奋战十多日之后，斩杀敌军一万余人。然而，匈奴方面却又赶来八万人马的援军，竭尽全力的李陵只得无奈地投降了。正在撰写《史记》的司马迁由于在书中赞赏李陵英勇奋战、为其投降辩护而惨遭宫刑的事件，就是发生在这一时期。

投降匈奴的李陵仍无法放下对汉廷的忠诚，终日郁结苦闷。但此时，汉廷却收到李陵训练匈奴士兵的谣言，将李陵的母亲、妻儿、兄弟全部诛杀。事情发展到这种地步，李陵的心中连逃回汉地的渺茫希望也破灭了，他心系汉廷，却也只能接受赏识他的勇猛而优待他的单于的好意，娶了单于之女为妻，成为匈奴国的右校王。

苏武与李陵

被扣留在匈奴的苏武与李陵都在宫中担任过郎中一职，因而相互交好。时隔十多年，李陵带着美酒，前往遥远的贝加尔湖去拜访了他的这位故友。虽然两人都不再抱有回归故里的希望，但是相互间的境遇可谓天壤之别。李陵见苏武如此困苦，并且远在汉地的家人也都各自离散，妻子也改嫁他人，于是就想劝说苏武投降匈奴。但是，苏武却拦住他，没有让他把话说完。而苏武也明白李陵全家被诛的痛苦，无法责难他为何臣于匈奴。数日间，这两位故知始终未能将心中对彼此的理解言表于外。他们只是共酌美酒依依惜别。

武帝去世后，昭帝即位，李陵的旧友霍光与上官桀掌握了辅佐朝政的实权（将在下文中再叙）。被他们授意的汉使者到达匈奴后，便劝说李陵归汉。但是，李陵对汉的忠诚与思慕之情却令他矛盾痛心，反而让他决意拒绝汉廷的招还留在了匈奴。始元六年（前81），苏武从19年的滞留生活中被解放出来，终于能够重返家园，李陵为他设下了饯别的酒筵。席间，李陵起身而舞，无声地表达着对苏武忠节的赞赏。在他的面庞上隐约地闪过了一丝泪光。元平元年（前74），李陵在匈奴的土地上与世长辞。距离他投降匈奴，已有25年。在此，我们看到了一位与苏武站在不同立场上送走悲痛人生的历史人物。

李广利出征匈奴

让我们再回溯到更早的历史当中。上文曾叙述到，天汉二年（前99），贰师将军李广利讨伐匈奴，折兵大半后惨败而归。李陵竭力奋战后最终投降也发生在这一年。为了刷洗这一年战争失利的耻辱，两年后即天汉四年（前97），武帝再次派遣李广利从朔方出击匈奴。他率领的6

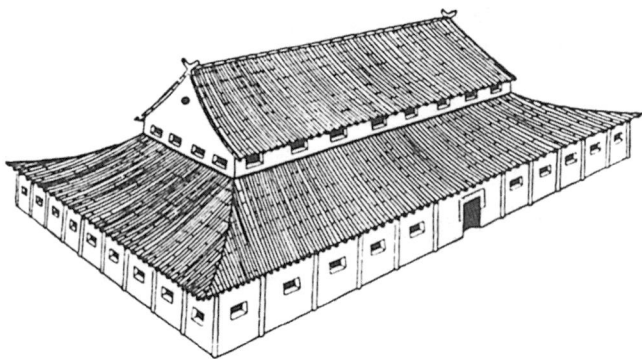

图 60 李陵宫殿的假想复原图 *

> * 1946 年，在西伯利亚阿巴坎南部 8 公里处，苏联学者艾赫切哈娃（L. A. Evtyukhova）发现了一座汉代砖瓦风格的建筑遗址。遗址面南，形状为东西长 45 米、南北宽 35 米的长方体，厚实的墙壁将建筑分为二十个左右的房间，地下设有暖气通渠。关于假想复原图，存在两层结构图和三层结构图。此图所示的为两层结构。

万骑兵、7 万步兵的大军与强弩都尉路博德所率的 1 万多人的军队合并为一体，而游击将军韩说则率领步兵 3 万人的别动队从五原出发，此外，因杅将军公孙敖率骑兵 1 万、步兵 3 万从雁门出发，各路人马组成了一个人数共计超过 20 万的庞大军队。

且鞮侯单于得到汉军来袭的消息后，便带着财物举家向北迁移，又亲自率军前往余吾水南岸迎战李广利的军队。两军恶战十日，却也未能分出胜负，于是李广利便收兵返回。而韩说所率的部队则毫无战果，公孙敖的军队被左贤王攻破，只得鸣金撤退。对匈奴展开的第二次出征，虽然规模阵容堪称浩大，而结局却如上文所述，全军无功而返。

此后，汉对匈奴之战暂时落下帷幕。这大概是由于动员 20 万大军所损耗的国力需要数年才能恢复的缘故。此后的数年间，匈奴似乎也不曾侵犯汉帝国北部诸郡。不过，到了征和二年（前 91），匈奴开始侵扰上谷、五原地区，大肆掠杀当地的官吏与百姓，征和三年，又接二连三地侵入汉地。于是，汉廷在这一年命令李广利第三次出征匈奴。这次出征兵分三路，李广利率 7 万人从五原，御史大夫商丘成率 3 万余人从西河，重合侯马通率 4 万骑兵从酒泉分别出击。士兵人数总计 14 万余人。

李广利投降与李广利之死

在这次出征中，商丘成与马通的部队安全返还。而李广利为追击敌军深入到匈奴腹地，在那里与左贤王、左大将率领的 2 万骑兵接战，击毙了左大将。虽然胜利收兵，但却在归途中被单于率领的 5 万骑兵截断去路，遭到夜袭而全军覆没，李广利降于匈奴。

李广利以上的种种举动，交杂着急于建功的焦躁以及得知战败就立即投降的怯懦。而他的这些举动则是由于出征后他收到了妻儿被朝廷以巫蛊罪投入牢狱的消息。

巫蛊是一种通过掩埋布偶来诅咒他人的巫术。一年前即征和二年（前91），朝廷内发生巫蛊之乱，皇太子一党与其母后卫皇后因这一事件全部都被处死。不过李广利妻儿被横加的巫蛊罪，则起因于另外一个事件。朝廷怀疑：李广利妻子为了把受武帝宠幸的李广利妹妹即李夫人所生的皇子——昌邑王刘髆立为皇太子，向反对他们的派别施展咒术。当李广利得知妻儿因为这一事件被投入监牢后，他迫切地想要通过立功赎罪来解救他们。然而，当他意识到立功赎罪已无法实现的时候，自保的想法又占据了他的内心。

单于得知李广利是汉廷重臣，便将自己的女儿许配于他，予以厚待。但这种降臣的生活仅持续一年多，李广利就死于非命。当时，单于母亲阏氏生了病，询问巫师病因时，巫师转述了已故且鞮侯单于的话："胡故时祠兵，常言得贰师以社，今何故不用？"匈奴社会是一个信奉萨满教的世界，巫师的语言就是神圣的指令，具有不可违抗的权威。

结果，李广利被杀，被作为祭品贡在了匈奴神灵之前。不过，据说这一切都是早先投降并被匈奴重用的丁灵王卫律因为嫉妒李广利而设下的毒计。李广利死后，连续数月天降大雪，家畜死亡，病疫蔓延，使人们苦不堪言。单于认为这是李广利的鬼魂在作祟，还专门为他建造了祠堂。

　　李广利的投降和人生结局都与李陵不同。首先，李陵
出身于陇西李氏名门，祖父是著名的武将李广。而李广利
则是以武帝宠妃兄长的身份被重用的，出身低贱，其仕途
沉浮于皇帝的宠与不宠之间。他虽然远征大宛，立下了夺
得天马的功劳，但在对匈奴的战争中从未曾建功，而且还
自己投降了匈奴，沦为萨满教祭祀神灵的贡品。

　　但是，不论是守节 19 年的苏武，还是一心向汉却投
降匈奴而终其残生的李陵，或者是李广利，他们都有一个
共同点，那就是决定他们所作所为的原动力全都来自那一
条控制着他们内心、永远无法割断的与汉帝国之间的纽
带。

五　新财政政策的实施

远征造成的财政困难

　　如上所述，武帝时期的汉帝国不断展开对外远征。每
次远征动员的人数都以数万计，多时达到 10 多万，最大规
模时则超过 20 万人，但较为罕见。不过这仅仅是士兵的人
数，后方还有为运送粮草而设置的部门。因此，我们必须
认识到，远征动员的实际人数远远超过了上述的数字。数
次远征，不可避免地造成了汉帝国巨额财政费用的消耗。

而且，战士归来后，按照惯例要对他们论功行赏。而行赏所需的财政费用也是一笔巨额经费。例如，元狩四年（前119），为奖赏从匈奴战争凯旋的大将军卫青和骠骑将军霍去病的士兵，至少要花费50万金，即50亿钱。上文中曾叙述到，武帝即位时，由于文帝、景帝时期的积累，国库充盈，甚至到了用之不竭的程度。但是，频繁的军事远征却致使国库中的金银粮草开始出现了亏空。

因此，为振兴国家财政，政府必须采取新的财政政策。同时，新的财政政策还必须是能长时期执行下去的政策。于是，寻找一名具有非凡才能的财政官员的任务，便成了朝廷的当务之急。而顺应了这一时代潮流登上历史舞台的人就是桑弘羊。考察武帝时期财政政策时，桑弘羊是绝不容忽视的人物。而且不仅在武帝时期，直到昭帝初期，他都扮演着重要的历史角色。

但奇怪的是，尽管桑弘羊是如此重要的一位历史人物，《史记》《汉书》却没有为他立传。今人只有先从《史记·平准书》《汉书·食货志》或者《盐铁论》中收集相关记载，才能拼凑成他的传记（追记：其后出版了关于桑弘羊的研究专著，即吴慧：《桑弘羊》，齐鲁书社，1981）。

桑弘羊登场

桑弘羊出生于洛阳商人家中，13岁时被召入宫中，在武帝近侧侍奉。虽然入宫年份不详，但从他之后的事迹可以推算出他于武帝即位前后入宫。据此推算，他应当比武帝年少三四岁。武帝离世之后，他仍旧以财政官僚的身份活跃于历史舞台，昭帝时期去世。正如下文所述，盐铁会议上，他孤身论战贤良、文学之士，并且用尽一生主张新财政政策的执行，从未有过退让。会议结束后的第二年，他因受到燕王刘旦谋反事件的牵连，被反对派杀害。据推算享年 73 岁或 74 岁。

桑弘羊年轻时就显露出会计方面的才能，因而被武帝召入宫中，但最初担任的是宿卫一职。从元狩年间开始，国家财政匮乏，急需出台新的财政政策，这时他才发挥了作为财政官僚的才华。

首先，元狩四年（前 119），他与大农丞（大农的副官，掌管国家财政）东郭咸阳以及孔仅等，共同制定并实施了盐铁专卖政策；元鼎二年（前 115）晋升为大农丞，实施了均输法；元封元年（前 110）出任治粟都尉，实质上为大农（后改称为大司农）的总领，负责盐铁专卖、均输平准法的实施；天汉元年（前 100）最终被任命为大司农令，成为掌管国家财政的最高官员。此后的太始元年（前 96），由于受到他人牵连，被贬为大司农的副官搜粟都尉。但大司农令的官位一直被空缺下来，因而实际上大司农的管理还是由他继续负责。武帝去世后，根据遗诏，他被封为御史大夫。而大司农令职位仍然空缺，所以武帝死后，国家的财政管理权也依旧由他执掌。

下文中阐述的武帝时期的新财政政策就是由这位桑弘羊制定并实施的。

盐铁税收的管理权转交于国家财政机构

盐铁产业在当时的中国是最为重要的产业。从战国时代到汉代，只要提起富豪，不是盐铁生产者就是盐铁贩卖者。盐是人们生活中不可或缺的食材，但在中国，盐产地却仅限于沿海地带（海水制盐）、山西运城的解池（盐水湖制盐）、四川的盐井（地下盐水制盐）等地。因此，这为制盐和贩盐业者提供了垄断巨额利润的条件。上文曾提及，在汉初，吴王刘濞就是通过生产海盐而增强了国力。此外，铁的情况则是：战国时代以后，铁制工具普及，铁成为农民生活中必不可少的物品。冶铁和贩铁业者因此获得了巨额利润。

武帝之前，国家仅对制盐、冶铁业者课税，征收的税金纳入少府。但由于少府是职掌皇室财政的机构，因此，来自制盐、冶铁业者的税金并没有成为维持国家财政运转的资金来源。于是，改革便首先从这里开始了。具体而言，是指把税金从少府转移到大农（大司农），也就是把原来作为皇室财政收入来源的税金移交给国家财政机构管理。

这一转变发生的年代尚不明确。大约是从元狩三年（前120），也就是齐（今山东省）的制盐业巨商东郭咸阳和南阳（今河南省南阳市）冶铁业巨商孔仅被朝廷录用为大农副官、担任盐铁税收管理的时期开始的。元狩四年，在他们的建议下，盐铁官营制度开始运行。桑弘羊参与财政改革，也发生在这一时期。

实施盐铁官营制度

东郭咸阳与孔仅到地方巡查后，设置了职掌盐铁官营制度实施的机构，并录用了在实施政策的过程中负责处理事务的专职官员。据说，当时被选用的官员多为原制盐业者或原冶铁业者。

盐与铁的官营制度，在实施方法上各不相同。

具体而言，关于铁的官营制度的实施方法为：国家在各地的铁矿生产地分别设置名为"铁官"的机构，共五十余所，隶属于大司农，铁器的铸造与出售都在那里进行。铸铁所需的劳动力，源于服徭役的民众、服徒刑的犯人以及专业的制铁工匠，有时也来自官府奴隶。在不出产铁的地方，则设置名为"小铁匠"的机构，负责废铁的回收与重铸。不过，小铁官不直属于大农令，由地方郡县管辖。

各个铁官主要铸造全国农民使用的铁器农具。因此，铁的官营制度一经实施，农民除了铁官制造的农具，就不能再购买其他制铁业者生产的农具了。如上所述，通过铁的官营制度，国家将铁制品的生产与出售一手包办，其收入源源不断地转化为国家财政来源。

另外，关于盐的官营制度的实施方法为：在原有产盐地分别设置名为"盐官"的机构，共 36 处，负责管理盐的生产。不过，生产本身还是由原来的民间制盐者承担，政府只是为他们提供煮盐的工具。但是，产出的盐全部被购于盐官，再转卖给民间，盐的私营被法令所禁止。

换言之，盐的官营制度与铁不同，政府只是将产出的盐制品买断，再贩卖出去而已。但在贩卖所得收益被纳入国库这一点上，盐铁官营制度的性质是一致的。

盐铁的收益从皇室财政机构转由国家财政机构管理，并且盐铁出售也变成由国家运营。这些都发生在上述元狩三年（前 120）到元狩四年之间，正是卫青和霍去病率军与匈奴军激战的年代。这说明，政府首先将盐铁作为改革的主题，其目的是缓解因发动对匈奴战争而导致的财政匮乏，盐铁官营制度成为新财政政策的起点。

实施均输法与平准法

继盐铁官营制度之后，国家又实施了名为均输法、平准法的财政政策。这两项政策的目的在于，通过由政府控

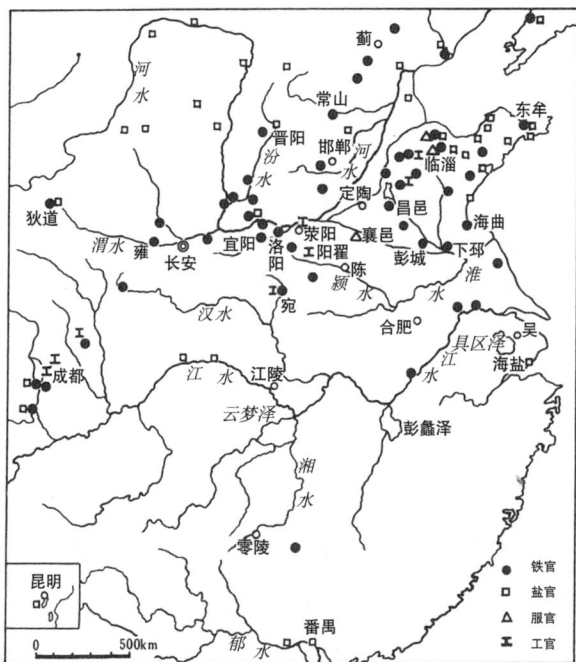

图 61　盐官、铁官分布图

制商品运输、商品价格来抑制巨商的利润、增加国家收

入。均输法始于元鼎二年（前 115），其推行者就是这一

年出任大农丞（大司农的副官）的桑弘羊。

均输法的具体内容不详，但综合考虑《史记·平准

书》《盐铁论·本议篇》《九章算术》等相关记事和后世

的注释可推测出其大致内容。原先政府所需的地方物产都

先由商人收购，然后再由政府使用一部分郡国租税进行购

买。但是，将物产运输到中央的过程环节繁杂，运输费用增多，并且物品本身质量也不能令人满意。于是，政府在地方设置运输官，让运输官负责购入并把物品运送到中央。

假若均输法的内容如上，那么政府官员赴地方购买和运输物资的行为，无非就是一种国家商业行为。其目的在于通过实施均输法来防止商人从中间环节获利，压制商人并充实国家财政收入。

继均输法之后的是平准法。它是在均输法推出五年后的元封元年（前110）开始实施的。这一年，桑弘羊出任治粟都尉，主管国家财政。但是，均输法实施后，由于中央的各机构分别向地方派遣官吏去购买所需物资，各机构相互竞购的现象造成了物价暴涨，因而，即便实施均输法，也无法抵消由高价购买造成的额外支出。于是，桑弘羊在各郡国增设均输官，在地方上物价下落时，大量收购物资，用以抬高物价。同时，在首都长安设置平准官，将从地方购买来的物资都储存于此，物价上涨时，便把储存的物资卖出，进而降低物价。

以上就是所谓平准法的实施内容。其目的不仅在于调整物价，同时也在于通过国家购买出售物资来提高国家财政收益。因此，平准法与均输法的结合，沉重打击了大商人的利益。并且，加上上述盐铁官营制度的奏效，国家财政终于摆脱了危机。据说仅仅一年，首都和河东

（今山西省南部）的官仓就堆满了谷物，而单是首都均
输官收集的帛（绢布）就达到了 500 万匹之多。

增设算缗钱

与盐铁官营制度、均输法、平准法同时展开的是增税
计划。不过在阐述增税计划之前，让我们先回顾一下汉代
的租税制度。那时，对一般民众征收的税目有田租、算赋
（口算）、口赋（口钱）、訾算等，男子同时还要服徭役、
兵役。

首先，田租是针对土地收成，向土地所有者征收的赋
税。高祖时期，田租为土地收成的十五分之一，文帝十二
年（前 168）被减少到原来的一半，而从第二年起的十一
年间则被全部免除。田租的复征发生在景帝即位元年
（前 156），税率为农民土地收成的三十分之一，这成为贯
穿之后汉代历史的典范。但是，在实行的过程时，定率课
税实际上转变为对每块土地征收一定数额田租的定额课
税。

其次，算赋是针对从 15 岁到 56 岁之间的所有男女，
每年征收一算（120 钱）的人头税。口赋则是针对 3 岁以
上 14 岁以下男女，每年征收 20 钱的赋税。但口赋不纳入
国家财政来源，而是皇室的财政收入。最后，訾算为财产
税，政府根据各人的申报，决定财产估价额，以每一万钱

图62 汉代轺车 *

* 1969 年出土于甘肃省武威县东汉墓

图63 财产申报簿 *

*（居延汉简）从此处可知，拥有公乘爵位的礼忠，其财产申报总额为 15 万钱，略高于中等水平的家产金额。木简上的文字为"侯长觻得广昌里公乘礼忠年册（从左至右）轺车一乘直万　大婢一人二万　小奴二人直三万　服牛二六千　牛车二两直四千　用马五匹直二万　凡訾直十五万　田五顷五万　宅一区万"。

上缴一算的税率来征收。此外，一般男子每年 30 天的徭役，也能通过上缴货币来免除，这称为"更赋"，金额为 300 钱。

以上税目中，成为武帝时期增税计划对象的是訾算（财产税），尤其是增加了针对工商业者的訾算。这一改革也是从元狩四年（前 119）开始的，其内容如下。不论商人有无市籍，对于其财产估价额，按照每 2000 钱征收一算的税率课税，而向手工业者课税时，则以 4000 钱为单位。这些高税率是一般民众缴纳的訾算的 5 倍或者 2.5 倍。这就是武帝时期新财政收入之一的算缗钱。缗指用来穿钱的绳子，因而可以说算缗钱就是指对人们积蓄的货币所征收的赋税。此外，当时的改革还包括增加对舟、车、家畜等的课税，一般人的轺车课税一算，商人的轺车课税两算，长五丈以上的船也课税一算。

实施告缗令

实施增税制度时，政府还采取了对虚报财产者的处罚制度和对举报隐瞒财产现象者的奖励制度。凡隐瞒财产不申报以及只申报一部分财产的人，作为处罚，将被送往边疆戍守一年，并没收全部财产。而奖励举报的制度是指，凡发现并举报上述违法现象的人，作为奖励，可获得其告发财产的一半金额，这一法令被称为告缗令。

告缗令实施后，全国中产阶级以及以上的人都成为被举报的对象，国家根据举报没收的财产金额以亿为单位、奴婢以千万为单位计算，收公的耕地面积在大县达到数百顷，在小县也达到百余顷。据说，中产阶级及以上的商人几乎都因此破产。没收后的奴婢被发配到诸官府，成为官家的奴婢，耕地被分配到大司农、少府管理，充为公田。

如上所述，增税制度的内容主要针对的是商人阶层以及手工业者。从中可发现，它具有与盐铁专卖制度、均输法、平准法的共通之处，即都是压制工商业者的政策。这种政策立足于中国古代的本末思想，即以农业为本、工商业为末的重农抑商思想，同时它也体现出政府力图通过分割商人利润的方法，而不是向一般农民增税的方法，来重振国家财政状况的方针。

不过，当时也存在国家向一般民众增税的史实。原为皇室财政来源的对每个幼童所征收的口赋，在这一时期被增长了三钱，而这三钱的新增税金也被纳入了国库。

制定五铢钱

以上新财政政策的实施之所以能够奏效，其前提条件在于货币制度的确立。因为盐铁官营制度、均输法、平准法以及算缗钱和告缗令等，全部是以货币流通作为前提制定实施的。假若货币制度不稳定，对于改革成效的期许则将只会是海市蜃楼。但是，尽管道理如此，武帝之前，汉王朝的货币制度实际上都处于一种混乱的状态之中。

第一章曾阐述到，秦始皇时期半两钱的制定使得货币制度首次获得了统一。半两钱的形态也被汉代所承袭。但是，高祖时期允许民间铸造货币，因此，导致每个半两钱的重量逐渐变小，甚至缩小到榆树荚般的大小，也就是人们所熟知的榆荚钱。它相对于秦代 7.5 克重的半两钱，重量在 1.5 克左右，而最小的甚至只有 0.2 克的重量。

吕后二年（前186）国家铸造八铢重的半两钱，但四年后则开始铸造五分钱，它的重量是半两的五分之一（相当于二铢四累）。于是，一钱的分量再次变小。文帝五年（前175）国家制定四铢钱（重量为四铢的半两钱），同时再次许可民间铸造钱币，并规定钱币必须达到一定的品质标准。上文曾阐述到，吴王刘濞在其封国采铜铸币以及文帝宠臣邓通受封蜀郡铜山后开始铸币，正好发生在这段时期。

至景帝中六年（前144），政府再次禁止民间铸币，凡出现违令者便以死刑处置。即便如此，民间仍旧有人将四铢钱的边缘部分削磨下来私铸成钱币，货币制度依然处于混乱之中。

废止四铢钱、制定三铢钱，发生在武帝元狩三年（前120），也就是政府着手新财政政策的一年（参考加藤繁《三铢钱铸造年份考》，载于《支那经济史考证》上卷，1952）。这种货币重三铢，钱币表面上没有"半两"的文字，而是直接标注了其重量"三铢"的文字。三铢钱制定后，秦代以来半两钱的形态就逐渐消失了。

与此同时，政府还制定了皮币、白金的制度。皮币是以五色线镶边、方一尺的鹿皮制成，定价为40万钱的货币；而白金则是使用银锡合金铸成的货币，分为三千钱、五百钱、三百钱这三种不同的面值。政府虽然规定凡盗铸新货币者一律处死，但盗铸现象并未能得到遏止。三铢钱、皮币、白金的货币制度仅仅实行了一年，便以失败告终了。

于是，政府又制定出新的五铢钱制度。这一制度于元狩四年（前119）推出，而钱币则于翌年开始铸造，是重五铢、表面上铸有"五铢"二字的圆形方孔钱。五铢钱的形态作为后来中国货币的基本样式被继承下来，直到唐代初期制定出开元通宝（621年制定），其历史大约有700年之久。

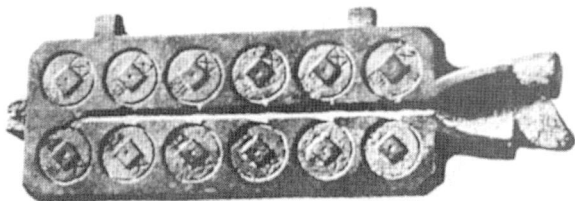

图 64　汉代五铢钱的铸模

货币政策的成功

然而，此时各郡国也与中央政府并行铸造国家规定的五铢钱，因此钱币品质参差不齐。为防止钱币被盗削，政府在钱币外围增设了边郭，但也未能防止盗削和盗铸钱币的现象，数年间被处死的人达数十万。于是，政府又开始

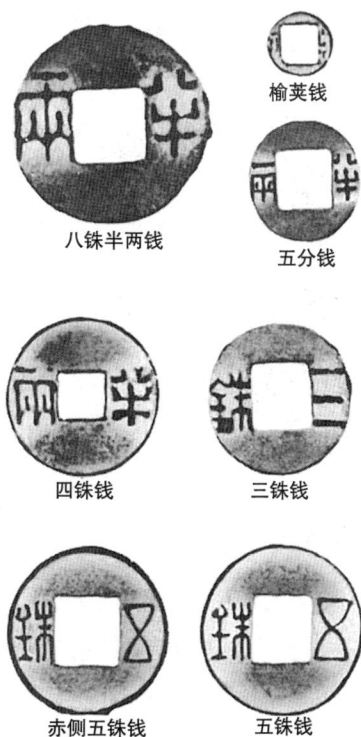

图 65　西汉时期青铜货币的变迁

铸造钱币边缘为赤铜的赤侧钱，每个价格相当于五个五铢钱，以供人们在交纳租税时使用。但两年后，赤侧钱也因贬值而被废止。

　　政府认识到以上货币制度失败的原因在于货币铸造权的分散以及货币品质的不统一，于是在元鼎四年（前113）坚决地做出了将货币铸造权收归中央的决定。这就是五铢钱开始由水衡都尉所属——上林三官铸造的开端。

水衡都尉大约是距此两年前新设的机构，同少府并列，共同职掌皇室财政。随着它的成立，原先从属于少府的上林苑被移交到它的管理之下，因此，原本设置在上林苑中职掌铸钱的上林三官，即均输、钟官、辩铜从此开始隶属于水衡都尉。此外，三官中，均输负责原料铜矿的运送，钟官负责铸造，辩铜负责原料的选择。

在上林三官垄断全国铸币事业的同时，原先在地方郡国中展开的货币铸造业被全部禁止，并且，上林三官以外铸造的货币也被禁止使用或流通。以往由郡国铸造的货币则全部被融为原铜，作为原料输送到上林三官。这项改革可谓大获成功。此后民间盗铸者入不敷出，除非拥有精良设备，否则极少有人再去染指盗铸。由此，西汉时代的货币政策进入了稳定时期。

如上所述，水衡都尉和少府共为职掌皇室财政的机构。因而，货币由上林三官统一铸造就意味着货币铸造权和其利益都归属于皇室。货币统一政策的成功，同时给国家财政也带来了利益，建立在新财政政策之上的国家经济的重建与持续发展，在货币稳定流通的背景下得到了保障。

据《汉书·食货志》记载，从元狩五年（前118）至平帝元始年间（公元1－5年），上林三官铸造的五铢钱总额达280亿万余。平均下来，每年约有数额为2.2亿（22

万贯）的五铢钱被铸造出来。如果将这一数字与后世中国历代铜钱铸造量相比较，其结果如图表 66 所示。

根据图表 66 可知，西汉的铸币额虽远不及宋代，但与 8 世纪中期唐代最鼎盛时期相比，两者也只是相差甚微。公元前 1 世纪时，就已经有如此大量的货币被铸造，并流通于市场，这实在令人惊叹。汉代大部分租税制度为货币税的现象、工商业的发展以及武帝时期针对工商业的新财政政策的实施等，无一不建立在上述货币经济盛行的背景之下。

图表 66　中国历代铸造铜钱数额

单位：万贯

年代	一年平均铸造量
西汉后期（公元前 118 – 公元 5 年）	22
唐天宝年间（公元 742 – 756 年）	32.7
北宋至道年间（公元 995 – 997 年）	80
北宋景德年间（公元 1004 – 1007 年）	183
北宋庆历年间（公元 1045 年）	300
北宋熙宁年间（公元 1077 年）	373
北宋元丰年间（公元 1080 年）	506

六　法家官僚的登场

公孙弘与董仲舒

武帝时期以前的官吏，不是录用自高官的子弟，就是选任于财力雄厚人家的子弟。前者被称为任子，凡出任二千石高官三年以上者，其子弟就能成为郎官。后者是指，凡财产估值达十万钱以上的人家，其子弟可被录用为郎官，但此规定不适用于商人。至景帝后二年（前142），上述的财产估值被下调到四万钱。除了以上的录用形式，同时还存在人才推荐制度。文帝二年（前178），朝廷下诏，要求地方举荐品行贤良方正、能够直言进谏者，文帝十五年，相同内容的诏敕再次下达到诸侯王、公卿、郡守处。

这种号召举荐人才的诏敕，在武帝即位之初的建元元年（前140）也曾颁布过。其中，以下一点尤为值得注意。具体而言，这一诏敕广泛面向丞相、御史、列侯、中二千石和二千石的官吏以及诸侯王之相等下达了举荐任务。于是，当时的丞相卫绾上奏主张，学习申（申不害）、商（商鞅）、韩非子等法家学者的学问与听信苏秦、张仪等纵横家的言论会扰乱国政，因此这些人不可被列入贤良的举荐名单之中。而他的这一主张也得到了皇帝的认同。

这体现出汉朝具有排斥法家官僚、重用儒家官僚的倾向。堪称武帝时期第一学者的董仲舒以及后来成为丞相的公孙弘，就是在这一时期受到举荐踏入仕途的。

公孙弘出生微贱，最初在故乡淄川国薛县（今山东省滕州市西南）担任狱吏，因犯法被罢免，在海边饲豚为生。其间他学习《春秋》，因儒学学识被推举为贤良，但当时已是 60 岁高龄。后来他成为博士，被派遣出使匈奴，却因无功而归被免去职位。元光六年（前 129），他再次被举荐参加武帝的策问，根据儒家的思想写下了对策，论述理想社会应是尧舜之世再现的观点，成绩被评定为上上等，从此开始被朝廷重用。而此时的他已经年过 70 了。

董仲舒是广川（今河北省枣强县东北）人，幼时学习春秋公羊学，景帝时为博士，并广收弟子传授学问。他治学极为勤勉，据说达到三年未踏入庭院一步的程度。被推举为贤良，参加武帝的策问时，他阐述了灾异说，主张凡逢天下治乱兴亡，上天必先以灾难警示于人。同时，他还论述了根据财产录用官吏的方法不能获得贤人的观点，提出了向地方官员采取岁贡制的建议。

岁贡制是指由列侯、郡守等每年从其管辖的人口中挑选出贤者，推举为郎官，再通过才能的考核，任用其中一部分为官吏的制度。根据董仲舒所写的对策，除了以往的贤良、文学的举荐制度，又增设了孝廉（孝敬父母者与品行清廉者）这一根据儒家道德观来录用官吏的途径。

儒家官僚的命运

不论是公孙弘还是董仲舒，他们的才能都是以儒者的身份被认可的。这似乎体现出，在武帝即位之后，儒学受到尊崇，学习儒学则能被录用为官吏。同时，建元五年（前136）置五经博士一事也反映出儒家学说在宫廷中被尊崇的现象。

五经博士是指针对古典儒学中的经典即《诗》《书》《礼》《易》《春秋》，分别设置的讲授五大经典的专门博士。因此，儒家学术很自然地被认为受到了公家的尊崇。

然而，在当时的宫中却存在一股对于儒者进出宫廷持冷漠反感态度的势力。这股势力来自武帝的祖母，也就是文帝的皇后窦太后。她崇尚汉初风行的黄老思想，厌恶儒家思想。建元六年（前135）窦太后去世，第二年孝廉制度开始推行。如此看来，儒学似乎在窦太后死后得到了武帝的推崇。然而，对于儒家官僚而言，在他们的前途上却存在比窦太后厌恶儒学更为棘手的难题。关于此问题，将在追溯公孙弘后期经历时加以探讨。

元光六年（前129），第二次被举为贤良、对策夺魁的公孙弘再次被任命为博士，接着晋升为左内史（后称左冯翊），元朔三年（前126）登上了御史大夫之位。如此平步青云，在历史上实属罕见。而他飞黄腾达的诀窍就是绝不违抗武帝的圣意，在请武帝裁决政策时，他总是预备好两个方案由武帝取舍。而身为儒者的他还不为人知地学习了法律，并用儒家思想将其粉饰。可以说，他之所以可以平步青云，离不开的是老于世故的处世方法。但是，这种处世方法并不是他的个人发明，而是为了应对进入壮年期的武帝的专制性格，在当时儒家思想无法处理紧急政治局势的压迫之下而形成的。

他出任御史大夫的那一年，正好是对匈奴战争如火如荼的时期。当时，朝廷围绕是否应在东方设置沧海郡、北方设置朔方郡的问题展开了论争。公孙弘认为这无异于白费国力，表示反对。针对他的反对观点，武帝命令朱买臣等人列举出十个问题来反证设置朔方郡的必要性。据说，公孙弘连一个问题也未能应答出来。或者应当说，抽象的理想主义在当时已无法及时地应对和处理政务了。

不过，公孙弘那时表现得越发谨慎谦逊，因此他不但没有触犯龙颜，反而被武帝重用，两年后的元朔五年（前124），他终于登上了丞相之位。在此之前，从未有过列侯以外的人担任汉帝国丞相，因此公孙弘任丞相职位之前，事先被封为了列侯，号平津侯（领有650户）。在这种情况下朝廷赐封的列侯，被称作恩泽侯，这成为以后历朝在任命非列侯者为丞相时的惯例。

他担任丞相三年多后，于元狩二年（前121）病逝，享年80岁。论及其任丞相期间的作为，差不多只有以下内容值得一提。公孙弘在丞相府设置宾馆，开东阁之门，乐此不疲地延请贤者论事。据说，他自己甘于粗食淡饭，把所有俸禄都用在了门下宾客身上。换言之，作为汉对匈奴战争时期的御史大夫和丞相的公孙弘是在按照无为的理念行事，而也正因为这一缘故，他才得以颐养天年。可以说，这反映出当时在国家发生重大事件之际，像公孙弘这样的儒家官僚已失去了用武之地。

酷吏的出现

当时，汉帝国所需要的并不是像公孙弘那样一味赞颂尧舜时代的儒家官僚，而是能够为推行对匈奴战争路线维持好国内治安并能够贯彻好上述新财政政策的优秀的实务型官僚。这群官僚无条件地服从皇命，忠实于国家法律，执法时决不掺杂半点私情。司马迁将这样的官僚称为酷吏，并在《史记》中为他们立了酷吏列传。

《史记·酷吏列传》记载了郅都、宁成、周阳由、赵禹、张汤、义纵、王温舒、尹齐、杨仆、咸宣、杜周共计11人的传记。其中，郅都为文帝、景帝时人，其他则为武帝时期的官僚。

相对于这些酷吏，那些致力于以德行引导人民，安定人民生活的官僚被称为循吏。司马迁在《史记》中为酷吏立传的同时也立了循吏列传，不过，其中记载的人物全部是战国时代以前的人物，无一人来自汉代。后来等到班固著《汉书·循吏传》时，汉代的地方官才被载入史书中，但这些汉代官吏是宣帝以后的人物。在武帝时期无人被载入列传这一点上,《汉书》与《史记》的循吏列传如出一辙。

这一现象反映出被称作酷吏的官僚体现了武帝时期的特征。他们并不是通过贤良方正或者孝廉制度而被举荐出的官僚。武帝初期的贤良方正制度,似乎是排斥法家、纵横家而重用儒家的。但是,制度虽然如此,酷吏仍旧代表武帝时期官僚制度的特色。

至今为止,人们都普遍认为儒学是在武帝时期成为国教,并受到推崇的。但是,假如酷吏是当时官僚的代表这一论点成立的话,那么,儒学在当时被国教化的观点就有必要被重新考虑。关于此问题将在以下的章节中详述。在此,让我们首先针对武帝初期任用公孙弘、董仲舒,之后却又重用酷吏的问题加以考察。

法家官僚张汤

酷吏列传记载的人物当中,张汤是一位代表性人物。关于他的幼年时代,曾流传着以下这样一段轶事。

张汤的父亲在长安任职,一日出门时嘱咐张汤看护家院。回来后,发现家里的肉被老鼠偷走了,于是便叱责张汤。这时,张汤挖开鼠洞,抓住了偷肉的老鼠并予以笞打,又将老鼠作为被告进行审判。在审判形式上,起诉书、犯人供述书、审问书、判刑总陈书都一应俱全。并且他还将老鼠吃剩的肉作为陈堂供证，对老鼠施以刑法，把受刑后的老鼠和判刑书一同摆在了自家门前。他的父亲看了看这些审判文书，发现竟如同熟练的老狱吏所写，从此以后，便让张汤负责书写审判记录。

之后，张汤继承了父业，在长安任史。当武帝母亲王太后的弟弟——周阳侯被扣留在长安时，他曾设法解救了周阳侯。因为这一缘故，张汤经周阳侯引荐结识了许多权贵，做了内史（后分为京兆和左冯翊）的属官，接着被调为茂陵（建造在武帝陵旁边的陵邑）尉，不久后又获得丞相田蚡赏识，被提拔成御史，执掌监察工作。

田蚡是王太后之弟，也就是武帝的舅父。他爱好儒学，致力于儒者的任用。但是，即便这样，田蚡还是推举了与儒家相距甚远的法家之士张汤，这显示出法家官僚的任用顺应了时代的需要。

出任御史后，张汤首先审理了废除陈皇后的巫蛊案，之后被调为太中大夫，与赵禹共同负责制定律令的工作。在公孙弘出任御史大夫的元朔三年（前126），张汤被任命为司法最高长官——廷尉。尽管担任御史大夫的公孙弘身为儒家官僚，但与他同时被重用的是法家官僚。担任廷尉时，张汤审理了淮南王（原淮南王刘长之子刘安，《淮南子》的编纂者）、衡山王（淮南王之弟）、江都王（景帝之孙）的谋反事件，迫使这些诸侯王全部自杀而亡，并使朝廷收回他们的封国，设置为郡，由此张汤的办案能力获得了极高的评价。元狩三年（前120），他终于被提拔为御史大夫。这恰好也是新财政政策实施的第一年。

如上所述，这一年，三铢钱、皮币、白金被推上台面，曾经作为少府财政来源的盐铁税收也被转交到大司农管理。翌年元狩四年，盐铁的国营制度启动运营。同年，算缗钱的增设以及告缗令开始实施。而三铢钱的废止和五铢钱的制定，也同样发生在这一年。而这一系列新财政政策的制定与实施，都与才华横溢的财政官僚桑弘羊的参与有关。但是，要使这些政策生效，则必须有强有力的国家权力在幕后支持。就在此时，法家官僚张汤出任了御史大夫。

当时的丞相为李蔡。但他并不像公孙弘那样强权，自那时起国政便不再由丞相掌舵，而是由御史大夫全权担当。换言之，汉帝国的政治事务完全开始由张汤一人裁决。桑弘羊、东郭咸阳、孔仅等策划的盐铁国营政策，都是在这位御史大夫的支持下强制推行的。同时，针对盗铸五铢钱、违反算缗钱法令的人，也都是根据御史大夫张汤的方针进行检举与审判的。

在盐铁国营制度、算缗钱、告缗令的实施过程中，受打击最重的是大商人及豪族。因此他们便在明里暗地勾结国家权贵。这些权贵中，一些人为了谋求私利与他们结成了党派。而一般平民中，违背法令、擅自削损、盗铸五铢钱的现象也从未杜绝。这些人便成了张汤严格的法家政策的执行对象，无一人能够逃脱追究。于是，从公卿到平民阶级的责骂声都直指张汤，朝廷内外也酝酿着各种陷害张汤的诡计阴谋。

然而，那些企图陷害精通法律的张汤的阴谋，最终都以失败结束。但在张汤担任御史大夫六年后，有人等到了加害他的时机。当时有流言谣传，张汤为谋取私利，出卖情报给自己的旧知商人。于是，与张汤向来不和的朱买臣等丞相府中的三长史（长史为属官名称）便借题发挥告发了张汤。审判他的官吏是张汤过去的同僚赵禹，赵禹责劝他说，想想过去因你被判死刑的人不计其数，现在你也应该懂得分寸了，并劝告他自尽以善终。元鼎二年（前115），张汤满怀冤屈，自尽身亡。虽然他被告发谋取私利，但其遗产实际上不过500金，据说也都是武帝的赏赐。他死后，武帝哀其冤死，将朱买臣等丞相府三长史处以死刑。当时负有一定责任的丞相庄青翟也因此自绝了性命。

社会动荡加剧与对酷吏的重用

张汤死后，仍有许多像张汤一样的法家官僚层出不穷。其中，出任河内太守的王温舒，在审判郡中千余家豪强地主时，将他们全部处以极刑，据说当时的刑场血流成河，十余里的河水都被鲜血染红。之后，他被任命为廷尉。而以查判盗贼知名的尹齐、杨仆，最后各晋升为主爵都尉（后称右扶风）。张汤手下的官吏杜周也经由廷尉一职，升任御史大夫之位。而他们无一不是作为酷吏而驰名的法家官僚。

法家官僚之所以会被朝廷继续重用，其原因无非在于武帝统治下的汉帝国的国内矛盾逐渐显现出来。并且，只要盐铁国营制、均输法、平准法等新财政政策一直持续实施下去，法家官僚就必然会被重用。

原本经营制铁业和制盐业或者通过贩运各地物产来获取巨额利润的不是地方上的豪族，就是业界巨商。司马迁在《史记》中设立了《货殖列传》，描述了他们积累巨额财富的方法和过程。他们首先从工商业中谋取钱财，再将这些钱财投入土地中，成为大土地所有者。也就是所谓的"以末致财，用本守之"。这种大土地所有者出现后，导致了贫困的丧失土地者的出现，丧失土地的农民不得不在大土地所有者的土地上耕作，以维持自己的生计。武帝初期，董仲舒在回答武帝策问的对策文中，把这种现象描述为"富者田连阡陌，贫者无立锥之地"，并指出国家征收的田租仅为土地收成的三分之一，而贫民耕作富人的土地时却要上交十分之五的佃租。

在这种背景下，国家开始实行盐铁专营制、均输法、平准法以及告缗令。由此，不仅贫民深陷困境，富商豪族也与国家对立起来。

武帝中期以后，这种不安的社会状态更为显著，各地出现盗贼横行的现象。其中，南阳的梅免和白政、楚地的殷中和杜少、齐地的徐勃、游走于燕赵之间的坚卢和范生等，都是远近闻名的大盗。盗贼成群结伙，规模大时达数千人，他们攻打城邑，强掳兵器库中的兵器，杀害地方官吏，甚至寄出文书要求县衙进献粮食。而在乡里盗掠、人数较少的盗群，则多到无法统计的程度。政府出兵力图镇压盗群，共斩杀包括向盗群提供食物者在内的数千、数万人，但仍旧没有成功杜绝盗贼横行的现象。

所谓的沈命法就是在这段时期发布的。这是针对地方官发布的法令。偷盗发生时，地方官假若不检举，或者检举了但抓捕的盗贼人数不达标，从两千石（相当于郡太守）到小吏（四百石以下的官吏）之间有责任的官吏都要被处以死刑。但是，这一法令发布以后，却出现了以下的反效果：县小吏害怕死罪，即便发生偷盗也不上报，而郡太守担心受到连坐之罪，也不要求县里上报。

如此不安的社会状况的发生，正是武帝时期国内矛盾表面化的结果。在盐铁国营制、均输法、平准法以及告缗令实施以后，国内矛盾愈发显著，这又导致了国家对被称为酷吏的法家官僚的更大需求。虽然酷吏厉行法律刑术，比起其他官僚在维持治安方面成绩卓越，但国家很难要求所有的官僚都能如此行事。于是，出现了新的地方监察制度，也就是州刺史制度。

设置州刺史

汉代前期对地方官的监察方法是，丞相派遣自己的属官临时前往各州监察，不设置常驻监察官。但是由于上述历史背景，国家开始设置州刺史（亦称部刺史，或称刺史，下文使用刺史）。

刺史一职于元封五年（前106）首设。每位刺史负责监察一个州。当时全国分为13个州，因此刺史定员为13人，品秩六百石。由于郡太守的品秩为二千石，郡都尉为比二千石，所以负责监察郡太守、郡都尉的刺史的品秩要低于他们。六百石与大县令（长官）的品秩相同。十三州是指：冀、幽、并、兖、徐、青、扬、荆、豫、益、凉十一州以及朔方和交趾两州。首都周边的三辅（京兆、右扶风、左冯翊）、三河（河内、河东、河南）以及弘农郡，虽然未置刺史，但在武帝末期的征和四年（前89）设司隶校尉，其监察职能相当于刺史。

刺史的监察职责被称为"六条问事"，也就是说存在六条规定，六条规定以外的事务则不在其管辖范围之内（实际上，刺史弹劾诸侯王的事例很多）。"六条问事"作为《汉官典职仪》中的佚文被流传了下来，根据此佚文可得知六条问事的具体内容如下。

第一条，强宗豪右，田宅逾制，以强凌弱，以众暴寡。

第二条，二千石不奉诏书，遵承典制，倍公向私，旁诏守利，侵渔百姓，聚敛为奸。

第三条，二千石不恤疑案，风厉杀人，怒则任刑，喜则淫赏，烦扰刻暴，剥截黎元，为百姓所疾，山崩石裂，妖祥讹言。

第四条，二千石选署不平，苟阿所爱，蔽贤宠顽。

第五条，二千石子弟恃怙荣势，请托所监。

第六条，二千石违公下比，阿附豪强。通行货赂，割损政令。

以上六条就是刺史必须监察的内容。其中，第一条针对的是地方豪族中的大土地所有者横行霸道的问题，而其他五条则都是针对郡太守及其子弟的规定。不过后者中，如第四、五、六条，是针对郡太守和地方豪族非法勾结的内容。换言之，这里所列举的刺史职责，其监察的对象乃是郡太守与地方豪族。

因此，刺史与法家官僚在施政的方针上表现出一致性。不过，被称为酷吏的法家官僚只是依照法律严格执法的个体。按照这一思路，我们可把刺史的设置看作法家官僚的任用路线被制度化的产物。

刺史在成帝绥和元年（前8）被改名为牧（亦称州牧），品秩二千石。当时，负责州监察的刺史似乎隶属于御史中丞，之后，刺史身份脱离监察官的职能，变为地方行政官。哀帝建平二年（前5），刺史一称再次恢复，元寿二年（前1）又被改名为牧（州牧）。从东汉起，刺史作为地方行政官执事，其渊源则始于上述武帝时期的监察制度。

七 神仙与巫蛊

神秘主义与合理主义

概观武帝时期的外征与内政，其时代特色呈现在我们眼前：在完善了强有力的政治体制的基础上，汉帝国启用国家权力来压制周边诸民族，同时进行对国内民众的统治，其中似乎是以实力为根本的政治原理在不断运行。但是，在这一时代的社会基础结构中，与这一原理同时发挥作用的还有一种神秘的、类似诅咒之术的力量在社会中掀起了一股混沌而漆黑的漩涡。假若忽略这种具有神秘性与咒术性的力量，将无法理解当时的思想与国家权力的控制者皇帝的特点，以及与这一切密切相关的宫廷生活和一般民众的生活。

例如，即便是在不谈怪力乱神、排斥神秘性而重视合理主义的儒家思想中，也有以下值得注意的地方。儒家主张，仁、义、孝、悌的伦理是自然之理法、人类普遍的道德规范。但这种自然理法假若要成为普遍规律，则必须归顺、合乎天道。天不同于人们眼中所映之天，它是主宰宇宙万物的绝对存在，是无法以视觉或听觉来把握的存在。能够被我们眼见耳闻的日月星辰的运行、风雨雷电的形态，都不是天本身，而不过是由天的力量而显示出的种种现象。天，存在于遥不可及的彼岸。由此可以说，以这种天道、天命为理论根据的儒家思想，是立足于神秘主义之上的。

上文曾提及，被誉为这个时代最伟大的儒家董仲舒在修春秋公羊学之际，发现了其中的灾异报应理论，也就是人们所熟悉的灾异说。《春秋》为"五经"之一，传说是由孔子编纂的鲁国史书，公羊则是用于解说它的传的名称。董仲舒在《公羊传》中发现的灾异说是指，当世间发生异变之际，上天一定会事先降下灾难异象以作预兆。这种论说强调天所具有的神秘性，代表了当时儒家思想中存在的神秘主义。

然而，神秘主义假若不能表现为合理主义，就无法发挥它的效力。而体现了这个时代合理主义的法则就是阴阳五行说与三统说。

阴阳五行说，是由战国时代邹衍为说明万物变化而提出的一种原理。阴阳说将世上存在的天地、日月、寒暑、明暗、昼夜、山川、男女、奇数偶数等，全部分为阴或阳，认为自然形成于阴与阳的调和之中。五行说则将万物的推移变化还原为木、火、土、金、水这五种元素加以说明，其中包括五行相克（相胜）说与五行相生说，前者把五行以土、木、金、火、水的顺序排列，按照后克前的规律推移；后者则以木、火、土、金、水的顺序排列，每种元素都由排列在它前面的元素衍生而来。五行不仅对应黄、青、赤、白、黑五种颜色，对应中央、东、西、南、北五个方向，对应春、夏、中、秋、冬五个季节，而且它们各自代表的王朝还具有相对应的五行之德，王朝也依照五德的推移顺序进行更替。

三统说则将历代王朝还原为黑、白、赤三统来加以说明，定夏代为黑统，殷代为白统，周代为赤统，在这三代之后，历朝历代就以这三统循环的顺序不断更替。这一思想，到了西汉末期被刘歆大加提倡，但实际上其思想原型早在董仲舒的时代就已经出现了。

不论是阴阳五行说还是三统说，假若从现在的观点出发，都很难将它们看作合理主义的法则。显而易见的是，这些法则并不是在否定神秘主义的基础上成立的。但是虽然如此，这些法则在汉代却恰恰是一种体现着合理性的存在。换言之，在那个时代，天力的神秘性具有合理性，阴阳五行说的合理性也无法脱离神秘性。因此在这种氛围下的社会中，具有神秘性质的存在被认为合乎理，而预言这种神秘的巫术以及能够解释这种神秘的方士便也受到了人们的尊重。

武帝与神仙

窦太后去世第三年即元光二年（前133），武帝巡幸了长安以西200公里外的雍（今陕西省凤翔县），在五畤举行了祭祀仪式。五畤是指祭祀五帝的场所。雍为春秋时代秦国的旧都，从春秋时代起，它就被当作祭祀天帝的场所，不过到了秦代，祭祀的对象变为四帝，即黄帝、青帝、赤帝、白帝。在此基础上，汉高祖又增祭黑帝，于是雍成为五帝之畤（祭祀场所）。虽然当时存在多位天帝，但统辖他们的天界最高级别的神——上帝，或者地界最高级别的神——后土，却还未被列入祭祀的对象之中。这次祭祀以后，武帝把每三年巡幸一次雍、举行五畤祭祀，定为宫廷例事。武帝不断走向神秘主义之路，五畤祭祀就是其发端。与此同时，他的身边也开始出现众多方士的身影。

方士是指练得神仙之术、能通晓奥秘的术士。当时，在东方的齐、燕两地有许多这样被称为方士的人物。他们被召入宫中为武帝讲解神仙之术，李少君、谬忌、少翁、栾大、公孙卿等就是这类人。方士们告诉武帝，供奉灶神能驱除鬼神、化丹砂（朱砂，即硫化水银）为黄金，再将黄金器皿用作食器，就能长生不老；他们还进言武帝，若要与神仙相通，宫殿、服饰则也应仿照神仙样式；他们又怂恿武帝，应去东海中的蓬莱山求仙。从武帝对神仙的向往可发现，他与为求得不死药而派遣徐市至东海并自称真人的始皇帝之间存在相同的人生追求。

结果，这群方士中还有人被赐予了将军称号。其中，栾大被赐予了五利将军、天士将军、地士将军、大通将军的军印，封为列侯，还娶了武帝的长女为妻，后来又被授予天道将军的军印，一人独冠五个将军头衔。但是，由于供奉灶神终未得到黄金，少翁和栾大被以行欺诈之术的罪名判处了死刑。

元鼎二年（前115），武帝为了与神相通，又在未央宫的城阙内筑起了高达50丈（115米）的柏梁台，并在那里建造了神仙像。神仙像伸出的手臂托举起承露盘，收集天露以供武帝饮用。此外，武帝时期的年号也是根据捕获角兽、发现宝鼎这样的祥兆来制定的。元鼎四年（前113）依据种种祥兆，以倒退时间的方式依次制定了以前的年号：建元（前140－前135）、元光（前134－前

129）、元朔（前 128－前 123）、元狩（前 122－前 117）、元鼎（始于前 116）。武帝为实现求神拜仙的愿望，在国内大兴土木。尽管当时汉帝国正在推行对匈奴的战争，并且因此出现财政匮乏的问题，但是，武帝对神仙的向往却变得愈发强烈起来。

郊祀之始

在雍地举行了祭祀五帝的仪式之后，汉武帝被告知还必须举行其他的祭祀仪式。因为天子以天为父，以地为母，祭祀天帝而不祭祀后土，则失于礼仪。于是，元鼎四年（前 113）武帝首次举办了祭祀后土的仪式。地点被定在位于长安以东、黄河东岸的汾阴（今山西省万荣县以北）的湖中。天帝为阳，后土为阴。正是由于这一原因，后土祠祠址被定在了泽中方丘。

后土祠确立后，关于雍地五畤的问题出现了。这是因为在五畤祭祀的五帝不是最高级别的神，而是最高级别的神的辅佐。当时，主宰万物至高无上的上帝被称为太一。除了雍地五畤之外，还必须确立祭祀太一的场所。最初，根据方士谬忌的提议，太一祠被建在了长安的东南郊，但是，后土祠祠址被定于汾阴后的第二年即元鼎五年，太一祠祠址最终被确定在长安西北甘泉山（今陕西省淳化县西北）的离宫——甘泉宫，称为泰畤。太一与泰一意义相同，与始皇帝选定的泰皇这一帝号也有相通之处，因此，太一祠的祠址便被命名为泰畤。甘泉宫离宫伫立在高山之上，恰好与建在泽地的后土祠交相辉映。

之后的元封二年（前109），甘泉宫中筑起了高达30丈（69米）的通天台，武帝自此每三年在此亲自祭祀上帝，举行燎祭。上帝居于天上，因此皇帝需亲自登临高台，与其交会。而燎祭则指，焚烧祭品让烟雾升到上帝居处的祭祀仪式。与此相对，后土的祭祀仪式则是将祭品埋入地中来献给后土，称为瘗祀。瘗为埋藏之意。

如上，在武帝时期，雍地五畤、甘泉泰畤、汾阴后土祠分别举行皇帝亲躬的祭祀仪式，每年举行一项祭祀仪式（即一年祭天，一年祭地，一年祭五畤。——译者注），每三年一轮回。上帝和后土之祭，称为郊祀，可见于古代典仪之中。武帝时期，郊祀全部在远离首都的场所举行。这给后世造成了很大的礼制问题。关于此问题，我们将在下文中详述。

武帝封禅

对于求神若渴、期望与上帝和后土交会的武帝来说，仍旧有需要完成的事情，那就是封禅之仪，自古以来被认为是只有完成帝业的人才能实现的仪式。如第一章所述，封禅是皇帝亲自登上泰山顶与上帝交会的秘密仪式。在武帝以前的历史中，除去传说，仅有始皇帝举行过封禅仪式。而且，武帝时期还传闻，连始皇帝也因风雨阻拦而未能登上泰山山顶。

对于已经令匈奴臣服、平定了南越和朝鲜的汉武帝而言，实现作为皇帝的最高理想的时机终于到来了。

元封元年（前 110）武帝率领 18 万骑随从，自云阳依次巡幸了上郡、西河、五原，然后由长城北出，进入朔方郡向匈奴人展示了汉帝国皇帝的威仪后，返回了长安。这是继元鼎四年（前 113 年）、元鼎五年之后，武帝的第三次国内巡幸。就在这一年，武帝在拜祭了华山、嵩山之后，继续向东巡幸，于四月登临泰山完成了封禅大典。据说，当时发生了与始皇帝时期相同的情形，武帝向儒者们询问封禅仪式的具体礼节，但儒者们都莫衷一是，最后他们的提议全部被武帝驳回。

当时与武帝一同登上泰山山顶并参加了武帝秘密仪式的，只有骠骑将军霍去病的遗子——霍子侯一人。不久后，霍子侯就突然死去。因此，武帝封禅大典的具体内容至今不明。不过根据传闻，武帝首先在泰山的梁父山麓祭祀地主，接着在泰山东麓筑起了和太一郊祀同样规模、宽 1 丈 2 尺（2.76 米）高 9 尺（2.07 米）的封土，下埋玉牒（玉制的文书），继而由霍子侯伴驾，登上山顶行"封"礼，第二天再在东北方的肃然山，按照祭祀后土的礼仪完成"禅"礼。由于封禅大典的举行，当年的年号被改为元封。此后，武帝每隔五年便前往泰山巡幸、修封，并且还进行了远至长江南岸的大规模的国内巡幸。

泰山封禅六年后，年号被改为太初（前104）。历法在这一年也被更改。以往以十月为岁首，这一年起改为以正月为岁首；同时，被置于年末的闰月，被改到了相应月份的第二个月。所谓的太初历（西汉末年被增补为三统历）被采用并运行。按照五行思想，汉王朝的德为土德，服色为黄，数字为五，于是印章上文字的字数也要被改为五个字。另外，这一年，中央机构的名称被大范围地改动，例如，郎中令被改为光禄勋，中尉改为执金吾，大行改为大鸿胪，大农改为大司农，右内史改为京兆尹，左内史改为左冯翊，主爵都尉改为右扶风，京兆、左冯翊、右扶风是被称为三辅的以首都长安为中心的关中特别地区的政区名。

这些革新与太初历的实施一样，似乎和国家试图把阴阳五行说、三统说等神秘主义思想作为一种合理事物来接受有密切的关联。

巫蛊之乱

武帝为通神、接近那一超越一切的神秘存在所做出的努力，实际上是巫术世界将他的周遭完全吞噬了的一种体现。在巫术世界中渴望着长生不老的他，进入老年后不久，却不得不以巫术世界居民的身份去承受人生最大的悲剧，即人们所熟知的巫蛊之乱。

巫蛊是一种将木制的人偶埋入土中、诅咒对方折寿的咒术。武帝初期发生陈皇后被废事件时，陈皇后就是被怀疑施展了媚道之术。媚道是与巫蛊相同的咒术。武帝时期末期，咒术风潮更为盛行，征和二年（前91）初，丞相公孙贺被怀疑使用媚道诅咒武帝而死于狱中。

公孙贺是卫皇后姐姐卫君孺的丈夫。因为以往的丞相多因连坐被逼自杀，所以当他被任命为丞相时还曾放声大哭，拒不接受丞相印绶。不过，最终他还是被任命为丞相，并且在丞相的位置上平安无事地度过了 12 年之久。因此，巫蛊罪名一旦被扣，其后果之恐怖的传言，便立刻传散开来。

当时，江充担任直指绣衣使者，职掌三辅的监察工作。直指绣衣使者是指直承圣旨、负责监察作奸犯科的官吏。江充被皇太子刘据（卫太子）厌恶，所以他担心已年届 66 岁的武帝万一发生不测，自己就会被皇太子所杀。于是，他进言武帝，声称皇太子正施术诅咒武帝。那时正值征和二年（前91）七月，恰逢武帝身体有恙在甘泉宫避暑。武帝对这一告发心存疑惑，便派人搜查，结果在皇太子的宫殿中发现了六个桐木制作的人偶，而且人偶身上还插满利针。而这些人偶实际上都是江充授意他人埋下的伪证。

得知自己被陷害的皇太子与太子少傅商量后，在当月壬午日先发制人，逮捕了江充，以谋反的罪名将其腰斩，并打开兵器库将兵器分发给士兵，攻打丞相府。当时的丞相刘屈氂也就是上述满城汉墓的墓主——中山王刘胜之子。据说，他当时险些丧命，仓皇逃生时还弄丢了丞相印绶。

不过当时，与其说是皇太子，不如说是年老病重的武帝所采取的行动，更为迅捷。他立即从甘泉宫返回长安城西的建章宫，命令丞相将三辅附近兵器库中的兵器聚集到一起，并部署品秩在中二千石以下的官吏迎击皇太子的军队。而皇太子也开始收集长安城内武器库的兵器，释放囚犯并编入军队，同时强制长安四市的民众充当兵力。

两军在长安城内恶战了五天，结果皇太子军队战败，但皇太子从城南杜门出逃后便下落不明。交锋中，两军战亡的人数达数万人，长安城内化为一片血海。司马迁的友人任安当时也接到皇太子的符节，被命参战，但他观望不定，没有加入任何一方，因此最后以不忠罪被判处了死刑。

事件爆发二十多天后，皇太子被人发现。他一直藏身于湖县（今河南省灵宝市附近）泉鸠里的一个贫户家中，在联络湖县的一位相识时暴露了行踪。当藏身处被捕吏们团团包围时，他走进屋内，关上房门，选择了悬梁自缢。据说当时兵卒张富昌破门而入，新安县令史李寿上前抱住皇太子将其解下时，皇太子已命归西天了。皇太子终年38 岁。当时这家贫户的主人在与捕吏的搏斗中丧生，与皇太子一起的两个儿子也被当场杀害。假若这一传言属实，那么皇太子自缢而亡就很可能是上报者的谎言，实际上，皇太子很可能是在混乱的搏杀之中毙命的。

在此之前，皇太子战败逃亡后，其母卫皇后被废，被逼自杀，其遗体被装在一个小箱中在城南草草掩埋。皇太子妃史良娣、皇太子的王子与王女以及王子的妻子也被全部诛杀。

武帝之死

巫蛊之乱终结后，幸存在武帝身边的只有他自己年迈的身影了。皇太子巫蛊之罪的冤情，在动乱不久后便水落石出。其中，壶关的一位名为茂的三老（上党郡壶关县的县三老，姓不详。壶关位于今山西省长治市东南）向皇帝陈述了皇太子的冤屈和江充的骗术，其恳切的言辞感人肺腑。此外，原居住于齐地、后受命移居到长陵（高祖陵）的田氏一族的老者——田千秋，也恳求拜见皇帝，向武帝诉说了得知皇太子的罪责乃为子虚乌有的梦境。当自己信任疼爱了三十多年的唯一的皇太子及其全家都含冤而死之后，老皇帝似乎才失去求神求仙的心情，意识到自己已步入风烛残年。

武帝得知爱子冤情之后，下令将皇太子所斩江充的遗族全部处死。在皇太子藏身之处刀刃皇太子的那个兵卒，最初被封为北地郡太守，之后也被武帝灭族（这意味着皇太子并非自缢而死）。不仅如此，思念皇太子的武帝还在皇太子被杀的湖县建起"思子宫"，筑起高台，命名为"归来望思台"。据说，武帝晚年唯一的期望就是皇太子魂魄的归来。

然而，巫蛊之祸仍旧没有停息。翌年征和三年（前90）丞相刘屈氂和贰师将军李广利被怀疑为了让李广利之姐、已逝李夫人所生之子昌邑王刘髆成为太子，而施展了巫蛊之术。结果，刘屈氂及其一族，还有李广利的家人因此遭到满门抄斩。上文也曾提及，李广利就是因此投降匈奴的。

刘屈氂死后，以诉说梦境来澄清已故皇太子冤屈的田千秋，被认为进谏有功，从而继任了丞相之位。这一时期，武帝自身也开始为外征造成的国力萧条而后悔不已，为了恢复民力，他终止了拓展疆域的新计划。并且，在封田千秋的恩泽侯爵位时，还将其封号定为了富民侯，以令世人知晓他的圣意。由桑弘羊主持的在轮台地区开发屯田的计划也被终止，而人们所熟知的"轮台诏"便是这一时期发布的。

就这样，武帝时期进入尾声。后元二年（前87）二月丁卯，年老病重的武帝在长安城南方的五柞宫寿终正寝。这一年是他登基的第55年，享年70岁。

图 67　茂陵（武帝陵）及周边地图，1962 年调查

5

霍氏政权的建立与崩溃

一　昭帝即位

武帝遗诏

武帝一生有六位皇子。其中，卫皇后所生嫡长子即皇太子刘据死于巫蛊之乱，王夫人所生齐王刘闳幼年早逝，李夫人所生昌邑王刘髆也在武帝驾崩同年去世。虽然《汉书》中没有任何关于昌邑王刘髆之死的记载，但是，在他去世三年前，丞相刘屈氂和贰师将军李广利欲将他拥立为皇太子的迹象，透露出他的死一定另有隐情。除了以上三人，武帝驾崩时仍存活的皇子，只有李姬所生的同胞兄弟——燕王刘旦、广陵王刘胥以及赵婕妤（婕妤为后宫女官名）所生末子刘弗陵三人。另外，卫太子死后，皇太子人选也未确定。

直到武帝驾崩前三天，二月乙丑日，皇太子人选才正式确定，被选中的是当时年仅八岁的末子刘弗陵。而他的母亲赵婕妤，在儿子被立为皇太子不久后，便以一个极小的罪名被赐死。据说，这是由于武帝认为皇太子幼年即位，其母掌握实权会使国政混乱而做出的决策。在《史记》褚少孙的补记中，可见有关这一段历史的记述。但是，从武帝驾崩前三天才迟迟定下皇太子人选这一点来看，其中似乎也有什么隐情。《汉书》中仅记载了赵婕妤死于刘弗陵五六岁时，却并未写明死于何年何月何日。

皇太子人选确立后的第二天，担任侍中、奉车都尉、光禄大夫的霍光，以及同样担任侍中、驸马都尉、光禄大夫的金日磾和太仆令上官桀这三位侍臣，被叫到了弥留之际的武帝的病榻前。武帝向三人下诏，嘱咐他们辅佐被定为汉室后嗣的末子刘弗陵，任命霍光为大司马大将军，金日磾为车骑将军，上官桀为左将军，并提拔了在财政方面具有卓越才华的搜粟都尉桑弘羊为御史大夫，同时委任丞相田千秋统筹国事。安排好后事的武帝，于第二天便撒手人寰了。

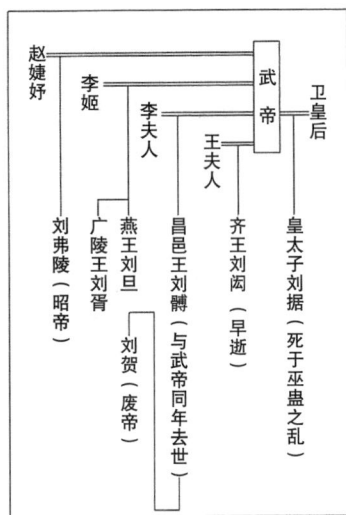

图68　武帝的诸皇子

赵婕妤
李姬
李夫人
王夫人
武帝
卫皇后

刘弗陵（昭帝）
广陵王刘胥
燕王刘旦
昌邑王刘髆（与武帝同年去世）
刘贺（废帝）
齐王刘闳（早逝）
皇太子刘据（死于巫蛊之乱）

霍光、金日磾与上官桀

霍光正是那位在青年将领时代就立下战功的大司马骠骑将军霍去病的弟弟。霍去病是其父霍仲孺在平阳侯家任职时，与平阳侯的一个婢女私通所生之子。他的父亲在离开平阳侯家后不久结婚，与正妻生下霍光。两人为同父异母的兄弟。霍光十多岁时，由于兄长的举荐而进入宫中，之后在武帝近侧侍奉了二十余年，其严谨正直的人品赢得了武帝的信任。

金日磾不是汉人，原本是匈奴休屠王的太子。元狩二年（前121），匈奴浑邪王降汉时，当时14岁的金日磾及其母亲、弟弟也一起归顺了汉廷（元狩二年秋，匈奴单于因浑邪王在对汉战斗中屡次惨败，欲诛杀浑邪王。浑邪王说服同年也败给汉军的休屠王共同投降汉廷，但中途休屠王反悔，浑邪王便杀了他。于是，失去庇护的金日磾与母亲和弟弟只得跟随浑邪王来到汉地。——译者注），被安排在官家为奴，负责饲养马匹。一日，武帝宴游、阅马助兴时，见牵马走过的金日磾身材魁梧、容貌伟岸，随后便将他召入宫中侍奉在自己左右。他为人严谨、笃厚、忠实，生下两个儿子后不久，就将他们作为弄儿安置在武帝近侧。但其长子长大后行事不谨，在殿中与宫女戏闹，他便亲手将其杀死。据说武帝因此悲痛而泣，但同时也开始在心中敬重金日磾。

上官桀最初为羽林期门郎，一次在跟随武帝出行时，以怪力获得武帝赏识，晋升为未央厩令。后来，上官桀又因某事表露出对武帝龙体的极大关切，赢得武帝信任，当上了侍中，不久后晋升为太仆令。

武帝驾崩前一年，即后元元年（前88），侍中仆射莽何罗与其弟莽通密谋刺杀武帝。莽何罗是上文提到的在巫蛊之乱中被灭族的江充的友人，他的弟弟则在与卫太子军队作战中因立功而被封为列侯。他们担忧，卫太子冤死的真相暴露后自己也会被满门抄斩，于是，趁武帝行幸甘泉宫之际，深夜潜入宫中，持刀偷袭了武帝的寝殿。当时阻止莽何罗，将其抛出殿外、捆缚起来的人就是金日磾，而他们的党羽也被霍光和上官桀统统拿下。经过这一事件，武帝愈加信任此三人了。

武帝将后事托付给他们三人后不久便去世了，翌日，皇太子刘弗陵登上皇位，是为昭帝。

内朝的成立

八岁的幼帝即位后，按照武帝的遗嘱，由霍光、金日磾、上官桀三人辅佐。但毋庸赘言的是，政权实际上开始由他们三人所掌控。那么，他们三人与在遗诏中同时也被托付了国事重任的丞相田千秋、御史大夫桑弘羊之间的关系究竟如何呢？在此，有关内朝与外朝关系的问题出现了。

霍光等三人分别被授予大司马大将军、车骑将军、左将军。这些称号都是军队的官衔，与行政事务无关。那么，他们是如何控制政权的呢？原来，他们在担任军官的同时，还兼任了尚书的职位。《汉书·昭帝纪》载"大将军光秉政，领尚书事，车骑将军金日磾、左将军上官桀副焉"，《资治通鉴·汉纪》中也有"霍光、金日磾、上官桀共领尚书事"的记述。那么，尚书的官职就成为一个问题点。

尚书是隶属于职掌皇室财政的少府中的官员，官位不高。但这一官职负责把丞相府、御史府等各机构以及一般官民的奏章上呈给皇帝，同时也下达皇帝的旨意。当时，奏章必须备有正副两份，提交后，首先由尚书披阅副本以决定是否要上呈给皇帝御览。当然，假若不合尚书之意，在这一阶段奏章就会被撤下。另外，尚书由于在执行传旨的职务时，可以接触到国家的权力中枢，因此逐渐掌握实权，最终发展为实际上的政策制定者。于是，原本仅是少府属官的尚书就转变为掌握重要职权的官职。相对于由丞相府、御史府等构成的外朝，这一过程意味着内朝的成立。

因此，霍光兼任尚书一职，就意味着他可以通过操纵内朝来掌控政权。并且，他们三人担任的本职都是军事职务，特别是霍光担任的大司马大将军一职是军中的最高职位。大将军曾由卫青担任，而大司马则曾由卫青和霍去病担任，但他们死后，这些职位却一直空缺。另外，金日磾担任的车骑将军一职是统率战车和骑兵部队的官职，上官桀的左将军则是前、后、左、右四将军之一，两者均为重要军职。换言之，他们通过本职掌控军事权力，又以兼任其他官职的方式控制了国家政策的制定权与决策权。

外朝情势

与此相对，代表外朝的是丞相田千秋统领的丞相府与御史大夫桑弘羊统领的御史府。那么，他们负责什么职能，又拥有什么权限呢？丞相负责秉承皇帝旨意主持朝议，再将朝臣讨论的结果复奏于皇帝，同时职掌官吏的任免和调遣，是辅佐皇帝处理国政的最高官吏。丞相府则是最高级别的国政执行机构。但是，如上所述，武帝中期以后，丞相的实权转移到御史大夫手中，丞相一职基本上成了虚设。而且，从元狩五年（前118）丞相李蔡被问罪、自杀之后，武帝时期的七位丞相中五人被赐死，平安无事从丞相之位退下的仅有以严谨著称的石庆和田千秋两人。

御史大夫，实际上是以副丞相的身份代行丞相的职责。但是，像张汤那样在任职期间因罪被赐死的事例，在御史大夫中也逐渐增多。这种现象表明，皇帝的权力较以往更为强大，更具专制性与超越性，同时这也体现了由皇帝近侧势力构成的内朝势力的增强。

不过，作为国家行政机构的丞相府与御史府依旧保持其职权，以尚书为代表的内朝并不是行政部门。另外，此时的丞相是田千秋，他年事已高，被允许出席朝议时在宫中乘车代行，因此还改名为车千秋。曾经因进言自己在梦境中得知卫太子冤罪而获得武帝信任的他，既无为无能，也无学无才，更不是拥有什么官历或功绩之人，只是为人十分温厚笃实。在一次朝议上，霍光对丞相车千秋曰："始与君侯俱受先帝遗诏，今光治内，君侯治外，宜有以教督，使光毋负天下。"车千秋仅答："唯将军留意，即天下幸甚。"因为此事，霍光极为敬重他的人品，凡天地出现祥瑞嘉应，便上奏皇帝祥瑞出现全拜丞相功绩，并将皇帝恩赏的财物都授予车千秋。

换言之，从这一时期起，朝廷所认为的理想丞相就是负责阴阳调和与四时之序事宜，而不是一味掌控人事。可以说，丞相只要保持这种理想的执政姿态，内朝与丞相之间就没有发生争执的悬念。

问题在于御史大夫桑弘羊统领的御史府。如上章所述，桑弘羊在武帝即位前后就一直侍奉在武帝近侧，武帝中期后被提拔为财务官僚，展现出在这方面的卓越才能，制定并实施了新的财政政策，将国家财政从困境中解救了出来。盐铁专营制、均输法以及平准法等，都是经由桑弘羊之手才得以开展的。这些在武帝时期实施的新财政政策，到了昭帝时期也被继续执行。并且，桑弘羊晋升御史大夫之后，负责管理国家财政的大司农职位依然空缺无人。因此必须认识到，当时国家财政大权仍旧掌握在桑弘羊手中，新财政政策也由其主持实施。此外，上一章曾阐述到，强硬的新财政政策的实施，使汉帝国的内部矛盾逐渐显现，是造成社会不稳定的重要因素，国政因此被投下巨大阴影。而此后内朝与外朝的对立，就如滚滚暗云般，在幼主昭帝的统治之下汹涌地蔓延开来。

燕王首度谋反

在内朝与外朝的对立表面化之前，围绕幼主昭帝的皇位，衍生出一场争夺政权的阴谋。这就是武帝皇子燕王刘旦的谋反事件。

燕王刘旦为李姬所生，元狩六年（前117）被封为燕王。卫太子殁于巫蛊之乱时，他曾自认为皇太子之位非他莫属。然而，武帝厌恶其行为粗鲁，未曾考虑将其立为皇太子。尽管如此，燕王刘旦却还一直满怀期待，认为武帝驾崩后，自己必然能成为继承帝位的人选。

当得知武帝驾崩、新帝即位时，刘旦便派遣手下去探听武帝的死因和新帝即位的情况。根据报告，霍光等人将年仅八岁的刘弗陵扶上了皇位，新帝没有出席武帝的葬礼，而且还有流言说新帝在母亲胎中呆了 14 个月之久。于是，这更加深了燕王刘旦对帝位继承过程的怀疑：新帝可能不是武帝的亲骨肉，是否为霍光之子？早先惠帝驾崩时，吕后就曾将后宫女官所生下的孩子伪装成惠帝的后嗣，从而成功维护了吕氏一族的权势。吕后死后，高祖遗臣一举歼灭了吕氏一族，并请来高祖皇子代王，拥立其为文帝。燕王刘旦认为自己和曾祖父文帝处于同样的境遇。在这种想法下，他的野心不断膨胀起来。

他与宗室中山王之子刘长、齐王之孙刘泽串谋，开始为举兵准备。他一方面派遣使者前往各郡国妖言惑众，煽动人心；另一方面整备旌旗、鼓车，假借狩猎之名伺机实施篡位的阴谋。和他共谋的刘泽则返回齐地，在都城临淄举兵，与其遥相呼应。而燕王的近臣，凡上谏劝阻谋反者，都被处以死刑。

这一谋反计划，被淄川王之子瓶侯刘成告发给了青州刺史隽不疑。隽不疑便先发制人，抓捕了刘泽，并将参加谋反的人全部诛杀。时值昭帝即位第二年，即始元元年（前 86）八月。然而，只有燕王刘旦一人因其皇室血统获得赦免，仅受到了一些训诫。关于这一结果，可以考虑到的原因是，燕王刘旦的姐姐盖长公主一直在宫中抚育昭帝，是她恳求昭帝放了刘旦一命；同时，这也是因为昭帝即位不久，新政府需要将事件影响化解到最低程度。特别是从燕王同其他诸侯王串谋这一点来看，大事化小的方针或许是政府不得已的对策。但这也将问题遗留到了后来。

抓捕刘泽并将谋反事件迅速平息的青州刺史隽不疑，因功被晋升为京兆尹，成为首都长官。在之后的重大历史事件中，他也扮演了事件解决者的角色。而那一重大事件的发生则是在五年之后。

内朝政策与外朝政策

燕王谋反事件被平定后的第二个月，车骑将军金日磾病逝。于是，武帝在遗诏中嘱咐的辅佐新帝的三人，变为霍光与上官桀两人。三年后的始元二年（前85）正月，大将军霍光被封为博陵侯，左将军上官桀被封为安阳侯，跻身列侯之位。内朝的权威也因此随之增长。

始元元年（前86）闰十月，原廷尉王平等五人被派遣到各个郡国推举贤良、体察人民疾苦，调查是否存在冤假错案和失职官吏。这一举措的目的在于，调查社会不安定因素，将皇恩传达到百姓中去。此外，始元二年三月，朝廷再次派遣使者出使郡国，实行向贫困农民借贷粮食种子的措施。同年八月，政府又免除了农民的借贷偿还以及当年的田租。实行这些措施的背景在于，前一年粮食歉收，养蚕业与小麦大麦生产业受到了巨大的损失。但毋庸赘言的是，其意图是继承武帝末期的恤民政策。这种体察人民疾苦并予以救济的政策，不仅有儒家思想的气息，而且从之后的情况可知，其很可能出自以霍光、上官桀为中心的内朝。

昭帝初期还实行了与此不同的其他农业政策，即恢复屯田的政策。上一章末尾曾提到，武帝末年，搜粟都尉桑弘羊和丞相、御史大夫一同向武帝献策，建议在轮台地区（现在的吐鲁番地区）开垦屯田，但是，武帝以休养生息为先，没有准许他们的建议。所谓"轮台诏"就诞生于这一时期。但是，昭帝即位当年冬季，匈奴侵入朔方郡，屯兵于西河，北部防线再次告急，于是，左将军上官桀便率兵讨伐匈奴。

三年后的始元二年（前85）冬，习战善射的士兵进驻朔方郡，与此同时，朝廷也开始在张掖郡屯田。屯田政策由御史大夫桑弘羊主持实施。

《盐铁论·备胡篇》记载了贤良们针对这一政策向桑弘羊提出的责难："今山东之戎马甲士戍边郡者，绝殊辽远，身在胡、越，心怀老母。老母垂泣，室妇悲恨，推其饥渴，念其寒苦。"

从以上对始元年间北方将士艰辛的叙述，我们也可推测出武帝当年没有采纳屯田政策的理由。

秦汉帝国：中国古代帝国之兴亡

1930 年，以瑞典人斯文·赫定为中心的西北科学考察团（Sino-Swedish Expedition）成立，其中，弗克·贝格曼率领的分队考查黑河流域时，在汉代居延县遗址中发现了数量达一万余枚的木简，这就是著名的"居延汉简"（追记：在 1972 年之后开展的第二次调查中，又有近两万枚木简被发现。参阅《居延新简》上、下，北京：中华书局，1994）。木简主要是关于武帝末期到东汉初期汉廷在防御匈奴的前线基地居延的兵员配置、粮食供给的文书以及汉匈边塞之间的往来文书。其中，反映昭帝时期屯田情况的木简为数众多。木简上记录了成卒、田卒、河渠卒等兵种的名单，而他们的出生地则多为山东地区（太行山山脉以东的华北地区）。

居延是张掖郡治下的县名。根据其地点可推测出，武帝末年被中止的屯田政策，在原策划者桑弘羊的推动下再次得以实施，而且桑弘羊从搜粟都尉晋升为御史大夫之后，也仍旧掌管着国家的财政事务。

此外，据《汉书·食货志》记载，武帝末年，搜粟都尉赵过策划并实施了新的农业法，即代田法，大大提高了农业生产力。这一新的农业法在三辅地区的公田中实施后，逐渐普及于三辅一带以及弘农郡、河东郡，继而又在居延地区施行。居延汉简中，还出现了对应这段记载内容的木简。

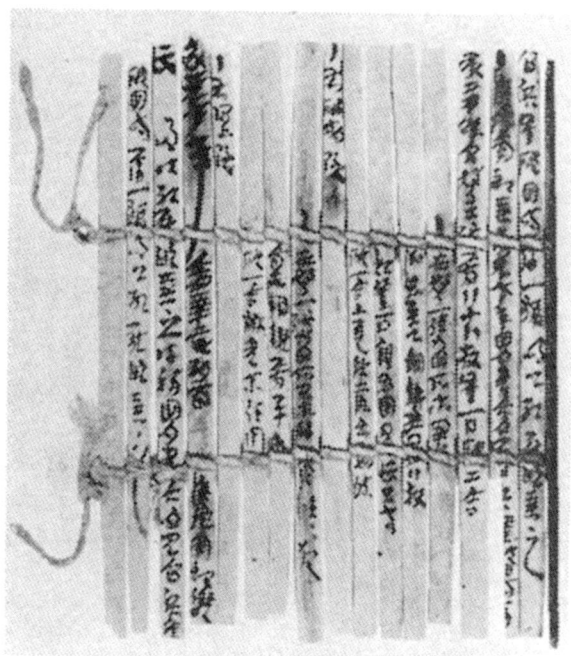

图 69 居延汉简*

    * 居延汉简中以绳索编缀形态被发现的木简仅有两件，这是其中一件的末尾部分，记录了关于烽燧配备品的调查内容，时间为东汉和帝永元年间（89—105 年）。

    代田法是指将以往的散播栽种改为田垄栽种，利用牛耕每年更换田垄的谷物耕作方法。其实施年代，不是如《食货志》所述的武帝末年，而应当在昭帝初年。这是因为武帝末年的搜粟都尉为桑弘羊，而赵过成为搜粟都尉是在桑弘羊晋升为御史大夫之后。此外，居延汉简中有关代

**图70 反映代田法实施的
居延汉简***

*此木简记载了始元二年十一月
一日，第二亭长邮从代田仓领取了十
四石五斗糜，代田仓监光与都丞延寿
在场。由此可知，根据代田法储存粮
食的仓库——代田仓在当时已经存
在。木简上的文字为"入糜小石十四
石五斗始元二年十一月戊戌朔戊戌第
二亭长邮受代田仓监光都丞延寿临"。

田法的文书，其年代也都只
限于昭帝前半期。

如上所述，搜粟都尉是
大司农的属官，由于当时大
司农一职空缺，应当是由桑
弘羊兼任。因而，赵过所实
施的代田法，也应当与桑弘
羊重视国家财政所施行的公
田、屯田政策相关联（参照
西嶋定生《代田法的新解
释》，载于《中国经济史研
究》，东京大学出版会，
1966）。

根据以上叙述可以明
确，昭帝即位初期，政坛并
存两种不同的民生政策。一
种是恤民政策，政府派遣使
者去视察民生，推举贤良，
询问民情，通过发放种子、
粮食和免除田租来救济贫
民。另一种是通过恢复屯田
政策来强化国家财政管理的

富国强兵政策。

前者是以大将军霍光为中心的内朝的政策，后者是以御史大夫桑弘羊为中心的外朝的政策。另外，武帝时期以来的盐铁专营制、均输法、平准法，在桑弘羊的主持下继续在全国实行。而上述的内朝与外朝的对立，伴随双方新政策的展开而愈加严重。

另外，围绕幼主昭帝即位出现的政局动荡的问题，在燕王刘旦谋反事件平息之后，也未能得到解决。这种政局不安的状态，最终引发了长安城前所未闻的事件的发生。这一事件就是本应死于巫蛊之乱的卫太子再次现身于长安城的事件。

卫太子归来事件

始元五年（前82）五月某日，一个乘着黄牛车、打着绘有龟蛇形象的旌旗、身着黄服、头戴黄帽的男子，静静驱车来到未央宫北阙（北宫门），并自称为卫太子。这一情况立刻被禀报到宫中，惊愕不已的公卿、将军以及官秩为中二千石的高官们被命令一同奔赴北阙去辨别这位卫太子的真伪。消息在当日便扩散到长安城内，一般百姓也争先恐后地来到未央宫北阙，希望目睹卫太子现身的一幕。因此，为避免意外事件的发生，右将军、卫尉王莽（与此后历史中同姓同名的王莽为不同人物）调遣军队集于宫阙之下。长安城笼罩在一股异样的亢奋氛围之中。

为辨识卫太子真假聚集到北阙的高官们，在见了这个自称卫太子的男子之后，竟没有一个人站出来发言指认，据说其中还包括丞相和御史大夫。也就是说当时车千秋、桑弘羊也在现场，但是他们也没有做出任何判断。巫蛊之乱发生在九年之前，对他们而言，卫太子的容貌应当还存于脑海。他们之所以会犹豫逡巡，是因为担心不论做出是真还是假的判断，一旦有所闪失就会被扣上大逆不道之罪。而且令他们至今还记忆犹新的是，巫蛊之乱起于伪证与诬陷，武帝在事后仍对此悲恸不已、哀叹不息。

尤其令他们犹豫不决的原因是，他们还不明确卫太子在湖县泉鸠里被捕吏围困、走向人生终点的时候到底发生了什么。官方的说法是卫太子自缢而亡，但也有一种观点认为他是在刀剑相交中毙命的。当时，卫太子藏身处的主人家以及卫太子的两个儿子也在厮杀中丧命。那么，卫太子是否也在那时迎来了人生的终点？关于这一点情况不明。因而，宫阙前出现的自称卫太子的男子有可能真是太子本人。但是，万一指认他为真太子，但他实际上是假太子，那么就将死罪难逃。

当时，稍晚赶到北阙的是京兆尹隽不疑。如上所述，他在五年前因抓捕刘泽、将燕王刘旦的谋反事件防于未然的功绩而晋升为京兆尹。到达现场后，他立刻叱令部下将自称卫太子的男子拿下。见此情况，有人劝阻隽不疑："是非未可知，且安之。"隽不疑回答说："诸君何患于卫太子？……卫太子得罪先帝，亡不即死，今来自诣，此罪人也。"最后将男子关进了牢狱。当时13岁的昭帝和霍光都十分赞赏隽不疑对此事的应对与处理。

根据调查得知，这名自称卫太子的男子为夏阳（今陕西省韩城市）人，本名成方遂。他曾被卫太子的舍人说过面貌与卫太子相似，所以想出了佯装太子的欺诈之计（《汉书·隽不疑传》）。但也有其他史料（《汉书·昭帝纪》）记述此男子名为张延年。也就是说，在那次

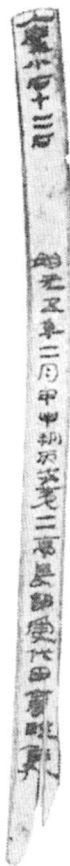

图 71　居延汉简中可见的关于代田仓的最后记录[*]

[*] 这一年，贤良、文学被召集起来，翌年始元六年，盐铁会议召开。木简上的文字为"入糜小石十二石 始元五年二月申朔丙戌第二庭长舒受代田仓验见"。

调查之中，朝廷虽然把乡人也叫来识别男子的身份，结果却连其姓名也未能确定。在疑点悬而未决的状况下，这名男子就被冠以诬罔不道的罪名被处以腰斩。

此前的燕王造反计划和这次突发的真假卫太子事件以及朝野为之动摇的现象，无不反映出幼主昭帝即位后其帝位是如何之不稳固。

帝位不稳固的根本原因在于，昭帝年幼，以及围绕着其出生存在许多流言。而在此原因之上，造成局势变得更为严峻的还有动荡不安的民生。这种动荡的民生，正是武帝时期以来的财政政策在外朝掌权者御史大夫桑弘羊的推动下长年实施的结果。辅佐幼帝主宰内朝的霍光，最为深切地体会到了这一切。于是，由他主导的对外朝政策的进攻便急速地展开了。

二　盐铁会议

会议的召集

真假卫太子事件平息后第二个月，即始元五年（前82）六月，朝廷颁发敕令，诏令三辅（京兆尹、右扶风、左冯翊）、太常（管理帝陵的官员。帝陵县被设置于帝陵附近，之后由太常管理）各举荐贤良两名，郡国各举荐文学一名。被举荐的贤良中有茂陵（设置于太常管治的武帝陵中的县）唐生，文学中有鲁国万生，总计六十余人。翌年始元六年（前81）二月，贤良、文学们被召集到宫中，接受朝廷官员向他们咨询民间疾苦。朝廷还让贤良文学们就是否应该废除盐铁专营制、均输法、平准法、榷酤法（酒业专营，始于武帝天汉三年，即前98年），与官员们展开了激烈的讨论。朝廷官员主张继续实施这些政策，而贤良文学则主张废除。

这些成为会议议题的盐铁专营制、均输法、平准法、榷酤法，都是从武帝时起实施的新财政政策，它们的制定推行者正是御史大夫桑弘羊。桑弘羊以朝廷官员代表的身份，亲自出席会议，对贤良文学所提出的废除专营政策的言论做出了激烈的反驳。那些原为一介书生的贤良文学们也毫不相让，始终坚持废除专营政策的观点。讨论变得白热化，双方针锋相对，论题由盐铁专营制、均输法、平准法、榷酤法扩展到双方观点的理由，最终还涉及各种相关的政治、社会、思想等方面的问题。

所谓的盐铁会议就是指这场会议。盐铁会议的内容，因桓宽编纂的《盐铁论》得以流传至今。

《盐铁论》及其内容

桓宽出身汝南，通公羊春秋，官至庐江太守丞。据说，他在宣帝时期编纂《盐铁论》，由此推算，其编纂时间距离盐铁会议举行年份至少有七八年。其编纂方针正如其"推衍盐铁之议，增广条目，极其论难，著数万言，亦欲以究治乱，成一家之法焉"所述，不是单纯地记录会议内容，其中也包含了桓宽自己创作的部分。

现今我们在考察当时会议的内容时，除了《盐铁论》外就别无他据了。此外，这部书采取了中国古代书籍中罕见的对话体形式，对话场面的描写也极为生动，富于戏剧性。书籍记录的论争内容揭示了当时的社会问题、对外对内的政治问题、关于国家理念的认识问题乃至当时政坛的对立观点的问题，可以说是一部具有重要意义的珍贵书籍。

图 72 《盐铁论》开篇部分（百衲本）

《盐铁论》的登场人物除了贤良、文学之外，还有丞相（即车千秋）、大夫（御史大夫，即桑弘羊）、丞相史（丞相府属官）、御史（御史府属官）等人，但重要部分则主要是大夫桑弘羊与贤良文学之间的论争内容。贯穿全书的双方中心论点在《盐铁论》开篇《本议第一》中，以文学与大夫对论的形式被分别详尽地阐述了出来，如下：

惟始元六年，有诏书使丞相、御史与所举贤良、文学语。问民间所疾苦。

文学对曰：窃闻治人之道，防淫佚之原，广道德之端，抑末利而开仁义，毋示以利，然后教化可兴而风俗可移也。今郡国有盐、铁、酒榷、均输，与民争利。散敦厚之朴，成贪鄙之化。是以百姓就本者寡，趋末者众。夫文繁则质衰，末盛则本亏。末修则民淫，本修则民悫。民悫则财用足，民侈则饥寒生。愿罢盐、铁、酒榷、均输，所以进本退末，广利农业，便也。

大夫曰：匈奴背叛不臣，数为寇暴于边鄙。备之则劳中国之士，不备则侵盗不止。先帝哀边人之久患，苦为虏所系获也，故修障塞、饬烽燧，屯戍以备之。边用度不足，故兴盐、铁，设酒榷，置均输，蓄货长财，以佐助边费。今议者欲罢之，内空府库之

· 299 ·

藏，外乏执备之用，使备塞乘城之士饥寒于边，将何以赡之？罢之，不便也。

如上文所述，文学（贤良持相同观点）主张，政治的根本在于使人民生活安定，并引导人民过上尊崇仁义道德的生活，那么为此就需抑制末业——工商业，并使人民从事本业——农业。因而，政府实施的盐铁专营制、酒榷法、均输法，这些与民争利、令百姓趋向末业的政策都应该加以废止。与此相对，桑弘羊主张，政府应做的是防范外敌侵入。因此，为加强边防，作为辅助边防的财政措施，应当继续执行武帝以来的盐铁专营制、酒榷法、均输法来充实国库。

前者将国家看作保证民生安定的机构，而后者则认为国家是防御外敌的保卫机构。前者主张理念性的政策，后者主张具有现实意义的政策。前者表现出的是儒家的思维模式，后者则反映了法家的思维方式。双方的主张与态度体现在不同的论题当中，贯穿全文而逐步展开。关于《盐铁论》的内容，我们暂且叙述至此。

论争的政治背景

在论争过程中，御史大夫桑弘羊屡次责问贤良文学，其主要论点为，贤良们的观点总是停留在以古为是的尚古思想中，是一种教条主义，无法为国家当前的问题提出任何具体的解决策略。尽管受到这样的责问，贤良文学们仍不懈地针对大夫的论点提出反驳，多次激怒大夫。在《盐铁论》对话体的文章中时而出现的"大夫缪然不言""大夫不说""大夫勃然作色，默而不应"等叙述就描写了大夫被激怒时的情形。

上文已经提及，此处所谓的大夫是指当时的副丞相、掌握外朝实权的御史大夫桑弘羊，而与其对立的贤良文学则只不过是书生之众。但是，虽然双方地位悬殊，贤良们在朝堂上却并不畏权势，发言表态无不堂堂正正。关于这一点，我们不能将其理解为他们团结一致、忠于自身信念的结果，其中必然隐藏着其他原因。

这一原因就是在他们背后存在一位与桑弘羊势均力敌的当政者。而当时拥有如此权势的人，除了霍光就别无他人。虽然如此，《盐铁论》中却完全没有霍光的身影。郭沫若在校订本《盐铁论读本》的序文中早已提出了对霍光在幕后支持的推测，只不过没有给出明确的根据。但在《汉书·杜延年传》中，我们可以找到证实这一推测的记载。

据《汉书》记载，是杜延年建议霍光推举贤良、召开围绕废除酒榷法和盐铁法的讨论的。杜延年是被载入列传中的武帝时期的酷吏——御史大夫杜周的末子。昭帝初期，他以军司空的身份在大将军手下任职，是霍光的下属军官。由此可推断，盐铁会议的召开正是由杜延年提议、霍光推行的，从三辅、郡国召集而来的贤良文学们的后盾就是大将军霍光。而这场会议可以说是在上述内朝与外朝的对立关系最终表面化的情况下，由内朝发动的对外朝的首次攻击。

然而，假若仅有内朝试图打击外朝的意图，上述的会议也召开不起来。内朝与外朝对民生政策的观点相异，也是会议举行的原因之一。另外，内朝的政策还必须与郡国推举而来的贤良文学的立场一致。

贤良文学所主张的民生安定政策是指废除盐铁专营制、酒榷法、均输法。根据他们的论述，国家不应当与民争利，而应当促进人民从事农业以维持社会安定。这正是儒家的思想。但是，假若真正废止了盐铁专营制、酒榷法、均输法，又将会带来什么后果呢？显而易见，这将受到被国家剥削了巨额利润的民间工商业者的欢迎。贤良文学并没有明确地指出这一点。反而，他们的论点标榜的是农本主义。但毋庸置疑的是，他们提倡的废止论是与民间工商业者的利益一致的。

当时，民间能够发展制盐业、制铁业、造酒业，从事大规模商业活动的，除了地方豪族就别无他者了。因此，实际上，贤良文学是在儒家思想的粉饰下为地方豪族的利益敲锣打鼓。这意味着贤良文学论争的幕后不仅有内朝当权者霍光的存在，同时还获得了来自各自出身地的豪族阶层的支持。

同时，霍光按照杜延年的策划召开盐铁会议，打算以此削弱桑弘羊所代表的外朝权力，其意图不仅止于让内朝权力独大，而且在于想要通过与地方豪族的联手来打倒外朝。而地方豪族则希望未来能挽回自己在盐铁专营制、酒榷法、均输法的打击下遭受的损失。并且，地方豪族与作为其氏族家族结合理论的儒家思想的关系极为密切。由此也可知，贤良文学作为儒家思想的服膺者是一件极为自然的事情。或者更准确地说，贤良文学本身就极可能出身于地方豪族阶层。

会议结果

在以上诸多问题并存的背景下召开的盐铁会议，其结果如何呢？据《盐铁论》记载，论争结果即朝廷的定论为，贤良文学不谙国策，不过是在随意指责盐铁专营等政策的不便之处罢了，假若如此之反对，朝廷可暂时废除郡国的酒榷（榷酤）和关内的铁官制度。这一裁决被称为上奏裁可。结果，贤良文学所提出的主张中，被通过的仅有废除全国的酒业专营和关内即以长安为中心的三辅地区的铁官而已，而其他地区的盐铁专营制、均输法、平准法则丝毫未被触及。

但《汉书·昭帝纪》始元六年秋七月的条目中"罢榷酤官，令民得以律占租（根据律法申报税收）卖酒升四钱（税率）"的记载，说明盐铁会议后被废止的制度仅仅是酒业专营制度。根据反映西汉末期状况的《汉书·地理志》，在京兆的郑县、左冯翊的夏阳县、右扶风的庸县，都设有铁官。也就是说，关内地区的铁官也根本未被废止。

从这样的结果来看，贤良文学的论争似乎毫无建树，其背后的支持者霍光以及对盐铁会议怀抱希望的地方豪族们，也完全败给了成熟老练的财务官僚桑弘羊。但是，这一令世人瞩目的会议的召开，以及从各地聚集而来的贤良文学在会议中堂堂正正的辩论，形成了一股愈来愈汹涌澎湃的政治暗流。这股暗流所积蓄的能量很快于第二年爆发，内朝与外朝对立的问题在此得以一举解决，而解决的契机就是燕王刘旦再度谋反事件。

三 霍氏政权的确立

内朝势力的分裂

令霍光与桑弘羊各自代表的内外朝相互倾轧的问题一举解决的是，盐铁会议召开后的第二年即元凤元年（前

80）发生的燕王刘旦再度谋反事件。而要理解这一点，首先必须对当时复杂的人际关系有所了解。

如上所述，金日磾死后，掌握内朝实权的是霍光与上官桀两人。两人在初期关系甚为亲密。早在武帝末期，霍光就将女儿嫁给了上官桀之子上官安，两人于后元元年（前88）为霍光生下一外孙女。昭帝即位后，霍光每五日休假一次，他退朝归家期间，内朝政务都由上官桀代为裁决，两人依旧保持着良好的关系。

始元三年（前84），上官安希望借岳父霍光之力，将女儿送入后宫，但霍光以其女年幼为由未以允许。于是，上官安便另辟蹊径，成功地将女儿纳入宫中。具体而言就是，燕王刘旦之姐即在宫中抚育昭帝的盖长公主（昭帝异母姐）的面首丁外人与上官安交好，于是上官安通过说服丁外人获得了盖长公主将其女收入后宫的承诺。

上官安之女进入后宫后，获婕妤封号，上官安则被任命为骑都尉。数月后的始元四年（前83）三月，上官安之女被封为皇后。当时昭帝12岁，皇后上官氏8岁。与此同时，上官安晋升为车骑将军。

皇后的册封致使内朝的势力关系发生了微妙的变化。上官桀与霍光因此分别变为皇后的祖父与外祖父。由于上官安不顾岳父霍光反对，凭借其他势力强行将女儿送入后宫，此后他与盖长公主的关系，较之霍光更为亲近。最终，上官桀与其子上官安在椒房（皇后的居所）占据了一席之地。由于与盖长公主的关系，他们和其弟燕王刘旦也日益靠近。于是，内朝中便出现了霍光与上官桀之间隐秘而微妙的对立关系。这种关系最早产生于真假卫太子事件之前。

促使双方对立关系公开化的契机是盖长公主的面首丁外人的问题。与盖长公主关系日益亲近的上官桀父子，为博取盖长公主的信任，奏请将丁外人封为列侯。然而，职掌尚书职务的霍光却否决了他们的这一请求，之后，霍光又撤回了上官桀父子试图将丁外人拜为光禄大夫的奏请。

就霍光而言，他无法为仅仅做了盖长公主面首却从未建立功勋的人授予任何官爵。但是，盖长公主却因此对霍光心怀怨恨，上官桀父子也对其不满。于是，内朝分裂为霍光与上官桀两股势力。

桑弘羊之愤

从外朝加入内朝这场暗斗并偏向上官桀父子的人，是御史大夫桑弘羊。起初，他只在国家政策上与霍光针锋相对，基于私怨的内朝斗争与他毫无干系。但《汉书·霍光传》与《汉书·车千秋传》记载，桑弘羊曾为其家族子弟谋求官职，被霍光阻碍，因此也对霍光心存怨愤。然而，一位年过 70 的老官僚会因一时的私人恩怨而意气用

霍光，在酒席间将其杀死，并乘机废除昭帝，迎立燕王刘旦。这一计划被通报到燕王刘旦处。燕王虽然被他的相谏阻，但依然对此计划满怀信心。他想起真假卫太子事件发生时，仅仅因为卫太子的出现就引起了数万民众沸腾、官员大惊失色的情形，假冒的太子尚且如此，更何况自己是货真价实的太子呢？而且，此时，霍光信赖的右将军王莽已故去，丞相车千秋也卧榻不起。计划必然会马到成功。燕王做出了这样的判断后，便开始准备前往城长安。

可是，这一谋反计划还未实行便被暴露。计划被盖长公主的舍人（近身仆人）偶然听到，并告知了自己的父亲。其父名燕仓，曾经任稻田使者（公田管理者），因为这一关系，他将事情报告给大司农杨敞。杨敞又将其告知自己以往的同辈、当时的谏大夫杜延年，由杜延年申诉。据说，杜延年申诉的机构是丞相府。于是，镇压行动便立刻展开了。丞相征事（丞相府的属官）任宫首先诛杀了上官桀，丞相少史（亦为丞相府属官）王寿则将上官安诱骗到丞相府，再加以诛杀。紧接着，御史大夫桑弘羊和盖长公主的面首丁外人也被处死。当时桑弘羊七十多岁，相比于他璀璨华丽的人生履历，他的死则显得极为鄙陋凄凉。而上官桀与桑弘羊的家室，除了被封为皇后的上官安之女外全部被诛杀，盖长公主也自杀而终。

谋反计划告败的消息，传到了坚信计划会成功并正在准备前往长安的燕王的耳中。同时，诘问其谋反罪名的皇帝玺书（印有皇帝御玺的敕书）随即传来。看完玺书后，燕王刘旦意识到局势已经到了万事皆休的地步，便拿着燕王印绶（附有印玺的长绳）悬梁自尽了。而他的二十多位妃子、夫人也跟随着他选择了不归之路。时值元凤元年（前80）九月。

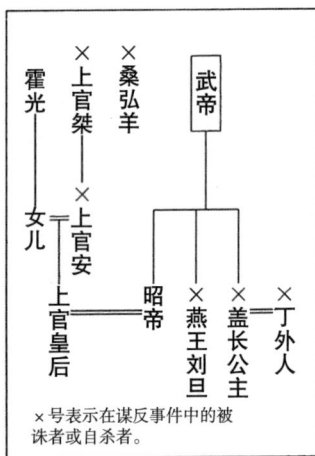

图73　燕王再度谋反事件的人物关系

霍氏政权的建立

借助燕王刘旦的谋反事件，霍光一举消灭了内朝中的敌对势力上官桀一族和其外朝政敌的中心人物御史大夫桑弘羊。上官氏一族中存活下来的仅有昭帝的皇后。由于她是霍光的外孙女，而且当时仅 12 岁，与事件没有瓜葛，因此保住了皇后的地位。

事件结束后，霍光对内朝外朝进行了人事重组。外朝之中，丞相车千秋素来与霍光友善，而且年事已高，崇尚无为，非危险人物，因此其官职如旧；御史大夫一职，则由右扶风王䜣来接任。此人原在郡县担任属吏，做事瞻前顾后，平庸无能。而执掌国家财政大权的大司农，则由霍光的心腹、揭发燕王谋反事件的立功者——杨敞继续担任。最终，由于桑弘羊被诛，外朝势力衰弱，其作为内朝敌对势力的势头消失殆尽。

另外，在上官氏被灭族后的内朝，尚书令张安世被晋升为右将军、光禄勋，担任起霍光的副官。张安世是武帝时期酷吏代表人物——御史大夫张汤之子。同时，因揭发燕王谋反立功的谏大夫杜延年，被提拔为太仆右曹给事中，职掌上奏、任免、判决诉讼等政务。杜延年的父亲御史大夫杜周也是武帝时期著名的酷吏，他自身还是盐铁会议的提议者。张安世为人勤勉忠正，杜延年则精通法律，有治国之才。霍光将这两人安排到内朝重要的官位上，其目的在于充实上官氏死后的内朝。

通过以上的人事任命，霍光将支配内朝与外朝的最高权力收入囊中。当然霍光之上还有昭帝在位，不过，昭帝还只是一个 15 岁的少年。霍光面对这位年少的皇帝，也一直保持着恭谦、勤勉、正直的态度。受武帝遗诏辅佐幼帝七年之际，霍光成为位于权力之巅的实际掌权者，但同时他也比任何人都清楚，其权力全部来自少帝的权威。

就这样，霍氏政权形成了。与此同时，作为霍氏政权的方针，内朝一直以来的政策——恤民政策也被积极而广泛地实施了起来。

霍氏一族的昌盛

元凤元年（前 80），朝廷减免了地方漕粮（从地方运到长安的谷物）300 万石，又缩减宫廷乘舆马和御苑马匹的数量用以增添边郡驿马。元凤二年，免除了当年的马口钱（对民间饲养马匹所课的税收），允许三辅、太常使用菽粟（豆和小米）代缴口赋和算赋。元凤三年，废止了设置在荥阳县的中牟苑，将其出租给贫民，并再一次免除漕粮的上缴，同时还免除了贫民对此前向政府借贷的偿还。元凤四年，在举行昭帝元服仪式之际，免除了百姓当年与次年的口赋以及元凤三年以前未缴纳的更赋（为免除徭役而缴纳的赋税）。元凤六年，由于三辅、太常的稻谷价格下滑，朝廷许可这一地区以菽粟代缴这一年的赋税。元平元年，又将口赋减少了三成。如此这般，恤民政策几乎连年颁布于世。显而易见，这些恤民政策以施民恩惠的形式，昭示着霍氏政权的确立。这一时期，汉与匈奴的和亲关系基本上被继承下来，武帝时期逐渐凋敝的民生也得以恢复，百姓的日子逐渐殷实起来。

元凤四年（前77）正月，年满18岁的昭帝举行了元服典礼，但政权仍由霍光掌控，没有回到昭帝的手中。元服典礼之后不久，老丞相车千秋病故，他的丞相位置由御史大夫王䜣继任，大司农杨敞接任御史大夫之位。元凤五年，王䜣去世，杨敞作为王䜣的后任，升为丞相。虽然丞相的人选不断更替，但外朝人事构成并未发生大的变动。

相对于此，在内朝，霍氏家族的成员则纷纷被提拔晋升。霍光之子霍禹、霍光之兄霍去病之孙霍云，同时晋升为中郎将；霍云之弟霍山，被任命为奉车都尉、侍中，统领胡越兵（来自匈奴军队的降兵与越人士兵）；霍光的两位女婿范明友和邓广汉，分别被任命为东西宫的卫尉，即未央宫和长乐宫的卫尉；霍光的其他兄弟、女婿、外孙等，也都分别被封为奉朝请（散官位名）、诸曹大夫或骑都尉，在内朝任职。值得注意的是，这些官职基本上都是军队的官职。换言之，这表明霍氏一族通过掌握军权而威慑内朝，建立了一个具有绝对性权力的集团。

眭弘进谏禅让事件

昭帝举行元服仪式的前一年即元凤三年（前78），宫中发生了一件令人震惊的进谏事件。对于刚刚确立的霍光政权而言，这一事件完全出乎意料。作为了解当时的社会思想，比较霍光政权与王莽政权的确立，以及理解少年皇帝在成人前与霍光的关系的史料，这一事件值得瞩目。

事件中的谏书，是董仲舒的第三代弟子儒学家眭弘（字孟，因此也称眭孟）拜托他的一位名叫赐（姓不详）的担任内官长的友人上奏到朝廷的，其内容如下：

泰山、莱芜山南匈匈有数千人声，民视之，有大石自立，高丈五尺，大四十八围，入地深八尺，三石为足。石立后有白乌数千下集其旁。是时，昌邑有枯社木卧复生，又上林苑中大柳树断枯卧地，亦自立生，有虫食树叶成文字，曰"公孙病已立"，孟推《春秋》之意，以为"石、柳，皆阴类，下民之象；泰山者，岱宗之岳，王者易姓告代之处。今大石自立，僵柳复起，非人力所为，此当有从匹夫为天子者。枯社木复生，故废之家公孙氏当复兴者也。"孟意亦不知其所在，即说曰："先师董仲舒有言，虽有继体守文之君，不害圣人之受命。汉家尧后，有传国

之运。汉帝宜谁差天下，求索贤人，禅以帝位，而退
自封百里，如殷、周二王后，以承顺天命。

一言概之，谏书意为根据出现的怪异现象，应当让皇
帝退位，并寻找贤人继任。这一观点显然是对董仲舒灾异
说的发展，同时也是结合了神秘主义和禅让说的革命之
说。当时的儒学派就是这样与神秘主义紧密结合在一起
的。此外，文中虫噬树叶留下的文字正是所谓的图谶。

图谶是指通过某种非人为力量以文字形式表现出来的
预言。后来的王莽便是利用了图谶的这一特点，才登上了
皇帝的宝座。因此，可以说眭弘进谏中所提起的"虫噬
叶"是王莽时代图谶的先驱。假设在霍光位置上的人是
王莽，那么王莽一定会向着对自己有利的方向，把眭弘
进谏的内容解释为自己登基的根据。或者也有另一种可
能性，眭弘是在暗地里巧妙地阿谀霍光，建议他废帝自
立。

但是，霍光看到这封谏书之后，却下书命令廷尉审议
此事，以妖言惑众、大逆不道的罪名处死了眭弘。根据
《汉书·眭弘传》的解释，眭弘想要预言的是不久后宣帝
就会被朝廷从民间请出，登上帝位。书中还记载，宣帝即
位后，将眭弘之子召为郎官。虫啃噬叶子留下了五个字，
其中"病已"二字是宣帝的原名。然而，眭弘进谏禅让

事件，同早先发生的真假卫太子事件一样，反映出当时的民间仍普遍存在对昭帝的不信任感。

昭帝之死与昌邑王即位

元平元年（前74）四月癸未（十七日），21岁的昭帝病逝，无嗣。虽然关于其死因并非毫无疑点，但据说当时朝廷曾在天下寻访名医，昭帝的驾崩似乎也不是突发事件。于是甄选昭帝后嗣的问题便成了朝廷的当务之急，霍光周遭顿时忙碌起来。

此时，武帝的皇子中，仍旧健在的仅有燕王刘旦的同母弟广陵王刘胥一人。于是，在讨论皇帝后嗣人选的朝议中，群臣纷纷推举广陵王。但是，唯有霍光一人不赞同。广陵王天生勇力，能徒手搏兽，但品行粗暴，喜好倡乐和逸游，行事变化无常，从未得到过先帝武帝的宠爱。在霍光看来，作为皇帝要德同天地，无为自然却能德化万民。假若不能如此，那么作为摄政的他也就无意职掌国政了。

一位郎中揣度到了霍光的这一想法，便上书建议：后嗣人选未必非要按照长幼之序定夺。霍光认为其所言正是，便和丞相杨敞商议，从广陵王以外的宗室中挑选皇帝的后嗣。武帝的子孙中可以成为后嗣的人选仅有昌邑王刘髆之子即现任昌邑王刘贺。当日，行大鸿胪事兼少府史乐成、宗正刘德、光禄大夫丙吉、中郎将利汉

（姓不详），即刻被派遣到长安城内的昌邑王府。虽然王府位于长安城内，但作为诸侯王，其本人一般生活在自己的封国之内。于是，王府连夜遣人前往昌邑国（今山东省金乡县西北），昌邑王刘贺接到消息之后便随即启程前往长安。

到达长安后的昌邑王，立刻去拜见了昭帝皇后，即霍光的外孙女上官皇后，被立为皇太子。六月丙寅（朔日），他在昭帝灵前接下玺绶，登上了皇位。与此同时，上官皇后被赐予皇太后尊号。此时正值昭帝驾崩 13 天后。同月壬申（七日），朝廷择便举行了先帝的葬礼，并赠予先帝昭帝的谥号。

关于汉代的即位仪式，在第三章中也略有提及。到了昭帝时期，举行即位仪式之际，会先将先帝的龙棺安置在宫中正殿中央，采取后嗣在棺前接受皇帝玉玺（当时为三种，之后发展为六种）的形式，同时择便举行先帝的葬礼，赠谥号。葬礼结束后，新帝亲自去拜谒高庙即始祖——高祖之庙，完成即位仪式。拜谒高庙这一仪式的环节体现出以下思想：汉代皇帝并非代代都是受天命而登上皇位的，接受天命的只有高祖一人，高祖子孙则是从高祖那里继承了天命。通过拜谒高庙，受命思想和世袭制结合为一体。可以说，新帝拜谒高庙是代表着即位仪式最终完成的重要礼仪。

图74　昌邑国士兵的服装受领簿（居延汉简）＊

＊此片木简记载着昌邑国宜年县的公士卿奉德被征为居延田卒后受领了服装一事。可知，木简为昌邑王刘贺被废之前的物品。木简上的文字为"田卒昌邑国宜年公士卿奉德年廿三（从左至右）单衣一领　袍一领　绔一两　枲履一两"。

然而，这位从昌邑王之位坐上龙椅的新皇帝，却没有举行过拜谒高庙的仪式。与其说没有举行，不如说在他举行拜谒礼仪之前就被废黜了帝位。这是自皇帝制度建立以来发生的首次废帝事件。

废黜昌邑王事件

这位新皇帝即位后仅 27 天就被废黜了帝位。这在当时是前所未闻的事件，其原委如下。

首先可明确的是，这位新皇帝的品行脱离常规甚远。虽然他在封国时就已如此，但幸运的是当时并未被朝廷所知。可是，当他接到诏书向长安出发后，在途中就劫掠妇人到宿处；登基后，又与从昌邑国带来的臣僚、奴婢等两百多人，在还没有举办葬礼的昭帝的棺前载歌载舞；昭帝葬礼结束后，不仅招来宗庙的乐人为其奏乐，耽于宴饮，淫乱后宫女官，还把皇太后喜爱的叫作果下马的小型马牵出来拉车，让官奴骑在上面，甚至还把诸侯王、列侯、二千石以下官员的印绶给他从昌邑国带来的郎官、免奴（称为自由之身的奴婢）佩带；在为昭帝服丧期间，他毫不顾忌地拜祭自己的父亲昌邑王刘髆的庙宇，在告示中自称"子嗣皇帝"，大乱礼制。

此时，霍光也不得不承认将昌邑王扶上皇位是彻底失败之举。事情发展到了必须废黜这位新帝的地步。但是，新帝即位后其地位至尊无上，与主宰万物的天帝并肩，无人能够凌驾或左右。那么如此至尊无上的皇帝，假若行为无道，如何才能将其废黜呢？一个难题摆在霍光面前。

为霍光献上密策的是大司农田延年。田延年提出的方案是，利用霍光外孙女，即皇太后的权威来废黜新皇的帝位。于是，霍光和当时从右将军、光禄勋晋升为车骑将军富平侯的张安世，秘密制订了废黜新帝的计划。同时，田延年将废帝计划告知丞相杨敞，杨敞起初十分震惊，但最终也在妻子的劝说下参与了这一计划。

六月癸未（二十八日），霍光召集丞相、御史大夫、将军、列侯、中二千石、大夫、博士等举行朝议，突然提出要废黜新帝。理由是新帝为政无道，大汉社稷岌岌可危。众大臣听后无不大惊失色，但是也无一人站出来发表意见。于是，田延年按剑而出，陈述从先帝时期起霍光的忠孝节义以及汉室当前面临的危机，而且还宣称，今日席上不赞成废帝者一律就地斩首。霍光也表示事情的全部责任仅在他一人身上。在这种情况下，群臣皆叩头称是，朝议的结论达成一致。

霍光便即刻与群臣前去谒见皇太后，阐述了废黜新帝的必要性。皇太后移驾至未央宫（未央宫的承明殿——译者注），召令皇帝入宫觐见。皇帝刚一入宫，各宫门便被立刻关闭，他从昌邑国带来的扈从官员两百余人全部被隔留在宫门之外。当时，由车骑将军张安世率领的埋伏在外的羽林骑（武帝时期设置的近卫军）一举而上，将这两百多名官员全部抓获投入了监牢。对此，仅皇帝一人毫不知情。

当皇帝进入承明殿中时，殿上 17 岁的皇太后正盛装端坐，丞相、大将军以及众大臣侍立在侧，数百名持着兵器的护卫排列于殿上。皇帝面向皇太后跪拜之后，尚书令站出宣读霍光以及众大臣联名上奏的奏文，历数新帝的种种无道行为，奏请皇太后应废黜新帝帝位。皇太后下诏准许奏请。霍光便扶起新帝，夺去他的皇帝玺绶奉还给皇太后，扶着他退出殿门，并亲自将他送回了昌邑府邸。

废位事件之谜

就这样，新皇帝在霍光安排的计划之下，慑于皇太后的权威，被罢黜了帝位。其后，他虽然被遣回昌邑国，但王位也被废除。同时，被关押在牢狱中的二百多人，也全部被冠以辅佐昌邑王不当的罪名，被处以了死刑。在受刑途中，这些人大声号叫"当断不断，反受其乱"。

从他们的口号中可以觉察到，上述废黜新帝的事件中，似乎还存在史料未曾记载的幕后隐情。《汉书·霍光传》中记述的事件经委如上文所述，但仔细考虑，却疑点颇多。比如，废帝计划最初由霍光、田延年、张安世等数人共同策划，但在朝议时，众大臣仍旧对霍光的废帝提案感到意外和震惊。另外，朝廷将昌邑王的臣子一律处死的处置方式也显得非同寻常。

事件经过的另一种可能是：昌邑王的臣子打算除掉霍光，将旁落的政权统一到新帝手中，正准备发动一场政变，但政变计划传入了霍光耳中，反而被霍光先下手为强，惨败于废帝计划。假若这一假设成立，那么在昌邑王二百多名臣子中，以曾经进谏昌邑王为由被赦免幸存的昌邑国的中尉王吉和郎中令龚遂二人，就有充当政变计划告密者的嫌疑。龚遂此人，在之后的宣帝时期晋升为渤海郡太守，由于推行劝农政策留下政绩而被载入《汉书·循吏传》。

四　霍氏一族遭诛与宣帝亲政
（附匈奴投降）

宣帝即位

废帝事件完结后，霍光面临着尽快迎立新皇的紧急问题，然而当时没有一位候选人。而从在没有候选人的情况下就废黜皇帝这一点也可推测出，对于霍光而言，废帝事件必然存在某种突发性理由。

当时，光禄大夫兼给事中丙吉，向霍光进言：自己认识一个名为病已的青年，虽长期生活在民间，但实为武帝曾孙，年方十八九岁，通经术，行事有节度，人才出众，愿将军将其列入候选。曾经担任太仆的杜延年也补充说，那位青年与犬子交好，臣可保其人品。

于是，霍光便与丞相等众臣向皇太后奏请迎立这位名为病已的武帝曾孙为新帝。七月庚申（二十五日），病已从长安城中尚冠里的住所被迎请到未央宫，拜见了皇太后之后，被奉上玺绶，登上了帝位，并亲自拜谒了高祖庙。病已就是宣帝，即位时正好 18 岁。他的即位，距离昌邑王被废黜帝位仅 27 天。

关于宣帝成长于民间一事，流传着以下的说法。他实际上是在巫蛊之乱中被杀的卫太子之孙。卫太子与妃子史良娣之间生有一子，被称为史皇孙。这位史皇孙与其妃王夫人之间生下的儿子就是宣帝刘病已。卫太子在巫蛊之乱中丧命时，年仅 36 岁。在这个年纪就有了孙子，虽然显得过早，但在当时也并非绝无可能。据说，巫蛊之乱时，卫太子全家惨遭杀害，唯独襁褓中的刘病已被收容到邸狱，并得到丙吉的救助，被交给女囚喂养，之后又被送到了祖母史良娣的老家，在那里长大。此后，刘病已又被送入掖庭（后宫）接受张安世之弟——掖庭令张贺的教育，接着娶了掖庭属史许广汉之女为妻，从掖庭搬往长安城中居住，在妻子许家和祖母史家的关照下学习了《诗经》《论语》《孝经》。此外，他还喜好游侠，通晓民间事情。

上述关于宣帝身世的说法虽条理清楚，却反而令人生疑。但不管其身世如何，刘病已以卫太子之孙的身份登上了皇位。卫太子的遗孙，便从人们心中的亡魂一跃成为现实中真正的皇帝。

霍光之死

宣帝即位后，霍光奏请要将摄政大权奉还新帝，但宣帝并未接受。这大概是由于民间出身刚刚登上皇位的宣帝，其周围还没有组建出一个值得信赖的官僚机构。并且，显而易见的是，即便这一机构已经建成，他也无法忽

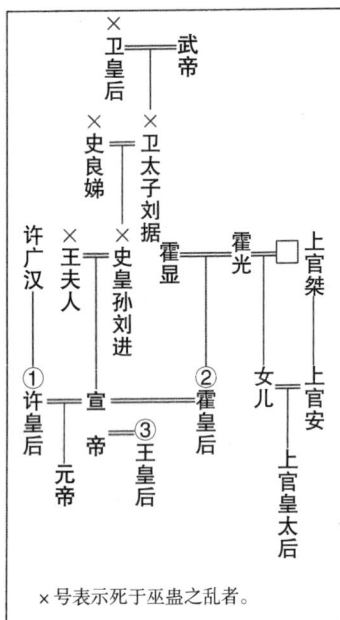

×号表示死于巫蛊之乱者。

图 75　宣帝的出身以及配偶关系

视霍光所坐拥的强大势力。但是，宣帝即位当年（前 74）十一月，他将当时已生下一个两岁男孩（即后来的元帝）的妻子许氏封为皇后。这一册封出乎人们的意料，当时人们普遍认为霍光的幼女会被册立为皇后。而册立许氏，完全是由宣帝的个人意志所决定的。

可是，这位许皇后在册封后的第四年即本始三年（前 71）正月癸亥（十三日）就被人毒害了。当时怀孕已久的皇后在服用了女医淳于衍推荐的药丸之后，突然感到一股剧烈的头痛，继而就气绝身亡了。而暴死事件发生后立即展开的调查，也在霍光的示意下被中止了。据说，事件的原委是：霍光的妻子霍显希望把自己的女儿立为皇后，甚至瞒着霍光秘密笼络女医，将附子放入药丸毒死了皇后，直到事情快要败露，才把真相告诉霍光，霍光因而中止了调查。不过，这一事件的真相在当时尚未被发觉，本始四年，霍光的女儿霍成君最终被册立为皇后。

如上所述，宣帝即位后，霍氏一族的势力不仅毫发未损，而且还成了外戚，其权势凌驾于朝廷之上。不过霍光自身对皇帝的态度越发恭敬谦逊，因此两者之间保持着相安无事的状态。

地节二年（前68）春，霍光抱病卧床。病情一路恶化，不见好转。宣帝亲临病榻看望，霍光感极而泣，多次答谢皇恩。大将军霍光最终于三月庚午（八日）离开了人世。朝廷将霍光的葬礼视为国家大事而隆重举行，赐予其金缕玉衣、黄肠题凑等奢华隆重的葬品，将其墓地定在茂陵（武帝陵）与平陵（昭帝陵）之间，并安排了300家守墓者看守他的陵墓。

霍氏一族遭诛

霍光死后，其子中郎将霍禹被提升为右将军，继承

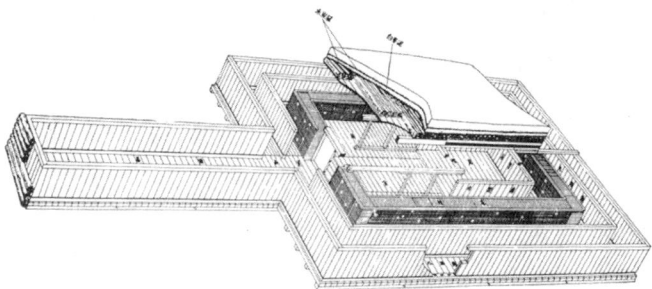

图 76 黄肠题凑的复原图 *

* 1974 年至 1975 年间，出土于北京大葆台汉墓的黄肠题凑的复原图。黄肠题凑是用数万块柏树木材建造而成的墓室（引自《北京大葆台汉墓》，文物出版社，1989）。

了父亲的封邑。霍光之兄霍去病的孙子霍山被封为乐平侯，并任奉车都尉，统领尚书。同时，车骑大将军张安世，晋升为大司马兼车骑将军，与霍山一同负责管理尚书事务。

由此看来，霍光死后，霍氏一族被皇帝愈加看重，甚至连掌握政治实权的尚书也由霍山、张安世二人统领，国政大权似乎仍旧被霍氏及其党羽所掌控。然而，以霍光之死为契机，24 岁的年轻皇帝宣帝的心中开始燃起重振皇权的意图，并为此采取了措施。

宣帝恢复亲政的措施，首先从褫夺尚书的政治特权开始。如上文所述，一直以来，上奏文书都要经由尚书这一关卡，备有正副两份，副本由尚书开封阅览后决定是否再将正本上奏给皇帝。不过，宣帝采用御史大夫魏相的进言，撤销了副本的上奏，仅留下正本，不经由尚书，而是直接提交给皇帝。通过这一措施，皇帝不再需要借由尚书裁决，而能直接批阅来自官吏民众的奏文了。尚书政治特权被褫夺后，皇帝的亲政开始了。据说，霍氏一族听到这一消息后，无不感到恐慌。因为霍氏一族中的霍山虽然还负责管理尚书事务，但他无法再阻止弹劾霍氏一族的奏文被直接提交给皇帝了。

宣帝采取的第二个措施是在地节三年（前67）四月，把被毒害的许皇后所生的皇子刘奭封为皇太子。尽管现任皇后为霍光之女，但宣帝仍旧把许皇后所生之子立为皇太子，这一举措是为了压制外戚霍氏的势力。霍光的遗孀霍显再次密谋毒杀皇太子，但这次由于警备森严而未能得逞。

宣帝的第三个措施是同年三月夺回了霍氏手中的兵权。他以减轻人民疾苦、减免兵役为由，下令终止了车骑将军与右将军的屯兵。但是，车骑将军张安世很快被任命为卫将军，开始执掌宫中以及北军的兵权。因而，失去兵权的仅仅是右将军霍禹。

与此同时，霍光的女婿度辽将军兼光禄勋范明友的度辽将军印绶被朝廷收回；女婿散骑骑都尉、光禄大夫赵平的骑都尉印绶也被收回。另外，奉车都尉霍山手中的胡越兵的兵权、中郎将霍禹与霍山共同执掌的羽林兵兵权、范明友和邓广汉等掌握的在未央宫与长乐宫的屯兵兵权，都被一一转交给了宣帝祖母的史氏一族的成员以及已亡许皇后的娘家中的许氏子弟。这些措施都是为了从霍氏将兵权夺回。

走投无路的霍氏一族不堪如此压迫，便开始计划谋反。据说，他们的计划是：以在皇太后处举行宴会为名，宴请丞相魏相以及被封为平恩侯的许皇后父亲许广汉赴宴，在宴会上，由霍光的女婿范明友和邓广汉接下皇太后的诏令斩杀魏相与许广汉，继而再废黜宣帝。

然而，这一计划还未实施就被发觉了。霍云、霍山、范明友自尽，霍光遗孀霍显、霍禹、邓广汉等霍氏一族全部被捉拿弃市。弃市是指在市场中执行死刑。而宣帝的皇后霍皇后，废位后被驱逐出宫。其他受到连坐的数十家也都被抄斩。这一知名的霍氏灭门事件，发生于霍光去世两年后的地节四年（前66）的七月至八月之间。此外，霍皇后被废后，被册立的是无子的王皇后。

与霍氏有关联者中，唯一幸存下来的仅有那位曾经在燕王刘旦谋反事件中平安无事的霍光的外孙女——皇太后上官氏。她两次被牵连到上官氏与霍氏的灭门事件之中，然而两次都侥幸存命，最后一直以皇太后的身份度过了三十年余生。

宣帝亲政

霍氏一族被灭后，宣帝开始亲政。朝廷降低了在国家专营制度下的盐价，命令郡国调查囚犯情况，要求报告牢狱中是否有囚犯死于饥寒。这些举措是为了昭示宣帝亲政后皇恩浩荡，庶民自不在话下，甚至连罪人也能幸获恩泽。

查阅《汉书》本纪可知，霍氏一族被灭后第二年，天下接连出现祥瑞景象。具体而言，元康元年（前 65），泰山、陈留（今河南省开封市陈留镇）等地凤凰来仪，未央宫降下甘露；元康二年，又出

图 77　宣帝时期的诏书（居延汉简）ᵃ

＊ 元康五年（前 61）夏至，大史丞经由太常向丞相魏相提出罢兵五日、更改水火一事。魏相将此事传给御史大夫丙吉，丙吉撰写奏折并上奏给了宣帝（第一、二简），宣帝准许了这一奏请（第三简）（大庭脩《关于居延出土的诏书册与诏书断简》，《东西学术研究所论丛》五二，1961）。

现凤凰来仪、天降甘露的景象；元康三年，泰山山顶聚集了数只神爵（神雀），近万只五色鸟飞至三辅诸县；元康四年，黑粟从天而降，神爵飞至，宫中涵德殿的铜池中生出金芝九茎，九真郡和南郡分别进献白象与白虎。因此，翌年起，朝廷将年号改为神爵。而祥瑞景象在此后也连年出现，年号也随之被改为五凤、甘露、黄龙，等等。

人们认为，祥瑞的出现是上天嘉赏皇帝治世功业的征兆。也就是说，宣帝亲政顺应了天意，上天便以祥瑞的形式将对宣帝的嘉赏昭示天下。因此，天下出现祥瑞之际，皇帝不应独享，而应与天下万民同庆。每当郡国传来祥瑞降临的报告时，宣帝大概都有此思量。于是，从元康元年（前65）起，宣帝便连年对官吏和庶民进行赐爵晋级的恩赏。

正如第三章所述，汉代一般庶民男子也能获得爵位，他们在村落中的身份地位也由此决定。朝廷频繁赐爵意味着庶民的爵位不断升高。赐爵的原因虽然来自祥瑞的降临，但是通过赐爵诏敕来公布实施的，而诏敕所表现出的则是皇恩浩大。宣帝的亲政，就是伴随着施恩于民的形式而展开的。

循吏的出现

施民以恩德，并不仅止于赐民爵位。重中之重是安定民生，为此，宣帝诏令地方官开始实施恤民政策。以往郡太守的职责是维持统辖范围内的治安，正确统计户口，征收租税、丁税、徭役，监督训练郡兵。恤民政策实施后，除了以上这些职责之外，郡太守的主要职责还有维持民生和奖励农业。在这种背景下，登上历史舞台的就是所谓的循吏。

循吏是与酷吏相对立的词语。后者是尊崇法家主义的官吏，前者则是将抚民主义作为首义的官吏。另外，假如武帝时期的代表官吏是酷吏的话，那么代表宣帝时期的官吏则是循吏。

《汉书·循吏传》中记载了文翁、王成、黄霸、朱邑、龚遂、召信臣这六人的列传。其中，除了文翁（景帝至武帝前期的人物）与召信臣（元帝时期人物）之外，其他皆为宣帝时期的人物。

王成，于宣帝地节三年（前67）任胶东国相，因妥善安置了八万余名流民，被赐予关内侯的爵位。黄霸，任颍川太守后，不但将宣帝的恤民诏书周知于民众，同时还在官衙内饲养猪鸡分与孤苦伶仃者，之后又设置负责教导民众善恶的父老、师帅、伍长这样的农民指导者，鼓励农民耕种养蚕，奖励节俭储蓄。不久后这些措施就收到成效，黄霸因此被提拔为京兆尹，之后担任御史大夫，最终晋升为丞相。朱邑，任北海太守时，因其治绩被晋升为大司农，当他去世之后，乡里（桐乡——译者注）百姓还为其修建祠堂并祭拜。

秦汉帝国：中国古代帝国之兴亡

循吏中最著名的是那位在昌邑王废位事件中幸免死罪的龚遂。宣帝即位后，他被任命为渤海太守。当时，渤海郡盗贼猖獗，治安恶化。他赴任之后，首先宣布持农具者为良民，持兵器者皆为盗贼，因此盗贼身影逐渐消失；同时实行劝农政策，下令每人种植榆树一棵、薤百株、葱五十根、韭菜一亩，每户人家饲养母猪两头、鸡五只。如发现农民藏有刀剑，则令其将剑变卖为牛，将刀变卖为牛犊；而发现佩戴刀剑者，则先责难其"为何将牛、犊挂于腰间？"通过以上的治理，渤海郡人民生活开始变得富庶，诉讼告状的现象也消失了。之后，龚遂被任命为水衡都尉。

龚遂出任水衡都尉的地节四年（前66）恰好是朱邑被任命为大司农的年份。当然，这也正是霍氏一族被诛的那一年。换言之，循吏留下治绩的时代是在霍氏政权时代。如上所述，霍光施政的首义为恤民政策，与宣帝共通。但两者的不同之处在于，宣帝亲政后，将以循吏身份闻名的地方官拔擢为朝廷高官。而循吏突然间备受瞩目的理由也正在此处。

然而，如仅从循吏的观点来理解宣帝时期官僚的特征，则会有失偏颇。的确，循吏是在宣帝亲政之际被拔擢的官僚。但是，在这一举措的背后，宣帝同时还重用了那些隶属于武帝时期被称为酷吏的法家官僚系统的后继者。比如，赵广汉、尹翁归、张敞、王尊等。他们任地方官期间，运用法家思想治理地方，以国家权力为后盾捕杀盗贼，同时镇压抬头的地方豪族。由此，我们可以观察到宣帝时期的政治具有两面性，这种两面性被结合为一体，而这也正是宣帝亲政时期的特征所在。

赵充国的屯田政策与对西域的治理

宣帝亲政后有两项重要的对外政策。其一是针对匈奴问题的政策，其二是针对羌族问题的政策。赵充国的屯田政策与后者有密切的关联。

武帝时期对匈奴战争的成果是隔断了匈奴与其南方的羌族（西藏种族）的交涉，在其两地间开通了西域之路。但是，至宣帝时期，羌族开始进出匈奴北方地区，试图再次与匈奴取得联络。双方一旦联络成功，就意味着西域之路将被阻断。神爵元年（前61），宣帝派遣使者斩杀了羌族中的先零种部落的诸酋长，逼迫羌族归顺汉朝。然而，此举却促使羌族各部落组成联盟，汉的边郡不断遭到羌族的侵扰。

为了镇压羌族进犯，朝廷派遣后将军赵充国前往镇压，他早前就进言了羌族与匈奴联手的危害。当时，赵充国已年逾70，但仍亲率大军出征西陲，挫败了羌族先零种部落的入侵。同时，为保障西域之路畅通无阻，赵充国在金城（今甘肃省皋兰县）设置屯田，提出了能使边防成兵自给自足的长久方案。这一方案就是所谓的赵充国屯田策十二条。通过这一方案的实施，羌族势力受到压制，西域之路的交通也安然无恙。这一时期，朝廷在金城设护羌校尉以监督降服后的羌族。

另外，武帝时期归顺汉廷的西域诸国中的龟兹、楼兰（鄯善）、车师，因与匈奴之间的关系而开始反叛汉廷，因此在这三个国家时而发生大汉使者被杀的事件。霍光生前，还曾发生扜弥国太子被龟兹王杀害的事件。另外，楼兰王死后，在匈奴充当过人质的楼兰国太子回国继承了王位，他为了匈奴的利益，多次将大汉使者杀害。于是，霍光派遣担任骏马监的傅介子前往楼兰刺了楼兰王，并把其首级带回了长安，悬挂在北阙之上。当时还是昭帝在位时的元凤四年（前77）。此后，汉廷将楼兰改名为鄯善。

然而，车师又与匈奴联盟，攻打了汉的同盟国乌孙。本始二年（前72），霍光令其女婿度辽将军范明友等五位将军率领15万大军，与乌孙国联手夹击匈奴。匈奴当时未与汉军交锋，就退到了遥远的北方。于是，车师国、龟兹国也再次归顺了汉廷。

霍光去世后，车师国再次背叛汉帝国，与匈奴勾结，企图切断汉与乌孙国之间的联络。地节三年（前67），当时屯田于渠犁（位于轮台以东）的侍郎郑吉率兵讨伐车师国，车师国王降汉。而上述羌族干扰西域交通的情况，就是郑吉大军迫使车师国降汉后所产生的结果。作为取代车师国的盟友，匈奴劝诱羌族去侵扰汉帝国。赵充国镇压羌族的结果，见于上文。

就这样，羌族臣服于汉的同时，西域诸国也纷纷归顺汉朝。于是，神爵二年（前60），汉廷首次在龟兹设置西域都护以统管西域南北两道。首任西域都护由郑吉担任。

匈奴投降

西域地区被纳入汉的势力范围的同时，匈奴势力日趋衰弱，这最终导致了匈奴内部的分裂。其正式分裂于神爵二年（前60）虚闾权渠单于去世之后，恰好与汉设置西域都

图78　有关运送楼兰王首级的诏文（居延汉简）[*]

> [*] 这一诏文片断的内容大致为，命令敦煌在傅介子刺杀的楼兰王的首级被运往长安的途中，派出兵卒与翻译（女子）。
>
> 木简上的文字为"诏夷（？）虏（？）侯章（？）发（？）卒曰持楼兰王头诣敦煌留卒十（？）人女译二人留守证（？）"。

护的时间一致。分崩离析后的匈奴，曾出现在一个时期有五位单于并立的局面。其中，虚闾权渠单于的儿子呼韩邪单于势力最为强大，一时间压制住其他单于，几乎最终统一匈奴。可是，他的兄长左贤王自立为郅支单于，于是匈奴再次分裂为两股势力，还呈现出呼韩邪单于劣于郅支单于的局势。

结果，呼韩邪单于降汉，并寻求汉的援助。甘露元年（前53），呼韩邪单于将其子右贤王铢娄渠堂派遣至汉廷入侍。入侍原本指入宫在近侧侍奉天子，但是如上文所述，外国的王子入侍，实际上意味着其作为人质被派遣到汉地。两年后的甘露三年正月，呼韩邪单于亲自来到汉廷参加正月朝贺仪式。宣帝迎其入宫，并在甘泉宫予以赐见。

在此之前，匈奴国是与汉相对立的"对等敌国"，而今单于亲自称臣前往汉廷拜谒。对于汉帝国而言，这是一件极大的喜庆之事，也正是宣帝引以为傲的亲政功绩。为了与天下民众同庆，朝廷立刻颁布了赐爵于官吏民众的诏敕。

当时宣帝给予呼韩邪单于的待遇，从以中国为中心的国际关系史来看，具有令人瞩目之处。具体而言就是，汉廷将呼韩邪单于的列位安排在其他诸侯王之上，拜谒皇帝时虽称臣而不需要言名，即所谓的"称臣不名"。称臣，表示与汉皇帝处于君臣的关系当中。而进入君臣关系后，其规矩为：臣对于君，不称姓氏，仅以名应答，自称"臣某"。但是，呼韩邪单于的情况却是，虽然向皇帝称臣，但被允许不必言名。这在君臣关系中是一种破格的待遇。来朝参拜的呼韩邪单于还获得了象征匈奴单于身份的黄金玺绶等众多的赐物，之后在长安停留一个多月后返回了匈奴。

与呼韩邪单于对立的郅支单于得知呼韩邪单于降汉之后，也于同年即甘露元年（前53）将其子右大将军驹于利受送往汉廷入侍，此后还连年派遣使者入汉朝拜。但是，他又得知呼韩邪单于亲自入汉并受到了隆重的接待，因此开始担忧汉军来袭，于是尝试接近乌孙国。接近乌孙国的计划未能成功，郅支单于便更改计划攻打乌孙国，向西方扩展势力。这位郅支单于，最终在宣帝之后的元帝时期受到汉军讨伐，战败而死，首级被曝于长安城中。由此，匈奴完全归顺汉朝。汉初以来与匈奴关系的难题，暂且得到了解决。

呼韩邪单于在宣帝之后的元帝时期也来到汉廷朝拜。当时，他恳请元帝下赐他一名大汉宫女。这一恳请得到了元帝的答允，而单于受赐的宫女就是那位名垂青史的王昭君。

竟宁元年（前33），王昭君被送往呼韩邪单于处，成为单于妻子，之后诞下一名男婴。呼韩邪单于去世后，按照匈奴风俗，她又成为呼韩邪单于原配所生之子——继承

图 79 "单于和亲千秋万岁安乐未央"砖 *

* 此砖用以庆贺汉与匈奴和亲。时代不明。

了父位的下一任单于的妻子，生下二女，在匈奴之地走完了一生。后世以这一历史为题材，创作了许多以王昭君为主角的动人故事。例如《西京杂记》中就有这样的描述：元帝下令画师为后宫女官画像，仅王昭君一人因没有贿赂画师而被描绘得十分丑陋，于是元帝决定将她下嫁到匈奴，但在召见她时，却发现她实为一位绝世美人。以王昭君为主角的悲剧故事中，元代马致远的戏曲《汉宫秋》被认为是最杰出的作品。

6

儒学的国教化与王莽政权的出现

一 儒家官僚跻身政坛与礼制改革

元帝即位与儒家思想

黄龙元年（前49）十二月，宣帝病逝，许皇后所生皇太子刘奭即位。他就是元帝（前 48 年—前 33 年在位）。元帝喜好儒家思想，做皇太子时，见其父宣帝重用法家官僚，刑法森严，曾在宴席上进言应多重用儒家官僚。当时，宣帝脸色顿变，怒言："汉家自有制度，本以霸王道（法家思想、儒家思想）杂之，奈何纯任德教，用周政乎。且俗儒不达时宜，好是古非今，使人眩于名实，不知所守，何足委任？"接着又叹息道："乱我家者（汉王朝），太子也。"

如上章所述，宣帝时期的政治的确同时采用了"王道"与"霸道"，其具体运用表现为既尊重循吏也重用法家人才。从这一点考虑可以说，儒学还没有获得作为国家政治理念的绝对地位。但是，正如盐铁会议中贤良、文学这些官僚预备军的论争所反映出的那样，儒家思想以地方豪族阶层的发展为背景，正稳步地渗入官僚阶层，这也是令国家无法忽视的一个倾向。宣帝甘露三年（前51），朝廷召集儒生聚集到宫中的石渠阁（藏书殿），进行"五经"（《诗》《书》《易》《春秋》《礼》）各异本的校订，再由宣帝裁决文本的异同。这件事就是儒家思想不断渗入官僚世界的一种体现。另外，元帝在皇太子时期就喜好儒家思想，可以说这也体现出了儒家思想在当时社会的状况。

宣帝弥留之际留下遗诏，命令大司马、车骑将军史高，前将军、光禄勋萧望之和光禄大夫周堪共同辅佐元帝，同时让三人职掌尚书事务。其中，萧望之是一位具有儒学修养的儒家官僚。

然而，元帝即位后，掌握政治实权的并不是这三人，而是侍奉在因多病而无法亲政的元帝身边的宦官们，尤其是通晓法家思想、从宣帝时期就深得皇帝信任的中书令弘恭与中书仆射石显二人。但弘恭于初元二年（前47）病死，因而此后晋升为中书令的石显就成了元帝近侧掌握实权的人物。在汉朝的历史中，这是宦官篡权的开端。

虽然萧望之、周堪以及给事中刘更生联名上书，弹劾宦官专权，但上书非但未被采用，萧望之反而被扣上了莫须有的罪名，最终含冤自尽。这一事件发生在石显出任中书令的初元二年（前47）。石显的专权一直持续到元帝末年。

图80　宣帝杜陵*

* 引自《汉杜陵陵园遗址》，1993。

丞相职务的变化

元帝即位时，丞相为从宣帝时起就开始担任此职的于定国。永光元年（前43），他自请辞去丞相之职，而他辞职的主要理由是，那一年春后降霜，入夏气温不升，阳光稀薄。见气候如此异常，他便即刻将丞相印绶返还给了朝廷。这一行为初看令人觉得不合情理，但如果从当时丞相职务的内容变化来考虑也就不难理解了。丞相职务发生变化，始于宣帝时期。宣帝神爵三年（前59），丙吉就任丞相。历史上流传着以下一段有关他的轶闻。

春日，丞相丙吉外出，路逢众人斗殴，死伤者横地，丙吉经过却不闻不问。然而，他日外出，丙吉遇见一头牛喘气吐舌，便立刻派仆人去问赶牛人："这头牛走了多少路？"属官觉得丞相言行奇怪，便询问其理由。在属官看来，丙吉的前后行为显得相互矛盾，丙吉答曰：

> 民斗相杀伤，长安令、京兆尹职所当禁备逐捕，岁竟丞相课其殿最，奏行赏罚而已。宰相不亲小事，非所当于道路问也。方春少阳用事，未可大热，恐牛近行，用暑故喘，此时气失节，恐有所伤害也。三公（丞相、御史大夫、太尉）典调和阴阳，职所当忧，是以问之。

如逸闻所示，丞相的职掌是负责官吏的职务评定和阴阳调和。调和阴阳成为丞相的职掌，始于汉初。据《汉书·丙吉传》记载，从丙吉时起，官吏的职务评定也不再属于丞相管辖范围了。因此，丞相的主要职掌就变为负责调和阴阳。所谓调和阴阳是指，司掌自然摄理，关注由自然现象所显示出的天命，遵奉一种神秘主义。《汉旧仪》佚文记载过一件事：当时发生了冬暑夏寒、雨多旱久这样阴阳失调的现象，天子便命人将此事下传于丞相，使者刚刚到达，丞相就立刻请辞，告退而去了。而上述于定国的辞职，也正是由于丞相职责中的阴阳调和出现混乱。

丞相职掌发生变化的现象，与武帝末期外朝实权减弱、霍氏政权建立，政治实权转移到内朝尚书手中这一背景相关。进入元帝时期后，甚至连尚书的实权也落入了皇帝近侧的宦官中书令的手中。于定国辞任后，由儒家官僚韦玄成继任丞相一职。

丞相的职责转变为遵奉神秘主义，这为丞相韦玄成等人将改革以祭祀为中心的礼制作为重要问题提出提供了背景。关于礼制改革的提出，将在下文中再述。而其带来的结果便是儒学的国教化。在儒学国教化的过程中，儒家思想，特别是其中所包含的禅让思想（禅让帝位于贤者的思想）与现实相结合，为王莽登基开辟了道路。

儒家官僚跻身政坛

元帝时期，因习儒学而跻身政坛的著名人物为数众多，例如，因习《诗经》而任博士，参与了石渠阁之议，之后成为御史大夫的薛广德；以明经（任用官吏时考察的科目）而任博士，之后任光禄勋的平当（哀帝时官至丞相）；习《易经》，由地方官晋升为大司农、光禄勋的彭宣（哀帝时官至御史大夫、大司空）等。在此，我们谈谈其中的代表人物贡禹。

贡禹也是一位因明经而出任博士的人物，最初因病辞去了官职，之后被推举为贤良，在地方任职。但由于那时他受到郡太守的责难，再一次辞官而去。元帝即位后，他已年近80，但是仍旧被朝廷召回出任谏大夫。他主张，应遵循儒学理念坦率进谏，进而改革当时的诸项制度。由他提出的改革论，主要有以下几个方面。

第一，削减宫廷开支，减轻人民负担。当时宫廷使用的衣料，由隶属于少府的东西织室、设置于齐地临淄的齐三服官以及陈留郡襄邑的服官等官营工场来制作。另外，宫廷所用的华丽漆器、金银器物，除了少府所属的考工室以外，还由设置于蜀郡（治所在今四川省成都市）、广汉郡（治所在今四川省广汉市）的工官生产。维持这些生产，需要支付巨额的费用。齐地的三服官，各有作工数千人，一年的经费为数亿钱，蜀与广汉的工官每年也各耗500万钱，而少府的考工室每年也需要500万钱。

此外，他还提出诸多改革方案，如：将宫廷所养的厩马减为数十头，开放厩马牧场以及长安附近面积广大的狩猎御苑以供贫民耕种；削减东宫开销，将后宫女官的人数减少到原来的三分之一即20人。

他的这些主张的根据是古代圣贤治理天下，其生活未曾像如今这般奢华，即儒家思想中特有的尚古主义。元帝采纳了这些进言，减少了太仆的厩马以及水衡都尉在上林苑中饲养的各种猛兽，向贫民开放几处苑地，并废止了宫中角抵等游戏和齐地的三服官。

贡禹的第二项提案是初元五年（前44）在他81岁高龄时就任御史大夫之后提出的。这项提案的直接目的是减轻农民负担。首先，他将口赋钱征收对象的男女的年龄由3岁以上到14岁以下，提高到7岁以上到19岁以下；算赋的征收年龄改定为20岁以上；废止了每年10万人的徭役以及迫使刑徒劳动的铁官政策，将这些劳动力投入农业；禁止金银珠宝的开采与贩卖；废止五铢钱的铸造，规定租税和宫廷赐品必须以布帛的形式缴纳或赐予，将货币经济还原到实物经济；裁减三分之二的宫廷卫士，解放十万余名官家奴婢为庶民，让他们与从关东征集的北方守备军轮番戍边，由此每年节约岁费五六亿钱；此外，还严厉禁止官吏经商与民争利；废止以纳入财物来抵消罪责的赎罪法，因为这仅对富人有利；同时，整肃官吏录用的推举制度；等等。

其中尤为值得瞩目的是他所提出的废止货币制度、恢复实物经济的主张。如上所述，汉代大部分租税的缴纳方针是以货币缴纳，这造成了商人利润增多、人民脱离农业

（参照第三章第三节）。因此，贡禹认为，货币的存在是万恶的根源。然而，这一主张实际上体现出其尚古主义与农本主义脱离了对现实社会的认识。

对于贡禹的这些提案，元帝虽然没有采用废除货币制度的建议，但将口赋的赋税年龄提高到 7 岁，停止上林苑中宫室所不需的开支，同时还削减了建章宫、甘泉宫以及诸侯王庙宇的侍卫人数。此外，同年，盐铁官和盐铁国营制度被废止，这些大概也都是根据贡禹的进言而进行的改革。不过，由于国库盐铁用度不足，盐铁官在三年后即永光三年（前 41）又被恢复。

第三，贡禹首次提出废止郡国庙、改革宗庙制度的建议。但是，由于贡禹任御史大夫仅数月后就老病而终，这一建议未能被付诸实施。不过正如下文将阐述的那样，他所提出的改革宗庙制度的建议，成为此后一重大历史课题的开端。

贡禹的进谏体现出儒家官僚在政界中的活跃。从这一点以及他进谏的内容来看，令人关注的是，盐铁会议时，那些曾被认为是脱离现实的儒者们的空想、根本不被寄予希望的提案，到了元帝时期，虽然未能被全部采用，但其中一部分被确切地实施了。在此我们窥见了时代的转变，汉朝已经进入了一个不得不采用儒家官僚政治提案的时代了。

废除郡国庙

贡禹病逝的第二年即永光元年（前43）七月就任御史大夫的韦玄成，因丞相于定国十一月辞任，永光二年二月又被任命为丞相。并在此后的七年间，一直担任此职。

韦玄成是宣帝时期丞相韦贤之子。其父韦贤为儒者，精通《礼》和《尚书》（《书经》），教授《诗经》，被誉为邹鲁（今山东省邹县与曲阜市）大儒。韦玄成作为其幼子，继承了父亲的学问，如上所述，他一直官运亨通，最后成为丞相。据说当时在邹鲁地区曾流传着"遗子黄金满赢，不如教子一经"的谚语。

韦玄成任丞相期间的永光四年（前40），贡禹进谏的宗庙制度改革方案被列入了审议的议题之中。审议首先从郡国庙的存废问题展开。

关于郡国庙，如上文所述，最初是在高祖在位期间，为祭奠其父亲太上皇而令各郡国建造太上皇庙，之后，惠帝时又营建祭祀高祖的太祖庙，景帝时营建祭祀文帝的太宗庙，至宣帝时，又在武帝巡幸过的各地营建祭祀武帝的世宗庙，而这些皇帝庙都伫立于各个郡国之中。至元帝永光四年时，68个郡国中，共建有167座宗庙。

此外，国都及其周边、高祖至宣帝的历代帝王陵墓的近侧，共建有 9 座为祭祀长眠于此的帝王的宗庙（包括太上皇和宣帝父亲史皇孙的宗庙）。此外，帝陵中还分别建有寝殿（正殿）、便殿（别殿）等，加上诸皇后和卫太子（在宣帝之后被追谥为戾太子）墓室中的寝殿，共达30 处。皇帝庙与陵庙时常举行定例的祭祀活动，为此每年耗费的金额数达 24455 钱，护陵卫士的人数计 45129人，而祭祀活动中的巫官与乐人的人数计 12147 人。另外，祭祀中所用祭品的费用，还没有算入上述金额之内。

然而，提出废除郡国庙的问题，并不是单纯为了节约经费。更确切地说，他们提出的理由是郡国庙的存在本身不合礼制。在审议郡国庙存废问题时，丞相韦玄成、御史大夫郑弘、太子太傅严彭祖、少府欧阳地余、谏大夫尹更始等 70 人众口一词，认为：《春秋》之义，父不祭于支庶之宅，君不祭于臣仆之家，王不祭于下土诸侯。因此，将皇帝宗庙设于郡国，令地方官祭祀供养，违背古礼，理当废除。

于是，郡国庙被废除，同时在诸皇后陵墓举行的祭祀仪式也被废除。后者的理由也是其不合礼制。高祖以来，郡国庙是"家族国家观念"的一种体现，也就是说皇帝为人民之父，而汉帝国则是以皇帝为父的一个大家庭。汉朝廷认为，在郡国设立皇帝庙，并在地方官的管理下令人民去祭拜，是让皇权渗透地方的恰当手段。然而，这个延续了近 160 年的汉帝国传统，却因《春秋》之义的儒家理念而被改变了。可以说，这体现出儒家思想的权威在当时已经达到了足以变革王朝传统的高度。

天子七庙制的问题

庙制改革中，首先存在一个棘手的难题。那就是如何处理设置在各个陵墓中的天子庙的问题。按照儒家阐述的古礼，天子庙应为七庙，然而当时加上太上皇和悼皇考（宣帝之父史皇孙）的天子庙，其数目达到九庙，这显然不合古礼。换言之，必须摧毁其中某两座天子庙，将其神主（牌位）安置到太祖庙中。但是，对于此问题，在废止郡国庙问题上众口同声的儒家官僚们，却各持所见，历经一年也未能得出结论。

他们在把高祖庙定为太祖庙，文帝庙定为太宗庙，并且立为永世不毁之庙，即在此二庙世世代代不得迁毁这一点上，达成了一致意见。但是，关于景帝庙是否应该存续，如何处理武帝庙，以及没有登上帝位的宣帝之父——悼皇考之庙的问题，却又出现莫衷一是的情况。

这是由于汉王朝皇位更迭之际并不都是子承父位，人们对景帝、武帝的评价也各有不同，而戾太子（卫太子）、悼皇考（史皇孙）等皇室祖先都未曾登上过帝位。

不过相对于这些原因，最大的问题在于，在作为儒家理论根源的典籍中并没有明确的关于天子七庙这一古礼的具体解释。

结果，还未能看到这一问题得到解决，丞相韦玄成就于建昭三年（前36）病逝了，问题被留给了下一任丞相匡衡。匡衡出身于贫农家庭，曾在受雇于人的穷困劳动生活中学习以《诗经》为主的儒学，后被举荐为官吏，官至丞相。但当匡衡出任丞相时，多病的元帝在病寝中梦见祖宗谴责罢废郡国庙。元帝之弟楚王刘嚣也做了相同的梦。于是，元帝下诏给匡衡希望恢复郡国庙。即便是喜好儒家思想的元帝，也未能从祖宗庙的念咒中解脱出来。但是，面对这一情况，匡衡向元帝阐述了建立在儒家思想之上的宗庙的本义，主张废止郡国庙绝不是在亵渎祖宗神灵，反而是真正地尊重祖宗神灵，最终使元帝打消了恢复郡国庙的想法。

然而，关于七庙制的决策，只有改武帝庙为世宗庙这一项在建昭五年（前34）被确定下来。竟宁元年（前33），元帝驾崩，皇太子即位，是为成帝，其母为元帝的皇后王氏。

皇位更迭时，皇帝与祖宗的亲近关系也随之变化。于是，关于七庙的讨论又重新回到起点。

成帝在西汉诸帝之中生活最为放纵，在皇太子时期就因好色而闻名，鸿嘉元年（前20）以后，喜好出宫，常在数个扈从的陪伴之下微服私访长安城内外，还屡次出现公卿百官无一人知晓其行踪的情况。成帝生活荒淫，导致皇后以及后宫女官之间事件多发，直到最后也没有一个子嗣诞生。绥和二年（前7）三月某日，成帝半夜暴毙，当夜侍寝的赵昭仪被众人归罪，被迫自杀。而成帝的真正死因，很可能是纵身酒色而引起的脑出血或心脏方面的疾病。成帝在位的26年，七庙制最终未有定论。

图81　成帝与班婕妤*

＊出土于北魏司马金龙墓的木板漆画的局部。

由于成帝没有子嗣，因此皇弟定陶王之子刘欣被立为后嗣，即为哀帝。哀帝在位时起，孔光任丞相。御史大夫在哀帝即位前一年被更名为大司空，由何武担任。孔光是孔子第十四代后裔，也是一位儒家官僚。虽然很难断言何武是儒家官僚，但他对待法家官僚和儒家官僚总是一视同仁，以公正的态度闻名于世。

关于天子七庙制的讨论，就在孔光与何武的主持下再次展开了。他们决定，七庙中只有太祖庙和太宗庙保持不变，其他则应根据亲近关系而更改，主张废毁被定为世宗庙的武帝庙。针对这一点，著名儒学家刘向之子刘歆则称颂武帝宏业，主张世宗庙应当永世不毁。他从《礼记》、《春秋谷梁传》和《春秋左氏传》等书中引经据典，最终驳倒了孔光等人的论点，使武帝庙存留下来。

但是，关于其他四庙如何处理，尤其是宣帝前代的庙应当定为昭帝庙还是悼皇考之庙的议题，仍旧未能得出定论。哀帝之后，平帝时期（公元 1—5 年），在王莽的谏言下，朝廷决定废毁悼皇考之庙，并将宣帝庙改为中宗庙、元帝庙改为高宗庙，七庙制才最终确定下来。

郊祀制的改革

对于儒家官僚而言，与改革庙制并驾齐驱的是改革郊祀制的问题。郊祀指祭祀上帝与后土的典仪。如上文所述，这一祭祀制度在武帝时期就已成型，按照惯例，在甘泉泰畤祭祀上帝，在河东汾阴祭祀后土（参照第四章第七节）。然而，根据儒家的古礼，这样祭祀上帝和后土却不合礼制。

最初指出这一点并提议改革郊祀制的人是上述在元帝、成帝时期任丞相的匡衡。他在成帝即位后第二年即建始元年（前32），与御史大夫张谭联名上奏，主张废止甘泉泰畤与汾阴后土祠，按古礼将它们迁移到国都长安城的南郊与北郊。于是，皇帝下诏举行朝议，审议匡衡的这一提案。朝议的结果是，在58名参会者中，右将军王商、博士师丹、议郎翟方进等50人以经义为据，赞成匡衡的提案，而反对者仅有大司马兼车骑将军许嘉等8人。儒家官僚取得了压倒性的胜利。

同年十二月，上帝、后土的祠坛被迁移到首都的南北两侧，而成帝则于建始二年（前31）正月，首次至南郊祭祀了上帝，同年三月又在北郊祭祀了后土。这是中国历史上南北郊祀的开端，其后，历代王朝按照圜丘、方丘的礼制将郊祀承袭下来，直至清朝。位于清朝首都北京城南郊的天坛与北郊的地坛就是圜丘、方丘礼制的遗迹。

甘泉泰畤与汾阴后土祠被废止的同时，祭祀青帝、赤帝、白帝、黄帝、黑帝的雍地五畤也被罢废。罢废的理由为：雍地五畤原本是秦朝诸侯建造的祠所，与礼制没有关系，并且没有必要在南郊的祀坛同时祭祀五帝。匡衡继而开始检点长安以及郡国的祠庙，提议将总数为 683 所中不合礼制的 475 所罢废，这一提议也得到了朝廷的认可。是否合乎礼制，成为当时评判一切的标准。

可以说，国家的祭祀制度根据儒家思想的标准而被更废的现象，体现出儒家思想逐渐国教化的进程。然而，郊祀制度最终稳定下来，还须经历一段曲折迂回的历程。

建始三年（前 30），匡衡由于受某事件牵连而被罢免了丞相官职。人们认为这就是匡衡改革郊祀制度的报应。另外，甘泉泰畤于大前年被罢废，朝廷开始建造南郊祀坛的当天，狂风肆虐，甘泉竹宫被吹毁，泰畤中百余棵树围达十人以上环抱的巨树也被吹倒。成帝十分在意此事，便询问儒家刘向。当时儒家也分为各种流派。而刘向阐述的观点并不偏向匡衡一派，更确切地说，他批判匡衡诬蔑神灵，其罪责会殃及三代。听了刘向的谏言，成帝很快就开始后悔改革祭祀制度。

另外，如上文所述，成帝没有留下子嗣。痛心此事的皇太后（王莽的伯母元太后）认为这也是改变了武帝以来的郊祀制度的缘故，于是命令有司恢复甘泉泰畤、汾阴后土祠以及雍地五畤的祭祀，天子应当一如既往地前去亲自拜祭。

于是，永始二年（前15）十二月，成帝亲自至雍地祭祀五畤。永始三年，甘泉泰畤、汾阴后土祠以及雍地五畤，全部复旧如初。从第二年开始，成帝每年在甘泉泰畤、汾阴后土祠举行祭祀上帝、后土的仪式。同时，长安城以及郡国先前被罢废的祠所，其中一半在这一时期得到复原。

对于朝廷将郊祀仪式的地点恢复至甘泉、汾阴的举措，儒家谷永以灾异说为据，提出了强硬的反对意见，并上书主张应将郊祀仪式的地点迁回长安的南北郊。他所主张的灾异说认为，假若不遵循儒学"五经"而拜祭神怪，就必然会引起天灾人祸。这与刘向的论点截然相反。但他的论说未被采用，不久后成帝暴毙。

图82 北京外城内的天坛圜丘（清代遗迹）

成帝暴毙后，皇太后的想法也随之发生改变。因为即使将郊祀仪式的地点恢复到了甘泉、汾阴，也未能出现任何的功德效应。与其如此徒劳无功，不如将成帝倾心改革的长安城南北郊祀恢复。在这样的思量之下，皇太后很快于绥和二年（前7）实施了郊祀地点的回迁。可是，继成帝之后即位的哀帝，时常患疾。于是，皇太后的心意再次发生转变，建平三年（前4）再次把郊祀地点改定为甘泉、汾阴。如此这般，从匡衡改革以来，郊祀制度经历了三番五次曲折的变动。最终，郊祀地点被确定在长安南北郊的年代是平帝元始五年（5）。当时掌握政治实权的大司马王莽，与刘向之子刘歆一同进谏，罢废了在甘泉、汾阴的郊祀仪式，他们根据匡衡的论说，将地点恢复到长安的南北郊外。

就这样，祭祀上帝、后土的郊祀制度虽然在30年间历经了五次变更，但同宗庙制度一样，也是因王莽的出现而终于得到了稳固。此外，雍地五畤最终被罢废、五帝的祭祀仪式被合并在南郊祭祀上帝的仪式之中，也发生在这一时期。

建造明堂

根据上文可知，当时朝廷主张不论是宗庙制还是郊祀制都必须遵循儒家的古礼，从元帝时期起，儒家官僚跻身并活跃于政界，而且引起了改革论的最终诞生，然而真正将这些改革成果作为国家制度固定下来，并使之成为中国历代王朝所承袭的基本国家礼仪的历史人物则是因篡夺汉王朝政权而恶名昭著的王莽。

那么，当考虑儒学国教化的这一问题时，就不能否定王莽这一人物登上历史舞台的重要性。但要将这句话作为结论则还需考察其他因素。其中之一，就是在儒家古礼中所重视的明堂制度问题。

明堂是天子正四时、出教化的建筑物，周围环绕着称作辟雍的水渠，其构造是天地的缩影。明堂中祭奉上帝的同时，还祔祀祖宗的神灵。举行祭祀仪式之际，除王公百官之外，仰慕天子之德的蛮夷君长也会以天子祭祀时的辅祭身份前往参加。换言之，明堂与宗庙、郊祀一样，都是帝王向天下宣扬王权的具体表现形式，是宗教与政治相结合的载体。天子通过营造明堂来表明四海皆为王土的统治权。

在汉代，关于明堂的营建很早就被作为问题提出，文帝时的贾山就是早期探讨这一问题的人物。武帝即位初期，也曾提出明堂营建的问题，并招迎了通古义的老儒鲁申公，准备采纳他的建议，但由于遭到喜好黄老思想、厌恶儒学的窦太后的反对，而不得不中止了明堂营建的计划。传说，那之后武帝在泰山山麓建造明堂，举行封禅仪式时，祭拜了上帝，还祔祀了高祖。不过，明堂的建筑样式在那时也是不解的谜团，最后还是按照济南人公玉带进献的黄帝时期的明堂图才修建而成。

有过如此历史的明堂，在王莽执政的平帝元始四年（4）二月，兴建于首都长安城。元始五年正月，朝廷在明堂举行了称为袷祭的祭祀仪式。参加这一仪式的有诸侯王 28 人、列侯 128 人、宗室相关者 900 余人。祭祀仪式结束后，这些出席者中，已有封户者被增封了封户，未有爵位者被赐爵位，有爵位者则获赐黄金、绢帛，有官秩者得到晋升，而未有官位者则被封官。

后世中，东汉王朝的创建者光武帝（25—57 年在位）在泰山举行封禅仪式后不久，就在首都洛阳营建了明堂与辟雍。当时的结构设计，全部以平帝时期在王莽的建议之下兴建的明堂建筑作为范本。

1956 年至 1957 年之间，在西安市西郊，考古学者们正在进行一项汉代礼制建筑遗址的发掘工作（参照图 84）。遗址位于汉代长安城的南郊，靠近唐代长安城西侧城墙的北端。根据发掘结果得到确认的遗址构造，与文献相传的明堂构造一致。在其周边的环形流水渠的存在也得到了证实。也就是说，中央的建筑遗址若为明堂，那么环形流水渠就是辟雍。这一遗址如被确定为汉代的明堂、辟雍，那么此处也就是平帝时期王莽兴建的明堂与辟雍的遗址了。

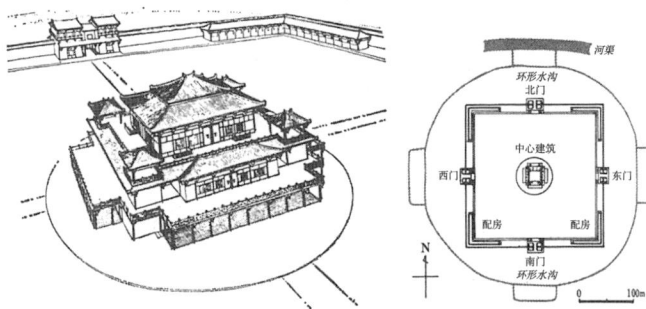

图 83　汉代长安城南郊礼制建筑遗址 *

　　* 根据推断，中心部分为明堂（左图为复原图），周围的环形水沟为辟雍（陕西省西安市西部，1956 年至 1957 年调查）。

二　儒家思想与谶纬说

谶纬说的出现

　　在上一节中我们阐述了自元帝时期起儒家官僚在政坛上的活跃并因此出现了关于国家祭祀礼制改革的问题。体现基本皇权的祭祀天地、祭祀祖宗的礼制因儒家所述的礼法而发生变革的现象，意味着儒学正一步步走向国教化。可是，儒学在真正成为汉王朝的国教之前，仍旧存在一个重要的问题需要解决。这一问题就是儒家思想原本就以王道思想作为其政治理念，然而，如第一章所述，儒家思想中却没有解释"皇帝"这一君主概念的理论。因此，儒学的国教化不仅需要使用儒家礼法来改革国家的祭祀活动，同时还必须将现实中的汉帝国支配者"皇帝"纳入儒家思想的体系。换言之，为了使儒学国教化，其前提条件是儒家思想必须成为一种肯定皇帝存在的思想。

虽然如此，如上文所述，但是儒家思想的特征表现为尚古主义。因此，要让它接纳一种新的权威，从本质上来说就极为困难。儒家学者们查阅了儒学经典"五经"（《易》《诗》《书》《礼》《春秋》）的各种版本，但都未能发现把皇帝的统治正当化的理论。此时，针对儒家面临的这一难题，为其提供了新的理论依据的就是谶纬说。

谶纬说，是一种根据解释自然变化的阴阳五行思想来预言未来的学说。谶、纬，原本是各自独立的概念。谶也被称符命、符图，可以是自然现象本身，也可以是因自然现象而出现的文字，具有能够预言未来的特点。因此，人们也称之为符谶或者图谶。上文曾提到，昭帝时，上林苑中的一棵枯木重生，长出的叶子在被虫子啃噬后留下了"公孙病已立"的文字痕迹。这就是符谶的一个事例。

而这样的事例，传说在始皇帝时期就已存在。例如，秦朝由于出现了"亡秦胡"字样的书简，于是始皇帝便下令修筑防御胡人也就是防止匈奴人入侵的万里长城，而实际上这个"胡"字暗示的却是始皇帝之子，即成为二世皇帝的胡亥。又如，当一块刻有"始皇帝死而地分"文字的陨石坠落在东郡后，始皇帝派人焚毁了这块陨石，并将住在陨石坠落地附近的男女老少都统统处死。

时人认为，自然现象的异变正是预示社会、国家即将发生异变的征兆。而这种观点非常接近于符命、符谶之说，并且，也如同上述董仲舒的灾异说所显示的那样，它与当时的儒家思想有着密不可分的联系。董仲舒通过引用《春秋》中的经文论述了他的灾异说，此后，元帝时期的京房运用《易经》又论说了灾异说，其论说结集为《京房易占》。假若《春秋》《易经》等经书中果真包含灾异说，那么经书中的文章就是有关真理的大纲罗列。因此，其中没有被直接道明的隐秘的真理，必须加以另外的解释说明。而且在那个时代，由自然现象暗示的预言已经屡次以符命符谶的形式出现了。于是，社会上就产生了对能够道破诸经书中隐含的真理、解释符命符谶的书籍的需求。正是这一需求促成了纬书这种形式的书籍的问世。

纬书一词是相对于经书的用语。儒家的古典经书表述了儒家思想的大纲，但也仅仅如此，不足以充分说明宇宙的真理。经指竖物，纬指横物，恰如纺织物需要横线、竖线相交才能织成，真理只有在经书以及与其相对的纬书都存在的条件下，才能被充分彻底地说明。假若经书所阐述的是真理的大纲，那么纬书就必须针对那些真理将如何体现在未来的国家与社会中的问题，给予明确的解释。因此，诸如《春秋元命苞》《周易乾凿度》等纬书虽然是根据各个经书而创作的书籍，但是其内容是论说符谶，表述对未来的预测。此类纬书的出现，发生在西汉末期。

如此一来，谶与纬结合在一起，谶纬说诞生了。换言之，谶纬说并不是在与当时的儒家思想毫无关联的状态下产生的迷信，而是儒家采用了当时充斥于社会的神秘主义，并在不与尚古主义发生冲突的同时，将儒家思想的体系重新构建的学说。通过这样的体系重构，儒家思想一方面阐述古礼，另一方面又顺应了时代潮流，最终赢得了国家与社会的尊崇。

谶纬说与皇帝观

谶纬说的内容具有神秘主义色彩，儒家将其融入自身的思想体系，使得儒家思想向皇帝观靠拢。自古以来，儒家的君主观就推崇王道思想，将君主以德治民作为其理想，认为是上天将具有这种品德的人任命为天子的。可是，被称为皇帝的君主，正如其称号所示（参照第一章第三节），其作为宇宙的主宰——上帝下凡至人间的存

图84 《春秋元命苞》的佚文辑本*

* 谶纬说也传入了日本，成为神武纪元的推算标准。中国从晋武帝之后开始禁止谶纬学说，纬书纷纷散佚。此后，纬书的收集编录得以开展，至今仍有许多人为之努力不懈。《春秋元命苞》的佚文辑本由清朝的马国翰集录而成（引用于《玉函山房辑佚书》）。

在，拥有绝对的至高无上的权威。而这种绝对权威的源泉则来自神秘主义。早期的儒家思想，还未能解释这种神秘性。

然而，儒家融入谶纬说，将儒学与神秘主义结合后，就能够通过谶纬说来肯定拥有神秘权威的皇帝的存在了。

而证实了这一点的就是纬书，例如，《春秋元命苞》中记有"皇者，煌煌也。道，烂然显明。帝者，谛也"（《太平御览》卷七六），《尚书纬》中记有"帝者天号（中略）皇者，煌煌也"（同上），《易纬》中记有"帝者，天号也。德配天地，不私公位，称之曰帝"（同上），这些纬书都将皇帝的意义解释为绝对权威者，即煌煌之上帝或者是通天接地的上帝。

通过纬书，皇帝具有神秘色彩的绝对性被合理地解释了。那么，它与儒家在经书中所肯定的天子称号之间，又呈现出何种关系呢？在汉代，皇帝同时也是天子。因此儒家必须提示出一个可以同时肯定这两者的理论。我们之所以认为经书与纬书相互补充，就是因为经书所阐述的天子称号与纬书所论述的皇帝称号是两个互补、和谐共存的概念。《孝经纬》这样表述两者之间的关系，"接上称天子者，以爵事天也。接下称帝王者，以号令臣下也"。

此文表达的意思为：天子乃上天所赐爵位，以这一位号来祭祀上天；而对于官僚与人民，则以帝王（皇帝）身份下达命令并统治。按照这一解释，天子与皇帝虽然同为一人，但两种身份扮演的角色各不相同。原先以王道思想就足够阐述天子存在的儒家，如今，为了同时解释天子与皇帝两种存在，又通过纬书阐述了两者所承担的不同职能。

皇帝与天子的职能分离

皇帝与天子分担不同的职能，这不仅能从纬书的说明中看到，而且在现实中也确切地被体现了出来。具体而言，如东汉末期的儒者郑玄所注"今汉，在蛮夷称天子，在诸侯称皇帝"（《礼记·曲礼下》郑玄注），在汉代，皇帝的称号是对内的，而天子的称号则是对外的。

更具体反映这一点的是汉代玉玺的种类。玉玺，即皇帝使用的印章，因唯有皇帝的印章才能取材于玉，所以得名玉玺。汉代玉玺，如皇帝六玺这个词所示，根据印文的不同分为六种，并且用途各不相同。这六玺指的是"皇帝行玺""皇帝之玺""皇帝信玺""天子行玺""天子之玺""天子信玺"。也就是说，印文为"皇帝云云"的玉玺有三种，刻有"天子云云"印文的也有三种。

其中，"皇帝行玺"是最具代表性的玉玺，在任命诸侯王及以下官员，派遣使者的场合中使用；"皇帝之玺"则在赐书给诸侯王时使用；"皇帝信玺"在发动郡国军队、调用兵器时使用。

相对于这三玺，"天子行玺"使用于赐予外国君主官爵的场合中；"天子之玺"使用于祭拜天地鬼神、赐书匈奴及外藩王的场合中；"天子信玺"则在向外藩军队下达动员令时使用。也就是说，皇帝三玺面向国内使用，而天

子三玺用于祭祀事宜或者
对外事务。

当然，当时纸张还未
被发明，因而玉玺的使用
方法同一般官民的印章用
法相同，先将简牍用绳索
捆好，或者放入布囊中用
绳索系紧，并用黏土糊住
绳索的打结处，再在黏土
上钤上印章。而被钤上印

图 85 "皇帝信玺"封泥

* 封泥原尺寸为 1 寸 2 分（方
27.6 毫米）（东京国立博物馆所藏）。

章的黏土就被称为封泥。印章使用在箱或壶上时，其使用
方法也相同，例如长沙马王堆汉墓中出土的"轪侯家丞"
封泥，使用的就是上述的方法。皇帝使用玉玺时，所用的
封泥是一种被称为武都（今甘肃省陇南市武都区）紫泥
的黏土。

玉玺的种类分为皇帝用与天子用，并且每块玉玺都有
明确规定的用途。这一现象显示出，虽然同为一人，但君
主在分别称皇帝与称天子的场合下，其职能却各不相同。
称皇帝时表现出的职能是面向国内的，这时皇帝作为下凡
到世间的煌煌上帝施行其绝对的权威。

与此相对，称天子时所具有的职能，则用于祭祀天地
鬼神以及对外关系时。天子受命于天，并且当时的观念认

图86 "轶侯家丞"封泥

为天子以天为父、以地为母。因此在祭祀天地时，自然应当称天子（相对于此，在宗庙祭祀祖宗时君主自称为皇帝，因而使用"皇帝行玺"）。

那么，为何在对外关系中使用天子称号呢？其原因在于，规范中国皇帝与外国君主之间关系时，天的存在被视为重要因素。例如，呼韩邪单于降汉后，汉与匈奴在缔结君臣关系时，双方就是在上天的权威之下起誓的，并相信违背誓约的一方必定会受到上天的惩罚。因此，在这种场合下，中国的君主就必须使用遵从于天威的天子称号。

据说，六玺制度在汉代初期仅有三玺（《汉书·霍光传》，颜师古注引孟康之说）。昌邑王被废黜帝位时，归还给皇太后的玉玺就是三玺。因此，六玺制度的确立发生在废帝事件之后。另外，记录西汉制度的《汉旧仪》和《汉官仪》等书籍中已有关于六玺的记载，由此可知六玺制度的形成是西汉末期。而这一时期恰好是儒家官僚活跃于政界，出现谶纬说的时期。据此可以说，纬书所表述的皇帝观念与天子观念的区别，与这一时期由儒家思想重构的皇帝与天子的不同职能是相互呼应的。

皇帝六玺制度，被汉代以后的各王朝所承袭（后世又增置了"神玺"与"受命玺"，六玺实际上成为八玺），而后世的朝廷也是按照皇帝与天子的不同职能来区别使用每枚玉玺的。西汉末期出现的皇帝与天子的职能分离以及体现了这一现象的六玺制度，都与上述的郊祀、宗庙制度一样，代表着中国王朝基本制度的肇始。

汉火德说的成立

上文曾阐述到，古代中国注重五行思想，各个王朝都有各自相对应的五行（木、火、土、金、水）。第一章第四节所述秦为水德之说，就是其中一例。在同一节中，笔者同时还指出了秦王朝自居为水德的观点的可疑之处。进入汉朝后，汉王朝之德相当于五德中的哪一德的问题，也引发了当时人们的讨论。文帝时期，贾谊主张土德的说法，公孙臣也持相同观点。而针对土德说，丞相张苍，以文帝时期黄河泛滥、金堤决口的事件为例，指出这是水德克金德的证据，主张汉王朝应为水德。而这些观点在汉代初期武帝太初元年（前104）的历法变更时期被统一为汉为土德。

然而，到了西汉末年，又发生了围绕要将土德改为火德的争论。哀帝建平二年（前5），夏贺良进献给皇帝一本名为《包元太平经》的书籍，称其为仙人赤精子所著。这本书籍就是所谓的符谶。其内容包含了汉家再受命之说，即天命将再度降临于国运将尽的汉王朝。依据此符谶，哀帝即刻将年号改为"太初元将"（意为新时代将始），并自称陈圣刘太平皇帝。从符谶被称为由赤精子所著来看，可推测出这是为了强调与赤色对应的火德说。但是，这次改制仅过了两个月就被发现是一谬举，夏贺良被处死，年号与帝号都恢复如前。

尽管夏贺良因火德说被处死，但汉王朝对应火德的这一观点，实际上很早就由儒家刘向、刘歆父子提倡并主张。他们运用五行相生说（木生火、火生土、土生金、金生水、水生木）指出汉是接替木德王朝的火德王朝，并预言汉为火德的符谶，早在高祖刘邦时期就已经出现。那是发生于刘邦身份还很低微时的事情，一日刘邦路遇大蛇，拔剑斩之后，夜里梦见一老妇人向他哭诉赤帝子斩杀了白帝子。刘向、刘歆父子认为，这件事就已经表明汉为赤德即火德的王朝。

汉为火德的说法随着王莽政权的建立，很快得到了公认，它为王莽政权的正当性提供了佐证：王莽创建的新王朝为土德，是接替火德的汉王朝的正统王朝。由于汉为火德之说的确立，后世王朝在根据五行思想决定服饰颜色时，都以汉代为基准来决定其王朝所对应的五德。

古典经籍的整理

伴随着儒家官僚在政界的活跃以及儒家学说的国教化，时代产生了对儒家思想尤其是对作为儒家思想根基的古典经籍进行整理的需要。如上文所述，宣帝甘露三年（前51），儒家曾在石渠阁进行过关于校订儒家经典的讨论。而典籍的大规模收集与整理则是从成帝河平三年（前26）开始的。这一年，谒者（光禄勋的属官）陈农被派遣至郡国收集书籍，收集而来的书籍由刘向负责整理。刘向的整理工作，后来由他的儿子刘歆继承，最终完成了图书目录《七略》的编纂。这是中国最早的图书目录，而流传至今的最古老的图书目录《汉书·艺文志》，就是在《七略》的基础上编纂而成的。

在此之前，儒家之间围绕着各种经书的解读分为多个学派。文本即经书传本的不同，造成了学派之间产生不同的观点。例如，在宣帝时期，《易》分三家，《诗》分齐诗、鲁诗、韩诗三家，《书》分《今文尚书》《古文尚书》，《今文尚书》内也分为数个学派。并且，《礼》分大戴（戴圣）、小戴（戴德）与庆晋三家，《春秋》分公羊学、谷梁学二家。另外，《论语》分鲁论、齐论、古论三家，《孝礼》又分古文、今文二家。

各个学派中，对立最为显著的是今文学与古文学。双方的对立，主要围绕《书经》的文本问题。关于今文学派作为其典据的《今文尚书》的来历有以下说法：汉代初期，人们发现了在始皇帝实行焚书坑儒政策时，济南一个名为伏生的人藏在墙壁中的《书经》。这本《书经》之所以被称为《今文尚书》，是由于其文字是用战国末期的新字体——隶书书写而成的。相对于此，关于古文学派使用的文本《古文尚书》的来历，说法如下：武帝时期，鲁的共王为扩建宫殿准备摧毁孔子旧宅时，从房屋的墙壁中发现了《孝经》《逸礼》等。其文字使用古老的字体书写而成，因此称之为《古文尚书》。

今文学与古文学

一般而言，关于书籍的文本，书籍版本越古老，文本就越接近原著。因此可以说，使用古字体书写的《书经》

文本，比使用新字体书写的版本更接近原著。但是，关于《古文尚书》的情况，其文本是否真的是在孔子旧宅的墙壁中被发现的，其答案还不明确。但刘向、刘歆父子在收集和整理典籍时，认为《古文尚书》的文本最为接近原著。他们在推崇这本《古文尚书》的同时，还将传本由来不详的以古字体书写的《春秋左氏传》以及详细记述了周朝制度的《周礼》（《周官》）等公之于世。

于是，在汉代儒学中就形成了今文学派与古文学派的对立。在此之前，对《春秋》的解读，以武帝时董仲舒为代表的建立在《春秋公羊传》之上的公羊学最为繁荣。而在刘向的儒学体系中《春秋谷梁传》则受到尊崇，到了其子刘歆时期，又开始推崇新问世的《春秋左氏传》。

另外，与《春秋左氏传》一同被推出的《周礼》，也获得了国家的尊崇。不久后，王莽掌握政权、创立新王朝，这部《周礼》便被奉为新王朝的圣典，王朝制度全部依照《周礼》进行了改革。古文学派的昌盛，为王莽政权的建立开辟了道路。

在很长一段时间里，人们一直认为现传的《古文尚书》文本发现于孔子旧宅，由刘向父子整理而成。然而，根据清朝学者阎若璩考证，现传《古文尚书》为魏晋时代的伪作，而刘向整理的《古文尚书》则早已散佚。此外，清末民初的学者、政治家康有为甚至怀疑刘向父子公之于世的《春秋左氏传》《周礼》等实际上都是刘向父子的伪作。此后，围绕着这两部经典的真伪出现了各种讨论。然而，事实上，《春秋左氏传》还记载了《春秋》经文中所未提及的春秋时代的史实。由此看来，也不能将《春秋左氏传》所有内容都断然否定为伪作。另外，关于《周礼》，虽然对于其中记载的系统的周代官僚机构完全再现了周代的实际情况的观点，我们仍旧存在疑虑，然而，王莽政权和后世的王朝，如南北朝的北周都将《周礼》作为范本，完善其王朝的政治结构。又如北宋王安石在进行政治改革时，也将《周礼》所述政道视为自己的理想。因而，即便《春秋左氏传》《周礼》是编纂于西汉末期的著作，其带给后世的巨大影响也是不容忽视的。

三　外戚王氏势力的抬头与王莽政权的确立

元后与其家族势力的抬头

随着儒家官僚在政界的活跃与儒家思想的完善，汉王朝进行了对国家祭祀仪式的改革。儒家思想通过与谶纬说这种神秘主义学说相结合，将皇帝观融入其中，最终成功地促成了儒家思想的国教化。然而，这一情况同时也导致了西汉王朝的灭亡与王莽政权的出现。那么，这个以儒学的国教化为背景掌握了政权又致使西汉王朝走向灭亡的王莽，到底是如何登上历史舞台的？为探究这一问题，首先要从外戚王氏势力的抬头谈起。

王氏是以元帝皇后即王皇后（亦称元后。以下作元后或元太后）的外戚身份，壮大了其氏族势力的。元后，名为政君，是魏郡元城县（今河北省大名县东部）委西里人王禁之女，宣帝五凤四年（前54），18岁时进入掖庭，受宠于皇太子（之后的元帝），诞下其后的皇太子刘骜（之后的成帝）。元帝（前48—前33年在位）即位后，王氏被封为皇后，其父王禁被封为阳平侯。永光二年（前42）王禁死后，皇后的同母弟王凤继承了王禁的侯位。

元帝驾崩后，皇后所生皇太子即位，他就是成帝（前32—前7年在位）。随着成帝的即位，王皇后成为皇太后，她的弟弟王凤被任命为大司马、大将军、领尚书事，另一个同母弟王崇被封为安成侯。而就任大司马、大将军并负责管理尚书，就意味着控制了国政。外戚王氏势力的抬头，便始于王凤。

河平元年（前28），王崇死后，其子王奉世继承了侯位。河平二年，王凤的异母弟五人在同一日被封为诸侯。

具体而言，王谭被封为平阿侯，王商为成都侯，王立为红阳侯，王根为曲阳侯，最小的弟弟王逢时则被封为高平侯，当时人称五侯。只有王凤的次弟王曼一人由于当时已不在人世，没有被列入受封名单。因此，王禁的八个儿子，除了早逝的王曼，其他七人全部被封为列侯。

西汉时代的外戚势力，在霍氏政权的灭亡后登上了历史舞台。霍氏由于家族女子成为宣帝皇后而变为外戚，但是其政治势力是通过压制内朝而形成的，并不来自其外戚的身份。霍氏灭亡后，宣帝开始亲政。与此同时，外戚势力也一同登上了历史舞台。这些外戚分别是，宣帝祖母史良娣（卫太子妃）的娘家史氏、宣帝母亲王夫人（悼皇孙妃）的娘家王氏以及被霍氏毒害的宣帝的第一位皇后——许皇后的娘家许氏。宣帝对这些外戚家族的成员加以重用，并恩赐给他们各种的荣耀与爵位。

史氏中有四人获封列侯，其中史高出任大司马、车骑将军，史丹出任左将军。另外，王氏中有两人获封列侯，王接为大司马、车骑将军，王商（与王凤之弟王商为不同人物）任丞相。此外，许氏中有三人获封列侯，其中许延寿任大司马、车骑将军，许延寿之子许嘉在元帝时期也同样被任命为大司马、车骑将军。然而，这些外戚的势力，相较于成帝时期兄弟七人全部被封侯的外戚王氏，可以说还未成气候。并且，史氏、王氏、许氏的地位，与成帝时期的外戚王氏之间的关键性差异还在于，前者的史良娣、王夫人、许皇后最终都死于非命，而后者元帝皇后王氏（元后）却成为皇太后，并且当时仍然健在。

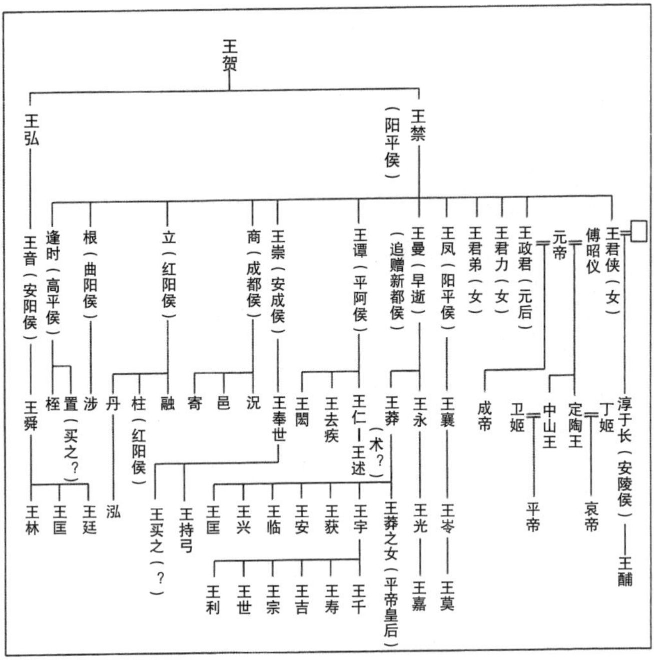

王贺
王弘 ── 王音（安阳侯）── 王舜 ── 王林
王禁（阳平侯）
逢时（高平侯） ── 樛 ── 王匡
根（曲阳侯） ── 置（买之？） ── 王廷
立（红阳侯） ── 涉
柱 ── 泓
丹
商（成都侯） ── 况 ── 王奉世
邑
寄
融 ── 王买之（？）
王崇（安成侯）
王谭（平阿侯） ── 王去疾
王闳 ── 王持弓
王宇 ── 王千
王寿
王吉
王宗
王世
王利
王谭（平阿侯） ── 王仁 ── 王述
王莽（术？） ── 王获
王安
王临
王兴
王匡
王莽之女（平帝皇后）
王嘉
王曼（早逝）（追赠新都侯）
王凤（阳平侯） ── 王永 ── 王光
王襄 ── 王岑
王莫
王君力（女）
王君弟（女） ── 成帝
王政君（元后）
元帝 ── 卫姬 ── 中山王 ── 平帝
丁姬 ── 定陶王 ── 哀帝
傅昭仪
王君侠（女）── 淳于长（安陵侯）── 王酺

图 87　王氏一族的人物关系

刘向对于王氏的批判

对于以王凤为首的外戚势力的抬头，批判声可谓此起彼伏。其中值得关注的是，上文中时常提及的人物刘向。如上文所述，刘向是当时的硕学，以收集整理古籍著称，先祖为高祖刘邦最小的弟弟楚王刘交，父亲刘德担任宗正一职，在废黜昌邑王、册立宣帝时，其名曾与霍光同列。因此，作为刘氏宗族一员的刘向，由于忧惧王氏抬头将会威胁到汉室社稷，便上呈了长篇奏文试图劝谏成帝。

刘向同时也是一位相信灾异说的儒家，因此他认为近年来频繁发生天灾地祸的原因在于，属阴的皇后的相关者——外戚冒犯了属阳的皇帝的龙威。他还指出，当今王氏一族中掌握权势的人除了大司马、车骑将军王凤以及被封为列侯的五兄弟以外，另有 23 人，此外，侍奉于皇帝近侧的王氏成员则更加数不胜数，尚书九卿、州郡牧守等全都出自王氏一族，国政大权已完全落入王氏一族的囊中。

另外，他又查看了王氏祖先的墓地，发现竖立在那里的木柱生出枝叶、扎根入地。对于此现象，他论述说，正如昭帝时期泰山的卧石自立、上林苑的枯柳复苏是在预言宣帝出现一样，这是王氏将要代替刘氏的前兆，如不及早制定对策，那么汉室社稷就将岌岌可危了。据说，御览了刘向的奏文之后，成帝虽然明白他所表之意，却未能采取对策。

此后，刘向继续控诉王氏专权将导致刘氏政权陷入危机的观点，然而他的意见最终也未被成帝采纳，刘向于建平元年（前6）去世，享年72岁。

尽管遭到刘向等的批判，外戚王氏的权势却仍旧称霸朝野。大司马、大将军王凤，在任11年之后，才于阳朔三年（前22）撒手人寰。依照王凤的遗言，他的职位由其父王禁之弟王弘之子、当时的御史大夫王音继任。据说，这是由于王凤见其弟五侯生活奢靡，明白他们绝不能胜任辅政的大任，所以才立下这一遗嘱。王音任大司马、大将军7年，于永始元年（前16）去世。之后，大司马的职位由王凤的弟弟王商、王根相继担任。绥和元年（前8），作为王根的后继，王莽被任命为大司马。王莽正式登上历史舞台的日子已为时不远。

王莽的出生及其登场

王莽是王凤早逝的弟弟王曼的遗子，似乎曾有过兄长，但这位兄长也年幼早逝。王凤的兄弟中，只有王莽的父亲早逝，未被封侯，因此在他的堂兄弟们以列侯之子的身份享受着华美生活的时候，唯独他不得不过着简朴的生活。但是，据说他年幼时便师从沛郡的陈参，学习礼经，其风度仪态颇具儒者之风。并且，在家族中，他不仅服侍母亲及寡嫂，抚育兄长的遗子，还侍奉被封侯的诸位叔伯，诚心而周到。

他自伯父王凤去世后踏上了仕途。据说，他在王凤卧病时，历时数月在病榻前服侍，还亲自为其尝药，甚至一日也未曾梳洗宽衣。于是，王凤在临死前嘱咐元后与成帝照顾王莽，王莽这才被任命为黄门郎。时值王凤去世当年，即阳朔三年（前22）。

此后，王莽在仕途上平步青云，被当时的名士赞为贤者。永始元年（前16），他被封为新都侯，封户为一千五百户，跻身列侯。封侯的过程是以朝廷先追赠王莽亡父王曼为新都侯，再由王莽继任的形式进行的。由此，作为王氏一员，王莽也获得了列侯爵位。新都侯的封地位于南阳郡新野县（今河南省新野县南），之后他创建的王朝的名称"新"就取自这个封邑名。令人意外的是，推翻王莽的新王朝并创立了东汉王朝的光武帝刘秀恰好也是南阳郡人。

被封为新都侯的同时，王莽晋升为骑都尉、光禄大夫、侍中，成为成帝近臣。然而，王氏一族中有一人与王莽同时被任命为黄门郎，却发迹更快，在担任了职掌皇室财政的水衡都尉之后，被任命为九卿之中的卫尉，封为列侯，此人就是元后姐姐（即王莽的伯母）王君侠之子淳于长。他同王莽一样，因在王凤的病榻前侍奉而受到认可，靠着王凤的遗嘱步入仕途。淳于长还曾为成帝设计将出身贫贱的女官赵飞燕封为皇后，因而立下功劳，深得成帝信任。

王莽首先展开了排挤淳于长的行动。他向伯母元后进献谗言说，淳于长垂涎大司马一位，欲将王根取而代之。最后，淳于长因此死于狱中。受到这一事件牵连的还有当时官位还未至大司马的王氏五侯之一的王立，他被免去官职，并被遣回封国。

此外，当时的大司马王根，由于对淳于长的狱死事件深感自责，遂请辞而去，并推荐了王莽继任自己的职位。于是，王莽不但成功地除去了淳于长，而且最后还意外地登上了大司马之位。那一年正是接近成帝时期尾声的绥和元年（前8），王莽38岁。

王莽的下野与再任

不过，王莽的大司马职位仅坐了一年。这与绥和二年（前7）三月成帝暴毙，因没有子嗣由元帝之孙定陶王继位，也就是哀帝（前7—前1年在位）登基这段历史有关。当时，哀帝的祖母傅太后（元帝后宫嫔妃，受封为昭仪）与母亲丁姬双双健在。哀帝即位后，二人各被封为皇太后与皇后，双方的家族作为新的外戚势力开始掌握政权。因此，虽然元后作为太皇太后仍留于宫中，但其本家王氏外戚不断遭受打压。

具体而言，首先大司马王根被遣回封国，而王根之前担任大司马一职的王商，他的儿子王况也被褫夺爵位贬为了庶人。另外，在哀帝登基时主动请辞了大司马一职的王莽，在两年后又受傅太后和丁姬的尊号事件牵连，被下遣到封国新野县。成帝时期不可一世的王氏一族，就这样瞬间失去了往日权势。

王莽在封国的生活持续了三年。据说，那一时期为王莽上书申冤的人数以百计。不过王莽本人却一直闭门自省，当他的次子王获杀死了自家奴婢时，他不但斥责王获，甚至命令他自杀赎罪，以公正不私、严于律己而自持。元寿元年（前2）天空偶然出现了日食的现象，于是市井间便有议论，认为这定是贤者王莽被蒙冤罢官引发的天象。在这一背景之下，王莽被重新召回了都城。当时，哀帝的母亲丁姬已于建平二年（前5）去世，哀帝的祖母也在同年终老。因此不难了解，王莽重返朝廷的背后，必然有太皇太后（元后）的力量在发挥作用。第二年，哀帝也突然驾崩，身后未留有子嗣。

哀帝刚一驾崩，太皇太后便立刻进入未央宫收起皇帝玺绶，诏令王莽入宫商议善后事宜，于当天罢免了当时的大司马董贤，并将其赐死。于是，王莽再次出任大司马，兼任太傅，统领尚书。最后，元后和王莽就后继者的问题进行商榷，将当时9岁的元帝之孙——中山王迎立为新帝。他就是平帝（前1—公元6年在位）。

平帝即位后，元后临朝称制，由王莽总揽朝政。而哀帝时期的外戚——丁氏、傅氏家族，其大部分成员都被冠以罪名流放到了偏远地区。此时，针对王莽的叔父、因淳于长事件被遣回封国的王立，元后提出了要将他召回都城。但即便是元后求情，王莽表面上保持恭敬的态度，实则反对召回王立，反而将与自己亲近的从祖弟——王舜（王音之子）、王邑（王商之子）作为心腹重用。刘向之子刘歆在这一时期也被王莽提拔，以其渊博的学问成为之后王莽政权的理论指导者。

先前，王莽大义灭亲令次子自杀赎罪，而这一次，他又亲自将长子王宇及其妻室送上了黄泉之路。迎立平帝之际，王莽命令平帝母亲卫姬及卫氏一族留在中山国，禁止他们入京。王莽的长子王宇为了劝谏父亲的这一做法，针对王莽喜好鬼神之说，想出了让其妻室的兄长吕宽在夜间向王莽的房门泼洒血酒的计划。但是，计划在执行中被发觉。王宇和其怀有身孕的妻子被赐死，吕宽以及卫氏一族也全被处死。由于受这一事件牵连，王莽最后一位健在的叔父红阳侯王立以及叔父王谭之子平阿侯王仁、元帝之妹敬武公主、梁王刘立等也都统统被王莽赐死。这一事件杜绝了平帝即位后再次出现外戚的可能性，但王莽的长子成为无辜的牺牲品。

翌年元始元年（1）正月，南方国家越裳氏不远千里来朝觐见，并进贡了白雉一只、黑雉两只。但实际上，这是王莽仿照周成王的故事指使益州官员冒充南国使者的一场骗局。周成王乃武王之子，即位时年少，国政由其叔父圣人周公辅佐。因此，王莽意图将平帝比拟为周成王，而把自己比拟为周公。凭借越裳氏进贡雉鸟的祥瑞之事，王莽成了安定汉王朝社稷的护国功臣，获封安汉公。中国历史上，王莽是生前就获此称号的第一人。

礼制与学制的改革

元始二年（2），黄支国向汉室进贡了一头犀牛。据说黄支国也位于遥远的南方。这次进贡也同样被视为王莽辅政的祥兆。同年，朝廷陆续颁布减税、救济贫民等安民政策。具体而言，青州（今山东省）发生蝗灾时，朝廷派遣使者鼓励农民捕捉蝗虫并予以购买，免除了资产二万钱以下的郡国居民和资产十万钱以下的受灾区居民的租税，提供给病者药物，为家庭中出现两名或更多死者的百姓支付葬仪费用。这些举措无一不为王莽提高了他辅政有功的名声。

元始三年（3）至四年（4）之间，朝廷大力展开了对礼制与学制的改革。元始三年，刘歆等人受命就婚礼制度进行讨论、实施新的制度，同时又改革了车服制度。此外，在之前官社的基础上，增设官稷，按照古礼完善了社稷制度。同时制定官学，在郡、国、乡、聚分别设置教育机构。其中设在郡、国的教育机构被称为"学"，设在县、列侯国的被称为"校"，"学"与"校"中分别配置教授五经的教师一名。另外，设置在乡的教育结构被称为"庠"，设置在聚的被称为"序"，而在"庠"与"序"里则分别配置一名教师来教授《孝经》。通过这一改革，国教化之后的儒学，成功渗透到了各个地方。

如本章第一节所述，元始四年（4）郊祀和明堂制度确立。而这两项制度也是在刘歆的主持下完成的。同年，通过将宣帝庙改为中宗庙、元帝庙改为高宗庙，从元帝时期起就纷争不断的天子七庙制度终于也有了定论。

如此一来，平帝时期礼制、学制的完善与改革，全部在王莽辅政时期得到了确实。这些制度在其后的中国历代王朝中被世代传承。毫无疑问，正是王莽令儒学最终完成了国教化的进程。

这一年，王莽将前年送入宫中的女儿推立为平帝的皇后。对王莽的这一举措，元后并不赞成。然而王莽不顾元后的意见，执意当上了皇帝的岳父。同年，继安汉公的尊称，他又被加封了宰衡之号。上文所提及的辅佐周成王的周公被称为太宰，另外辅佐殷汤王的伊尹被称为阿衡，宰衡则是这两个称号的合称。由此，王莽的地位甚至超过了列侯与诸侯王。

元始五年（5）王莽在新建的明堂举行了祭祀仪式，诸侯王 28 人、列侯 120 人、宗室子弟 900 余人列席。这一仪式展现出王莽辅政下国家的威严与繁荣。同年，王莽向全国下达命令，召集精通逸经、古记、天文历算、钟律（音乐）、小学、史篇、方术、草木以及"五经"和《论语》《孝经》《尔雅》中的任何一种者前往都城。据说应征而来的有学之士多达数千人，这也反映出王莽对于学问的重视。

同年五月，宰衡王莽受赐九命之锡。九命之锡亦称九锡，对于立下殊勋的大臣，天子就为他举行赏赐九种赐品的仪式，仪式的礼法最初是按《周礼》行事。在赐九锡的史例中，王莽的事例最为古老。据说在仪式上，除了用庄严的古字体书写的册书以外，王莽还获赐了绿韨衮冕衣裳（绿色祭服、绣龙的礼服、配有玉帘礼冠的服饰）、玚瑒玚珌（玉制的佩刀饰品）、句履（前部有装饰的鞋子）、鸾路乘马（顶棚饰有鸾鸟装饰四马并驱的车、马）、龙旗九旒（九面绘有龙纹的旗帜）、皮弁素积（皮制礼冠与白色衣裳）、戎路乘马（战车与马）、彤弓矢与卢弓矢（红色与黑色的弓箭）、左建朱钺与右建金戚（立于左右的朱色与红色斧子）、甲胄一具、秬鬯二卣（两樽黑黍酿成的酒）、圭瓒二与九命青玉圭二（均为玉器）、朱户纳陛（赤色门扉、铺在台阶上的地毯）。

就这样，作为人臣的王莽，其地位之高，已经达到了史无前例的地步。九锡仪式，被后世作为皇帝禅让之际的必行仪式继承下来。

王莽篡汉

元始五年（5）十二月，当时 14 岁的平帝在腊祭（年末大祭）时饮下神酒后暴毙。据说，这是由于王莽听说平帝怨恨自己压制其母卫姬和卫氏一族，因而将其毒害。不过，王莽隐瞒了事情的真相，诏令精通礼法的宗伯凤等为平帝举行了葬礼，并依照他们的建议命令全国六百石以上的官吏服丧三年。而作为平帝后嗣，王莽选择了宣帝玄孙（曾孙之子）中年纪最小、仅 2 岁的广戚侯——刘子婴来继承皇位。

然而，就在当月，一个名为孟通的武功县（今陕西省武功县）县令在掏井时，在井底发现了一块白石。这块白石上圆下方，刻有"告安汉公莽为皇帝"八个红字。这件事很快就被禀报到王莽处。王莽又将此事禀报给元后，元后认为这是诓骗天下的诈术，未予听信。于是，王莽的心腹王舜（大司马王音之子）便向元后言道：符命一旦出现，人力是无论如何也无法阻止其预言实现的。最后，元后也不得不认同了符命的预言。

在上文中论述谶纬说时已经指出，当时符命代表了天意，具有绝对性权威。因此，借由这一符命的出现，王莽开始自称假皇帝，并令百姓、官吏称其为摄皇帝。翌年，改元为居摄元年（6），将刘子婴作为平帝的继承人迎立为皇太子。成为假皇帝之后的王莽，出入警跸（古代帝王出入时，于所经路途侍卫警戒，清道止行，谓之"警跸"。出为警，入为跸。——译者注）、祭祀天地宗庙明堂、处理朝政时，其行事方法皆按皇帝天子之制。而所有的这一切都来自符命的威力。但是，据说那些符命实际上都是由王莽指示手下伪造而成的。

事情发展至此，任何人都明白王莽称帝、汉王朝灭亡的日子已经为时不远了。一方面，有很多人认为王莽依照符命登基是天经地义的事，此前王莽实施的安民政策和礼制改革也让他们对未来抱有期望。然而另一方面，认为王莽的出现威胁到拥有 200 年历史的汉王朝的存亡而举兵讨伐王莽的情况也同时发生了。

居摄元年（6）四月，皇室一族中的安众侯刘崇首先举兵；居摄二年九月，成帝时期的丞相翟方进之子、现任东郡守的翟义，将刘氏宗族中的严乡侯刘信拥立为天子，起兵讨伐王莽。然而，这两次起兵都受到王莽派遣的军队的反击而惨遭失败，刘崇、翟义分别战死。对于王莽而言，接下来就只剩下如何名正言顺地成为正统皇帝的问题了。此时符命再一次登上了舞台。

新王朝的成立

居摄三年（8）七月，齐郡临淄县（今山东省淄博市临淄）昌兴亭亭长辛当，在一夜之间数次梦见天公对其曰"摄皇帝当为真。即不信我，此亭中当有新井出"。翌日清晨，果真有一口新井出现在亭中。同年十一月，巴郡（今重庆市附近）出现石牛，雍（今陕西省凤翔县）又出现了石文。

较之这些，更加具有决定性意义的符命是梓潼县（今四川省梓潼县）人哀章向高祖庙进献的两个铜匮（铜制箱子）。其中一个铜匮的题签写着"天帝行玺金匮图"，另一个铜匮的题签写着"赤帝行玺邦（高祖刘邦）传予黄帝金策书"。接到这一上报的王莽立即前往高祖庙拜受了金匮与策书。前者为天帝所赐符命，而后者为赤帝所赐符命。

如上文所述，因为当时汉王朝被认为是火德的王朝，所以赤帝指的就是高祖刘邦。因此，也就是说天帝与汉王朝的高祖两者都向王莽下赐了符命。而且，匮中还藏有写着"王莽为真天子"的文书，文书中也标记着王莽的八大臣和王兴、王盛（此二人并非实际存在的人物，只是为了提高王氏美名而杜撰的人名）以及哀章等已经附记了官爵的 11 人的姓名。但实际上这一文书原本就是哀章伪造的。

事到如今，拜受了天帝与赤帝两件符命的王莽已不能停留在"假皇帝"的位置上了。于是，他即刻拜见太皇太后（元后）禀报了符命一事，不久后登上了真龙天子的宝座，改国号为新。依照土德之说，服饰的颜色以黄色为尊，改定正月朔日，以十二月为岁首，并将当年十二月朔日（即一日）作为建国元年正月朔日。

就这样，王莽最终登上了皇位，创建了新王朝。与此同时，西汉王朝灭亡。皇太子刘子婴被废位，降为列侯。

元后的抵制

与王莽关系亲近者中有一人对王莽的登基心怀不悦。而此人不是他人，正是王莽的伯母太皇太后（元后）。并且，太皇太后此时仍旧临朝称制，皇帝玉玺也掌管在她的手中。传说这块玉玺是从始皇帝时期流传下来的"传国玺"，继承这块玉玺便象征着其王朝在中国历史中的正统地位。毋庸赘言，元后扣留了这块"传国玺"。而已经登基的王莽则必须从元后手中将其夺回。

于是，王莽便派遣心腹王舜至元后处，劝请元后交还玉玺。当时已 78 岁高龄的元后斥责王莽道：

而属父子宗族蒙汉家力，富贵累世，既无以报，受人孤寄，乘便利时，夺取其国，不复顾恩义。人如此者，狗猪不食其余，天下岂有而兄弟邪！且若自以金匮符命为新皇帝，变更正朔服制，亦当自更作玺，传之万世，何用此亡国不祥玺为，而欲求之？我汉家老寡妇，旦暮且死，欲与此玺俱葬，终不可得！

但元后最终还是敌不过王舜的请求，交出了国玺。熟悉王莽个性的元后，十分清楚这块玉玺已难长久掌管在自己手中了，并且，作为王氏宗族的一员、以对王氏忠心而知名的王舜，倘若此次应王莽之命出使却未能将玉玺取回，那么他的命运也可想而知。于是元后取出玉玺，掷地授给了王舜，并最后一次怒斥王莽"我老已死，知而兄弟，今族灭也"。据说当时国玺被掷在地上时，用于穿绶的龙角的一部分被摔断，其瑕疵一直留到后世。

王莽得到国玺后大悦，接着就更改了元后的尊号汉太皇太后，赠其新号——新室文母太皇太后。而这也是依照符命制定。与此同时，早先被更名为高宗庙的元帝庙被摧毁，仅留下庙旁的宫殿。这一宫殿又被命名为长寿宫，计划在将来修建成为元后的寝庙。后来，元后来到长寿宫游宴，见元帝庙破败景象不禁黯然泣下，叹道："此汉家宗庙，皆有神灵……岂宜辱帝之堂以陈馈食哉？"王莽在长寿宫备好的酒宴也因此不欢而散。另外，王莽还更改了汉王朝的正朔日期和服饰颜色，把十二月的腊祭改到十一月，将近侍官吏的服色由黑色改为黄色。但是，唯有元后仍旧一如既往地在十二月举行腊祭，近侍官吏的服色也照旧使用黑色。

此后，始建国五年（13），元后在 84 岁时去世。作为王氏一族最长者，同时也是外戚王氏势力抬头根源的她，最终却是在对王莽篡汉的不快之中结束了她的生命。

四　王莽政权的内政改革

王莽政权的历史意义

王莽登基后，其政权持续了 15 年（公元 9—23 年）。其间，王莽展开了一系列令人目不暇接的内政与外政改革。针对王莽的这种不断推行改革的执政特点，有人认为他是一名空想型的社会主义者，也有人认为他是一个不切实际的狂热妄想家。王莽过于急躁的改革，给当时社会带来了极大的混乱，也引起了民众的反抗。另外，作为汉王朝的篡权者，以及符命符谶之说的盲目信奉者，甚至也是符命的伪造利用者，王莽在后世获得的评价也是极低的。

然而，尽管后世对王莽有诸多恶评，但如上所述，国家祭祀礼仪的改革以及儒学国教化的确立等，却都带给了后世极大的影响。而这些改革及其他事项，基本上都是王莽以大司马身份辅政平帝的时期主持完成的。王莽登基后，以往的诸项改革被进一步推进，并朝着王莽所憧憬的儒家社会的方向发展。以《周礼》为宗旨的古文学派儒学，为其提供了理想社会的典范。

在此值得注意的是，规范了后世历代王朝国家特征的儒学精神，正是在王莽的政治方针中首次登上了历史舞台。这暗示着我们必须重新审视王莽政权的历史意义。那么，这就需要抛开道德性的价值判断，冷静考察他所推行的诸多改革及结果，将王莽政权视作一个为实现儒家理想社会而最早进行了摸索与实验的政权。

改革官制

王莽登基后，首先着手改革官制。当时改革的首要目标是实现前年哀章进献的金匮中所藏符命的预言。符命明示了中央官制系统中的四辅、三公、四将的 11 人的官职与姓名。

四辅指太师、太傅、国师、国将四人，太师由王舜、太傅由平晏、国师由刘歆分别担任，哀章则出任国将。太师被认为是春秋时代的古官名，至秦汉时代，首次由哀帝时期的丞相孔光（孔子后代）在平帝元始元年（1）出任。太傅也为古官名，汉代吕后称制时期曾设置此官职，不久后废止，哀帝元寿二年（前1）孔光在就任太师之前出任了太辅，首次复活了这一古代官职。国师与国将则是新设官职。四辅之位列于三公之上。

三公指大司马、大司徒、大司空。大司马由甄邯、大司徒由王寻、大司空由王邑（王商之子）分别出任。三公继承了汉初的丞相、御史大夫、太尉的官位系统。太尉一职在武帝初期被废止，作为其替代，卫青、霍去病被任命为大司马。在霍光成为大司马、大将军掌控内朝之后，大司马的职位一直作为最高辅政官僚控制国政。哀帝元寿二年，丞相更名为大司徒，御史大夫更名为大司空（在此之前，成帝末年至哀帝初年，御史大夫也曾被更名为大司空），与大司马的职位并肩。此后，丞相、御史大夫的官名便在汉王朝废止。至东汉王朝，三公由太尉（原为大司马）、司徒、司空构成。

四将指更始将军、卫将军、立国将军、前将军，卫将军与前将军之前就已设置，而更始将军与立国将军则是新设的将军称号。当时，被任命为更始将军的人是广阳侯甄丰，立国将军是成武侯孙建。然而，被任命为卫将军的王兴和被任命为前将军的王盛却引发了问题。

　　此二人以符命的形式出现在哀章的金匮策书之中，但实际上不过是捏造出的与王莽同姓、加上了"兴""盛"名字的人物，并没有真人存在。但遵信符命的王莽立刻找出了姓名为王兴、王盛的人，并赐予了他们将军称号。而此王兴原为城门令史，属于下级官吏，王盛则是以卖饼为生的社会底层百姓。就这样，王莽遵照符命建构了新王朝的最高官僚机构。

图 88 "国师之印章"与"大司空印章"封泥

图 89 "平原大尹章"封泥*

* 王莽时期太守被更名为大尹。

变更官名、地名

改革不仅针对官制，汉王朝中央机构的名称也成了改革的对象。例如，朝廷依据《书经·舜典》，改大司农为义和（之后又被改为纳言），大鸿胪为典乐，大理为作士，少府为共工，太常为秩宗，水衡都尉为予虞，同时增设大司马司允、大司徒司直、大司空司若三官，合称为九卿。继而将九卿分属到三公之下，卿之下各置大夫三人，大夫之下各置元士三人。通过这些改革，中央官员的配置得以与《周礼》所说的三公、九卿、二十七大夫、八十一元士相吻合。此外，朝廷又改光禄勋为司中，太仆为太御，卫尉为太卫，执金吾为奋武，中尉为军正，新设了职掌车马和服装的太赘，这六官被合称为六监。

随后，地方官的名称也被更改，例如郡太守被改为大尹，都尉改为太尉，县令（长）改为宰。并且按照位次高低设置官名，称秩百石者为庶士，三百石者为下士，四百石者为中士，五百石者为命士，六百石者为元士，千石者为大夫，比二千石者为中大夫，二千石者为上大夫，中二千石者为卿。改革之后，与西汉的官制呈现出一种截然不同的样态。

进行官制改革的同时，朝廷还展开了对地方行政区划的改革。平帝元始二年（2），将原先的 13 州、83 郡、20 国、1576 县改为 9 州、125 郡、2203 县，同时又更改了全国的地名。首先，都城长安被更名为常安，而地方上则经历了数次更名，甚至出现了被更名五次最终又恢复使用原名的地区，可知地名更换的频繁程度。因此，当时在文书中记载地名时，假若不将之前使用的县名以及更早之前使用的各个县名、现在使用的县名一并注明，就会出现不知所云何处的情况。

改革土地制度

王莽政权所面临的社会问题在于，大土地所有者的增加以及与此成正比的土地丧失者的增加。但这一社会现象并不是王莽政权建立后出现的产物，如上文所述，这一问题早在武帝时期就由董仲舒提出了。董仲舒描述到"富者之田连阡陌，贫者无立锥之地"，那时，失去土地的贫民在借用土地所有者的土地耕作时，要将一半的收成作为租金上交给土地所有者。针对这一现状，董仲舒主张实施限制大土地所有者土地面积的政策即限田策，但是他的这一建议未被武帝采用。

其后，上述状况进一步恶化，到了西汉末年形成了更加尖锐的社会问题。这与地方豪族扩张势力有不可分割的关系。而第一位颁布法令试图解决这一社会问题的皇帝是哀帝。哀帝在即位当年即绥和二年（前7）首次颁布了限田法，其内容具有划时代的意义。

首先，法令认可诸侯王、列侯在各自封国内的所有地，以及居住在长安城内的列侯、公主在县、道（位于蛮夷之地的县）拥有一定限额的土地。规定关内侯以下至庶民可拥有的土地最大面积为30顷（137公顷）。其次，限制奴婢人数，诸侯王最多可有奴婢200人，列侯、公主可拥有100人，关内侯以下可拥有30人。但60岁以上和10岁以下的奴婢不算入其中。最后，针对商人，禁止其拥有土地或者出任官吏。凡违反以上规定者依法裁决，超过限额的土地和奴婢则统一充公。

以上就是哀帝颁布的限田法大纲的主要内容，规定在三年之内必须执行。据说限田法刚一颁布，就引起了土地、奴婢的价格暴跌。但是，当时外戚丁氏、傅氏都反对此法的施行，同时还发生了哀帝本人下赐男宠董贤的土地超过限额的事件。因此，限田法在执行期限结束之后也最终未能被贯彻，土地制度的矛盾原封不动地被遗留到了王莽时期。

针对土地制度的矛盾，王莽颁布了法令。将天下的耕地划为王田，将奴婢改名为私属，同时禁止买卖土地或奴婢。凡一户人家中男子人数为八人以下而所持土地面积超过一井即900亩（4.1公顷）者，其超出限额的土地要分与亲戚、邻里或者乡党。原本无土地者，按此法令领取土地时，不得领取超过限额的土地。凡非议中伤此法令或无视此法令妖言惑众者，一律流放边境。

王莽的这一土地法令，如其条令中的王田、一井等用语所示，以相传的周代井田法为理想模式。目的在于土地所有权的平均化，确切地指出了当时社会不稳定的根源，并试图改革原有的土地制度。但是，仅仅以此法令，还不能令当时的大土地所有者消亡。违抗法令者层出不穷。虽然朝廷对违法者严厉惩治，但这反而又造成了社会的动荡。土地所有者的不满与日俱增，形成了朝廷无法控制的局面。结果，这一法令在颁布三年之后即始建国四年（12）被废止，土地买卖的禁令也随之被解除。

改革货币制度

货币制度的改革始于土地制度改革两年以前，即王莽尚为假皇帝时期的居摄二年（7）。如上文所述，此前，社会上流通的货币只有五铢钱这一种铸币。而此后，王莽首先铸造了大钱（大泉）、契刀、错刀这三种新的货币，与五铢钱并用。大钱直径一寸二分（26 毫米多），重 12 铢，等值于 50 个五铢钱；契刀是在大钱上增添了形如刀状的货币，长二寸（46 毫米），与 500 个五铢钱等价；错刀是在契刀上铸有黄金字样的货币，价值相当于 5000 个五铢钱。概而言之，一个五铢钱为一钱，是当时的货币单位，而王莽铸造的则是用于高额交易的大面额货币。

但是，王莽又在登基的始建国元年（9）废除了契刀、错刀以及五铢钱，取而代之铸造直径为六分（接近 14 毫米）、重一铢的小钱（小泉），并将其定为一钱，与大钱并用。于是，作为武帝时期以来基本货币形式的五铢钱，暂时停止了流通。

改革货币的理由如下。首先，五铢钱是汉代的流通货币，契刀、错刀等刀钱，其刀字与汉王室的刘姓有关系，也就是说，"刘"（劉）是卯、金、刀组合而成的文字，刀字是代表汉王朝的文字，因此新王朝则不应使用契刀、错刀等这样称为刀的货币。其次，除了五铢钱是汉王朝流通的货币这一原因以外，废止五铢钱、新铸小钱的原因还在于，王莽想要订正它与大钱的实际比价。然而即便如此，50个重一铢的小钱，其价值相当于重12铢的大钱，两者之间的实际比价仍旧没有达到对等。于是，社会上不断出现把小钱融铸成大钱的偷铸现象，继而朝廷又开始禁止民间使用铜、炭。

始建国二年（10），王莽实施了更为系统复杂的货币制度改革。制定出了以金、银、龟甲、贝、铜为原材料的6种样式、28种面值的货币，与小钱和大钱同时使用。这一货币制度非常复杂。例如，仅以铜币来说，首先其样式就分为钱与布，钱当中有从重1铢的小钱到重12铢的大钱等6种钱币，而布也分为10种不同的面值。如此繁复、形态多样的货币，实际上根本无法在社会上流通。结果，尽管货币制度发生了变革，然而流通的只有小钱和大钱，而事实上，民间仍旧私下使用着被禁的五铢钱。

四年后的天凤元年（14），上述的小钱和大钱又被废止，取而代之，货布和货泉这两种样式的货币被制定出来。货泉是一种圆形方孔的铜币，重5铢，其表面铸有货泉二字。换言之，它意味着五铢钱被改名后又重新流回市场。货布模仿了战国时代的布钱，其命名的根据也是来自《周礼》中的记事，重25铢，25个货泉与1个货布等值。

因此，假如将 5 个货泉改造为 1 个货布的话，那么偷铸者获得的利润将是极为巨大的。

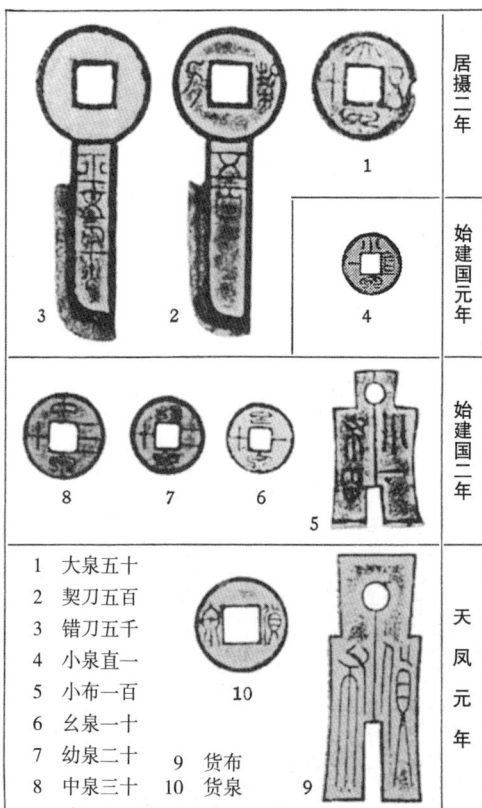

图号	名称		时期

1	大泉五十
2	契刀五百
3	错刀五千
4	小泉直一
5	小布一百
6	幺泉一十
7	幼泉二十
8	中泉三十
9	货布
10	货泉

居摄二年、始建国元年、始建国二年、天凤元年

图 90　王莽时期的货币

　　就这样，王莽时期的货币政策经历了三番五次的变革，并且内容极为复杂烦琐。王莽为了强制推行这些

货币政策，不仅对盗铸者科以死刑，同时对持有当时国家规定以外的货币或者非议新货币政策者，都处以了流放。然而即便如此，违法者仍旧层出不穷。到了后期，朝廷减轻了对违法者的处罚，处罚他们做官奴，或者强制他们服役劳动，而违法者的比邻五户也要受到相同的处罚，试图通过这些措施来维持货币政策的实施。但是，王莽的货币政策和上述的土地政策一样，使社会陷入了极大的动荡与不安，人民对王莽政权的期待急速降温，这也成为不久后其走向末路的最大原因。

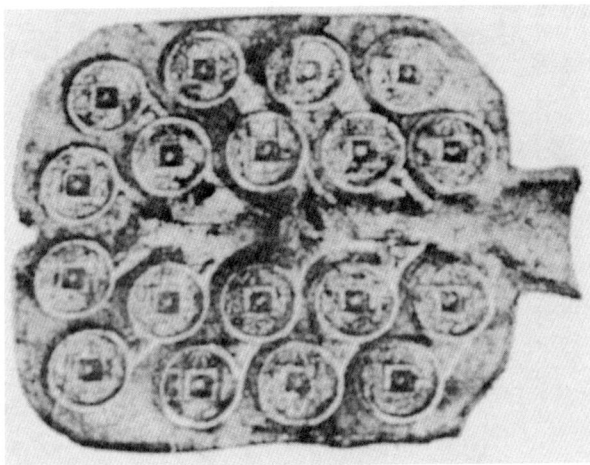

图91　大泉五十的钱范 *

* 王莽居摄年间铸造的货币铸型。

统制工商业

除了上述改革以外，王莽政权还实施了一项重要的统制工商业的社会政策，其中包括了制定于始建国二年（10）的六莞、五均政策。六莞政策指盐、铁、酒、水陆物产、货币与采铜、物价调节六项金融方面的事业全部由国家垄断。五均政策相当于六莞中的物价调节政策，在首都长安、洛阳、临淄、邯郸、宛、成都六大城市中设置五均官，统制谷物、布帛等的交易价格，并根据季节变化制定商品的标准价格，出现市价高于规定价格的情况时就发放国家物资以防止市价上涨，而当市价低于规定价格时则任由人民自由买卖，剩余商品由政府购买。

同时，与六莞、五均政策并行的还有赊贷制度。这是政府向贫困民众贷款的制度，假若借贷的目的是祭祀或葬礼，则不设返还期限和利息；而营业资金的借贷，则按照借贷资金所产出的年收入的一成以下的利率返还。

可以说，王莽制定的工商业统制政策，从形态上看是对从武帝时期开始实行的盐铁专卖制和均输法、平准法的再发展。但从目的和思想根据而言，武帝和王莽的政策之间却存在很大的差异。前者是填补因对匈奴战争而空亏的国库；后者的目的则是压制工商业者牟取暴利，保护遭受高利贷者剥削的贫困农民，和同时实施的土地政策的目的相通。在思想根据上，王莽的工商业统制政策与土地政策相通，都是以儒家思想，特别是以《周礼》所阐述的思想为根据。

然而，尽管两者的政策在目的、思想上有所差异，但从结果而言，六莞、五均政策最终也将工商业者的利益纳入了国库。在这一点上，它与武帝时期盐铁专卖制、均输法、平准法具有相同的性质，都被指责为是国家与民争利的政策。不仅如此，在地方实施这些政策时，朝廷不得不任用当地经验丰富的大商人来担任执行官。这些大商人声称贯彻了政策，实际上却与地方官相互勾结、制作假账。结果，物价始终居高不下，朝廷对大商人进行严惩试图取缔违法行为，但也毫无效果，百姓们在大商人和高利贷主的压榨之下苦不堪言。因此，工商业统制政策也与王莽的理想背道而驰，与土地制度、货币制度的改革一起，将王莽政权推向了衰败的进程。

五　王莽政权的对外政策

更换印绶

上述官制改革之际，王莽将此前授予王侯百官的汉王朝印绶全部更换为了新王朝的印绶。而印绶的更换并不只是针对国内的王侯百官，同时也包括之前接受汉王朝册封、成为汉室外藩的周边诸国的君主。

此时，由汉王朝册封为王的外藩君主全部被降为侯。例如，昭帝时期被授予王位的云南地区的钩町王被降格为钩町侯，高句丽王被降格为高句丽侯（这是高句丽出现在中国史书中的最早记录），西域诸国的王也都被降至侯位。原本归顺汉王朝的周边诸国纷纷怨叛新王朝，王莽政权的对外关系呈现出紧张局势。

在印绶更换的过程中，问题在匈奴发生了。五威将（当时派遣到各国的使者）王骏及其部下陈饶以更换印绶使者的身份来到匈奴。在西汉朝廷赐给匈奴的印绶印文中，刻有"匈奴单于玺"的字样，但是此时王莽所赐新印的文字变成"新匈奴单于章"。前者未刻汉的国号，并且，应当被称为玺的印，在新印中却被刻入了"新"的国号，"玺"字也被改为了"章"字。

匈奴单于在印绶交换时没有觉察到这些变化，便返还旧印，领下了新印。使者们预计单于不久后一定会责问此事，要求他们归还旧印。于是，使者们根据陈饶的意见，当即击碎了单于所返还的汉王朝旧印。

匈奴的叛离

如上文所述，呼韩邪单于降汉时，汉王朝给予匈奴单于的待遇在诸侯王之上，并且还特别恩准单于在称臣时无须称名。

这一点在汉王朝赐予匈奴的印绶印文当中也可窥见。印文中无汉的国号，并且刻入了印章最高等级的"玺"字。但是，新印中却标记着"新"的国号，"玺"也被改为"章"。这意味着原先匈奴从汉王朝获取的特权被否定，完全成为新朝的臣下。

意识到这一点后，单于立刻要求新的使者返还旧印，但此时，旧印却早已被毁坏。以此事件为转折点，宣帝以来平稳发展的汉匈关系再一次步入险境。并且，这还牵涉到乌桓以及西域诸国的问题，新王朝在北方的对外关系日趋恶化。

此前，王莽作为太傅、大司马辅政平帝，元始二年(2)，汉与匈奴之间曾立下了四条新约定。新约定规定匈奴不得接受以下人等入境：①逃入匈奴的中国人；②投降逃入匈奴的乌孙人；③佩汉印绶的西域诸国人；④投降逃入匈奴的乌桓人。

这一约定致使原先臣服于匈奴的乌桓叛离了匈奴。乌桓是位于辽河上游、西喇木伦河流域的通古斯族系的部族。于是，匈奴怪罪乌桓叛离，攻入乌桓，使乌桓再次降服。

王莽登基后，其使者在匈奴执行印绶更换的使命时，见匈奴领地中有乌桓人出现，便以匈奴违背了元始二年约定为由，要求匈奴将乌桓人遣回故地，却遭到了匈奴拒绝。此外，始建国二年（10），西域诸国中的车师后国叛离中国，举国逃往匈奴。匈奴便趁机进入西域，打算切断西域与中国之间的外交关系。就这样，印绶更换的问题同时造成了上述事件的发生。

讨伐匈奴计划失败与西域诸国的叛离

在这样的背景之下，王莽决定举兵讨伐匈奴。首先，他于始建国二年（10）将匈奴单于的称号改为降奴服于，派遣 12 位将军分领 30 万大军，携 300 天的军粮，分兵 10 路进军匈奴，打算将匈奴驱逐到更远的北方，然后在其故地，分别册封呼韩邪单于的 15 位儿子为单于。

此时，将军严尤上表王莽，长篇论述此次讨伐匈奴将是一场有勇无谋的计划，并指出以下五点弊端。

第一点，从连年发生饥馑的国情看，假如要动员 30 万兵力，并准备 300 天军粮，筹集粮食的地点就要延伸至山东、江南地区，所费时间也将长达一年，但那时首批奔赴前线的将士则已经劳顿不堪，所持兵器也已经严重耗损。第二点，边境地区人口稀少，缺乏运送军粮的人力，即便从内地郡县派遣人员支援，也无法充分补给。第三点，按照 300 天的军粮计算，人均所需的糒（干粮）为 18 斛（约 330 升），非牛力则无法搬运，而牛本身也需要 20 斛的饲料。并且，匈奴地域水草匮乏，从以往的例子来看，军队出动百天后，牛就差不多死光了。即便粮食剩下来，军队也无法搬运。第四点，匈奴地域气候恶劣，行军却无法携带大锅、薪炭，因而兵士们只能以干粮生水果腹，一年下来，兵士们必然体虚多病。所以，前代出征匈奴时，战事一定不超过百日。第五点，辎重部队跟随行军，减少了参战士兵的人数，并且还难以快速行军，无法追赶匈奴军，遇到袭击时战斗力也会下降。

这五点指摘无一不命中要害。但王莽未予采用，诏令讨伐匈奴。结果造成天下大乱，出征的十二军团也未能攻入匈奴领地，只是毫无意义地屯住在边界，将士们的尸骨横陈在原野之上。

在王莽讨伐匈奴的计划深陷泥潭的这段时间，西域诸国不断爆发叛乱。始建国五年（13），焉耆国举兵杀死了由王莽任命的西域都护。王莽接着重新任了一位西域都护，令其率军赴任，但再次被焉耆国设计杀害。以此为转折点，西域诸国纷纷叛离新王朝。中国与西域诸国的关系就此中断。而西域诸国再次臣服于中国则是 60 年之后，即东汉的明帝末期。

东方诸国与高句丽的叛离

如上文提及，当时中国东北方有乌桓、高句丽，此外与这两国并存的还有鲜卑、夫余等诸国。高句丽原本为夫余的一个部族，居住于松花江流域，之后脱离夫余，移居到苏子河和佟佳江流域，在辽宁省桓仁地区建立了国家。《魏书·高句丽传》中所见的始祖朱蒙传说，就讲到了这段历史。

传说，朱蒙的母亲是河伯（河神）之女，她被夫余王关在房间时，受阳光照射而怀有身孕，不久后产下一枚巨卵，而从这个卵中诞生出来的就是朱蒙。之后，朱蒙从夫余王处逃出，建立了高句丽。高句丽成为汉王朝外藩国的时间不详，大约在西汉末期。并且，如上文所提及，随着王莽的即位，高句丽王被降为侯。

王莽决定讨伐匈奴之际，下诏传令高句丽发兵应战。如上文所述，中国皇帝持有命令外藩国发兵的权力。然而，高句丽不但不遵从诏令，反而出兵侵略中国东北边境，辽西太守因此战亡。于是，王莽派遣严尤出征高句丽，斩杀了高句丽王骓，其首级被送往长安。王莽对高句丽的叛变大为恼怒，便将高句丽的国名改为了下句丽。但是此后，东北方面的反叛局势却仍未能得到平定。

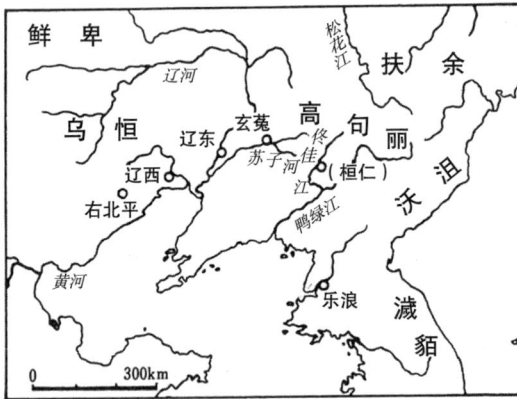

图92　1世纪初叶的东北亚

王莽的儒家世界观与东亚世界

　　如第三章第五节所述，在以中国为中心的东亚世界，中国文化向周边国家的传播并不是自然的过程，其基础条件在于中国与周边国家之间政治关系的确立。而确立这种政治关系则意味着：周边诸国的君主接受中国皇帝的册封，与中国皇帝结成君臣关系，成为中国的外藩。汉代初期的南越王、朝鲜王就是中国的外藩王。但是，如第四章所提及，在武帝时期这些外藩被郡县化。之后，东方诸国之一的高句丽成为汉王朝外藩，但在王莽时期，它也迎来了上述相同的历史结局。

　　中国与周边国家建立关系，对中国方面而言，存在两大理论。其一为华夷思想，其二为王化思想。前者是区分中国与夷狄的理论，后者则是结合中国与夷狄的理论。而这两大理论依据的共同原理则是"礼"的观念。

如上文所述，儒学在西汉后期逐渐壮大并最终国教化，"礼"是其尊崇的重要思想。国家的祭祀礼仪因此得到完善。王莽本身在"礼"的观念的最终确立上也功不可没。但是，当观察王莽政权的对外关系时却会发现，虽然王莽自恃其政策遵循儒学，其政策中却有所偏颇。这是指在他的对外政策中，以"礼"的观念为基础的两大理论，只有区分理论即华夷思想被具体表象化，而结合理论即王化思想却没有被体现出来。这一点，在新王朝与匈奴的关系恶化、西域诸国的怨叛、对东方诸国的关系、与高句丽的关系中被反映了出来。因此即便是在实现了儒学国教化的王莽的面前，那条通往东亚世界的光明大道也仍旧没有出现。

当时的日本仍处于弥生时代，但是在位于北九州的弥生时代的遗迹中，人们却发现了王莽时期铸造的货泉。这一发现意味着当时王莽的影响已经通过某种方式波及遥远的日本。不过，日本跟中国建立直接政治关系的日子，还必须等到接下来的东汉光武帝时期。

7

东汉王朝的建立

一 赤眉之乱与南阳刘氏举兵

吕母起义

将王莽政权引向灭亡之路的是各地爆发的农民起义和豪族叛乱。其中最具代表性的农民起义是发生在山东一带的赤眉起义，而最具代表性的豪族叛乱则是爆发于南阳的刘氏一族的举兵。

天凤四年（17）由琅琊海曲（今山东省日照县西南）一位被称为吕母的女性所发起的起义，拉开了赤眉起义的序幕。吕母起义最初并不具备农民起义的性质，而是一场为子复仇的举动。天凤元年（14）前后，吕母之子遭到海曲县县宰冤杀，这是事件的起因。吕母家本是拥有数百万资产的富户，经营酿酒业。为替子雪恨，她开始购买刀剑服装，给前来沽酒的少年赊账，见贫苦少年便以衣物救济。就这样，她在数年间结交了一帮少年，同时也因此几乎耗尽家财。少年们见吕母穷困，便聚集到她身边，意欲结清酒账。此时，吕母才流着泪道出心愿，请求少年们能出手援助，为子复仇。

少年们平素常得吕母恩义救济，誓言要为她出力，于是百名少年与吕母聚于海岸附近的沼泽地带，不久后又有数千亡命之徒加入。此处所言少年指的是，西汉时期被唤作恶少的贫农的次子、三子，属于无所事事的农业社会闲散人员。另外，亡命之徒则是指由于穷困潦倒难以维持农业生产而流落他乡的人。

由于吕母旗下聚集而来的是这些少年、亡命徒等，即便吕母的目的只是替子复仇，吕母起义却成为大规模农民起义爆发的契机。同时，这些失去生计的少年和亡命之徒，也可以说是隐藏在王莽政权之下的社会矛盾的一种直接体现。

吕母完成复仇准备后，于天凤四年（17）率领旗下的少年和亡命之徒进攻海曲，抓获县宰，斩下其首级祭祀了自己的儿子。由于复仇行为在汉代作为社会风俗被普遍认可，因此尽管县宰被杀，王莽还是赦免了吕母，并诏令其军队就地解散归田。但是，吕母却并未从命，继续保持了自己的势力。换言之，本来以个人复仇为出发点的吕母起义，逐渐发展为直捣王莽政权的集团起义。

赤眉起义

天凤五年（18），东部诸郡陷入饥荒，农民因走投无路而纷纷起义。这些起义的直接原因虽是饥荒，但其主体是王莽失败的社会政策造成的流亡农民，各个起义军最初都是百余人的小团体，随后通过相互联系集结，在仅仅一年间便发展成为超过数万人的势力。最著名的领军人物有与吕母同来自琅琊、后来成为赤眉军核心人物的樊崇，以及赤眉军的另一位创始人力子都。

樊崇集结起义部队后，自号三老。如上文所述，三老是西汉时期县乡地方小吏的称谓。由此可以推断，起义军沿袭了以父老为首的乡村组织形态。

为了镇压山东一带的起义，王莽先在天凤六年（19）派当地的探汤侯田况攻打樊崇，结果以失败告终。樊崇等人继续在青州、徐州扩大势力。地皇二年（21），王莽又派出太师景尚和更始将军王党围剿樊崇，结果景尚战败而死。此时王莽意识到事态严重，又令太师王匡和更始将军廉丹率领十万精锐直指山东。面临大军前来的山东人民纷纷传唱：

宁逢赤眉，不逢太师！太师尚可，更始杀我！

人们普遍同情的是樊崇等人领导的农民起义军，而对于王莽的军队却心怀恐惧。

地皇三年（22）冬，王匡、廉丹率领的军队在成昌（今山东省东平县东部，汉代无盐县附近）与樊崇等人的起义军会战。为避免起义军与王莽军混杂，樊崇特令部下将眉毛染成红色以作区别。这样，樊崇的起义军就有了一个别名，叫赤眉军。之所以将眉染成红色，正如上文所述，是因为相信汉代为火德，染成红色，表达复兴汉朝之意。在这次战斗中，赤眉军大破王莽军队，王匡败走，廉丹战死。

成昌之战大获全胜的赤眉军，势力壮大至十余万人。同年琅琊吕母病死，其手下军队大部分都加入了赤眉军。不久后，赤眉军再次包围此前屡攻不下的莒县，却未能将其攻陷，只得转向东南进入东海郡，对战沂平大尹（汉代的东海郡太守）军。可是在这场战斗中，赤眉军首次惨败，折损数千人。因此，赤眉军再次转向西方，攻打豫州（今河南省）。地皇四年（23）三月，王莽再次令太师王匡、国将哀章率 30 万大军围剿赤眉军。而这一时期，以南阳刘氏为中心，从南阳郡起兵北上的起义军势力也逐渐强大起来。同年二月，其盟主刘玄称帝，十月，定都洛阳，他就是人们所熟知的更始帝。

赤眉军得知此事后，认为汉代终于复兴，同时也为了从王匡等人率领的镇压军的重压中解脱出来，便决意应更始帝之邀，率兵归顺。樊崇等赤眉军首领二十余人前往洛

阳后，被更始帝一一授予列侯之位。与此同时，率领另一
股赤眉军势力奋勇作战的力子都，也归顺了更始帝，获官
封爵。如此一来，自起义爆发六年以来一直活跃在山东一
带的赤眉军，就全部合并到了更始帝麾下。

　　那么，不费一兵一卒就将总计数十万人的赤眉军及其
他农民起义军收入麾下的更始帝，其势力是如何兴起的
呢？为解答这一问题，让我们先介绍下孕育出更始政权的
南阳刘氏的举兵情况。

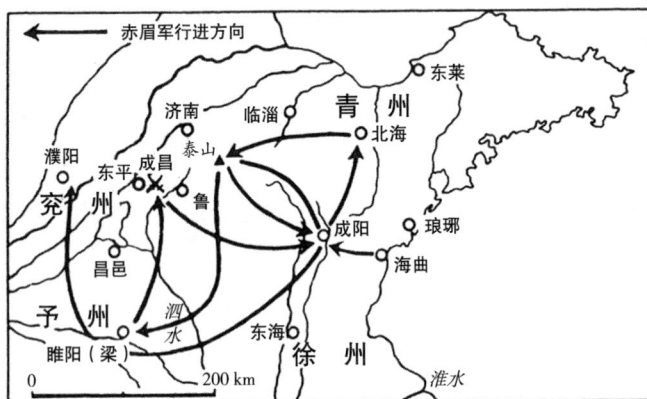

图93　赤眉起义要图

绿林军起义

　　正如赤眉起义之前先有吕母起义一般，在南阳刘氏举
兵之前，首先爆发了绿林军起义。天凤五年（18），樊崇

等人在山东举兵时，南方的荆州也爆发了农民起义。这场
农民起义的起因与山东的起义一样，都是王莽政权的改革
失败造成大批失去生计、流离失所的流民。在这种局势
下，地皇元年（20），以江夏郡云杜县绿林（今湖北省天
门市附近）为中心的地区，爆发了名为绿林军的农民起
义。

绿林军的主要首领是南阳新市的王凤、王匡（并非
王莽伯父王凤和太师王匡）以及南郡的张霸、江夏的羊
牧等人。他们虽被推举为首领，但起义军最初的规模仅有
数百人。不久后，由于马武、王常、成丹等亡命徒也加入
进来，仅仅数月其规模便扩张到七八千人。王莽派遣荆州
牧率领两万大军镇压这股起义势力，最后绿林军大胜，势
力不断壮大，到地皇二年（21）已经发展为拥有五万多
人马的集团。

然而，绿林军在地皇三年遭遇瘟疫，人员损失过半，
最终兵分两路，一路由成丹、王常统领，称"下江兵"；
另一路由王匡、王凤、朱鲔、张卬等人统领，称"新市
兵"。下江兵和新市兵以及其后响应新市兵起义的平林兵
等，分别与南阳刘氏为中心的豪族叛军合并。因此，南阳
刘氏的举兵，可以说是受到了绿林军的引导。

如上文所述，将王莽政权引向灭亡的是各地爆发的农
民起义和豪族叛乱。假若将赤眉起义定为最具代表性的农

民起义，那么最具代表性的豪族叛乱便是南阳刘氏一族的举兵，而豪族叛乱则是在上述农民起义的先导影响下发展起来的。

南阳刘氏与诸豪族

南阳刘氏祖上是景帝（前157—前141年在位）的皇子长沙王刘发的子孙。长沙王刘发之子刘买被封为春陵侯，但到了刘买孙子刘仁时期，春陵（今湖南省宁远县）由于地处低洼湿地，恶疫频发，刘仁便上书自愿减少封户数，请求改封内郡，于元帝初元四年（前45）获准后，偕同整个宗族迁至南阳郡白水乡（今湖北省枣阳市），并将这里定为新的春陵国。

其后，王莽继位，与西汉王朝其他诸侯一样，春陵侯也被废位，然而此时刘氏一族已是地方望族，在南阳郡拥有坚不可摧的社会根基。更始帝刘玄以及建立了东汉王朝的光武帝刘秀，也是该族成员。刘玄是迁往南阳的春陵侯刘仁的胞弟刘利之孙，刘秀是春陵侯刘仁叔父刘外的曾孙。

不仅如此，刘氏一族在迁往南阳郡后，与郡内其他豪族通婚，形成了以刘氏为中心的豪族集团。比如，光武帝刘秀的母亲便是汉代豪族大地主的典型代表，即同郡湖阳县（今河南省唐县南部）的豪族樊重之女，此外，刘秀姐姐刘元嫁给了同郡新野（今河南省新野县南部）的望族邓氏的邓晨，其叔母也同样嫁入了新野的望族来氏。除却通婚关系，刘氏一族还与同郡望族交好。比如，刘氏与同郡宛县的李氏及朱氏都有密切往来。不仅如此，同郡新野望族阴氏之女丽华（也就是后来的阴皇后）曾是刘秀年轻时就憧憬爱慕的对象，由此可推断，刘氏与阴氏一族的来往也十分密切。

当时的豪族们都各自在当地集结族人，招养门客，其中大多都拥有大量土地，役使奴隶和小农为其耕种，或经营商业和放高利贷聚敛财富，称霸于地方。其中部分家族的历史可以上溯到秦汉之前，但大多数都是利用西汉时期的政治、社会机遇而新兴的家族。这些豪族在壮大过程中，成为武帝时期酷吏的打击目标，被视为妨碍国家权力向地方渗透的阻力而遭到打压。但到了西汉中后期，这些豪族通过让族人成为地方郡县的下级官吏，摇身一变成为中央政权支配地方的中介，甚至成为培养中央官僚的母体，也就是所谓的儒家官僚进入官场的势力背景。由此可见，豪族势力已经与汉王朝的国家权力紧密地结合在了一起。

因此，王莽政权施行的土地政策、货币政策、工商业统管政策，对这些豪族们无疑形成了巨大的压迫。他们所期望的是能够保障他们社会地位的中央政权。这一背景便推动豪族集团举起了对王莽的叛旗，致力于汉王朝的复兴。

　　南阳郡是上述地方豪族势力强盛的地区，因此那里对王莽政权的积怨更深。不仅如此，属于汉王朝宗室一脉的春陵侯一族也定居此地，并且已发展为当地豪族。

　　就南阳豪族集团而言，将与他们有共同利益的春陵侯刘氏推举为皇帝，打倒王莽政权复兴汉室，便成了众人一致的心愿。

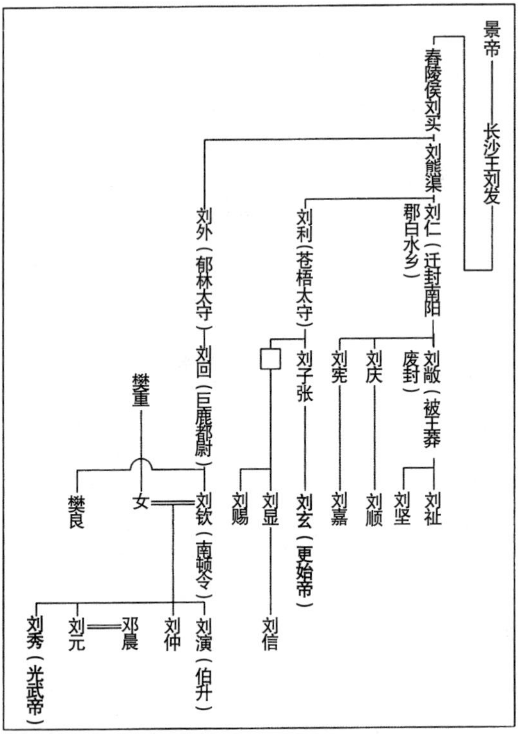

图94　南阳春陵侯刘氏一族

南阳刘氏举兵

地皇三年（22）七月，一直募集门客游侠、因犯法而藏身于南阳郡随县（今湖北省随州市）平林的刘玄（字圣公）联合当地陈牧、廖湛等人，集结了千余兵力组成平林兵，为呼应新市兵，也加入到起义之中。

同年十月，刘玄的同族刘縯（字伯升）、刘秀（字文叔）兄弟也结集起素有往来的南阳郡诸豪族一同举兵。当时，刘秀在宛县联合当地豪族李通及其从弟李轶举兵，他的姐夫邓晨则在新野举兵，刘縯也集结七八千人在舂陵举兵，后来三路人马汇合于舂陵。

刘縯派遣同族刘嘉成功说服王匡和陈牧统率的新市兵、平林兵与其联合。这样一来，豪族叛军和农民起义军便合为一体。同时，率领平林兵的刘玄也跟刘縯、刘秀汇合。他们杀死湖阳（今河南省唐河县南部）尉，率兵横扫枣阳（今河南省新野县东北部）后，准备攻打宛县，在进入小长安（今河南省南阳县附近）时，遭遇到王莽派往南阳镇压叛军的前队大夫甄阜及属正梁丘赐的军队。刘氏军在小长安一战中惨败。战乱中，刘秀之姐刘元（邓晨之妻）、兄长刘仲及数十名同族人战死，刘秀本人只身落逃。

这次战败使新市兵、平林兵军心动摇，呈现出解散的趋势。于是，刘縯向王常等发出邀请，成功地联合了他们所率领的下江兵，组成了一个五千余人的军队，勉强挽回了势力。这反映出豪族叛军与农民起义军联手的可能性。在此期间，刘氏一族及与之同盟的诸豪族受到了王莽政权的残酷镇压，当时身在长安的李通之父李守被满门抄斩，其在南阳郡的兄弟和同族 64 人全部被诛，尸首在宛县集市被当众焚烧。此外，邓晨的祖宅和祖坟也被付之一炬。

但恢复势力后的刘氏军，于地皇四年（23）元月对甄阜、梁丘赐的军队发起夜袭而大获全胜，斩杀了甄阜、梁丘赐；之后，又击破王莽的纳言将军严尤、秩宗将军陈茂率领的军队。由此，百姓们纷纷加入刘氏军，其势力壮大到十余万人。

更始帝即位

豪族集团和农民集团的联合军势力壮大后，面临的最重要课题就是要建立起具有明确起义目的的组织与秩序，具体而言，就是推翻王莽新朝，复兴汉室，并将起义大集团按照王朝体制进行编制改组。于是，诸将领围绕应推举谁来做皇帝的问题召开了会议。

在这次会议中，南阳诸豪族和下江兵统帅王常一致推举刘縯，而新市兵、平林兵的统帅王匡和陈牧等人则推举刘玄。刘縯主张："恐赤眉复有所立……不如且称王以号令,王势亦足以斩诸将。若赤眉所立者贤,相率而往从之,必不夺吾爵位;若无所立,破莽,降赤眉,然后举尊号,亦未晚也。"一时间诸将都认为这是个很好的提案。值得注意的是,此事也证明南阳刘氏集团对赤眉军持有亲近感。可是就在此时,新市兵统率者之一的张卬拔剑击地,声色俱厉地说道:

疑事无功,今日之议,不得有二!

喝声之下,众将领决定推举刘玄为皇帝。地皇四年(23 年)二月,刘玄设坛于淯水之滨,举行即位仪式,登上皇位,改年号为更始。这就是更始帝的即位经过。

刘玄即位后,任同族最年长者刘良为国三老,新市兵领袖王匡为定国上公,王凤为成国上公,朱鲔为大司马,刘縯为大司徒,平林兵领袖陈牧为大司空。后来成为光武帝的刘秀,仅被任命为太常、偏将军,地位与其他将军等同。也就是说,毫无官僚经验的农民起义军领导者,新市兵、平林兵的领袖都位居高位,而南阳诸豪族和下江兵的领导者们除刘縯被封为大司徒之外,全都仅被任命了将军以下的官职。

昆阳之战

在形式上确立了王朝体制的更始帝(刘玄,以下统称更始帝）于第二个月便开始着手扩大势力。三月，偏将军刘秀率军北上，先后攻下了昆阳（今河南省叶县以南）、定陵（今河南省舞阳县北方）、郾（今河南省郾城县以南）。五月，大司徒刘縯攻下宛县。六月，更始帝定都宛县。王莽对更始帝迅速扩大的势力大为惊愕，诏令大司空王邑、司徒王寻征集各州郡精兵42万，于是号称有百万人马的大军集结于洛阳，准备进军宛县，展开对更始帝的讨伐。动员如此数量的大军，堪称中国史上首例。

此时，刘秀仅率领不足一万的人马镇守昆阳。由于昆阳在洛阳至宛县中间，于是王邑、王寻率领的王莽讨伐大军便将昆阳团团围住。城中士兵见大军兵临城下都恐慌不安。刘秀先是稳住军心，又连夜带领十三骑随从出城，召集位于郾和定陵的三千守备部队，并随即率领这三千人马突袭王邑、王寻大营。城中守兵见状也攻出城外，响应突袭。王邑、王寻大军因突遭袭击而无从应战，最后王寻战死，王邑败走，全军溃乱，士兵们都各自奔回乡里。刘秀仅凭一万数千人马便一举击溃了42万大军。

昆阳之战暴露出王莽军队的不堪一击，因此各地不断爆发叛乱，很多人都自立为天子。而事态如此之激化，是由于在昆阳之战败北后逃散到各自家乡的州郡士兵传播了王莽军孱弱的消息。甚至连王莽坐镇的常安（长安）也爆发了农民起义和豪族叛乱。昆阳之战一举缩短了王莽政权的寿命。

昆阳之战后，更始帝杀死大司徒刘縯。这是由于刘縯作为南阳豪族集团的首领，声望日渐上升。新市、平林出身的领袖集团纷纷劝说更始帝，同时更始帝本身也惧怕刘縯的势力会威胁到自己的地位，因此萌生了杀意。可是，刘縯之弟刘秀刚刚在昆阳立下大功，并且刘秀本人又一直对更始帝表现出效忠的态度，因此刘縯之死并没有牵连到他。

上述赤眉军首领前往洛阳归顺更始帝的事件，发生在同年十月以后。当时，更始帝已经攻陷洛阳，并将首都从宛县迁至洛阳。同时，王莽政权也已经灭亡。在阐述更始帝和赤眉军之后的命运之前，必须首先从王莽的灭亡之路谈起。

图 95　南阳刘氏举兵与农民起义

二 王莽的末路与更始帝的败亡

王莽末路

以昆阳之战为转折点，王莽政权迅速走上了灭亡之路。首先在王朝内部，王莽的思想指导者国师刘歆，联合卫将军王涉、大司马董忠等人策划谋反，意图杀死王莽投降汉军（起义军——译者注）。然而计划败露，董忠遭到诛杀，刘歆、王涉自杀。与父亲一同在中国思想史上留下足迹的儒者刘歆，就这样迎来了人生的末路。

昆阳大败的消息传出后，陇西一带（今甘肃省）隗嚣自立为大将军，蜀（今四川省）地公孙述也自立而起。隗嚣向各地传檄讨伐王莽，邓晔、于匡等响应号召，在南乡（今河南省内乡县西北）举兵后直指关中，并攻占了关中大门武关。此时，更始帝也开始进攻关中，经由武关长驱直入。关中诸豪族得知更始帝大军压境，各自召集数千人自称汉将军，对王莽竖起反旗。

面对这一事态，王莽根据《周礼》及《春秋左氏传》"国有大灾，则哭以厌之"（哭指扬声大叫的一种仪式）的记载，在南郊举行了哭天大典，甚至哭至晕厥。此外，他还任命九名将军为九虎，带领北军数万精锐进攻叛军，最后，九虎中有六虎都败在邓晔手下。于是，王莽又给囚徒发放武器，让他们饮猪血对天发誓："有不为新室者，社鬼记之。"可是这些囚徒刚越过渭桥（长安城北郊渭水之上的桥梁）便一哄而散。从这一点也能看出，王莽直至最后仍信奉咒术，但这种咒术最终还是失效了。

直指王莽的更始帝大军杀到长安附近，掘起王莽妻子和父祖的坟墓，焚烧其宗庙及平帝时期建在长安城南郊的明堂、辟雍（参照第六章第一节），熊熊火光甚至映红了夜晚的长安城。九月（据《后汉书·刘玄传》记载，《汉书·王莽传》记为十月）朔日，大军终于突破了城门，涌进长安城。

王莽最后的殊死抵抗极其惨烈。他率领王邑、王林、王巡等部将力战到深夜；翌日仍继续抵抗，未央宫一部分被放火焚烧，王莽带领宫女进入宣室前殿避难。第三日，王莽率领千余人进入池水环绕的未央宫渐台，进行了最后的顽抗。王邑等人昼夜奋战，兵卒几乎死伤殆尽。最终，大军将渐台团团围住。台中的弓弩仍接连向外发射。矢尽之后，双方短兵相接，王巡首先战死在阵中。正午过后，大军攻上渐台，侍官皆战死。商（今陕西省商县）人杜吴杀死王莽，从尸体上取下玺绶。他并不知道此人就是王莽。校尉公宾就见到玺绶，知道那是皇帝的玉玺，便问尸体在何处。杜吴指向房间西北角。公宾就快步上前，立刻斩下王莽首级。士兵得知此事后，争先恐后地争抢王莽的尸体，将其分食殆尽。

王莽的首级被送往更始帝的都城宛县，悬于市集之上。人们纷纷鞭笞其首级，甚至有人割下其舌头分而食之。

赤眉与更始帝的分歧

之后，更始帝攻下洛阳，将都城从宛县迁至洛阳。镇守洛阳的王莽部将王匡、哀章皆被擒拿诛杀。赤眉军就是此时归顺更始帝的。

更始二年（24）二月，更始帝离开洛阳进入长安，将长安定为都城。未央宫虽毁于战火，其他宫殿、仓库、机构却几乎没有损伤。更始帝入住长乐宫（参照图38），将功臣们分封为王侯，重整了王朝体制。可是，更始帝的朝廷依旧挤满了新市、平林出身的将领，更始帝本人也沉湎于恢复汉室的安心感，过上了放纵的生活，致使新王朝的秩序迅速陷入紊乱，甚至连做饭的差役也能被封官爵，因此长安城中开始流传"灶下养，中郎将；烂羊胃，骑都尉；烂羊头，关内侯"的歌谣。

目睹了更始政权的状态，原本归顺更始帝的赤眉军终于与其反目。赤眉军的领袖最初之所以归顺更始帝，是希望更始帝恢复汉室之后，农村能够再次恢复和平，赤眉军的兵将们也能回归故里继续农耕生活。可是，他们的故乡依旧是一片荒芜，更始帝反而安居在远离他们故乡的长安，使山东的秩序恢复变得遥遥无期。事到如今，对于赤眉军，更始帝已经毫无任何魅力可言。

同年秋，赤眉军别将与友军青犊、上江、大肜、铁胫、五幡等起义军聚于河内郡野王县（今河南省沁阳市）的射犬聚。可以想象，他们在这里有可能讨论了不再对更始帝寄予期望的农民起义军今后该采取何种行动方针的问题。集会过后，赤眉军与青犊军合并，再分为两路人马，挺进长安。其中一路由樊崇、逄安率领，直至南阳郡，击杀了宛县县令。另外一路由徐宣等人率领，从颍川郡行至河南郡，杀死了河南太守。

此前从未斩杀过郡县长官的赤眉军团，从此时起开始攻占县城，斩杀郡太守。有学者认为，这是由于他们已经由农民起义军转变为以建立王朝为目的的篡权集团（木村正雄：《西汉东汉交替时期的农民起义——有关其发展过程》，东京教育大学文学部《史学研究》第 61 号）。

赤眉军的王朝化

更始二年（24）十二月，樊崇等人率领人马从弘农郡武关进发，徐宣等人则率领人马由弘农郡陆浑关起兵，同时进攻关中。翌年正月，更始帝的军队连战连胜，集结于弘农郡弘农县（今河南省灵宝市西南），整装待发。此时的赤眉军团与青犊等军团共 30 万人马。他们将人马分成 30 个一万人规模的营队，每个营队安排一名三老，一名从事。也就是说，这个时期赤眉军还未采用王朝性质的官吏制度。

同年三月，赤眉军与李松、朱鲔率领的更始帝大军于荔乡（今河南省灵宝市北）交战，大获全胜，随后继续向西行军，从华阴县进入郑县（今陕西省华县以北）。同年六月，赤眉军团最终决定自建王朝。这是由于军中的齐巫在祭祀城阳景王，即在诛灭吕氏的过程中立功的朱虚侯刘章时，获得他的谕告，奉劝赤眉军首领建立王朝。

他们在军中召集自称城阳景王子孙的七十余人，选出与城阳景王血缘最近的三人，通过探符的方法决定天子人选。而成为天子的是当时年仅 15 岁的刘盆子。刘盆子是城阳景王子孙——式侯刘萌的儿子，赤眉军经过式县时掳掠了刘盆子及其兄弟，让他们在军中养牛。据史料记载刘盆子被选为天子时，"被发徒跣，敝衣赭汗，见众拜，恐畏欲啼。茂谓曰'善藏符'。盆子即啮折弃之"。

姑且不论天子即位的过程如何，由此赤眉军的体制转变为了拥戴天子的王朝体制。被拥立为天子的刘盆子，被穿上了昭示大汉火德的绛单衣和半头赤帻，又被安排乘坐轩车大马；随后立年号，称建世元年。赤眉军首领樊崇不

图96　记载了更始年号的居延汉简*

* 由此可以判断，更始二年八月，远在西北的居延也已经在使用更始年号，并且一直持续到翌年二月。

识文字，不通算数，却被封为御史大夫，而原本是县城狱卒的徐宣则被奉为宰相。

由于这样的状况，赤眉军虽然实现了王朝化，却没有作为王朝相应的机构，亦没有王朝的威严，同时也欠缺王朝存续不可或缺的人民统治实体。因此，他们虽然自称王朝，为了维持30万大军的吃穿用度，却依旧不得不到处抢掠百姓。

更始帝败亡

将刘盆子拥立为天子后，赤眉大军继续向西行进，进攻更始帝坐镇的长安。更始帝陷入了与两年前的王莽相同的境地，并且其部将王匡、张卬等人因断念于更始帝，投降了赤眉军，与之一起攻打长安。如上所述，王匡、张卬皆为新市兵的统帅。而支撑更始帝政权的正是新市兵、平林兵势力，因此他们的叛乱最终决定了更始帝的命运。

同年（25）二月，赤眉大军一举攻入长安城，更始帝单骑败走。他的将军、官僚全部投降了赤眉军，击杀王莽时得到的皇帝玺绶被上呈到赤眉天子刘盆子手中。而此时距离更始帝在南阳即位仅两年八个月。赤眉军首领樊崇等人接受了更始帝的投降，将其封为畏威侯。

起初，三辅的大姓、豪族们心怀期待地迎接赤眉军入城。然而不久后，他们发现赤眉军的王朝组织简陋，行为暴虐，以掠夺为主，便放弃了对赤眉军的期待，转而追随已经投降的更始帝。赤眉军的首领们察觉出这一迹象，为了斩除祸根，于同年十二月将更始帝诱至郊外绞杀。

赤眉军东归

之后，赤眉军在关中劫掠的情况进一步恶化。这是由于他们虽然建立了王朝，却欠缺支配人民的体制，除了劫掠别无他法。翌年（26）正月，剿灭王莽时残存于长安城内的宫殿，已经全部被赤眉军放火焚尽，西汉王朝的帝陵也都被盗掘一空。

如下文所述，当时刘秀（光武帝）已经在河北称帝，而原本归顺了更始帝的陇西隗嚣再次独立，在西南蜀地成都自立的公孙述也于前一年（25）登上天子之位，建立了独立的王朝。此外，于汉中（陕西南部汉水上游区域）自立为王的延岑军也进入三辅，觊觎京兆。

在这样的状况下，三辅大姓、豪族们各自召集了万余兵马进行自卫，有的与刘秀结盟，有的与隗嚣互通，有的则与延岑联合，共同抵御赤眉军的劫掠。

由于此时已经到了决定生死存亡的时刻，赤眉军便不得不与这几股势力进行交战。他们先后遭遇了隗嚣派遣的军队、刘秀麾下将军邓禹的军队以及延岑的军队。最终决定了战局的是同年（26）九月的杜陵之战。在这场战斗中，赤眉将军逢安首先进攻延岑势力，起初赤眉军获得了大胜，然而遭到获得增援的延岑军的逆袭，折损兵力十余万人。

迫于这场败仗，赤眉军无法再向关中补充兵力，并且在连年的劫掠和战火之下，关中粮草已经消耗殆尽。据说，当时关中的状态可谓城中了无人烟，郊外白骨散乱，饥民争食人肉。

走投无路的赤眉军，于翌年（27）决定离开关中退守山东故里。此时，他们依旧拥有超过 20 万的兵力。而在东归途中，赤眉军遭遇了刘秀势力的袭击。刘秀手下将军邓禹，首先在湖县（今河南省灵宝市附近）进攻赤眉军，未能获胜，赤眉军进入弘农郡，继续向东行进。刘秀得知此事后，派遣将军冯异阻击赤眉军，更亲自率领大军集结于宜阳（今河南省宜阳县东北）准备迎击。粮草耗尽、疲惫不堪的赤眉军，全军投降了刘秀。归降发生在建武三年（27）正月，据说当时赤眉军依旧拥有十余万兵力。

赤眉军投降

接受赤眉军归降的刘秀（光武帝）赦免了被赤眉军推举为天子的刘盆子，赤眉统帅樊崇、徐宣等人，并分别赐予其田地，令他们与妻子儿女在洛阳居住。赤眉军之所以不战而降，主要是由于粮草耗尽；同时，他们对此时已经即位为汉王朝皇帝的刘秀并无强烈的敌对意识，也被认为是其中的一个原因。从他们一度归顺更始帝，与之决裂后又推举城阳景王子孙刘盆子为天子这些举动可以看出，赤眉军所追求的目标就是汉室的复兴、社会秩序的重整和农民生活的安定，而如今想必他们又将实现这些目标的期望全都寄托在了刘秀身上。也许正是这个原因，徐宣、杨音等赤眉军首领之后纷纷返回故里，安度余生。刘盆子被刘秀封为赵王郎中，后因病失明，刘秀便赐予他荥阳（今河南省荥阳市以北）匀输官地，并让他终身享用那里的税收。只是，最初发起农民起义的赤眉领导者樊崇和逢安，在当年夏天再次谋反，被刘秀诛杀。此二人或许生来具有反叛精神，或许亦有可能早已看穿刘秀无法实现他们理想中的农耕社会的安定。

没有史料可以证明降服于刘秀的十余万赤眉士兵全部被遣回故里。人们推测，他们极有可能被直接编入了刘秀的部队。因为这是刘秀扩大其军队的常用手段，刘秀唯独这一次遣归士兵，显得可信度极低。因此，樊崇、逄安等人有可能是因为他们手下的农民军未能得到赦免，被编入了刘秀的军团，因而才会心生不满，最终谋反而被诛杀。

就这样，赤眉军归降刘秀，刘秀的势力也因此增大，最终完成了统一天下的大业。刘秀势力是如何发展壮大的？上文中，我们仅叙述了刘秀在昆阳之战中击破王莽大军的事件。接下来，我们必须回溯历史，来介绍昆阳之战后刘秀势力的发展历程及东汉王朝的建立。

三　光武帝即位与奠都洛阳

刘秀进驻河北及王郎灭亡

如上所述，刘秀在昆阳之战中大破王莽军队，将王莽推向了灭亡之路。可是不久后，与他同在南阳起兵的兄长刘縯，就被更始帝杀害。更始帝虽与刘秀同属南阳刘氏一族，但站在其背后的是新市、平林出身的起义军。因此，在刘縯被杀后，刘秀实际上成了南阳刘氏集团的核心人物。

更始帝迁都洛阳后，立刻令刘秀平定河北。这是刘縯被杀后被封为更始帝大司徒的同族刘赐，不顾新市、平林诸将的反对，力荐而成的。这不仅让刘秀得以远离更始帝，避免了生命危险，同时还为他奠定了之后集结势力、走向独立的基础。

进驻河北之后，刘秀首先遭遇的是与王郎（一称王昌）政权的冲突。王郎是邯郸人，擅长看相占星，谎称自己是汉成帝之子，在刘秀进驻河北后，于更始元年（23）十二月，在原来的赵王之子——景帝七世孙刘林、赵国大豪族李育等人的推举下称帝。此事证明河北诸豪族并不希望刘秀进驻，反而推举他人自立了政权。王郎政权在河北诸豪族的支持下，势力覆盖邯郸至辽东（今辽宁省东部）的广阔区域。

与王郎政权对立的刘秀，由于其最初进驻的邯郸成了王郎政权的首都，因此不得不从邯郸退至真定（今河北正定县），更始二年（24）进入河北省北部，但在那里也遭到豪族背叛，继而转移至信都（今河北省蓟县）。这是因为河北地区唯一归顺刘秀的只有信都太守任光及和成太守邳彤。但刘秀兵力不足，难以抵抗王郎政权的进攻。于是，他再次回到真定。此时，更始帝的援军攻破信都，刘秀借机诛杀了依附王郎的大姓数百人，逐渐强化了自身势力。昌城（今河南省南乐县附近）豪族刘植和宋子（今河北省赵县以北）豪族耿纯，就是此时率领宗族门客加入刘秀军队的。

原真定王刘扬，召集十万人马后，归顺了王郎政权。而刘秀利用联姻政策，成功说服他转投至自己麾下。刘秀迎娶的是刘扬的外甥女圣通（后来的郭皇后）。圣通之父名为郭昌，当时已不在人世，郭昌之妻是刘扬的妹妹。郭氏一族坐拥数百万田宅财产，是真定郡的大姓。因此，这场婚姻不仅让刘秀吸收了真定王刘扬的势力，还在联合刘植、耿纯等豪族后，再次与大姓郭氏实现了联合，部分瓦解了对其心怀敌意的河北豪族群体，并将他们的势力全部纳入了自己的阵营。

势力最终得以壮大的刘秀，开始攻占附近郡县，展开对王郎政权的进攻。此时，上谷太守耿况和渔阳太守彭宠，也令部下寇恂和吴汉率兵加入了刘秀阵营。除了彭宠之外，他们之后都成了刘秀手下的名将。对王郎的进攻，首先从巨鹿（今河北省平乡县）开始，但由于久攻不下，刘秀决定直接进击王郎的都城邯郸，于同年五月一举将其攻陷，诛杀了王郎。由此，刘秀平定河北过程中遇到的第一个大敌被消灭了。

刘秀自立与平定河北

更始帝在刘秀攻打王郎时，为其派出援军，王郎灭亡后，封刘秀为萧王，并命令其解散官兵前往更始帝所在的长安。但刘秀以河北尚未平定为由，回绝了更始帝。从此，刘秀与更始帝决裂，终于在河北独立。

摧毁王郎政权后，刘秀的下一个行动就是镇压在河北各地大行劫掠的农民起义队伍。如上所述，当时赤眉军虽然归顺了更始帝，但已经开始表现出背反的动向，除赤眉之外，铜马、大肜、高湖、重连、铁胫、大枪、尤来、上江、青犊、五校、檀乡、五幡、富平、获索等农民起义军也在河北四处劫掠。这些农民起义军主要都来自山东地区，性质与赤眉军相近。他们虽然分为如此众多不同名号的集团，却互不攻击，反而经常相互结盟。各个起义军的势力综合在一起，据说超过百万。

刘秀在河北独立后，为了整顿地方秩序，开始镇压这些农民起义军。更始二年（24）秋，刘秀军开始攻打其中实力最为强劲的铜马军。他通过断其粮道的战略，一举将其击破，随后又在蒲阳（今河北省顺平县西部一山名）击破其余寇与高湖军、重连军合并而成的军队。但是刘秀这次发起的进攻，与摧毁王郎政权不同，采取了让农民起义军降服，封其首领为王侯，再将其麾下人马编入自己军队的方针。从中可以看出，刘秀对意图自立王朝的豪族联合集团和无意建立王朝而只在四处流窜的农民起义军所持态度的不同。

降服铜马军后，刘秀手下已经掌握了数十万大军。当时关中还把刘秀称为铜马帝。这不仅体现出刘秀合并铜马军后已经发展成一方大势力，同时也可将此理解为，关中方面认为刘秀得到了以铜马为首的农民起义军统率人物的共同推举。准确地说，组成刘秀军团的是邓晨、邓禹等南阳诸豪族，刘扬、耿纯、吴汉等河北诸豪族，再加上铜马、青犊等部分农民起义军势力，因此也可以称之为豪族集团与农民起义集团的联合军。

同年秋，赤眉军别将与青犊、上江、大肜、铁胫、五幡等农民起义军聚集在河内郡野王县的射犬聚。刘秀得知这个集会后，派遣军队发起攻击。如上所述，农民起义集团在此次集会上讨论了今后的发展方针，其结果就是赤眉军开始进攻长安。不过，从集会遭到刘秀攻击这点来看，赤眉军西进的原因也可能包含了躲避刘秀平定河北的兵力的因素。

刘秀即皇帝位

更始三年（25），刘秀进一步镇压了残留在河北各地的尤来、大枪、五幡等农民起义军，最终平定了河北。

随后，刘秀麾下的诸将领开始进劝刘秀称帝。当时，更始帝坐镇长安，蜀地的公孙述也于同年四月即位为天子。西进的赤眉军同样在此时表现出了建立王朝的动向。在这样的局势下，已经平定河北成为自立政权的刘秀集团急需采取的行动就是推举皇帝，建立王朝体制，整顿其权力秩序，以抗衡这些势力。可是，刘秀并没有同意诸将领的请求。

刘秀转战河北各地来到鄗县（今河北省柏乡县以北），恰巧有一名为张华的儒生从关中投奔刘秀，身上还带着名为"赤伏符"的符命，其中写有"刘秀发兵捕不道，四夷云集龙斗野，四七之际火为主"的文字。这张符命的出现，促使诸将领再次进劝刘秀登基。

上一章曾提到符命（或称符谶、谶记）是一种神秘预言，人们认为其昭示着上天的意志。符命兴盛于西汉末期，王莽便是利用符命篡夺了帝位。刘秀也是同一时代的人。因此，他认同符命具有不可违背的权威性，而且符文中还有"四七之际火为主"的字样。所谓"四七之际"是指四七相乘，而当时距离汉高祖刘邦即位到更始三年正好过去了 228 年。所谓"火为主"则是在预示火德王朝，即汉王朝将要振兴。因此，这张符命暗示的是刘秀应该登基即位。于是，刘秀决定即皇帝位。他对符命的尊崇，与后来他重视谶纬思想、尊崇纬书有一定关联。关于这一点，将在下文中详述。

同年六月己未日，刘秀设坛于鄗南郊，举行即位大典。这个即位仪式，不同于皇太子继承帝位，是建立新王朝的皇帝登基仪式，名为"告代祭天"大典，也就是新王朝建立时成为皇帝的人将此事报告上天的祭典。这是中国史上首次有详细记录的告代祭天大典。可是，这个祭天仪式完全沿袭了西汉平帝在元始年间举行的祭祀上帝的仪式。当时，王莽担任朝廷大司马掌管国政，这一告代祭天仪式无疑就是王莽制定的。换言之，因反对王莽而举兵的光武帝在建立王朝时，却沿用了王莽制定的告代祭天大典。

刘秀登坛燔燎告天，禋于六宗，礼拜天神地祇，随后念诵祝文：皇天上帝，后土神祇，眷顾降命，属秀黎元……祝文的部分内容还直接引用了谶记，也就是上文提到的符命中的内容。这就是刘秀即位的经过。

登基大典结束后，光武帝（以下称刘秀为光武帝）改年号为建武元年，大赦天下，并将鄗改名为高邑。虽说是大赦天下，但光武帝能够支配的地区尚只有河北一带。翌年七月，三公以下的官僚皆已被任命。邓禹为大司徒，王梁为大司空，吴汉为大司马，其他将领都各自获得官位。由此，光武帝的王朝体制形成，东汉王朝的历史肇始。

奠都洛阳

建立起王朝体制后，同年七月，光武帝派遣大将围攻洛阳。当时负责镇守洛阳的是更始帝部将朱鲔。他原是新市兵领袖，后追随更始帝成为一员部将。朱鲔的防御十分坚固，光武帝未能将其快速攻破，但是如上所述，赤眉军九月攻进长安，更始帝逃亡。之后，朱鲔也放弃了洛阳的防御，转而归降光武帝。翌年十月，光武帝进入洛阳，将洛阳定为都城。此后，洛阳一直是东汉王朝的首都。

建武二年（26）正月，诸功臣被逐一封为列侯，洛阳城作为王朝都城的设施也已整备完毕。城内首先建起高庙（高祖刘邦之庙），明确了复兴汉王朝者光武帝的地位，随后又在高庙右侧建社稷坛，确立了洛阳乃汉王朝都城。同月，又在城南7里（约3公里）之地建造了郊兆。

所谓郊兆，是皇帝祭祀天地的祭坛，因为建在城南郊，无疑就是第六章第一节提到的祭祀上帝的圜丘。郊兆建成后，光武帝又正式宣称汉王朝为火德，规定尚赤色。

值得注意的是，此时光武帝采用的郊兆制度和建设规模，与登基祭天仪式一样，完全依照了西汉平帝元始年间的典制，再次沿袭了王莽所制定的规范。换言之，在恢复古制的名义下展开的西汉末年的礼制改革，最终使其固定下来的是王莽，就此意义而言，王莽才是儒学国教化的完成者，尽管他备受非议，但其制定的礼制一直被沿袭传承了下来。不仅如此，最先沿袭这一礼制的人，恰恰是为了推翻王莽政权而举兵，恢复了汉王朝的光武帝。因此，从这一点出发，我们有必要重新评价王莽在中国史上的地位。

根据《后汉书·礼仪志》记载，光武帝建立的郊兆以及圜丘的构造如下：首先，中央设置一个两层构造的圆坛，上段南面祭祀上帝、后土（位于洛阳北郊，此时后土祭坛尚未建成），下段分别在各个方位祭祀青帝、赤帝、黄帝、白帝、黑帝。圆坛周围有二重土垒，从圆坛到土垒门共有四条道路，祭祀日月、北斗。二重土垒内部祭祀着合计1514路神明。这些神明有以五星、五岳为首的星辰、山川之神以及风雷雨神。换言之，这一郊兆相当于凝缩了整个宇宙，体现着当时人们的宇宙观。

其后，刘秀又在都城洛阳北郊建立了方丘，将上帝与后土的祭祀地点分开，同时还建起了明堂、辟雍。这些都建成于30年后的中元元年（56），并且所有建筑都沿袭了王莽在元始年间制定的礼制。

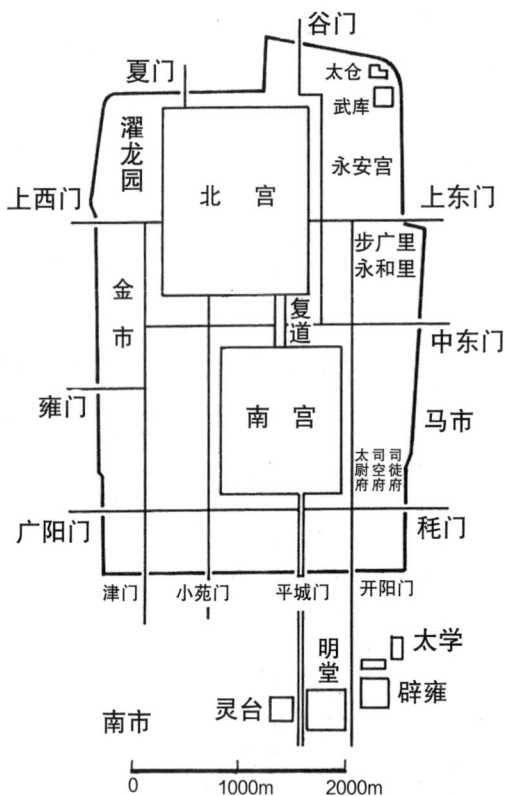

图97 东汉洛阳城

图98 北京市南郊天坛的圜丘*

　　* 圜丘制度自汉代以后被历代王朝沿袭，成为皇帝举行重要祭祀仪式的场所。上图为清朝圜丘遗址。

四　平定群雄

平定关中与农民起义集团的终结

　　上文提到，光武帝定都洛阳的建武元年（25）十二月，更始帝在长安被杀，建武二年，赤眉军开始劫掠关中。光武帝见关中大乱，便令大司徒邓禹率领人马进攻长安。邓禹避开赤眉军的势力，伺机进入长安，将供奉在西汉王朝宗庙里的十一帝神主（木制牌位）送往洛阳。但是，他与延岑部队交战未能得胜，加之粮草匮乏，在赤眉军再次进入长安后，不得不败走高陵（今陕西省西安市高陵区）。光武帝命邓禹返还洛阳，转派冯异进军关中。

　　冯异与返兵途中的邓禹联合攻击赤眉军，亦大败而还，邓禹仅带领二十四骑残兵抵达宜阳。然而冯异聚集残兵，又征募新兵，再度进击赤眉军，终于将其攻破。如上所述，赤眉军放弃关中地区，向东部移动，在途中全体归降光武帝，就发生在这一战事之后。

　　虽然赤眉军离开了关中，但此处依旧被大量豪族集团割据。他们自封将军名号，各自坐拥数千至数万人马。其中从汉中一路打到关中的延岑集团势力最为强大。冯异首先击溃了延岑军。延岑逃离关中，败走南阳。光武帝将其余豪族集团首领召集到洛阳，令其解散手下军队，让士兵回乡务农。此时，还未投降的少数豪族转投蜀地的公孙述政权之下。于是，

图99　建武三年二月的居延汉简*

＊由此可判明，建武三年 (27) 二月，光武帝势力已经扩展到居延地方。

关中就被纳入了光武帝的势力范围。而逃往南阳的延岑军，于建武三年（27）被消灭。

虽然关中得到平定，但东部各地依旧流窜着大量农民起义军。建武二年正月，吴汉在邺（今河北省临漳县以西）东部降服了檀乡军，同年八月光武帝御驾亲征，在羛阳（今河南省内黄县以南）击溃五校军。此外，铜马、青犊、尤来等起义军余众拥立孙登为天子，而孙登在同年十二月却被部下杀害，麾下五万余人马全部归降光武帝。

建武三年，吴汉在轵县（今河南省济源市东南）降服青犊军，建武四年四月，又在箕山（今山东省濮县以东）攻破五校军，建武五年在平原（今山东省平原县以南）击败富平、获索，并使之降服。至此，爆发于王莽末年、成为消灭王莽政权原动力的农民起义军活动几乎全部偃旗息鼓，其巨大力量被完全吸收到光武帝的势力之下。

斩杀刘扬与平定群雄的开端

光武帝统一大业的进程中，与镇压农民起义集团同时展开的行动是对在各地割据自立的群雄的平定。比起镇压农民起义集团，这一过程更加困难并且旷日持久。因为在各地自立、自称天子的群雄都是与光武帝具有相同性质的军事集团，他们各自成立王朝，全都抱着统一天下的意图，无法断言光武帝的王朝就一定比他们拥有更多的正当性。因此，与群雄抗争就成了决定光武帝命运的问题。

这一问题也可延伸到光武帝王朝内部。在光武帝即位第二年即建武二年（26），他斩杀了皇后的伯父真定王刘扬。如上所述，光武帝之所以能在河北站稳脚跟，正是因为通过联姻成功地与真定王刘扬实现了联合。可是，刘扬跟光武帝同属西汉王朝宗室，而光武帝只是南阳春陵侯的旁系，刘扬却是诸侯王之一的真定王嫡系。从复兴汉室的大义名分来看，不难预料光武帝未来将有可能让位于刘扬。除掉刘扬，正是为了除去被夺位的忧惧与隐患，统一了王朝内部势力的光武帝由此展开了角逐群雄、统一天下的事业。

光武帝首先对决的是东方的刘永。刘永是西汉时期梁王之子，在王莽废除汉代诸侯之际，梁王也被褫夺了王位，更始帝即位后，将刘永封为梁王。而更始帝败亡后，刘永便于建武元年（25）十一月自立为天子，定都睢阳（今河南省商丘市）。

建武二年（26）夏，光武帝派遣部将盖延攻打刘永，包围睢阳数月后将其攻破。刘永逃离睢阳，继续顽抗，最终在建武三年遭部将刺杀身亡。但是，其子刘纡又被推举为梁王，继续抵抗光武帝军队。建武五年刘纡战死，而其属下部将则一直殊死抵抗到建武八年（32）。

与刘永同时期在东南地区自立的是李宪。他原本是王莽政权的地方官员，于更始元年（23）自立为淮南王，又在建武三年（27）自封天子，置公卿百官，建立了王朝。其麾下人马达十余万人。建武四年秋，光武帝令马成对其发起攻势，包围了李宪所在的舒城（今安徽省庐江县以西）。建武六年正月，马成攻入城中，李宪弃城而逃，其麾下军士将其斩杀后归降。

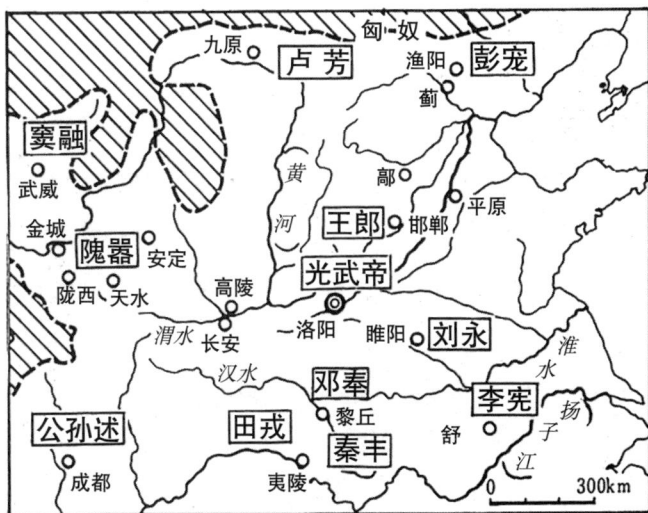

图100　东汉初期群雄割据示意图

平定南方与北方

西南方面的荆州，又有秦丰、田戎等人纷纷自立。秦丰自立为楚黎王，盘踞于黎丘（今湖北省宜城市以北）；田戎坐镇夷陵（今湖北省宜昌市）。此外，南阳诸郡也由更始帝派出的诸将领各自拥兵镇守。

建武元年（25），光武帝派遣吴汉首先进攻南阳诸城。但此时，光武帝麾下的士兵却在所到之处肆意劫掠。南阳郡新野县豪族邓氏族中有邓晨兄长的儿子邓奉，当时虽被光武帝任命为麾下将领，但在目睹汉军劫掠乡里后毅然倒戈，转而联合南阳郡诸将攻击汉军。从这一点也可看出，光武帝的派遣军并不具备完善的统治机制。

邓奉持续抵抗了两年，最后于建武三年（27）败于御驾亲征的光武帝。而秦丰、田戎等人的抵抗则又持续了一段时间。建武四年，先是秦丰败走，紧接着田戎又被汉军大败。建武五年，秦丰被捉拿到洛阳斩首，田戎则逃入蜀地，得到了在此处建立王朝的公孙述的庇护。由此一来，南方各地被纳入光武帝的掌控范围，其势力从江南一直延伸到了华南、越南等地。

光武帝平定河北时，渔阳太守彭宠曾派出部下吴汉和王梁予以支援，可是在光武帝即位后，彭宠又不满吴汉等人受到重用而自己却遭无视。渔阳自武帝以来常设盐官铁官。彭宠挪用了盐铁官的资材积累财富，又向匈奴进献美女缯缎，与之交好，随后于建武二年（26）举起反旗进攻蓟城（今北京市的一部分），同时与富平、获索等农民起义军勾结，又请匈奴派出援军。建武四年，蓟城陷落，彭宠自立为燕王。然而就在建武五年春，他却被苍头（奴隶）刺杀了。

至于西北方面，更始帝死后，卢芳谎称自己是西汉武帝曾孙，在安定郡（今甘肃固原市原州区一带）自立，与西羌人和匈奴人勾结。匈奴单于派数千骑迎卢芳入胡地，欲将其拥立为大汉皇帝。建武五年（29），卢芳受到西北诸豪族的拥戴，在九原县（今内蒙古五原县）定都，建立了王朝。建武九年（33），光武帝派遣吴汉、杜茂等人讨伐卢芳，但久攻不下，直到建武十二年才将卢芳赶到匈奴境内。之后，卢芳于建武十六年入朝归降光武帝，翌年再次反叛逃亡至匈奴境内，十几年后死于当地。于是，五原一带也被纳入了光武帝的掌控范围。

隗嚣与光武帝

此前被光武帝平定的群雄，或是拥有西汉王室的血统，或是一方豪族大姓。他们虽然各自建立了王朝与光武帝争雄，但其势力无法与平定了河北并吸收了农民起义军的光武帝相匹敌。然而，尽管如此，光武帝即位后，仍旧为平定这些势力耗费了大量的时间。可是，有几股比这些群雄还要强大的势力始终残存着，那就是在陇西自立的隗嚣和在蜀地建立了王朝的公孙述。

隗嚣是天水郡成纪县（今甘肃省天水市）人，王莽末年即地皇四年（23）七月，他被同族和附近诸豪族推举，以推翻王莽政权、复兴汉室为名在天水郡自立，自称上将军，定年号为汉复。他之所以没有自称天子，是因为此时已经得知更始帝在南阳即位的消息。紧接着，他又向各郡国发出檄文指责王莽暴政，到王莽灭亡时，其势力已经遍及雍州（今陕西省西部）及（现在的甘肃省）安定、陇西、武都、金城、武威、张掖、酒泉、敦煌等郡。

更始帝进入长安后，隗嚣也前往长安受封右将军，又被封为御史大夫，但赤眉军进入关中，更始政权动摇，他与更始帝之间也渐渐产生隔阂，最后逃回天水郡，自称西州上将军。更始帝死后，三辅的豪族纷纷投奔隗嚣，其势力愈发强大。

建武二年（26），光武帝令邓禹进攻关中，隗嚣也响应号召支援汉军，翌年，隗嚣派使者前往洛阳，两者结为盟友。此时，双方关系为敌国之礼，即两方是对等关系，光武帝礼遇厚待隗嚣，隗嚣也与光武帝保持着和睦关系。因此，当在蜀地自立为天子的公孙述给隗嚣送来大司空、扶安王的印绶时，隗嚣都予以回绝，并且还击溃了前来冒犯的公孙述的军队。

然而，这段关系到了建武五年（29）开始发生变化。事情的起因在于，光武帝请隗嚣出兵讨伐公孙述，隗嚣却以实力不足，东北又有卢芳势力割据为借口而拒绝出兵。光武帝不满于隗嚣首鼠两端的态度，便将一向的敌国之礼改为君臣之礼，要求隗嚣将儿子送到洛阳做人质。隗嚣不得已接受了光武帝的要求，将长子隗恂送至洛阳，但尽管如此，隗嚣还是依仗坐拥天险的优势，没有轻易向光武帝屈服。

建武六年（30），公孙述军队进入南郡（今湖北省江陵县一带）。光武帝再次要求隗嚣出兵助其伐蜀，隗嚣却以蜀道遭毁为由，再次拒不受命。于是，光武帝亲自前往长安，命令建威大将军耿弇伐蜀。

隗嚣政权的灭亡

然而，隗嚣部队却在途中袭击汉军，导致汉军大败。紧接着，隗嚣又给光武帝送来书信，声称此事为突发事件，请求恕罪，但其言辞傲慢无礼，光武帝的近臣们都主张杀死隗嚣的质子隗恂。光武帝未听从他们的意见，而是让隗嚣再送隗恂的弟弟作为质子。书信中写道："吾年垂四十，在兵中十岁，厌浮语虚辞。即不欲，勿报。"

光武帝言辞强硬，隗嚣知道光武帝已察觉自己的反意，便派遣使者出使公孙述处，与其缔结君臣关系，并于翌年（31）被公孙述封为朔宁王。光武帝终于展开了与隗嚣的武力对决，而隗嚣背后还多了公孙述的支援。

双方的战斗从建武七年开始，但局势无显著进展。翌年，光武帝亲率大军征讨隗嚣，公孙述向隗嚣派出了援军。双方的决战之日，近在眼前。但是就在此时，曾经为隗嚣阵营一员而后又转投光武帝的太中大夫王遵，却给自己的好友——隗嚣麾下的有力部将牛邯送去一封书信，循循规劝其归降光武帝，牛邯因此归降。与此同时，隗嚣手下大将 13 人连同 16 个属县以及十余万兵马也一并投降光武帝，形势顿时发生了改变。

隗嚣因此逃至西城（今甘肃省天水市以西），但仍未向光武帝屈服。光武帝杀死其质子隗恂，又令吴汉、岑彭包围西城。但城内守兵防卫坚固，加之此时公孙述的援兵到来，击散包围将隗嚣救出。而粮草匮乏的吴汉等，不得不撤兵而归。

建武九年（33）春，隗嚣病逝。隗嚣阵营为此军心大动，其子隗纯虽被推上了王位，然而建武十年，光武帝派遣来歙、耿弇、盖延等率大军压城，隗嚣的遗将们便与隗纯一同归降了。至此，隗嚣政权割据的陇西地区归于光武帝的统治之下。隗纯降服后，于建武十八年（42）试图逃亡到匈奴，却在途中的武威被抓获并诛杀。

蜀地的公孙述政权

摧毁隗嚣政权后，光武帝的劲敌只剩下蜀地的公孙述政权。公孙述出身于三辅右扶风的茂陵县（今陕西省兴平市附近），王莽天凤年间被任命为导江卒正（导江即蜀郡，被王莽改名为导江，卒正等同于太守），定居在临邛（今四川省邛崃市）。王莽末年，当地豪族得知更始帝举兵，便纷纷举兵响应，杀死了王莽政权的地方官员。公孙述虽为王莽的地方官员，却倒戈投向叛军，将他们迎进成都。但是，叛军在成都城中大肆劫掠，于是，他又集结城中豪杰，谎称汉廷遣使将自己封为辅汉将军、蜀郡太守、益州牧，继而自立为盟主，率领他们攻占了成都。

更始二年（24），更始帝派遣一万余人马到蜀地招抚，但公孙述此时已有自立之意，便将招抚人马击退，自立为蜀王；随后又在翌年四月自立为天子，改国号为成家（一作单字"成"），定年号为龙兴元年，定都成都，尚白色。白色代表西方，五行属金德，寓意为取代尚黄色的王莽土德在西方建立王朝；同时，任命大司徒、大司马、大司空三公，改益州为司隶校尉，又于龙兴六年（30）废除王莽的铜钱，铸造铁钱流通，完善了独立王朝的体制。

值得注意的是，连光武帝的王朝也还尚未铸造货币时，公孙述的政权就已经开始发行货币，而且首次铸造了中国有史以来的首批铁钱。铁钱色白，正符合公孙述王朝崇尚的颜色，后来的五代和宋朝，这一地区所流通的便是铁钱，可见其先河源于公孙述政权。

蜀地本来远离中原（黄河中游流域），但战国时代秦国占领此地进行开垦后，蜀地便成为沃野千里的谷仓地带。而且，此地出产的织物早已在西汉时期便流通四方，同时还出产铜、铁、银等金属，不仅如此，当地还盛行挖掘盐井、抽取盐水的制盐法，因此虽然是大山环绕的盆地，却不会因缺盐而受到困扰。当然，此处同时还是出产木材的地区，始皇帝建造骊山陵时，就是在蜀地开采木材并运到关中的。

除却物产丰饶的优势，蜀地与关中还有崇山峻岭相隔，南面又有长江湍流险阻，极难从外部入侵。然而，从此地出击时，却可从北面通过陇西进犯关中，沿汉水而下还可进入南阳郡，再沿长江顺流而下，更是可以进攻荆州。换言之，蜀地是一个能够自给自足，同时又易守难攻的地区。

因此，在此建立了独立王朝的公孙述政权，在东汉初期的群雄中，实力最为强大。也正因如此，未归降光武帝的三辅豪族和荆州田戎等人，全都进入蜀地依附于公孙述，上文也已经提到，隗嚣最后也与公孙述缔结了君臣关系。

公孙述政权的灭亡

然而，在如此得天独厚的地区建立起独立王朝的公孙述，虽然自称是取代王莽政权的中国正统王朝，却一直死

图 101　井盐画砖（东汉时期）*

*　左下角可见盐井塔和取盐水的人，右下角可见煮盐水的大缸，
中间还可见运送盐水的容器和运送柴火的人（出土于四川成都）。

守蜀地，并没有表现出进击中原的意图。在他的王朝中，
也有诸如骑都尉荆邯这样的主战人士，主张与光武帝决
战，进而一统中原，但公孙述及其一族都反对开战，希望
保持守势。反而是光武帝在消灭隗嚣政权后，立志于统一
全国，兵分三路展开了对蜀地的进攻。

　　建武十年（34），征西大将军冯异首先在天水击溃了
前来援助隗嚣政权残党的公孙述援军。翌年，光武帝又亲
自入驻长安，令征南大将军岑彭、中郎将来歙、辅威将军
臧宫等人从各方向进攻蜀地；同年十二月，大司马吴汉又
率水军沿长江逆流而上，对蜀地发起攻击。

面对光武帝大军来袭，公孙述采用了间谍暗杀的策略，来歙与岑彭先后成为其牺牲品。但即便如此，依旧无法阻止汉军的攻势，公孙述各地的部将被逐一击破。建武十二年（36）十一月，吴汉、臧宫率领大军直逼成都城门。公孙述亲自带领数万人马与汉军展开激战，早上到正午的三场战斗皆获胜利，但由于士兵无暇进食，渐露疲态，汉军终于破城而入。双方在城中又展开了一番残酷的殊死搏斗，最后公孙述被汉兵刺中胸口从马背坠落，当晚死亡。

第二天，获胜的汉军诛杀了公孙述的妻儿及宗族，又在其宫殿和城中杀人放火，大肆劫掠，仅城中便有一万余人遇害。其暴行令人惨不忍睹，吴汉此后甚至还因此受到光武帝斥责。公孙述政权灭亡六年后的建武十八年（42）二月，蜀地又爆发叛乱。这次叛乱由蜀郡守将史歆领导，大司马吴汉再次被派往镇压叛军。可以说，这次叛乱的原因是汉军在消灭公孙述时的暴行导致的积怨。

公孙述被灭后一年，也就是建武十三年（37），战利品被送到洛阳，其中包括侍奉于公孙述王朝的瞽师（盲人乐手）和祭祀天地宗庙的器皿、乐器、车驾等。至此，东汉王朝的郊庙、卤簿仪式中所需的器皿，才算得以完备。这也反映出，在东汉初期，相较而言，成都公孙述政权的制度和文化更为完善与成熟。

五　天下统一的完成

解放奴隶

公孙述政权的灭亡表面上标志着光武帝完成了天下统一。然而，在其支配范围内并没有彻底实现和平稳定。完成统一不能仅靠武力，能否恢复社会秩序与和平则是更为重要的课题。

王莽末年爆发了一系列战乱，其根源是农民大众因生计遭到破坏而爆发的不满以及地方豪族因赖以生存的根基受到威胁而积累的愤懑。光武帝之所以能扩大势力，最终实现天下统一，正是因为有了这些愿念的支持。可是，他所建立的东汉王朝还面临着一个新的问题，就是如何建立其政权支配下的社会秩序。

光武帝最先着手的民政政策是解放奴隶。如上章所述，王莽时期有许多人因为触犯律法而被贬为奴隶，此外，失去生计的农民为了生存，也不得不将妻子儿女卖为奴隶。光武帝即位的第二年即建武二年（26），他首先下令，凡被卖为奴隶而希望回到父母身边者，都可获得解放，又于建武六年（30）将王莽时期因触犯律法被贬为奴的民众全部赦免，恢复了他们的庶民身份。

图 102　光武帝刘秀画像 *

> * 相传为阎立本所画。摘自《历代帝王
> 图卷》。

其后，在每次平定地方群雄，将新的领地纳入自己势
力范围时，光武帝都会颁布奴隶解放令。建武十一年
(35)，他又加重了处罚杀害奴隶者的刑罚，同时废除了
奴隶伤人必须处死的法令。这一系列奴隶政策，虽未能彻
底废除奴隶制度，但从解放被迫为奴的百姓的意义来看，
消解了当时社会底层积累的不满，同时也扩充了作为王朝
根基的庶民阶层。

减轻田租与罢废郡兵

光武帝又于建武六年（30）减轻田租，恢复了西汉三十税一的税制。这个政策，降低了王朝因军事财政不足而施行的十分之一的税率，缓和了民众的不满情绪。之所以能够施行这一税制，是因为屯田政策使军队粮草得到了补足。

建武七年（31），光武帝又断然实行兵制改革，废除了郡兵制度。这一制度为西汉时期所定，一般农民家的男丁到达一定年龄后就会被征兵，进入郡太守和都尉的军队，而光武帝在前一年首先废除了郡都尉官职，翌年彻底废除征兵制度，让农民专心从事农耕。与此同时，诸功臣所率领的部队，在完成平定后，全部被从统帅麾下划走，重新编入直属皇帝的军团。并且，所有兵士都被加上了世袭兵役的义务。黎郡黎阳县（今河南省浚县附近）设置的黎阳营便是这一改革的产物。

调查耕地与户籍

令士兵归田后，光武帝又开始了耕地面积的调查和户籍调查。建武十五年（39），他向各州郡下令进行垦田顷亩和户口年龄的调查。这是因为把握准确的耕地面积和户籍是支配人民、确立国家财政的基础，然而，这一调查政策却引发了两起政治事件。其一是地方官的调查造假，其二是地方叛乱的再次爆发。

地方官造假是指，调查时，地方刺史、太守对豪族态度宽容，对贫民则过分严苛。当时，光武帝在御览诸郡上奏的报告中，见陈留郡的报告上写有一句"颍川、弘农可问，河南、南阳不可问"。便问其意，当时只有 12 岁的皇子刘阳（即后来的汉明帝）回答道："吏受郡敕，当欲以垦田相方耳。河南帝城，多近臣，南阳帝乡，多近亲，田宅逾制，不可为准。"于是，光武帝便下令处罚了虚报垦田的地方官员，建武十六年（40）以河南郡为首，先后有郡太守十余人被连坐处死。

这一事件不仅显示了在东汉王朝南阳刘氏一族及成为朝廷高官的豪族们拥有一股不可忽视的势力，从王朝建立的过程来看，这同时还昭示了光武帝在面对这股势力时决心以至高无上的威严君临天下的姿态。

地方叛乱的再度爆发，源于地方官员强行调查耕地、户籍而引发的不满。这次叛乱以因被严格调查而丧失巨大利益的大地主即地方豪族为中心，并以脱离了国家权力统治的流亡无产农民为附加力量。他们在各地屠杀地方官员，当讨伐军队来时便即刻解散，军队离开后又迅速集结，这一情况在青州、徐州、幽州、冀州最为严重。

这些都是王莽末年以赤眉军为首的诸多农民军集结并

活跃的地区，可以认为，当时的叛乱中也有此前经历过农民起义的有经验者的参与。光武帝政权对这些叛乱集团采取的是分裂与怀柔的政策。只要叛乱者相互告发，告发者即可被赦免，而针对地方官员，也只有藏匿叛乱者的情况会被治罪，在其管辖境内爆发叛乱并不会被追责，若能镇压叛乱则为功臣，并且在平定叛乱后，也只是将主事者发配到其他地域，并配给耕地粮食令其耕作为生。这一宽大政策，明显来自深谙王莽末年农民起义力量之巨大的光武帝自身的经验。

恢复五铢钱

东汉王朝完成耕地调查和户籍调查后，巩固了对人民的统治，同时也确立了国家财政的基础，随后终于在建武十六年（40）恢复了原先的货币制度，开始铸造西汉武帝以来一直使用的五铢钱。

在经历了王莽时期混乱的货币制度后，东汉初期缺乏一个统一的货币体系，并且还有布帛和谷物等粗制滥造的货币在社会流通。这一政策确立后，国家制定的五铢钱再次成为通货。东汉王朝的内政由此得以完善，伴随着以武力统一天下，作为一个统一王朝的实体基本上形成了。

完善政治机构

东汉王朝彻底废除了王莽时期的政治结构模式，完全沿袭西汉制度。因此也同样采用了西汉的郡国制，但有一点不同的是，诸侯王、列侯的封邑都变得非常之小。例如，建武二年（26）正月封功臣为列侯之际，立功最高的梁侯邓禹和广平侯吴汉的封邑也仅限四县，其余小列侯仅得一乡一亭的封赏，甚至连诸侯王的封邑也未超过一郡。此外，被王莽废位的一部分西汉诸侯王，虽在光武帝即位后，被恢复了爵位，但在建武十三年（37）又被降格为列侯。从那之后，光武帝时期被封为诸侯王的

**图 103　提及复用五铢钱的
居延汉简***

＊ 将军、使者、太守讨论称，现在流通的货币质量低劣，分量不足，难以为政事所用，故遵照旧制复用五铢钱，以方便百姓生计。这应该是东汉初期的书简。

木简上的文字为"将军使者太守议货钱古（苦）恶小萃不为用政更旧制设作五铢钱欲便百姓钱行铢能"。

就只有与光武帝同族的南阳春陵刘氏一族，以及建武十五年先被封为公，又在建武十七年被封为诸侯王的众皇子。消灭公孙述政权的翌年（37），

图104 东汉时代的五铢钱*

* 引自《东亚钱制》。

365 位功臣或是封邑得到增加，或是被改封到其他地区，但是，列侯的封邑并未因此增大。诸侯王与列侯的封邑极小的现象，在光武帝之后也一直持续了下去。

作为政治最高责任人，中央政府设置了大司徒、大司空、大司马三公，时而还在三公之上设置太傅一职。之后，三公在建武二十七年（51）被改名为司徒、司空、太尉。然而，西汉中期，政治实权已经转移到尚书手中，这一情况延续到东汉。因此，太傅和三公通常会以"录尚书事"的名义，兼任尚书职务，以此掌握政治实权，但这已经是章帝以后的事情了。此外，西汉并存着掌管皇室财政的少府和掌管国家财政的大司农，到了东汉，少府被改为侍奉皇室生活的机构（掌管宫中御衣、宝货、珍膳等——译者注），其财政权被转移到了大司农身上。这一转变说明皇室财政与国家财政不再具有区别，而是被一并纳入了国家财政。

东汉与西汉的不同之处还在于，西汉属于大司农直接管辖的国家重要财政机关——盐铁官，到了东汉则被划归各自所在的郡进行管辖。这些改革基本上都实施于光武帝时期。

泰山封禅

完成复兴汉室、统一天下大业的光武帝，在位 33 年。而为他晚期统治增光添彩的是于建武三十二年（56）在泰山举行的封禅仪式。早在建武三十年（54），就有人向已经完成帝业的光武帝进谏应当举行封禅大典，而光武帝却称尚未拥有资格，未予同意。但素来信奉谶纬学说的光武帝，某日晚看到一个名为"河图会昌符"的图谶，有感于其谶文，终于决意于建武三十二年（56）三月在泰山举行封禅大典。这是向上天禀报皇帝的大业已经告成的仪式，自西汉武帝在泰山封禅以来，朝廷还是第一次举行如此盛大隆重的仪式。

这次封禅大典于三月二十二日清晨开始。首先在泰山山麓进行祭天仪式，之后由光武帝率领百官登泰山顶，登上设置于山顶的土坛，再亲自封纳刻有祭天祝文的玉牒。玉牒为厚 5 寸、长 1 尺 3 寸、宽 5 寸的简书，用称为玉检的玉制封盖将其盖住，缠绕五重金丝，以水银与黄金混合的封泥封口，再由皇帝亲自封藏于方 1 寸 2 分

的玉玺中。随后，用10块封石围住玉牒的上下四方，以
金绳捆绑，尚书令以5寸印进行封印。封纳玉牒的仪式
结束后，皇帝再拜，百官呼万岁。这样一来，封禅的封
仪便告成了。紧接着光武帝再率领百官下山，三日后即
二十五日，再于梁父祭祀后土（地神）。至此，封禅的
禅仪便完成了。

封禅大典结束后，光武帝于四月返回洛阳，改年号为
建武中元元年。同年，光武帝于洛阳建造明堂、灵台、辟
雍，中元二年（57）又于洛阳北郊营造祭祀后土的方丘。
如上文所述，南郊圜丘已于建武二年（26）建成，至此，
东汉王朝的礼制便彻底完成了。

图105　北京市北郊地坛公园内的方丘遗址*

＊ 这是清朝方丘的残余部分，方丘和圜丘在汉代以后被历代王朝
传承下来。

467

原本光武帝计划在明堂和方丘各举行盛大的祭祀典礼，然而他未能等到那天，同年二月，他于首都洛阳的宫殿迎来了人生的终点，享年 63 岁（《后汉书》本纪错录为 62 岁）。而就在一个月之前，北九州的倭奴国首次遣使朝贡中国，拜谒光武帝，并获得了"汉委（倭）奴国王"的御赐金印。

东汉王朝的发展及其对外关系

一 东汉前期的国内状况

明帝即位

中元二年（57）二月戊申（十五日），光武帝驾崩，即日皇太子刘庄即位。他便是汉明帝（58—75年在位）。如上所述，汉王朝的皇帝驾崩后，皇太子当日便会在其灵柩前被奉上皇帝玉玺，即位为皇帝，这种惯例称为"柩前即位"。这个仪式结束后才会举行皇帝的葬礼，翌年三月丁卯（五日），光武帝被安葬于洛阳北部的原陵。

光武帝有11位皇子，明帝是其第四子，母亲为阴皇后。起初，光武帝在河北迎娶了真定王刘扬的外甥女郭圣通，即位后将其封为皇后，但是建武十七年（41），光武帝废其皇后位，改立阴贵人。阴贵人是南阳郡新野县豪族阴氏之女，名为丽华，是年轻的刘秀（光武帝）在举兵前就已心仪的对象。据说，刘秀在长安游学时，路遇堂皇气派的执金吾（率禁兵保卫京城和宫城的官员）队列，曾发出"仕宦当作执金吾，娶妻当得阴丽华"的感叹。后来，光武帝即位后，马上迎娶阴丽华为贵人。所谓贵人，在后宫地位仅次于皇后。

明帝是阴皇后做贵人时所生的长子，名阳，但当时郭皇后已经生下了皇太子刘疆。起初被立为皇太子的刘疆，在郭皇后被废时，也被褫夺了太子位，改封为东海王，而皇子刘阳则被立为太子，并改名为庄。

明帝30岁即位，在位18年，永平十八年（75）驾崩，享年48岁。皇太子刘炟18岁即位，称章帝（75—88年在位）。章帝在位13年，于章和二年（88）驾崩，享年31岁。皇太子刘肇10岁即位，称和帝（88—105在位）。

光武帝统一天下之后，明帝、章帝、和帝这三代皇帝，特别是章帝统治时期是东汉王朝的全盛期。其间，无论皇权还是国政，都呈现出一片安定祥和。东汉王朝政治最为明显的特征是外戚专权、宦官横行和蛮族进犯，但这些问题都出现于和帝时期以后。而这一时期最值得瞩目的是佛教信仰的出现与楚王刘英的疑狱。

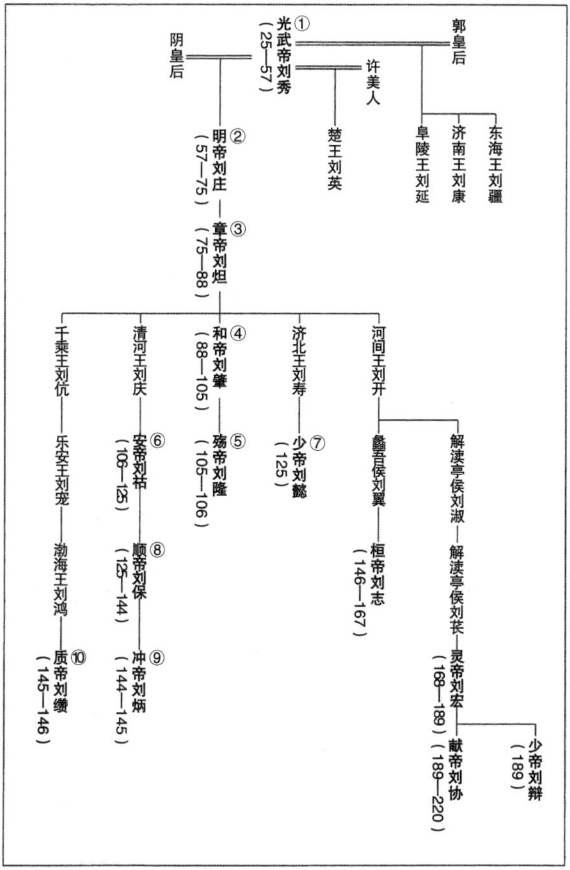

图 106　东汉王朝帝系

佛教信仰的出现

楚王刘英是光武帝与许美人所生之子，建武十七年

（41）被封为楚王，明帝还是皇太子时与其极为亲近。青年时代的楚王刘英偏好游侠，门下聚集了许多宾客，之后又开始尊崇黄老思想，并进行浮屠斋戒和祭祀活动。浮屠即是佛陀，祭祀浮屠为崇尚佛教的举动。

关于佛教传入中国的具体时间，存在诸多观点，诸如始皇帝时期、汉武帝时期、汉哀帝时期，此外，也有人认为东汉明帝遣使西域求取佛经才是佛教的开端，甚至还有一种观点认为，当时摄摩腾和竺法兰两位僧侣来到洛阳，致力于佛经的翻译。然而，这些观点都缺乏史料的证明，难以作为定论。但楚王刘英尊崇佛教是唯一不可否认的事实，因此可以确定，明帝时期皇族中已经出现了佛教信徒。

明帝于永平八年（65）颁布法令规定，凡被判死罪者可缴绢帛以免罪。就在此时，楚王刘英上缴了30匹绢布，称"托在蕃辅，过恶累积，欢喜大恩，奉送缣帛，以赎愆罪"。对此，明帝给楚王刘英的诏书写道："楚王诵黄老之微言，尚浮屠之仁祠，絜斋三月，与神为誓，何嫌何疑，当有悔吝？其还赎，以助伊蒲塞桑门之盛馔。""浮屠之仁祠"所指应为佛寺；伊蒲塞则是优婆塞（Upāsaka），即在家受五戒的男性佛教徒；桑门则是沙门（Śramaṇa），即僧侣之意。

这段逸闻反映出在那个以儒学为国教的时代，皇帝已经认可了佛教信仰，也就是说，当时儒学和佛教都与咒术相似，双方的存在并不互相排斥，不仅如此，皇帝诏书里已经出现了伊蒲塞和桑门这些梵语音译词语，这也意味着当时佛教在中国已经有了一定的普及。此外，楚王刘英身为藩王，为了赎罪而奉送缣帛，但当时并没有人指出他犯下罪行，因此这可能暗示了他这一举动与佛教罪障说有关系。

楚王刘英的疑狱

然而，楚王刘英却在五年后的永平十三年（70）以大逆不道之罪被告发，诸侯王之位遭到褫夺，被遣至丹阳郡泾县（今安徽省泾县），翌年自杀。其原因是，他与方士交好，制作黄金龟和玉仙鹤，又在上面镌刻文字制成符瑞（跟图谶一样能够预言未来）。当时，受到西汉末年潮流的影响，人们信奉图谶，认为上面昭示的预言拥有不可违抗的权威性。如上所述，光武帝自身也对其信奉有加。明帝也不例外。但图谶本是神秘之物，并不能人为制之。在那个神秘主义主导的社会，假若人为制作具有绝对权威的图谶，便能轻易操纵人心。而楚王刘英和方士共同制作符瑞，正属于这种行为，自然会被视为对国家的悖逆。与楚王刘英相同，济南王刘康（郭皇后第三子）及其胞弟阜陵王刘延（郭皇后第四子），也都因制作图谶而被治罪。

不过，楚王刘英一案最令人关注的是，被治罪的并不仅是楚王刘英和那些方士。关于楚王刘英本人，负责审理这一案件的机构虽然主张治其死罪，但明帝减轻了他的罪刑。然而尽管楚王刘英得到减刑，凡稍与楚王刘英有牵连的人，无论是亲戚诸侯抑或州郡豪族，甚至中央地方官吏，却全部遭到检举审问，其人数达到数千人之多。并且，其中还有千余人被判为死罪或流刑。甚至与楚王刘英毫无关联的人，只要对这一疑狱稍有微词，便会被视为阿附而同罪于楚王刘英。事件的处理方法让人觉得这是对于案件的一种异常的死追猛打。

这起疑狱，其背后究竟隐藏着什么？是表面亲近、背后却互相猜疑的兄弟间的帝位继承问题吗？还是如上述的那样，图谶这种神秘的事物在无形中让那些人卷入了是非？或者是楚王刘英所尊崇的佛教，其宣扬的金碧辉煌的彼岸世界给现世的当权者带来了对于未知的不安？天下统一、回归和平的东汉王朝的盛世发生了这样一起疑狱，或许如下文即将阐述的那样，体现着作为这个时代特征的礼教主义背后的阴影。

儒学普及和白虎观会议

东汉时代被称为礼教主义时代。这意味着在那个时代儒学得到推崇并获得普及，其思想中以"礼"为中心的

图 107　东汉刑徒墓 *

* 汉代刑罚主要为有期劳役，刑徒被发配到官厅从事劳动，其中许多刑徒在服刑期间死亡。1964 年洛阳市发现的这座刑徒墓多数为一坑一骨，还带有墓志，建成于安帝永初、元初（107—119 年）年间。其后，1972 年陕西省泾阳县又发现了西汉时期的刑徒墓，形式为一坑数骨，尸体上还佩戴着枷钳，参照图44。

人类道德作为一种社会规范开始为人们所尊崇。在礼教主义中培养起来的儒家涵养，在东汉末期的混乱社会中，孕育出了一批被称为清流的气节人士。在此，让我们首先从这一时代的儒学振兴谈起。

东汉时代，朝廷于建武五年（29）在首都洛阳设置太学。这所太学建于洛阳城开阳门外，讲堂临街 10 丈（约 23 米），纵深 3 丈（不足 7 米），规模并不算大。但当时太学里已有被称为博士弟子的学生，这些学生还因受到光武帝赏赐而远近闻名。

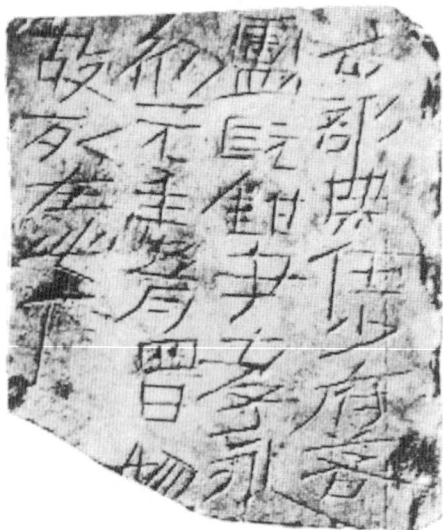

图 108　东汉刑徒墓墓志 *

＊“右部无任少府若灵髡钳尹孝永初元年五月四日物故死在此下”，多数墓志都这样记录了死者所属官厅、原籍、刑名、姓名和死亡年月日（1962 年出土于洛阳南郊刑徒墓）。

光武帝时期五经博士的情况如下：《易》有四家，《今文尚书》有三家，《诗》有三家，《礼》有两家，《公羊春秋》有两家，共设有十四位博士，而《春秋左氏传》和《古文尚书》则没有设置博士。与首都太学并行，各郡国也有可能设置了专属学校，但其详情目前尚无法判明。此外，明堂、辟雍的重要功能在于祭祀与教化。因此，光武帝末年建成明堂、辟雍时，便有人提出可废除太学的主张。最后，两者被认为各自发挥着不同的功用，因而并存下来。

东汉时代还有一个与官学并行、值得瞩目的教化设施，即地方设立的私塾。这种私塾早在光武帝时期就已出现，随着时代的发展，开始在各地盛行起来。地方学者和退隐的名士，在私塾招收弟子讲解经书。在私塾学习的弟子，少则数百人，多则数千人，例如，南阳郡湖阳县（今河南省唐河县以南）的名族樊氏宗族成员、光武帝姻亲樊宏之子——樊儵，便精通《公羊春秋》和《严氏春秋》，其门人弟子总计三千余人；此外，东汉末年被誉为大儒的郑玄门下也聚集了来自各地的弟子数千人。

随着儒学受到推崇、习儒者日益众多，学派之间的论争也日渐频繁，因此，对于统一经典的异同及解释的需求应运而生。第六章曾提及，西汉宣帝甘露三年（前51），人们在宫中的石渠阁举行了五经校订的讨论。此时，举行这种会议的必要性再次产生了。

于是，章帝建初四年（79），群儒应诏聚集到宫中白虎观，进行了关于五经异同的讨论，这就是所谓的白虎观会议。会议奏写了讨论结果的奏折，就是为后人所知的"白虎议奏"。现存《白虎通义》（又称《白虎通》或《白虎通德论》）的内容由班固编辑而成。

图 109　讲学画像砖 *

　　* 图中可见老师在中央讲学，弟子手执木简，右侧弟子腰间配有切削木简的小刀（四川省成都市出土，重庆博物馆藏）。

东汉时代的谶纬说

　　现存《白虎通义》中，对于诸如"爵"和"号"之类关于国家制度、在儒学经典中具有重要意义的项目，都引用了原典，并且做出了解释。然而注释的典据中纬书出现的次数非常之多，令人瞩目。进一步而言，纬书被引用于此处，具有与其他经典同等的权威性。第六章曾详述西汉末期纬书作为与经书具有同等权威的事物产生。而这一儒学风潮在东汉时代也被承袭，甚至还得到了强化。纬书与图谶关系相近，两者合称为谶纬。如上所述，在光武帝即位和封禅时，图谶（符谶）受到了极大的尊崇。并且，谶纬并不是仅在即位和封禅的场合下才受到重视。对于当时的儒家，光武帝也强制性地命令他们尊重谶纬。

例如，郑兴在被光武帝问到郊祀事宜时，面对着重视图谶、希望定夺郊祀事宜的光武帝，竟回奏道："臣不为谶。"光武帝因此震怒，当场质问："卿之不为谶，非之邪？"郑兴回："臣于书有所未学，而无所非也。"光武帝才总算平息了怒火。但是，这个"不为谶"的郑兴在此后就再也没有得到重用。

此外，儒者尹敏接到光武帝校定图谶的命令时，回奏道："谶书非圣人所作，其中多近鄙别字，颇类世俗之辞，恐疑误后生。"然而，光武帝执意要其校定，于是他在纬书的缺字部分补注了"君无口，为汉辅"的讽刺文字，之后也再未受重用。

另外，以著《新论》闻名的桓谭，对光武帝明言自己不读谶纬，因为谶纬非经，光武帝大怒，斥责桓谭"非圣无法"，要将其斩首。桓谭以头磕地直至流血，才被免去了死罪，被左迁为地方的郡副官后，忧郁成疾，在赴任途中病死。

由此可见，当时的儒者中也存在不承认谶纬的强硬人士，但光武帝不予认可，坚持让儒家采用这种学说，甚至在晚年的中元二年（57）下令将图谶颁布天下。

谶纬备受重视的现象，至明帝、章帝时期也未曾改变。上文提及的樊倏，在明帝永平元年（58）围绕郊祀该如何举办的讨论之中，根据谶记解释了五经的异同。此外，永平二年（59）明帝欲制定礼乐时，曹充就是依据谶纬奏请明帝将大乐官这一名称改为大予乐的，其奏请被采纳。

因此，对图谶的尊崇，一方面引发了上述楚王刘英的疑狱，另一方面使得在白虎观会议中使用纬书解释经义的现象变得理所当然。甚至连东汉末期的郑玄也使用纬书来进行经书训诂，可见谶纬说与儒家的结合并未止于东汉前期，一直波及后世。

礼教主义和选举制度

如上所述，东汉时代的儒学融合了谶纬这一神秘主义学说，形成了一种非理性主义体系。然而尽管如此，为何人们还将这个时代称为礼教主义时代，认为它是尊崇人伦秩序的时代呢？其中的一个原因在于，儒学思想中占据重要地位的"礼"虽然与谶纬说结合，但是，它同时也作为一种规范日常社会生活的典范而备受重视。此外，还须考虑到的是，这一问题与强制性推崇礼教主义的这个时代的官员选举制度之间的关系。

东汉时代的选举制度沿袭西汉，按照贤良、方正、直言、极谏、茂才（避光武帝名讳，将西汉的秀才改为茂才）、孝廉、有道等美德的分类，由中央公卿和地方郡太守、王国相官进行举荐。此外，还存在三公或其他高官直接选用幕僚的方式，这被称为辟召，以辟召任官的方式在之后有所增加。不过，这个时代自始至终最受重视的是孝廉。

孝廉的孝是指侍奉父母尽孝之人，廉则是指品行清正之人。郡太守等地方长官，在各自管辖区域内寻找符合要求的人推举到中央，被推举的人首先会成为郎官，然后被任命为中央、地方官员。

孝廉获得重视是在光武帝首次任命孝廉为尚书郎之后。建武十二年（36）始，朝廷规定官员每年必须推举廉吏，具体要求为大司徒、大司空、大司马三公各推举2人，光禄勋3人，中二千石1人，廷尉和大司农2人，统率军队的将军各2人，之后还进一步规定，各郡国的守相也要各自推举一定人数的孝廉。

然而，人数并没有根据郡国的大小来规定，不管是五六十万人口的大郡，还是20万人口的小郡，每年都推举2人。因此，和帝时期对此进行了改革，规定各郡国按郡国人口每20万人推举1人的比例来推举孝廉，人口不满

20万的郡国每两年推举1人，不满10万的郡国则每三年推举1人。这个推举比例之后又有所更改，但大致都以20万比1的比例作为基准，因此，南阳郡12人，汝南郡10人，颍川郡7人，全国每年合计有200多人被推举为孝廉。

一旦被举为孝廉，就步入了有望成为高官的仕途，因此，渴望出人头地的人们竞相行孝举以求认可，贯彻廉洁以提升名望。于是，孝廉成为社会人伦秩序的价值标尺，这就使后世认为当时的社会由礼教主义所主导。然而，被推举为孝廉的人，多数都是被郡县的地方官府录用为低级官吏的人，而其中大部分人又都是地方豪族子弟，因此从结果看，作为孝廉被推举到中央的，多数还是地方豪族子弟。

以孝廉这种道德为标准来采用官吏，反过来讲，就是用利益来引导道德的最终走向。因此，出现故意卖弄孝举、假装廉洁的现象，也就不足为奇了。例如，在父母墓旁搭建小屋，故意粗衣粗食服丧三年，以此来寻求旁人的认同；又如，故意谢绝他人的馈赠，甚至将自己的财产分给亲戚朋友，以此来追求名声。如此一来，被举为孝廉者中，就出现了在任官后行为不再符合孝廉标准的人。因此，之后到了顺帝（125—144年在位）时期，就把孝廉的推举年龄限定在了40岁以上。

气节之士与隐逸之士

因孝行或廉洁之举而获取的名声，一旦与仕途也就是与利益结合在一起，在有骨气的人士之中，反而就出现了不屑以此入仕的风气。这种风气表现为即使被举为孝廉也傲然拒绝的现象。当时，社会将这样的人尊为气节之士。但气节之士并不仅仅指拒绝仕途的人。除了尽孝之人、廉洁之人以外，对朋友讲信义、对仇敌大胆复仇的人，都被称为气节之士。因此，所谓的气节之士是指在国家秩序之外获得名望的人，或者在世俗荣辱之外发现人生之乐的人。

那些身处国家荣辱之外，不为贫富所束缚，过着闲适生活的气节之士，在当时社会中又被称为隐逸之士，或是逸民。《后汉书》中首次出现的《逸民列传》所记载的便是这些人的事迹。他们在王莽时期便不求为官，至东汉时期也同样不向往仕途。

例如，太原郡广武县（今山西省代县以西）人王霸，在王莽建立王朝之后，就"弃冠带，绝交宦"。光武帝即位时，召其入朝，他在谒见时却只称名，不称臣。自秦汉时代起，官吏和庶民面见皇帝时都不称姓氏，而是自称臣某。但王霸并没有称"臣霸"，而仅仅自称"霸"。有司问其理由，他回答道："天子有所不臣，诸侯有所不友。"

其后朝廷数次征召，他都始终没有应召入仕。他的行为以《礼记》中"儒有上不臣天子，下不事诸侯"为由，根据经典使朝廷认可了他的逸民身份。

这些隐逸之士在光武帝时期就已经引起了人们的瞩目，礼教主义被强化后，他们更加反感它的世俗化，越来越多的人归隐而去，在山中闲居，诵书赋诗，垂钓逍遥。而这种倾向在西汉时代是十分罕见的。这种现象的原因在于，东汉时期开始出现天下分为国家内部和外部、天下大于国家的思想。可以说，这体现出同为统一帝国的东汉王朝与西汉王朝在世俗上的不同特征，而这一不同特征正是引导出东汉末期以后的中国历史的新特征的开端。

东汉前半期的文化

上述的时代风潮中，还有另一个值得注意的特征，那就是在这个相对稳定的时代，出现了许多对后世影响深远的著作和发明。此处，列举几个例子。

首先在这个时代，出现了与西汉司马迁的《史记》相媲美的著作，那就是班固的《汉书》。早在光武帝时期，班固的父亲班彪便想为西汉一代著述一部史书，可夙愿尚未达成便离世了。于是，班固为完成父亲遗志开始著史，其间被人告发他非史官却擅自著述史书。但明帝在御

览了他的文章之后，又令其继续著述。从永平年间
（58—75 年）开始，班固用了二十余年时间埋头著述西汉
历史。永元四年（92 年）班固因冤案死于狱中，当时所
著《汉书》的志类等尚未完成，后来由他的妹妹班昭补
充完整。这便是流传至今的一百卷《汉书》。

当时，还有另外一位人物以独特的思想撰写了 85 篇
共二十余万字的《论衡》，试图解释事物本质，分析当时
的社会现象。这部著作的作者叫王充，他最初师从班固之
父班彪，后回到故乡会稽郡成为郡吏，因与旁人意见相左
而辞去官职，其后闭门不出，与世隔绝，埋头从事创作，
结果创作出了这部《论衡》。该著作展现出著者在东汉时
代独具特色的思想，至今仍受到很高的评价。王充于和帝
永元年间（89—105 年）去世。

除此以外，还有中国首位建立了汉字文字学体系，对
汉字字体及其原义做出了解释的许慎。其著作《说文解
字》被其子许冲于安帝建光元年（121）九月进献给朝
廷。在《说文解字》中，许慎提出了汉字造字和字义的
六种法则。

所有汉字都根据象形（模仿事物外形创造文字，例
如：日、月、山、川）、指事（利用线和点等笔画表现事
物性质创造文字，例如：一、二、上、下）、会意（将两
个以上的文字拼成意义不同的一个文字，例如：明、

信）、形声（将两个文字拼成一个文字，取其一半为音，另一半为义，例如：江、河、枝、枯）、转注（部首相同，改变其他构成部分创造意义相近的文字，例如："考""老"都为高龄之意）、假借（当一个事物有音指而无文字时，则使用同音文字来指示该事物，例如："向"原本是窗户之意，后将其用来指"朝向"；"考"原是高龄之意，后用来指"思考"；等等）这六种造字法则被称为"六书"。然后，许慎又从字形、字义、字音等方面解释了当时普遍使用的汉字，计 10516 字。正因这本《说文解字》一直流传到了今天，人们才在解读殷代甲骨文和殷周青铜器铭文时，有了可供借鉴的工具。

上文提及，当时的文字是写在竹木简或绢帛上的。但木简过于沉重，绢帛又过于昂贵。为摒弃这些不便，和帝时期的宦官蔡伦发明了纸张。他将树皮、麻头、古布、渔网等混合起来制成纸张，并于元兴元年（105）进献给朝廷，此后，这种纸被称为蔡侯纸。但最近的学说则认为，纸张早在蔡伦以前便已存在，而他只是发现了更为简易的制作方法。

与蔡伦的发明同样值得瞩目的还有张衡发明的浑天仪和候风地动仪。张衡是安帝时期的人，去世于顺帝永和四年（139），享年 62 岁。他作为文人也颇具才华，所作《两京赋》广为人知，同时他还精通天文、阴阳、历算，

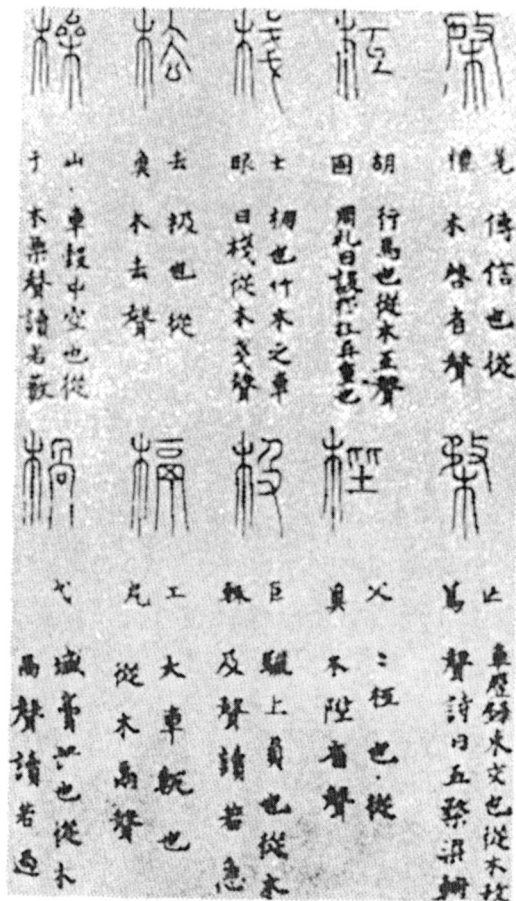

图 110　唐写本《说文解字》木部残简 *

* 现行本《说文解字》是由五代宋初的徐铉、徐锴兄弟
校订的大徐本、小徐本，木部残简是展示更早时期《说文解
字》形态的珍贵资料。

发明了新的天体运行模型，其方法也一直流传到后世。

如上所述，东汉前半期出现了中国文化史上令人瞩目的大量著作和发明。

二　匈奴与西域的进犯

匈奴的分裂与来降

如第六章所述，西汉王朝和周边民族的关系，因王莽的对外政策而急剧恶化，东汉王朝建立之后，这些关系也未能迅速得到改善。特别是匈奴，自恃王莽王朝的灭亡全应归功于匈奴在北方的牵制，因此对东汉王朝态度极其傲慢。并且，如上文所述，他们还暗地支援了光武帝所要讨伐的彭宠和卢芳。建武六年（30），光武帝遣使到匈奴和亲，但匈奴再次从北边进犯，两者的关系很难称得上和睦。

而改变这种关系的契机则是匈奴的内部分裂。呼韩邪单于之孙——统领匈奴南部与乌桓的日逐王比，因未能当上单于而心怀不满，从建武二十三年（47）起与东汉王朝联络，并于翌年沿用祖父称号自立为呼韩邪单于，归降东汉。匈奴因此分为南北两部，日逐王成为南匈奴单于，在汉廷的庇护下与北匈奴单于展开了斗争。

对此，遭到孤立的北匈奴，决定与汉廷和亲削弱南匈奴的势力，于是在建武二十七年（51）遣使到东汉。东汉朝廷就是否接受和亲展开了廷议，但并没有马上得出结论。此时，皇太子（后来的明帝）主张，若与北匈奴和亲，南匈奴很可能会就此疏远。于是，朝廷决定拒绝北匈奴提出的和亲。然而，北匈奴并未因此打消与汉廷和亲的意向，翌年再次派出和亲使者。此时的东汉朝廷中，臧宫和马武等人主张借此机会一举歼灭北匈奴，但光武帝未予同意，而采纳了司徒掾（大司徒府的属官）班彪（班固、班超之父）的建议，不予和亲，只以怀柔政策赐予其绢帛等物。

明帝时期，北匈奴进犯汉帝国北境，却被南匈奴击退。于是，北匈奴又于永平六年（63）再次遣使与汉廷和亲。和帝为了防止北匈奴再度进犯，同意了和亲，并于永平八年（65）派遣使者出使北匈奴。但是，南匈奴怀疑汉廷与北匈奴勾结，遂背离了汉朝，与北匈奴结交。东汉王朝得知这一剧变，马上在五原（今内蒙古鄂尔多斯一带）设置度辽营，令黎阳营、虎牙营人马驻扎在此，切断了南北匈奴的交通。然而，北匈奴并未因此停止对北境的进犯，致使东汉王朝不得不同时提防两者。

西域之路的重开

王莽时期西域诸国纷纷背叛，朝廷却无余力顾及，于是匈奴势力很快发展壮大起来，西域诸国都对其臣服，唯独莎车没有归顺匈奴。于是，光武帝将莎车王封为西域都护，但之后又降其为大将军，莎车因此背叛汉廷，先后攻占了鄯善和龟兹等周边国家。于是，鄯善、车师、龟兹等国也归顺了北匈奴，以回攻莎车。

至明帝时期，于阗日渐强大，一举歼灭了莎车后，又降服了天山南道十三国，与此同时，鄯善、车师的势力也开始壮大，但这些国家以及北道的龟兹、焉耆等国的势力都在北匈奴之下。另外，帕米尔高原以西，自西汉以来就存在大宛、康居、大月氏、罽宾、安息等大国。其中，在分裂为五个翕侯的大月氏，贵霜翕侯兼并了其他翕侯，统一了大月氏，接着又降服了安息、罽宾两国，成为贵霜国王。这就是后世所谓的贵霜王朝，但是东汉则始终称其为大月氏。尊崇并致力于传播佛教的迦腻色伽（Kaniṣka）王，便来自这个王朝。

从明帝时期起，东汉王朝开始积极进出西域。永平十六年（73），将军窦固为进攻北匈奴向西北行军时，派遣部下班超出使西域，便是其开端。

班超是班彪之子，《汉书》著者班固的弟弟。他首先奔赴鄯善，因在那里偶遇北匈奴使者，便率领为数仅36人的随从士兵夜袭了他们，并将北匈奴使者统统杀尽，见汉人如此威猛强势，鄯善便归降了汉朝。所谓"不入虎穴焉得虎子"，便是班超袭击匈奴使者时说的话。同年，班超继续前往于阗，逼迫于阗斩杀北匈奴使者，使其降服汉廷。由此，以于阗为中心的天山南道诸国便尽数归降，天山南道的西域交通道路再次开启。此时距离王莽篡权、西域诸国背叛，已经过去了 60 年。

此时，天山北道区域仍旧在北匈奴的势力影响范围之中，龟兹王便以北匈奴为后盾，将势力一直扩张到西方疏勒，并在那里将龟兹人立为新的疏勒王。于是，班超便先赶往疏勒复立旧王，并使其归顺汉廷。另外，窦固又与耿秉开始进军北道，直指车师。当时，车师分为前部和后部，汉军首先击溃后部，顺势迫使前部归降。就这样，永平十七年（74），北道诸国再次成为汉廷属国。于是，西汉时期的西域都护和戊己校尉（戊校尉和己校尉）的设置得以恢复，西域再次回到两者的治理之下。

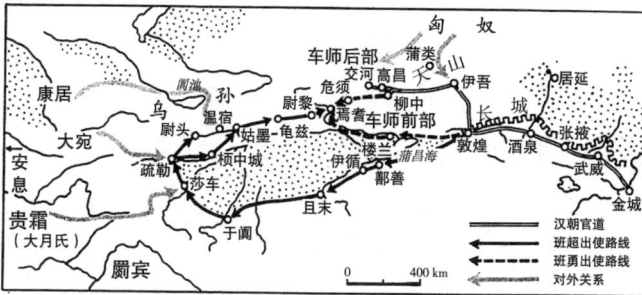

图 111　东汉时期的西域（73—127 年）

班超的西域之治

然而，永平十八年（75），焉耆、龟兹很快再次反叛，攻杀了西域都护，车师后部也联合北匈奴将戊己校尉包围。并且，这一年因明帝驾崩，章帝即位后，无法派出援兵。结果西域诸国再次纷纷背叛汉廷。此时，在疏勒孤立无援的班超，于建初五年（80）上书乞求援军，虽然得到的援军仅有千人，但他一直镇守住了其周边地区。但是，元和元年（84），疏勒王也起兵反叛，班超率兵讨伐，但由于帕米尔以西的康居派兵支援疏勒，班超迟迟未能将疏勒镇压下去。

于是，他找到与康居交好的大月氏（贵霜王朝）进行交涉，说服大月氏劝走了康居援军。疏勒王只得又一次归降班超。班超又率领疏勒、于阗军队进攻莎车，击退了前来支援的龟兹军队，再一次恢复了汉廷在西域诸国的权威。

西域诸国归顺汉廷后，北匈奴的势力遭到削弱。北匈奴还同时遭到南方南匈奴、北方丁零和东方鲜卑的挤压，势力不断削弱。因此，北匈奴于章和元年（87）发生内部分裂，其中58部28万人归顺了汉廷。借此机会，南匈奴向汉廷请求进攻北匈奴，但朝廷决定亲自出兵，于和帝永元元年（89）派遣窦宪率军进击。

窦宪是东汉初期在河西（武威、张掖、酒泉、敦煌等诸郡）自立、后归顺光武帝、被拜为大司空的窦融的曾孙，而班超的长官窦固则是窦融弟弟之子。同时，窦宪的妹妹又是章帝的皇后，和帝时期被封为皇太后。作为外戚的窦宪当时已经犯下死罪，出击匈奴的目的就是抵罪免死。

但窦宪的出击意外地获得了巨大成功，降服了北匈奴81部20余万人，他在燕然山立下记录战功的石碑后，班师回朝。凯旋的窦宪不仅被免除了死罪，还被封为大将军。翌年（90），他出击西域，再一次让车师前后两部归顺了汉廷，又乘胜进攻北匈奴。这次战斗中，北匈奴单于败走，失去踪迹。由此，北匈奴势力衰退，西域方面也不再受北匈奴的影响。窦宪虽然因这次胜利权震朝廷，却在两年后的永和四年（92）因图谋暗杀和帝的罪名，被投入牢狱，后被赐死。

随着北匈奴的衰落，班超治理西域就没有了来自北方的威胁，但是新的危机又在西方滋生——大月氏（贵霜王朝）入侵而来。如上文所述，大月氏起初应班超的请求，劝退了康居对莎车的支援，其后因要求汉公主出嫁遭到拒绝，两者关系开始恶化。

永元元年（89），大月氏率领7万人马越过帕米尔进犯，在疏勒包围了班超。班超手下部将无不惊恐失措，但班超知道远道而来的大月氏军队必定粮草匮乏，便决定死守城池。正如班超所料，大月氏粮草耗尽，最终逃回了西方。此后，大月氏开始向汉廷朝贡。

由此，班超基本完成了西域的统一，永元三年（91），西域都护的设置再次恢复，班超便被任命担当此职，之后他又将治所从疏勒转移到了龟兹。当时，西域诸国还有焉耆、危须、尉黎三国尚未归顺，班超便率领龟兹、鄯善等八国军队降服了这三国。帕米尔以东的西域诸国，终于全部归顺汉廷。

图112　手持武器的骑马士兵铜制随葬品*

* 士兵手执的武器从右起分别为钺、矛、戟（1969 年出土于甘肃省武威县东汉墓）。

甘英出使大秦国

如上文所述，在帕米尔以西地区，大月氏（贵霜王朝）已经与汉交好。继而安息（帕提亚帝国）也派出使节与汉建交。班超从安息人口中得知安息的西方还有一个名为大秦的大国，并且这个国家也通过安息的中转实现了与汉帝国的商品流通，于是，他决定与大秦直接建立往来关系，于永元九年（97）派遣部下甘英出使大秦。

甘英穿过安息到达条支，想从那里渡海前往大秦。可是安息西部边境的船夫告诉他，去大秦顺风要花三个月，无风则要花上两年，于是甘英放弃了这一想法，原路折返。

这是中国首次得知大秦的存在。可是甘英到达的海域究竟是哪里，至今依旧众说纷纭，难有定论。原因在于，条支和大秦的位置也都尚未得到证实。有一种观点认为，大秦是罗马帝国领土东部，而条支则位于美索不达米亚地区；另一种观点认为，大秦其实就是罗马帝国，而条支则位于叙利亚地区。根据前者，甘英到达的大海便是叙利亚海湾地区，根据后者则是地中海东岸。但无论真相如何，我们都可得出这样的结论：当时连接汉与罗马的"丝绸之路"已然被打通了。

班超赴任西域后31年，终于在永元十四年（102）按照本人的愿望和妹妹班昭的请求，回到了洛阳。当时的他已年届71岁，并于同年病逝。

三通三绝

班昭回到洛阳后，西域再度出现动荡，东汉朝廷中，放弃西域的言论开始升温，永初元年（107），西域都护再次被取消，各地的屯田兵也全部撤回。以此为契机，暂时衰退的北匈奴又将势力扩张到北道区域，大月氏（贵霜王朝）的势力也已伸展到南道区域。面对这一状况，汉廷的西域治理论再次兴起，最后班超之子班勇被任命为西域长史遣往西域。

延光二年（123），班勇虽然仅仅带领 500 兵马屯驻柳中（吐鲁番附近），却于延光三年，先后降服了鄯善、龟兹、姑墨、温宿等部，击退北匈奴伊蠡王，并使车师前部归顺。延光四年（125），他又率领河西诸郡（敦煌、张掖、酒泉）等兵马 6000 骑，连同鄯善、疏勒、车师前部的军队一举击破车师后部，缴获马匹 5 万余匹，接着于永建元年（126）进攻北匈奴呼衍王，降服 2 万余人。永建二年，他率领西域诸国军队 4 万余人，从北道和南道两方面夹击焉者王，并将其降服。

在班勇的奋战之下，西域诸国再次归顺汉廷，但是当他撤兵后，诸国又一次背叛。也就是说，正如东汉王朝对西域的治理被称为"三通三绝"那样，东汉从未实现过对西域的长期统治。但这并不意味着西域通道一直重复开辟与闭锁。即使在东汉王朝势力撤出西域的时候，两者之间的商业往来也未曾断绝，通过西域诸国的中介，中国的物品被运往西方，西方的物品也进入中国，与此同时，从西方到来的还有与佛教相关的僧侣、佛典和佛具等。

此外，东汉后半期的桓帝延熹九年（166），自称大秦王安敦（推测为东罗马皇帝马可·奥勒留·安东尼·奥古斯都）使者的人，经由海路从日南郡以南来到中国。这有可能是因为东罗马帝国商人不满西域的陆地贸易被安息等中转国独吞利益，试图与中国直接建立贸易往来关系。因此，这一记录反映出东汉后半期中亚贸易的一部分情况，同时也证明建立在南海贸易之上的东西贸易的正式开启还需等待阿拉伯商人的登场。

三　羌族叛乱

先零羌叛乱

西汉以来，通往西域的交通要道南段，即现在的陕西省西部到甘肃省东部以及青海省东部的黄河上游山地里一直居住着藏族氐人，其也被称为羌族。西汉宣帝时期，赵充国所统领的西羌就是指这个羌族。而东汉时代屡次引发问题的也是此羌族。当时，羌族分为多个部族，其中最为活跃的是烧当羌和先零羌。

东汉时代，羌族首次进犯西疆发生在更始帝和赤眉军入主关中之际。其后，先零羌又于光武帝建武十年（34）进犯金城郡（今甘肃省东部）和陇西郡（今陕西省西部），十一年（35）再次入侵。当时的陇西太守马援，击溃了羌族的进犯，使其归降，并将该部族迁徙至天水（今甘肃省东部）、陇西、右扶风（今陕西省西部）三郡，归于郡县管辖。这就是羌族移居内郡的开端。

烧当羌叛乱

取代先零羌的烧当羌，以榆谷（今青海省西宁市附近）为中心不断壮大了势力，于是，明帝便于永平元年（58）派遣将军窦固、马武等人在西邗（今青海省东部）攻打其酋长滇吾，并将降服的 7000 名羌族人移居到三辅（今陕西省中部），两年后，滇吾与其子东吾也归顺汉廷。此时，东汉朝廷又承续西汉制度，设立护羌校尉（光武帝时也曾在某段时期设立过此机构）治理羌族，将治所设置在狄道（今甘肃临洮西南）。此后，护羌校尉成为实施治羌政策的机构。其治所经常依据不同时期的情况，转移到安夷（今青海省西宁市东部）、临羌（今西宁市西部）等地。

其后，烧当羌由滇吾之弟迷吾统领，继续反抗汉朝。章帝元和三年（86），迷吾和其弟号吾一同起兵叛乱，于章和元年（87）攻杀了当时的护羌校尉傅育。张纡继任护羌校尉后成功地降服了迷吾，但他又另设一计，邀请其他降服的羌族诸酋八百余人一同赴宴，蒙骗他们喝下毒酒，看准他们痛苦万分的时机，唤出伏兵将他们残杀殆尽。迷吾

等人也被杀害，其首级被供奉在傅育墓前。这一计谋令羌
族人怒不可遏，他们在迷吾之子迷唐的率领下蜂拥而起。

迷唐首先在陇西郡大行劫掠，被陇西太守击退后，又
纠集当时已经归顺汉朝的北方诸族以扩张势力。从那以后
的十多年间，迷唐统领的羌族不断重复着归顺和反叛，历
任护羌校尉都未能将其彻底降服。

和帝永元十二年（100），周鲔出任护羌校尉，他抓
住羌族内乱的好时机，率领诸郡官兵及归顺的羌族、匈奴
士兵共计 3 万人，攻打迷唐，使其大伤元气。当时降服的
6000 多人被移居到了汉阳（今甘肃省东部）、安定、陇西
诸郡。最终迷唐统领的烧当羌仅剩不足千人的势力，迷唐
也于不久后病死。烧当羌的领地，之后被设置为汉的屯
田，而那以后当地再没有出现羌族的叛乱。

图 113　羌族叛乱

移居羌族蜂起

然而对于东汉王朝而言，更大的危机则来自归顺后移居内郡的羌族的叛乱。羌族被分散移居到三辅、陇西、天水、安定、汉阳、金城等诸郡之后，被郡县官吏及地方豪族欺压、任意驱使。不久后，羌族多年的积怨爆发了。其导火索是在安帝永初元年（107），朝廷对居住于金城、陇西、汉阳诸郡的羌族人发出征兵令，令其组成西域远征军。当他们跋涉至酒泉时，终于一举叛乱，四散逃亡。而汉郡兵为了阻止他们的逃亡，对他们在汉的居所施行暴掠，这又迫使留在诸郡的羌族人也开始逃离并参与叛乱。统率羌族新叛乱的是先零羌分支的酋长滇零。他们伐竹木制作成矛，身负案板当作盾，使用铜镜反射日光伪装成持有兵器，成功地阻断了陕西通往西域的道路。

对此，朝廷下令车骑将军邓骘（邓禹之孙，邓太后之兄）和征西校尉任尚，率领5万人马进行讨伐，但第二年（108）春，邓骘军队反被羌族击溃，同年冬，任尚军队也被滇零率领数万羌族人重创。

大败汉军之后，滇零自立为天子，召集四方羌族人攻打东部，在三辅至赵、魏（今河北省南部、河南省北部）一带大肆劫掠，甚至入侵了南方的益州（今四川省）。如上节所述，永初元年（107）以后，西域都护被废止，汉帝国放弃了对西域的治理。这与内郡爆发羌族大规模叛乱不无关系。

羌族的内郡劫掠与沿边郡治的撤回

在此之后，羌族的入侵连年不断。永初三年（109），汉讨伐军在三辅惨败。四年，汉中郡遭到入侵，汉军再次败北。五年（111），羌族最终侵入河东（今山西省南部）、河内（今河北省北部的黄河北岸地区），汉朝廷上下惊慌失措，慌忙下令在魏郡（今河北省临漳县以西）、赵国（今邯郸县西南）、常山郡（今正定县附近）、中山郡（今定县附近）紧急建造坞候（土墙围筑而成的防御设施）616 座。

然而，位于西方边境的郡县却无意与羌族交战，前一年金城郡治（郡治意指郡太守的治所）已迁移到陇西郡内的襄武（今甘肃省陇西县东南），这一年，陇西郡治也从狄道（今甘肃省临洮县西南）迁往襄武，安定郡治迁至右扶风美阳（今陕西省武功县西北），北地郡治迁至左冯翊的池阳（今陕西省三原县西北），上郡郡治也撤退到了衙（今陕西省白水县东北）。与此同时，农民们也被迫撤离，违抗者一律被捣毁家宅，所有农作物尚未成熟便被收割弃置。那些不得不迁往内郡的农民，大多死在撤离途中，有些则沦为土豪的奴隶。

在这样的局势下，汉民也开始反叛朝廷投奔羌族。汉阳郡的杜琦和杜季贡兄弟以及同郡的王信等人，便是其中一批。杜琦之后被汉阳太守派出的刺客暗杀，他的弟弟杜季贡则成为滇零羌族政权的有力部将。永初六年（112），滇零去世，其幼子零昌继承天子位，由狼莫辅佐。

对羌反击与财政枯竭

永初七年（113），骑都尉马贤出征羌族后，汉王朝终于重整旗鼓，由守势转为攻势。马贤对羌族的讨伐一路告捷，元初二年（115）他被任命为代理护羌校尉。而同年被任命为中郎将的任尚，则于元初三年攻打了将大本营驻扎于北地郡（今甘肃省环县以南）的零昌，擒杀其妻儿，四年又收买羌族别部，刺杀了零昌和杜季贡。之后，他与马贤汇合，击破了辅佐零昌的狼莫的军队，五年又派刺客暗杀了狼莫。

由此，先零羌的反叛被全部镇压，三辅、益州终于被从侵寇手中解放出来。然而，这一长达 12 年的羌族叛乱，造成东汉王朝 240 多亿钱的军费支出，国家财政陷入困境，并州、凉州二州荒废。此外，讨伐军统帅任尚在这一年与皇太后堂弟争功，又虚报斩杀羌人的数量，接受贿赂超过千万钱，最终被判处了死罪，其田产、奴隶，金银也全部遭到没收。

王朝衰微的征兆

再反观羌族其后的活动，零昌、狼莫等人被刺杀后，元初六年（119）以后，勒姐羌、陇西羌、当煎羌、烧当羌、沈氏羌、虔人羌、巩唐羌等各部羌人先后叛乱，连年寇掠张掖、武威等西域要地，但每次叛乱都被护羌校尉马贤等人击退或降服。顺帝永和四年（139），马贤转任弘农太守，翌年羌族联合军进犯三辅时，又被任命为征西将军，率领 10 万人马讨伐羌族，与其子双双战死于永和六年。

这次羌族联合军的叛乱规模较大，入侵关中的巩唐羌3000 余骑在长安附近劫掠，烧毁西汉帝陵，斩杀郡县长官。其后，这支羌族联合军又连年劫掠，最后因永嘉元年（145）5 万余户归顺汉廷，才稍有收敛。从永和元年（136）到永嘉元年的 10 年间，朝廷讨伐羌族的支出又达到80 多亿钱，但其中大部分都落入了率军讨伐的诸将之手。

此后，羌族各部依旧叛乱不绝，其劫掠活动一直持续到东汉末期。作为讨伐羌族的将领，皇甫规、张奂、段颎等人的事迹都被记录在《后汉书》列传中。羌族的进犯贯穿整个东汉王朝，不仅让内郡百姓苦不堪言，也让中央朝廷极为烦恼，更破坏了国家财政的稳定发展，尤其在和帝以后更为猖獗，折射出东汉王朝衰微的景象。

四　东亚周边诸民族的动向

交趾叛乱——征侧、征贰姐妹

西汉武帝时，曾为汉王朝外藩的南越国灭亡，朝廷在其原址设置了九郡（参照第四章）。当时，位于现在越南的地区设有交趾、九真、日南等郡，由朝廷分别派遣太守治理。西汉末年的交趾太守是锡光，他在王莽篡政时并未依附他势，而是在地方自立。建武五年（29），光武帝平定江南时，锡光归顺朝廷。此后，东汉便向此处派遣刺史和太守，再次将其收为直属地。

然而，建武十六年（40），以交趾一带为中心的地区爆发了一场大规模叛乱。叛乱的首领是征侧、征贰姐妹。这对姐妹出身于交趾郡麊泠（麊泠）县（今河内市西北约20公里处），其父是当地的雒将（当地世袭首领）。姐姐征侧当时已是朱鸢县（今麊泠县西部约20公里）人诗索的结发妻子。由于她性格过于勇猛，交趾太守苏定设法将其擒拿。于是，征侧便决定举兵叛乱。

此次叛乱爆发的原委尚不清楚，不过从征侧身为女性，并且是雒将（当地世袭土酋的名称）之女的身份，以及交趾太守欲将其擒拿的事实来看，可以推测，汉王朝地方官员此前一直所承认的越人（越南人）风俗习惯中特有的土豪女性社会地位和行动与东汉派遣的交趾太守的施政方针，也就是汉律（汉王朝的律法）的统治方针出现了冲突。假若这是原因所在，那么此次叛乱便是郡县制之下的外族统治矛盾引发的。

此次叛乱迅速扩大，九真、日南、合浦（雷州半岛）的越人纷纷响应，约有 65 城的越人参与了叛乱。由此也可推断，此次叛乱的本质是原住民族对汉朝郡县统治的抵抗。征侧得到广大越人的支持，被拥立为王，定都麊泠。也就是说，被支配民族的独立政权诞生了。

东汉王朝得知此事后，下令长沙、合浦、交趾各郡集结车马舟船，修缮道路桥梁，储备军粮，为讨伐军的出击做准备。建武十七年（41），朝廷任命马援为伏波将军，伏乐侯刘隆为副将，再佐以楼船将军段志，对征侧姐妹发起远征讨伐。将军段志在远征途中于合浦病死，马援则率领远征军沿海岸南下，在广西西部一带登陆进入山林，于建武十八年（42），到达交趾郡，于浪泊（红河下游）与叛军展开交战。

马援击破叛军后，乘胜攻陷叛军首都麊泠，征侧、征贰逃往禁谿（河内西部），又持续抵抗了一年。建武十九年正月，远征军击杀征侧、征贰姐妹，将二人首级送往洛阳。

征侧、征贰死后，叛军依旧以九真郡为中心继续顽抗。马援率领大小 2000 余艘战船和 2 万余士兵攻打九真郡，大破叛军，斩首、虏获 5000 余人。征侧、征贰发起的叛乱终于被镇压，建武二十年（44），远征军凯旋洛阳。但是，参与这次讨伐的四五成军士都在远征途中死于南方的水土不服。

在此次远征中，马援将交趾、九真地区的大县分割为两县，实施行政区划改革，修缮郡县城郭，又开凿灌溉水路，振兴农业生产。此外，他还列出越人习俗与汉朝律法相矛盾之处十余条，约定重开旧制，尊重越人习俗。从这些方面来看，马援的镇压叛乱方针，一方面以武力镇压反抗力量，另一方面尊重外族风俗习惯，致力于郡县制的完善与贯彻。

此后，东汉的郡县制统治，依旧存于越南地区。但尽管如此，纵观整个东汉时代，越人的小叛乱始终不断，一直持续到三国时代。由此可见，汉王朝对外族实施的郡县制统治始终存在矛盾和局限性。

乌桓与鲜卑

东汉统一中国时，东北边境上居住着乌桓、鲜卑、高句丽、夫余、濊貊等民族。

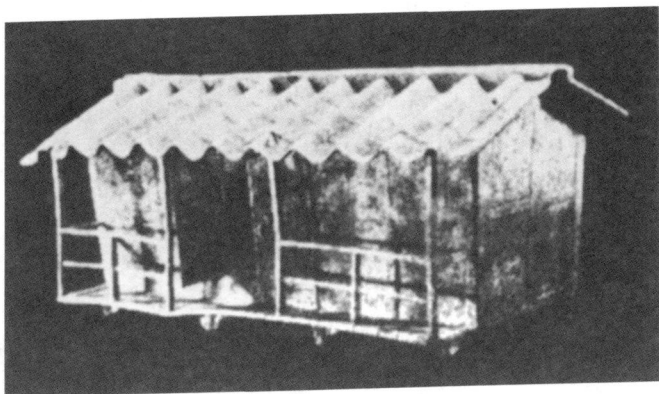

图 114　铜屋 *

* 还原了汉代南方房屋的状态。规格为 37. 3 厘米 × 79. 3 厘米 × 42. 7 厘米，重 34. 14 千克（广西壮族自治区合浦县西汉墓，1971 年出土）。

　　其中，乌桓和鲜卑被合称为东胡，依附于匈奴，过着狩猎游牧生活，但从王莽时代到东汉初期，匈奴势力逐渐壮大，东胡也经常跟随匈奴劫掠北部诸郡。乌桓早在西汉时代便已闻名，与西汉王朝也时有往来，而鲜卑在这一时期首次出现在历史舞台之上。

　　对此，建武二十一年（45），朝廷派上一年刚从交趾凯旋的伏波将军马援讨伐乌桓，又令辽东太守祭肜攻打鲜卑。但马援军的行动被乌桓事先察觉，不但毫无战果，撤退时反遭追击，受重创而败退。而祭肜军则击溃鲜卑，使其一蹶不振。

　　建武二十四年（48），局势却发生巨变。如上文所述，匈奴内部发生分裂，日逐王比归顺了汉廷。以这次分裂为契机，乌桓、鲜卑先后脱离匈奴，归顺汉廷。建武二十五年（49），辽西的乌桓首领郝旦等922人各自率领部下归顺汉廷，鲜卑也首次向汉廷朝贡。东汉朝廷将前来归顺的乌桓首领等81人封为侯王、君长，令他们在内地沿边诸郡定居，其后又向乌桓和鲜卑供给衣食。同时，朝廷采纳班彪的建议，恢复西汉时代的乌桓校尉，以治理归顺后的乌桓。

就这样，乌桓、鲜卑归顺了东汉王朝，之后，明帝、章帝时期，朝廷与这两族都没有发生纷争。但到了和帝时期，东汉与这两个民族的关系再次恶化。事件发端于上述窦宪讨伐北匈奴成功、北匈奴单于率领10万人马逃亡鲜卑之际。

势力壮大的鲜卑，开始侵犯汉的北部诸郡，安帝永初三年（109），乌桓又与南匈奴联合，以7万骑兵进犯五原一带。汉守兵起初大败，但凭借车骑将军何熙和度辽将军梁慬的出击，成功将进犯者击退。但此后，乌桓、鲜卑并未就此归顺，汉东部辽东一带和西部五原一带一直笼罩在异族寇掠的阴影之下。

顺帝永和元年（136），南匈奴左部首领吾斯，背叛汉廷，拥立单于，与乌桓一同进犯北部边境。此时，汉将居住在洛阳的南匈奴一族首领立为单于，并于汉安元年

（142）将其派遣至北方，令其攻杀吾斯，降服乌桓。据记载，此次降服的乌桓族人多达 70 余万人。乌桓势力由此衰退，而一直被乌桓压制的鲜卑势力则再次抬头。

此时，统一鲜卑诸部族并建立了强大统一国家的是檀石槐。他被拥立为部族大人（首领）后，先后降服周边诸部，最终统一了鲜卑。最后，他所支配的领域东及夫余、濊貊，西接乌孙，东西横亘 14000 余里，南北跨越 4000 余里，将过去匈奴的领地全部收入囊中。

北方大国的出现令东汉王朝大为震惊，于是，桓帝（146—167 年在位）便赐予檀石槐印绶，为其册封。但檀石槐拒绝了汉廷的册封，仍旧连年寇掠北部边境。东汉王朝苦于异族侵犯，于灵帝（168—189 年在位）熹平六年（177）派遣大军三路出击，最后却惨败而归。

檀石槐于光和年间（178—184 年）去世，其子和连继承了大人位。当时，乌桓和鲜卑尚未出现世袭君主制，每次都由族人推举勇猛有人望的族人为大人，檀石槐之子的即位则开启了世袭制的先河。但此后，鲜卑再也没有出现像檀石槐那样的有能力之人，由他统一的部族逐渐分裂，鲜卑国最终解体。

高句丽的发展

鲜卑以东的民族是夫余和高句丽。如上所述，高句丽早在西汉末期就得到了汉王朝的册封，但在王莽时代被降格为侯，名称也被改为下句丽。至东汉时代，光武帝建武八年（32），高句丽再次向东汉朝贡，国王名号得以恢复。

被东汉王朝恢复了王号的高句丽，从此成为东汉帝国的外藩。其后的建武二十三年（47），一万余高句丽人归属乐浪郡。他们大概都是从高句丽内部脱离出来移居此处的。

然而，公元 2 世纪以后，高句丽也开始侵寇辽东郡（今辽宁省辽阳市以北）和玄菟郡（今辽宁省新宾县以西）；和帝元兴元年（105），侵入辽东郡，被当时的太守耿夔击退；安帝永初三年（109），高句丽遣使向东汉朝贡，但又于两年后的永初五年（111）联合濊貊侵寇玄菟郡。

此后，高句丽又接二连三进犯辽东、玄菟两郡，烧毁城郭。于是，东汉王朝发动东北诸郡人马，偕同夫余王的援军，将其击退。由于高句丽的侵扰，玄菟郡在安帝时期将郡治向西迁移至沈阳市东北。从这些史实可推断，高句丽在不断发展壮大其势力的同时，与同族的夫余国也存在抗争关系。

相传，此时高句丽的国王叫宫。在国王宫去世的安帝建光元年（121），东汉王朝展开了是否要趁此机会讨伐高句丽的讨论，尚书陈忠反对这一提案，主张派遣慰问使节劝其来降。安帝采纳了他的意见，翌年，继承高句丽王位的遂成，遣返了汉军俘虏，前往玄菟郡归顺汉廷。

随着国家实力的不断发展，高句丽将首都迁往鸭绿江中游的丸都（今吉林省集安市），借此对乐浪郡施加压力，至质帝、桓帝时期（145—167年），又制造了入侵乐浪郡掠走乐浪太守妻儿的事件。然而东汉时代，乐浪郡守备严密，高句丽也只能对其望而却步，其势力最终仅止于朝鲜半岛北部。

图 115　丸都城外的古墓群*

* 此处的丘陵全部为古墓。在 427 年迁都平壤之前，丸都一直都是高句丽的首都（吉林省集安市）。

朝鲜半岛局势

关于汉王朝对朝鲜半岛的郡县制统治，正如第四章所述，汉武帝设置了乐浪、玄菟、真番、临屯四郡，之后由于遭到原住民反抗，昭帝废除了真番、临屯二郡，将玄菟郡西迁至辽东郡内。因此，半岛上仅存乐浪郡（郡治在今平壤市）。

东汉初期，更始帝败死后，乐浪郡人王调发动叛乱，杀死乐浪太守，自封为大将军、乐浪太守。据载，王调只是当地土人，身世不明，但从姓名可以推断是汉人。战国末期以来，有汉人迁居此地成为土豪，设置乐浪郡之后，其中不少人成为郡县下级官吏，想必王调也是其中之一。对乐浪遗址中的古墓进行调查后发现，其中存在大量被推测为西汉末期的汉式木椁坟，墓主多为王姓。这些王氏大约从山东琅琊移居而来，王调也可能为其中一员。

建武六年（30），光武帝任命王遵为乐浪太守、令其讨伐王调。此时，乐浪郡的郡三老之一王闳，与郡吏合谋杀死王调，迎接新太守王遵的赴任。王闳的祖上也是山东琅琊人，早在汉文帝时期便已迁居此地。乐浪郡之所以能成为汉王朝在朝鲜半岛的直辖统治中心，正是由于前朝汉人迁徙到当地，成为土豪并支撑郡县制。

然而，汉王朝通过乐浪郡对朝鲜半岛施行的郡县统治，却在原住民的壮大与抵抗之下被迫收缩。王调的自立政权灭亡后，乐浪郡再次成为汉王朝直接管辖的领地，这一年，乐浪郡的东部都尉被废除，岭东即半岛东部诸县也随之被废弃。之后，这一地区的渠帅，也就是原住民濊貊的首领，逐一被封为县侯。一直以来的直接统治转变为间接统治。但是，这些濊貊首领很快又被纳入高句丽的势力范围。

当时，半岛南部分为马韩、辰韩、弁辰（弁韩），即历史上的三韩。它们各自都是小国集团，马韩由 54 国组成，弁韩和弁辰则分别由 12 国组成。这些小国，大的有一万余户，小的只有六七百户。换言之，三韩地区散布着多个部落国家。

不过，当中又存在统辖诸国的政权，其君主被称为辰王，然而辰王不能自立为王，只能从马韩人中选出。关于辰王尚有许多不明之处。

建武二十年（44），三韩廉斯人苏马諟来到乐浪郡朝贡。光武帝赐予其邑君称号，令其归属乐浪郡。由此可见，三韩地区并未受到东汉的直接统治。后来统一马韩的国家是其中的伯济（百济）国，而统一辰韩的则是其中的斯卢（新罗）国。弁辰也统一为伽耶国，也就是后来所谓的任那。但新罗、百济等统一国家的出现，则都发生在公元 4 世纪以后。

倭国朝贡

位于朝鲜半岛以南与其隔海相望的是倭人的国度，即日本。第四章曾提及，当时倭人分为百余国，向乐浪郡朝贡。而在这一时期，倭国则首次向汉廷派出了使者。

如上所述，建武中元二年（57）正月，倭奴国王的使者来到东汉朝贡，被光武帝赐予印绶。这个倭奴国是位于北九州福冈市附近的小国，当时光武帝所赐印章应该是江户时代天明四年（1784）在志贺岛发现的印有"汉委（倭）奴国王"五字的金印。这五个字通常被解释为"大汉委（倭）之奴国王"，而倭之奴国则是倭国境内一个名叫奴国的小国，据推测，这个奴国应该在被后世称为那津的福冈市附近地区。

被赐予金印意味着汉廷正式承认奴国为王朝周边国家，两者之间建立了政治关系。关于这一金印也存在伪印一说，但其边长 2.3 厘米的尺寸正好符合当时 1 寸的长度，因此伪印说并不成立。

（追记）根据《后汉书·倭传》记载，安帝永初元年（107），"倭国王帅升"派遣使者到洛阳朝贡，并献上了生口（奴隶）160 余人。这里的"倭国王帅升"在宋版《通典》（宫内厅藏）中被记为"倭面土国王师升"，在《翰苑》残卷（太宰府天满宫藏）中又被记为"倭面上国

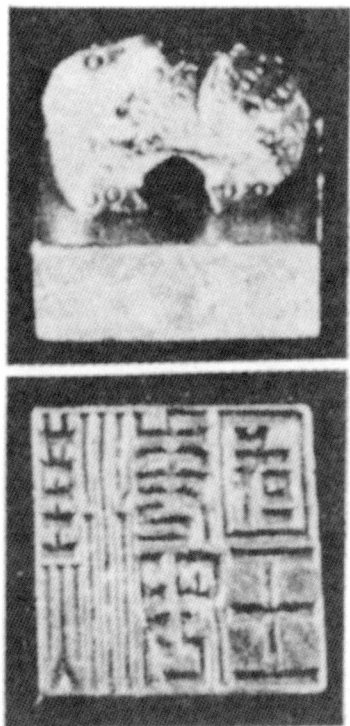

图116 "汉委奴国王"金印

王师升"，因此学界普遍认为现在《后汉书》中的"倭国王"在原本《后汉书》中应该被记为"倭面土国"，而这个"倭面土国"则有两种解释，一种是"大和国"〔"倭面土"读作"ヤマト（YAMATO）"，与"大和（YAMATO）"音相近。——译者注〕，另一种则是应读作"倭之面土国"，而面土国则是指"囬土国"，亦即回土国，也就是伊都国。然而，通过对诸版本进行对比研究，可以推测《后汉书·倭传》的"倭国王"从最初就是这样记载的，而并非"倭面土国王"。这也就意味着，建武中元二年（57）的"倭之奴国王"在此时已经成了"倭国王"，换言之，有可能就是当时已经出现了"倭国"这个统一了倭国各小国的政权（参照西嶋定生《邪马台国与倭国》，吉川弘文馆，1994）。

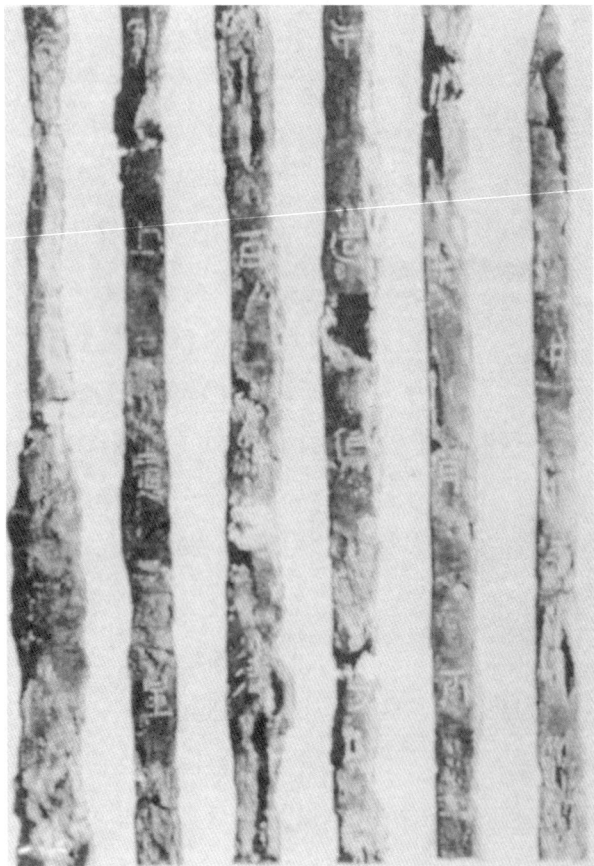

图 117　汉中平纪年铭太刀 *

　　* 太刀上的文字为"中平〔?〕〔年〕五月丙午造作支刀　百练清刚　上应星宿〔下〕辟不〔祥〕"。

　　〔 〕内为推定字（奈良县天理市东大寺山古坟，1962 年出土）。

倭人的国度与东汉正式外交往来的记录仅此两处。但可推测这些零散记录的背景是，随着东汉权威的确立，遥远的倭人诸国中已经有部分国家与东汉有外交往来，试图通过接受印绶的方式来确保自身的地位；此外，其后又出现了倭国王这个统一了倭国诸国的王权，并且此王权在建立后也立即向东汉王朝朝贡。那么，我们可以得出这样的解释，日本的国家形成和社会文明的发展，从一开始就受到了中国的权威及其文明的影响。（追记完）

到了东汉桓帝、灵帝时期，倭国的各个小国间爆发了激烈的战乱。《魏志·倭国传》记录了当时的情形。战乱的结果是，卑弥呼被拥立为倭国女王，定都邪马台国。倭国女王卑弥呼向中国朝贡并接受册封，发生在东汉王朝灭亡之后的三国魏明帝时期。

但根据 1962 年在奈良县东大寺山古坟（今天理市）发现的太刀金象嵌铭文可知，这把太刀制作于东汉灵帝中平年间（184—189 年），也就是卑弥呼即位的时期。假如这把太刀为东汉所赐，其中或许隐含着东汉对平定倭国纷争，维持周边国家秩序的期望。假如这推测属实，那么从中也可窥见东汉与周边国家的关系形态。

东亚世界的形成与东汉王朝

根据以上的阐述，我们可将东汉与东亚周边民族的关系总结如下：

第一，册封关系被恢复调整，东汉初期与高句丽的关系便属于此类情况；

第二，册封关系被无视或拒绝，东汉中期开始寇掠辽东、玄菟、乐浪等郡的高句丽以及拒绝接受印绶的鲜卑檀石槐属于此类情况；

第三，郡县制统治被抵抗或缩小，交趾、九真等越南诸郡的叛乱以及乐浪郡放弃岭东的政策体现出这一点；

第四，周边未开化民族在形成政权后与东汉开始外交往来，朝鲜半岛南部的三韩诸国和倭国便是这一情况。

通过以上几点可以得出这样的结论：东汉时期东亚周边民族，相较于西汉时期实现了更大的发展，以汉王朝为中心的东亚国际秩序因此出现了动摇。

以往的研究都把这种现象归结于东汉的对外消极政策。从上节所述东汉对西域地区的政策来看，确实也很难主张东汉一直都采取积极应对的态度。因此，以往研究的观点乍看似乎不失稳妥。然而，在此也不能忽视周边民族自身的成长，仅在东汉的对外态度上寻找原因的考察方法显得片面而不充分。

如第三章、第四章所述，西汉通过将秦帝国的一元郡县制改变为二元郡国制，才真正与朝鲜和南越等国建立了君臣关系，通过这样的外臣统治方式，西汉确立了中国与周边国家实现组织化的最早形式，也就是册封制度。但是到了武帝时期，这一切又全部被改为郡县制。换言之，这一制度令东亚国际政治秩序体系瓦解。瓦解的原因可以归结为：一方面，在武帝时期作为汉王朝扩张国家权力和维持册封制度的政治理论的儒学尚未完成国教化；另一方面，这些地区的原住民尚未形成能够抵抗郡县制统治的实力。

在此之后，如第六章所述，随着儒学被国教化，儒家思想特征——区别中华与夷狄的华夷思想和在夷狄推行中国王道的王化思想，成为国家的政治理念。尽管如此，我们依旧无法断言东汉时代出现了东亚世界这个统一的国际政治体系。从上述内容而言，我们反而看到了周边民族反抗东汉和自身不断成长等时代特征。那么，这一时期是否应被理解为一个沿着阻碍东亚世界形成的方向而发展的时期呢？

这一问题的答案揭晓于公元3～4世纪以后的东亚史。在那一时期，中原王朝的国家权力逐渐分裂弱化，但公元5世纪的倭国以及朝鲜半岛上的百济、新罗，还有北方的高句丽，都与分裂后中国的某个王朝结成了稳固的册封关系，东亚历史作为一个整体向前推进，与此同时，中国文化也被传播到了这些地区。

从这一点来说，以东亚世界形成史的视角，东汉可谓正处于新国际秩序诞生前一刻的胎动时期。进一步说，这个时期周边民族的成长暴露了郡县统治的局限性，周边未开化民族受到秦汉帝国的影响渐渐蜕变为文明社会，其中已经出现了能够支撑册封关系的成熟政治社会基础；同时，正是在东汉实现了国教化的儒学，凭借其政治思想体系，提供了中原王朝与周边国家的国际秩序雏形。综上所述，这一时代正朝着东亚世界形成的方向稳步而有力地前行着。

结　语

　　以上，我们通览了中国首个统一帝国的形成与发展的历程。但是，在正文完成之后，笔者深感仍有诸多应该叙述却无法道明也无法言尽的部分。

　　正如"前言"所述，笔者将叙述中心锁定于秦汉时期的中国历史对其后的中国历史、东亚历史以及日本历史具有何种意义的课题上，并将此作为贯穿全书的问题意识。但是，在错综复杂的历史洪流之中追寻这一答案的线索，是一个极为困难的过程。

　　司马迁的《史记》、班固的《汉书》和范晔的《后汉书》三部史书为我们研究这一时期提供了基本史料。在本书的撰写过程中，笔者致力于按照这些原始史料展开对课题的考察，不禁再一次惊叹于这些古代史书的丰富史实以及精妙文笔，虽然这早已是人们有目共睹、称颂不休的事实了。解读这些史书之际，笔者无时不羞愧于自身文笔的拙陋与鄙浅，甚至还时常纠结于如此拙劣的尝试是否从最初就该放弃，以至于中途几度置笔。

然而，在这样无止境的困惑之中支撑着笔者挣扎着走到终点的原动力，也许是来自一种单纯的只是想以自己的方式去设法把握那个时代发展历程的意愿，也可以说，来源于一种虽恐惧它的深奥难解却又好奇万分的心情。即便如此，在停笔之后，笔者依旧无法从《史记》这些史书投来的轻蔑目光中解脱出来。"螳臂当车"这个词再一次袭上胸口。

正文中的历史叙述，止于东汉帝国与周边诸民族的关系。在那以后，东汉逐渐被从内部腐蚀，外戚、宦官势力抬头，与之对抗的气节之士开始活跃于历史舞台，其后黄巾之乱中的农民起义力量彻底瓦解了东汉王朝的统治根基，这些历史片段无不蕴含着值得深思与探讨的课题。

基于笔者对问题的观照，本书详细阐述了汉王朝与其他民族的交涉史。因为这段交涉史不仅是即将形成的东亚世界的前史，也是日本史逐渐展开的历史背景。

据笔者个人看来，东亚世界形成于公元 3 ~ 4 世纪，特别是 4 世纪以后。当时，东亚诸民族在以分崩离析的中国为中心的漩涡周围，展开了一系列激烈而令人炫目的历史活动。而日本古代国家的发展，恰恰就是在这一激荡的历史环境中进行的。如若本书能为解明这段历史的前史贡献出一份微薄之力，则实乃甚幸。

此外，本书还着重围绕中国历史上首次出现"皇帝"的问题以及儒学与皇帝统治相结合而国教化的过程，进行了详细的阐述。其中的见解未必与人们熟知的观点一致。其原因在于本书有意强调了笔者独特的个人见解，对于敝人而言，这或许是一个伴随着失败的尝试。因而，恳请读者给予严厉的批评与指正。

本书在撰述过程中引用了许多珍贵的既有研究成果，有许多问题都是建立在这些研究成果之上的。但由于体裁所限，未能在引文之后一一注明出处。其中一部分原著将会收录在本书的参考文献中，但仍可能有诸多研究论文被疏忽遗漏。在此衷心恳请各位研究人员的宽恕。

（1973 年 8 月 4 日搁笔）

再刊之际

　　此次旧著《秦汉帝国》被编入讲谈社学术文库系列，实在令人意外。旧著最初作为讲谈社刊行的《中国历史》（全十卷、1974—1975 年）第二卷，于 1973 年截稿。此后二十余年间，新的史实不断被揭晓于世，与其并行的研究也获得了巨大的进展。考虑到这些，笔者对于再版旧著一事，不禁怀有踌躇之感。但是，似乎在旧著之后，就少有论述秦汉时期的概论性著作付梓。因此，为抛砖引玉，作为不久后即将问世的概论性著作的踏脚石，笔者接受了讲谈社再版旧著之请。

　　然而，再版之际不能无视旧著之后出现的新发现与新研究。当然，要将它们全部网罗起来，固然也不现实。并且也有可能，在补充了新研究成果后，旧著的体系将会毁于一旦。因此，补充只在最小限度内进行，而会引起旧著体系变动的课题则不得不在今后再做讨论。这也是历史学

者从事历史写作时不可避免的宿命，其著述必然会受到其
所在时代的制约。

因此，笔者补写了撰写旧著时还尚未为人所知的秦始
皇兵马俑的发现经过，但是对于出现显著进展的研究课
题，如有关儒学国教化的时期的课题，笔者则未予补写。
旧著写作时，学界将儒学国教化的时期定在了西汉武帝时
期，笔者批判了这一观点，主张儒学的国教化完成于王莽
登上历史舞台之后。然而，最近刊行的学者板野长八的遗
著（《儒教成立史研究》，岩波书店，1995）通过对各派
儒家思想的细致分析，得出了儒学国教化完成于东汉光武
帝时期的结论。板野氏的这一观点，很难说已被人们充分
理解（例如载于《东洋史研究》第 55 期之一的关于这一
著作的书评，就未能充分理解板野氏的观点），因而理解
其观点并反省敝人拙论的观点便是笔者今后的学术课题。
不过，在第八章第四节的"倭国朝贡"部分，关于板野
氏所论述的倭面土国的问题，笔者根据之后的研究，在内
容上做了部分改动。但是，关于同章东亚世界形成期的问
题，笔者的认识虽已有所变化，却未予修改。诸如此类的
问题还存在于其他多处。在此也只能无奈地恳请读者，将
此看作笔者撰写旧著时的宿命。

此外，旧著中插入了大量图片，其中一些并不是必不
可少且有助于理解正文的图片。此次再版，删除了多余图

片，仅保留了我们认为有必要的。并且，还使用了一些更
为恰当的新资料代替了原有图片。此外，由于得到了尾形
勇、小嶋茂稔的帮助，笔者得以在卷末的参考文献中补记
了撰写旧著以后使用的资料。关于本书参考文献中列举的
文献资料的取舍，责任由笔者承担。仓促之际，某些重要
资料恐有遗漏。如有此类疏忽，对于发表了新研究成果的
著者们实乃冒犯，在此衷心恳请诸位宽恕。

（1996 年 9 月 10 日记）

参考文献

　　此处参考文献按照主题分类列举，其目的是便于读者在深入思考本文内容、探究本书未能阐述的诸问题以及阅览本书所使用的基本史料时进行相关文献的查阅。因此，对于那些在通览本书后就无须重复阅读的概述性著作，则未予收录。同时，学术类书籍以及外国文献也都选取其中重要的成果进行收录。并且，文献以单行本为主，关于诸多学术论文的介绍，仅止于在文末提示出其检索方法。

一　概说·论集

（1）『東洋史統』市村讚次郎、第一卷、富山房、1939。

（2）《秦汉史》（上、下），吕思勉，开明书店，1947（合本），香港太平书局，1964。

（3）『世界の歴史』（第三卷 東アジア文明の形成）、筑摩書房、1960。

（4）『古代史講座』一二卷、学生社、1961～1966、再版1972～1973

（5）『世界歴史』岩波講座（第四巻、古代四）、岩波書店、1970、
再版 1972。

以上文献之中，（1）（2）为概述性著作，（1）虽成书时期较
早，但其内容至今仍具参考价值。（2）为最为详尽的概述性著作，
上卷围绕政治史展开，下卷分述社会、文化等内容；但其有不少部
分都转写了《史记》《汉书》《后汉书》的内容。（3）（4）（5）虽
然多为针对秦汉时代的主要问题的概述性论述，但都有许多新见解
见于各书之中。

二　国家结构

（6）『秦漢史研究』栗原朋信、吉川弘文館、1960。

（7）『中国古代社会と国家』増淵龍夫、弘文堂、1960。

（8）『中国古代帝国の形成と構造——二十等爵制の研究——』西
嶋定生、東京大学出版社、1961。

（9）『中国古代帝国の形成——特にその成立の基礎条件——』木
村正雄、不昧堂、1965。

（10）《周秦汉政治社会结构之研究》，徐复观，香港：新亚研究
所，1972。

以上研究均论及秦汉帝国国家构造的问题。（6）的研究特色
在于通过批评《史记》始皇本纪的文献、研究汉代玺印，论证了
以皇帝为中心的君臣关系以及国际关系的特点。（7）（8）（9）探
究了秦汉帝国的形成与国家构造的特征以及统治基础的问题，提示
出围绕着秦汉帝国成立史的问题所存在的争议点。（10）是一部研
究秦汉时代之前国家权力特征的学术著作。

（11）『支那官制発達史』上、和田清編、中央大学出版部、1942。

（12）『秦漢政治制度研究』鎌田重雄、学術振興会、1962。

（13）『秦漢隋唐史研究』上・下 浜口重国、東京大学出版社、1966。

（14）《中国地方行政制度》（上编一・二、"秦汉地方行政制度"），严耕望，台北：中研院历史语言研究所专刊四五，1962。

（15）《汉唐宰相制度》，周道济，台北：嘉新水泥公司，1964。

（16）《西汉御史制度》，芮和蒸，台北：嘉新水泥公司，1964。

其中（11）虽为战前出版的著作，且仅有上卷，但仍不失其参考价值。（12）的研究中心为秦始皇时代的郡的分布、汉的中央・地方行政组织，（13）中包含了汉代兵制、地方官的回避制等研究，（14）围绕地方行政组织的课题进行了详细研究，（15）分析了汉代丞相的职务内容的课题，（16）同样是考察西汉御史职权的专著。

（17）『訳注・中国歴代刑法志』内田志雄編、創文社、1964。

（18）《沈寄移先生遗书》甲编沈家本（影印本），台北：文海出版社，1964。

（19）《九朝律考》上・下，程树德，上海：商务印书馆，1926。

（20）《汉律类纂》，张鹏一，奉天：格致学堂，1907。

（21）Hulsewé, A. F. P.；Remnants of Han law, vol. 1：Introductory studies of annotated translation of chapter 22 and 23 of Former Han dynasty, Leiden, 1955.

以上均为与汉代法律相关的著作。（17）和（21）为《汉书》刑法志的注释翻译。此外，其他三部著作集录了当今散佚的汉律，

如（18）中收录有《汉律摭遗》（二二卷），（19）中收录有《汉
律考》。

三　社会与经济

（22）『支那経済史考証』上・下、加藤繁、東洋文庫、1952。

（23）『両漢租税の研究』吉田虎雄、大阪屋号書店1942、再版大
安、1966。

（24）『支那家族研究』牧野巽、生活社、1944。

（25）『漢代社会経済史研究』宇都宮清吉、弘文堂、1955。

（26）『中国古代工業史研究』佐藤武敏、吉川弘文館、1962。

（27）『中国経済史研究』西嶋定生、東京大学出版社、1966。

（28）『中国古代の田制と税法』平中苓次、京大東洋史研究室、
1967。

（29）『中国古代の家族と国家』守屋美都雄、京大東洋史研究室、
1968。

（30）『長安』（世界史研究叢書）佐藤武敏、近藤出版社、1971。

（31）《汉唐间土地所有形式研究》，贺昌群，上海人民出版社，
1964。

（32）Loewe, M.; Everyday Life in Early Imperial China, During the
Han Period 202B. C. ~ A. D. 220, London, 1968.

（33）Ch'ü T'ung - tsu; Han Social Structure, Tokyo Univ. Press,
1972.

（34）Yü Ying - shin; Trade and Expansion in Han China, a Study in
the Structure of Sino - Barbarian E.

（22）为论文集，其作者为日本中国经济史研究的创始人，上卷中收录了解析汉代国家财政与帝室财政区别的著名论文，以及有关汉代的税制、货币制度的研究。（23）为租税制度的概论，（24）收录了有关汉代家庭形态、封建社会继承法等著名的研究成果，（25）为有关于汉代的都市生活、农村生活的研究，尤其是它还收录了通过复原、译注王褒的滑稽文《僮约》来论证当时已不是奴隶制社会的著名论文。（26）是唯一一部研究从殷周时代到汉代的手工业史的专著。（27）中收录了有关汉代农业技术的研究，（28）主要研究了汉代以资产税为中心的税制以及田租和土地所有制之间的关系。（29）的特色在于围绕家族制度的研究。（30）概述了前汉、隋、唐的首都长安的构造、历史遗迹等相关课题。（31）从理解隋唐时代均田制的角度，阐述了汉代土地所有制的发展史。（32）通过对汉代官僚、农民、工商业者的日常生活的审视，试论了当时国家、社会、经济、技术、文化各方面的课题。（33）为我们提供了与家族、村落、都市相关的基本史料。（34）为围绕中国与西方的贸易情况的概论。

此外，作为以上社会经济史研究的基础史料，《史记·平准书》《汉书·食货》以及《史记》《汉书》中的《货殖列传》，最为重要。以下（35）（36）为其译注资料。

（35）『史記平準書・漢書食貨志』（岩波文庫）加藤繁、岩波书店、1942。

（36）Swan, Nancy Lee; Food and Money in Ancient China, Prinston Univ., 1950.

其他有关经济史的史料研究，还可参考（37）。

（37）《两汉经济史料论丛》，陈直，西安：陕西人民出版社，1956。

四 思想与学术

（38）『両漢学術考』狩野直樹、筑摩書房、1964。

（39）『儒教研究』三冊、津田左右吉、岩波書店、1950～1956（收录于『津田左右吉全集』第一六、一七、一八卷、岩波書店、1965）。

（40）『周漢思想研究』重沢俊郎、弘文堂、1943。

（41）『秦漢思想史研究』金谷治、学術振興会、1960。

（42）『漢代における礼学の研究』藤川正数、風間書房、1968。

（43）『五行思想と礼記月令の研究』島邦男、汲古書院、1971。

（44）『中国古代における人間観の展開』坂野長八、岩波書店、1972。

（45）《中国哲学史》，冯友兰，商务印书馆，1934。

（46）《中国思想史》第二卷"两汉思想"，侯外庐，北京：人民出版社，1957。

　　其中，（38）为我们平易地阐述了汉代的经学史、文学史。（39）涉及先秦时代的诸多问题，其特色在于在探讨汉代儒家思想时，批判了其中的礼、乐等这些实践性道德所具有的人为性、蓄意性。（40）的论题为董仲舒所著《春秋繁露》的思想，（41）介绍了法家、黄老、儒家的思潮在秦汉初期的的变迁，（42）则是探讨礼学思想与国家制度之间具体关联的专著。（43）为研究汉代五行思想的著作。（44）结合宗族制度的分解这一社会构造的变化，探讨了孔子以来的诸子百家的人观，开拓了思想史研究的新领域。其研究特色在于，在关于汉代的论述中，强调了儒家思想的神秘性、

咒术性，并且否定了儒学国教化发生在武帝时代的定论，阐明了其
发生在前汉末期的观点。(45) 为"文化大革命"之前的中国的代
表著作，而（46）则著于"文化大革命"之后，以唯物史观综合
阐述了秦汉时代的社会史与思想史。

考察前汉末期以来的思想史问题时应重视对谶纬思想的考察，
这在本书中也已详述。但是，当时大量问世的纬书在后来却被列为
禁书，导致全部散佚。以下是录有纬书佚文的参考文献，以及与谶
纬思想相关的研究。

（47）『重修緯書集成』（卷三、詩・礼・楽、卷五、孝経・論語）
　　　 中村璋八・安居香山、明徳出版社、卷三1971、卷五1973。

（48）『緯書の基礎的研究』安居香山・中村璋八、大正大学漢魏
　　　 文化研究所、1966。

（49）『緯書』安居香山、明徳出版社、1969。

（47）为纬书佚文集录，全六卷八册（请参照参考文献追补）。
（48）集录了安居、中村二氏有关纬书的研究论文，（49）为围绕
纬书的概述性著作。

此外，有关秦汉时代的科学技术，诸如数学、天文学、历法的
参考文献如下。

（50）『漢書律暦志の研究』（東方文化研究所研究報告）能田中
　　　 亮・薮内清、平凡社、1947。

（51）『中国天文暦法』薮内清、平凡社、1969。

（52）『中国科学思想』（岩波新書）薮内清、岩波書店、1970。

（53）『中国古代文明の形成』薮内清、岩波書店、1947。

（54）Needham, J. ; Science and Civilization in China, Vol. 1 ~ 4 - 3,

Cambridge Univ. Press，1965～1971.（日译）『中国の科学と文明』全十一卷、东田精一·薮内清监修、思索社、1974～1981。

除了（50）是围绕某一特定时代的研究著作以外，其他都是同时涉及秦汉时代的研究。另外，（32）中也有与此处的科学技术主题相关的内容。（54）是一套中国科学史通论的系列丛书，计划出版全套七卷一〇册，目前处于刊行之中。

五　传记

始皇帝的传记以及与其历史功绩有关的参考文献如下。

（55）《秦始皇帝传》，马元材，1937（亦有再版本）。

（56）《秦皇长城考》，黄麟书，九龙：造阳文学社、1972。

（57）Bodd，D.；China's First Unifier. A Study of the Ch'in Dynasty as Seen in the life of Li Ssu 280？～208 B. C.，Leiden，1938. rep. Hongkong，1967.

（55）叙述详尽，使用时可同时参考（6）。（56）不属于传记，而是一部关于由始皇帝最终建成的万里长城的位置以及在此之前战国时代各国长城的考察。（57）是关于始皇帝以及其谋臣李斯的古典著作。

有关汉高祖刘邦的参考文献如下。

（58）『漢の高祖』河地重造、人物往来社、1966。

有关武帝的参考文献如下。

（59）『漢の武帝』（岩波新書）吉川幸次郎、岩波書店、1949。

（60）《论汉武帝》，张纬华，上海人民出版社、1957。

有关《史记》著者司马迁的参考文献，将在后记的《史记》参考文献中一并列举。关于多次征战匈奴后投降于匈奴、在匈奴走完最后生涯的司马迁友人——李陵的生平，可参考以下文献。

（61）『李陵』 （『中島敦全集』第一巻）中島敦、筑摩書房、1948。

（62）『李陵』護雅夫、中央公論社、1974。

（61）为著名的文学作品，（62）为历史纪实，探讨了以李陵为中心，苏武、李广利、卫律等众多人物在当时汉与匈奴的关系中所扮演的历史角色。

有关武帝时代的财务官僚桑弘羊的传记，有如下参考文献。

（63）《桑弘羊年谱》，马元材，上海商务印书馆，1934。

《汉书》著者班固的相关参考文献如下。

（64）《班固年谱》，郑鹤声，上海商务印书馆，1933。

以上两本文献现已不易购得。

其他历史人物的传记，可参考《史记》《汉书》《后汉书》中的列传或《中国古今人名辞典》（商务印书馆）。检索列传时，则可查阅史书目录和本书后记所载史书索引，或者参照《二十五史人名索引》（商务印书馆）。

六 《史记》《汉书》
《后汉书》及其他

《史记》《汉书》《后汉书》为我们提供了秦汉时代的基本史料。

首先，作为《史记》（一三〇卷）的文本，以下文献等最易入手。

（65）『史記会注考証』一〇册、滝川亀太郎、東方文化学院、1932～1934、（再版）史記会注考証校補刊行会/1956～1960。

（66）和刻本『史記』（影印本二册）、汲古書院、1972。

（67）《史记》（影印本《二十五史》所收），二册，台北：逸文印书馆。

（68）《史记》南宋·黄善夫本（《百衲本二十四史》所收、影印本上·下），台北，商务印书馆，1967。

（69）《史记》（评点排印本、一〇册），北京：中华书局，1959。

除了以上文献以外，其他各版本则是更加不胜枚举。其中（65）目前稍难购得，但是最便于使用的资料。在查阅（65）时，同时还应参考以下文献。

（70）『史記会注考証校補』九卷、水沢利忠、史記会注考証校補刊行会、1957～1970。

关于《史记》的译注本，如其中的《平准书》《货殖列传》在上文中已经提及。并且，除了以下列出的文献之外，还有其他数种文献可供参考。

（71）『史記』（四冊、『国訳漢文大成』所収）公田璉太郎訳注、
国民文庫刊行会、初版 1922。

（72）『史記』全三冊（『中国古典選』所収）田中謙二・一海知
義訳注、朝日新聞社、1966～1967。

（73）『史記』全三冊（『中国古典文学大系』所収）野口定男・
頼惟勤・近藤光男・吉田光邦訳注、平凡社、1959。

（74）『史記』全二冊（『世界文学大系』所収）小竹文夫・小竹
武夫訳注、筑摩書房、1962。

（75）『司馬遷史記』全六冊、市川宏他訳注、徳間書店、1972～
1973。

（71）将原文采用日语训读法编排，与此相对（72）以及以下
的文献都是现代日语的译著。在对照原文、逐字逐句解读时（71）
较为便利，而（72）以及其后的文献则适用于通读和把握原文意
思。

以下是有关这些史书的特点、编写年代、《史记》的欧语翻译
以及司马迁传记的参考文献。

（76）Chavannes, Ed.；Les Memoires historiques de Se－ma Ts'ien
traduits et annotés par ED. Chav. 5 tomes, Paris, 1895～1905.
（『史記著作考』岩村忍訳、文求堂、1939。）

（77）Watson, B.；Records of the Grand Historian of China, Columbia
Unive. Press, 2vols. , 1961.

（78）Watson, B.；SSu－ma Ch'ien. Grand Historian of China,
Columbia Unive. Press, 1958. （『司馬遷』今鷹真訳、筑摩
書房、1971。）

（79）『史記編述年代考』山下寅次、六盟館、1940。

秦汉帝国：中国古代帝国之兴亡

（80）『司馬遷』（東洋思想叢書）武田泰淳、日本評論社、1943。

　　　（后改题为『司馬遷・史記の世界』講談社文庫、1972。）

（81）『司馬遷』（教養文庫）岡崎文夫、弘文堂、1958。

（82）『史記』（中公新書）貝塚茂樹、中央公論社、1962。

（83）『司馬遷——史記の成立——』大島利一、清水書院、1972。

（84）《司马迁与史记》文史哲杂志编辑委员会编，北京：中华书
　　　局，1957。

　　　（76）是由法国的东方学学家沙畹翻译的《史记》法语译著，
日语译文为其序论部分。（77）（78）是美国沃特森教授的解说类
著作。

　　　关于司马迁的生辰与死亡年份，学界存在诸多见解，并且，
《史记》的著作年代也未有定论。（79）正是考察这些问题的著作，
而这些问题在其他文献中也常被提及。（80）是一部杰出的文学作
品，其叙述内容与司马迁为李陵投降匈奴辩护而被处以腐刑（宫
刑）后的痛苦与耻辱结合在一起。（81）（82）（83）这三部著作探
讨了司马迁和《史记》在当时的历史定位。（85）是关于司马迁和
《史记》的论文集。

　　　班固著《汉书》（一〇〇卷）的文本，有以下文献较易入手。

（85）和刻本『漢書』（影印本二册）、汲古書院、1972。

（86）《汉书》北宋・景祐本（《百衲本二十四史》所收、影印本
　　　上・下），台北：商务印书馆，1967。

（87）《汉书》（评点排印本、一〇册），北京：中华书局，1962。

（88）《汉书补注》清・王先谦（《二十五史》所收），台北：译文
　　　印书馆。

（88）收录了唐代颜师古以来诸多学者对《汉书》的注解，是必不

可少的参考文献。

《汉书》尚未有《史记》那样的全译本，（17）（21）（35）
（36）中的《刑法志》《食货志》已有译文。此外，还存在以下选
译本。

（89）『漢書 後漢書 三国志列伝』中国古典文学大系一三卷、本田
　　　済訳注、平凡社、1968。

（90）Dubs，H. H.；The History of the Former Han Dynasty，3 vols，
　　　Baltimore，1938～1941.

（89）是列传的选译本，（90）是本纪以及王莽传的英文注解。

《汉书》的相关研究，近年来有以下著作问世。

(91)《汉书补注辨证》，施之勉，香港：新亚研究所，1961。

(92)《汉书窥管》，杨树达，北京：科学出版社，1955。

(93)《汉书新证》，陈直，天津：人民出版社，1959。

其中，（93）是以出土文物为基准来考证《汉书》所载内容的
珍贵文献资料。

另外，有关《史记》《汉书》匈奴传的内容，可参考（94）。

（94）『騎馬史民族（Ⅰ）』（東洋文庫）内田吟風・田村実三ほか
　　　訳注、平凡社、1967。

作为《后汉书》（一二〇卷）的文本，有以下文献资料较易入
手。

（95）和刻本『後漢書』（影印本三册）、汲古書院、1971～1972。

（96）《后汉书》南宋・绍兴本（《百衲本二十四史》所收、影印

本上·下），台北：商务印书馆，1967。

（97）《后汉书》（评点排印本、一二册），北京：中华书局，1971。

（98）《后汉书集解》清·王先谦（后汉书集解九〇卷、续志集解
三〇卷）（二十五史所收），台北：艺文印书馆。

（98）收录了唐代章怀太子以来的诸多学者的注释，是必备的
参考资料。但是（98）与其他版本在卷数序列上有所不同。南宋
范晔著《后汉书》（唐·章怀太子注）中的志类插入了晋朝司马彪
《续汉书》（刘宋·刘昭注）的志文，因此清代武英殿官刻本就将
志类排在了本纪之后。而（98）则是将志类附加在全书结尾处。

《后汉书》尚未有全译本。除了（89）载有的部分译文以外，
还可参考以下文献中的译文。

（99）《魏人志传·后汉书倭人传·宋书倭国传·隋书倭国传》（岩
波文库）和田清·石原道博译注、岩波书店、1951。

在索引《史记》《汉书》《后汉书》时，可参考以下资料。

（100）《史记及注释综合引得》，燕京大学贝公楼引得编辑处编，
北平：哈佛燕京学社，1947。

（101）《史记索引》，黄福銮，香港：中文大学崇基书院远东学术
研究所，1963。

（102）《汉书及补注综合引得》，燕京大学贝公楼引得编辑处编，
北平：哈佛燕京学社，1940。

（103）《汉书索引》，黄福銮，香港：中文大学崇基书院远东学术
研究所，1966。

（104）《后汉书及注释综合引得》，燕京大学贝公楼引得编辑处编，
北平：哈佛燕京学社，1949。

（105）『後漢書語彙集成』三卷、藤田至善編、京都大学人文科学研究所、1960～1962。

（106）《后汉书索引》，黄福銮编，香港：现代教育研究社，1971。

其中（100）（102）（104）为台湾近年出版的影印物。（105）为藤田至善氏的精心著作，内容最为详尽。

综合以上三种正史，将秦、前汉、后汉各个时代的诸多制度分门别类编辑起来的资料，即所谓的会要，有以下可供参考。

（107）《秦会要订补》，徐复，上海：群联出版社，1955，（修订版）北京：中华书局，1959。

（108）《西汉会要》七〇卷，宋·徐天麟，北京：中华书局，1955。

（109）《东汉会要》四〇卷，宋·徐天麟，北京：中华书局，1955。

（107）为近人所著，（108）（109）则为宋代著作，版本繁复，在此仅列举近代的刊物。（107）使用《史记》以外的各种文献资料编纂而成，是了解秦朝制度极为便利的资料。（108）（109）的内容未超出正史范围，从分门别类这一点上来说，两者都非常便于使用。但是在使用时，其中有不少内容都应当对照原典进行阅读。

此外，以下所列文献收集了有关汉代制度的《汉官》《汉官解诂》《汉旧仪》《汉官仪》《汉官典职仪式选用》《汉仪》的佚文，应当与正史同时使用。

（110）《汉官六种》，清·孙星衍（《四部备要》所收），台北：中华书局，1966。

七 《盐铁论》《氾胜之书》《四民月令》《论衡》及其他

有关《盐铁论》的参考文献如下。

（111）『塩鉄論』（岩波書店）曽我部静雄訳、岩波書店、1934。

（112）Gale, E. M.；Discouses on Salt and Iron, a Debate on State Control of Commerce and Industry in Ancient China, Leiden, 1931.

（113）『塩鉄論』山田勝美、明徳出版社、1967。

（114）『塩鉄論』（東洋文庫）佐藤武敏、平凡社、1970。

（115）《盐铁论读本》，郭沫若，北京：科学出版社，1957。

（116）《盐铁论要释》，杨树达，北京：科学出版社，1957。

（117）《盐铁论校注》，王利器，上海：古典文学出版社，1958。

（118）《盐铁论札记》，王佩净，北京：商务印刷馆，1958。

（111）较难入手，（112）存在台湾的重版本。（112）（113）为选译本，（114）为全译本，最为便利。（115）为原典的句读本。在进行原典研究时，应当参照（116）（117）（118）（117）和（118）后来被合并出版。

前汉成帝时期著名农业学家氾胜之所著《氾胜之书》已经散佚，以下为收录了其佚文并施有注解的文献。

（119）《氾胜之书辑释》，万国鼎，北京：中华书局，1957。

（120）《氾胜之书今释》，石声汉，北京：科学出版社，1956。

其中的佚文多来自后魏贾思勰所著《齐民要术》。因此，以下文献中有很多内容可作参考。

（121）『斉民要術』上・下、熊代幸雄・西山武一訳注、東京大学
　　　　出版会、1957～1958。

作为后汉时代农书而知名的崔寔的《四民月令》如今也仅有
佚文流传，以下文献集录了其中的仪文。另外（119）也有不少可
供参考之处。

（122）『中国古歳事記の研究』守屋美都雄、帝国書院、1963。

（123）《四民月令校注》，石声汉，北京：中华书局，1965。

有关前汉淮南王刘安编纂的《淮南子》的参考文献如下。

（124）『国訳淮南子』（『国訳漢文大成』所収）後藤朝太郎訳、
　　　　国民文庫刊行会、1921。

（125）《淮南子通检》，中法汉学研究所编，北京：中法汉学研究
　　　　所，1944。

有关后汉王充《论衡》的参考文献如下。

（126）『論衡』（東洋文庫）大滝一雄訳、平凡社、1965。

此外，以下文献收录了当时的诸多著作。

（127）《汉魏丛书》明・程荣、清・王谟增辑（影印本），中文出
　　　　版社，1970）。

（128）《全秦文》《全汉文》六三卷、《全后汉文》一〇六卷（均
　　　　收录于《全上古三代三国六朝文》），清・严可均编，北京：
　　　　中华书局，1958。

（127）有 38 种本、94 种本等不同版本。（128）还收录了佚文，便

于使用。

除了以上列举的关于秦汉时代的史籍以外，还可参考（129）。

（129）《今传西汉史籍考》，王仁禄，台湾：中华书局，1972。

八　考古学的发现以及金石文

在秦汉史的研究中，参考考古调查中的出土文物是不可或缺的环节。首先必须列举的就是关于纸张尚未问世时所使用的木简与竹简的发现。

（130）《流沙坠简》，王国维、罗振玉，1914。

（131）《汉晋西陲木简汇编》，张凤，有正书局，1931。

（132）Chavannes, E.; Les documents chinois, découverts par Aurel Stein dans les sobles du Turkestarn oriental, Xxford, 1913.

（133）Maspero, A.; Les Documents Chinois de latroisieme expédition du Sir Asiecentrale, London, 1953.

（134）《居延汉简考释（释文之部）》一·二，劳干（劳榦），台北："中央研究院"历史语言研究所专刊二一，1949。

（135）《居延汉简（图版之部）》，劳干，台北："中央研究院"历史语言研究所专刊四〇，1957。

（136）《居延汉简（释文之部）》，劳干，台北："中央研究院"历史语言研究所专刊二一，1958。

（137）《居延汉简甲编》，中国科学院考古研究所，北京：科学出版社，1959。

（138）《武威汉简》，中国科学院考古研究所文物出版社，1964。

其中（130）（131）（132）（133）为敦煌木简的相关资料，
（134）（135）（136）（137）为居延木简的相关资料。前者约有
700 片，后者的数量则约达到 1 万片。两者均出土于当时的军事基
地，其中记录了烽燧名称、用品簿、被征士兵的名簿、外交文书、
诏敕等多种内容。与此相关的学术论文为数众多，请参照下文所示
的检索方法进行查阅。在此，仅列举以著作形式出版的刊物。

（139）Loewe, M.；Records of Han Administration, 2vols. cambridge
University Press，1967.

此书卷末也记有与汉代木简相关的学术论文目录。（134）出
版以前，由劳干编著的石印本已经刊行，此处省略未记。后版的
（136）虽改编于（134），但未必更为准确。（137）与（135）
（136）虽有许多重复之处，但也存在其他不少相异的内容，并且
令人注目的是，此书按照序列号分别明示了文物的出土地点。
（138）为甘肃省威武县后汉墓出土的《仪礼》的手抄本。最近，
在山东省临沂市银雀山西汉墓出土了孙武《孙子》、孙膑《孙子》、
《六韬》、《尉缭子》等约 5000 件的竹简。《文物》（1974 年第 2
期）不久前介绍了有关这次出土的竹简的情况。

木简竹简以外的考古学调查及其成果的相关文献资料如下。
（140）『中国考古学研究』関野雄、東京大学出版社、1956。
（141）『世界考古学大系』七、駒井和愛編、平凡社、1960。
（142）『漢代画像研究』長広敏雄編、中央公論美術出版、1965。
（143）《新中国的考古收获》，中国科学院考古研究所，北京：科
学出版社，1961（『新中国の考古収穫』杉村勇造訳、美術
出版社、1963）。
（144）《新中国的出土文物》，北京：外文出版社，1972。

（145）『文化大革命中の中国出土文物』、朝日新闻社、1973。

（146）《洛阳烧沟汉墓》，中国科学院考古研究所，北京：科学出版社，1959。

（147）《云南晋宁石寨山古墓全发掘报告》，云南省博物馆编，1957。

（148）《鞏县铁生沟》，河南省文化局文物工作队，北京：文物出版社，1962。

（149）《长沙马王堆一号汉墓发掘简报》，北京：文物出版社，1972。

（150）《西汉帛画》，北京：文物出版社，1972。

（151）《丝绸之路——汉唐织物》，北京：文物出版社，1972（『漢唐の染織』冈崎敬·西村兵部訳、小学館、1973）。

　　其中（140）（143）（144）（145）虽然还同时收录了秦汉时代以外考古学的相关内容，但都是了解秦汉时代的遗物遗迹时不可或缺的资料。特别是（143）（144）（145）集录了"文化大革命"之后出土文物的相关资料，尤为值得重视。（146）是有关位于洛阳西郊的前汉到后汉之间的诸多土坑墓的调查报告，特别是关于文物年代的比较与确定的研究极为详尽。（147）是关于发掘于云南省的滇王之墓的调查报告。（148）为汉代制铁遗址的调查报告，（149）（150）分别登载了关于在长沙马王堆进行的轪侯夫人墓的发掘报告和马王堆汉墓出土的彩色帛画的复制品。（151）中还收录了"文化大革命"之后发现的汉代绢织物的相关资料。

　　除了以上文献所载内容，"文化大革命"之后的中国还进行了其他多次针对秦汉时代的遗迹、遗物的调查。关于调查的具体内容，需检索《文物参考资料》（《文物》的原刊名）、《文物》、《考古》等各期杂志。

另外，在较之于以上所列文献更为早期的资料中，以下数种文献亦值得参考。

（152）『長安史蹟の研究』（本文・図版各一卷）足立喜六、東洋文庫、1933。

（153）『漢六朝服飾』原田淑人、東洋文庫、1937。

（154）Stein, A.; Ancient Khotan. 2 vols. Oxford, 1907.

（152）的图版卷中还收录了 1910 年前后的照片，由于反映了史迹旧状因而极具参考价值。另外，关于秦汉帝国周边遗迹的情况，除了（147）还可参考（155）（156）（157）。

（155）『外蒙古ノイン・ウラ発見の遺物』梅原末治、東洋文庫、1960。

（156）『楽浪』東京帝国大学文学部編、刀江書院、1930。

（157）『楽浪郡治址』東京大学文学部考古学研究室編、1965。

以下所列为有关于秦汉时代金石文的主要文献，金石文的集录起于宋代。

（158）《隶释》一九卷，宋・洪适（影印本，极东书店，1966）。同《隶续》二一卷（影印本，极东书店，1969）。

（159）《两汉金石志》二二卷，清・翁方纲（影印本），台北：文海出版社，1967）。

（160）《秦金文錄・汉金文錄》，容庚，"中央研究院"历史语言研究所专刊五，北平：1931。

（161）《金石萃编》一六〇卷，清・王昶（影印本），台北：国风出版社。

（162）《八琼室金石补正》一三〇卷，清·陆增祥（影印本），台北：文海出版社。

（161）（162）还收录了秦汉时代以外的金文资料。以下文献专门用于检索秦汉时代的金文。

（163）《石刻题跋索引》，杨殿珣，上海：商务印书馆，1941，（再版），1957。

（164）『漢著碑文金文鏡銘索引』内野熊一郎編、極東書店（＜隷釈編＞1966、＜隷続編＞1969、＜金文・鏡銘・墓志・碑文編＞1972）。

（163）为石刻文资料，同时收录了秦汉时代以外的石刻文资料。

九　研究论文、研究动向

有关秦汉时代的学术论文不胜枚举。但如不参考学术论文，就无法了解秦汉时代的研究状况。因此，在此仅提示出学术论文的检索方法。

（165）『世界歴史事典』（第一三卷、史料篇、東洋、140～154頁）、平凡社、1955。

（166）『日本における東洋研究論文目録』四冊、東京大学東洋史学研究室編、学術振興会、1964～1967。

（167）『東洋学文献類目』京都大学人文科学研究所、1934年之后的各年分册。

（168）『史学雑誌』各卷五号＜回顧と展望＞。

（169）《日本期刊三十八种东方学论文篇目附引得》，于式玉等编，燕京大学图书馆，1933。

（170）《一百七十五种日本期刊中东方学论文篇目附引得》，于式玉等编，燕京大学图书馆，1940。

（171）《中国史学论文索引》上·下，中国科学院历史语言研究所编，北京：科学出版社，1957。

（172）《中国史学论文引得（一九〇二年——一九六二年）》，余秉权编，香港：东亚学社，1963。

（173）《中国近二十年文史哲论文——分类索引》，"中央图书馆"编，台北：正中书局，1970。

（174）Lust, J.；Index Sinicus, a catalogue of articles relating to China in periodical and other collective publication 1920 ~ 1955, Cambridge in England, 1960.

其中，1955 年以前的论文目录主要载于（165），1962 以前的日本的学术论文目录载于（166）。（165）按照时代分类，（166）按杂志分类，并附有人名索引。而此后的论文，则必须通过检索（167）（168）的相关部分进行查阅。（167）（168）为年刊，（168）介绍的是以日本学术论文为中心的当年的学术界动向，（167）还同时介绍了外国文献的目录。（171）登载了 1900 年到 1937 年之间发表的历史学方面的学术论文目录，因此关于此期间的论文可从（171）中检索。1937 年之后的论文检索，可使用（172）（173）。（174）登载的是欧文论文目录。另外，除了（165）（168）之外，总结了秦汉时代的研究动向的文献还有（175）。

（175）『日本における歴史学の発達と現状』Ⅰ·Ⅱ·Ⅲ 国際歴史学会日本国内委員会編、東京大学出版会、1959、1964、1969。

此书收录了对秦汉时代研究的动向的总结。三册分别被译为英文，于国际历史学会议时提交。

参考文献追补

（补遗以及对 1943 年后出版文献的追补）

一　概说、论集

『中国社会の成立』伊藤道治、新書東洋史①、講談社、1977。

『秦漢帝国の威容』大庭脩、図説中国の歴史 2、講談社、1977。

『東アジア世界における 日本古代史講座』全一〇巻 井上光貞・西嶋定生・甘粕健・武田幸男編、学生社、1980～1984。

『中国文明の成立』松丸道雄・永田英正、世界歴史 5、講談社、1985。

Twitchett, Dennis & Loewe, Michael; The Cambridge History of China, Vol. Ⅰ, The Ch'in and Han Empires, 221B. C. ～A. D. 220, Cambridge Univ. Press, 1986.

《中国通史》（第四卷、通卷，第五·第六册、秦汉时期、上·下），白寿彝主编，上海人民出版社，1995。

［秦史］

　　《秦史稿》，林剑鸣，上海人民出版社，1981。

　　《秦国发展史》，林剑鸣，西安：陕西人民出版社，1981。

　　《秦集史》上・下，马非百，北京：中华书局，1982。

　　《秦史编年》，王震度，西安：陕西人民出版社，1986。

　　《秦史述评》，何汉，合肥：安徽省新华书店，1986。

［秦汉史］

　　《秦汉史》，劳干，台北：华冈出版，1952。

　　《秦汉史略》，何兹全，上海人民出版社，1955。

　　《秦汉史纲要》，杨翼骧，上海：新知识出版社，1956。

　　《秦汉农民战争史》，漆侠等，北京：三联书店，1962。

　　《秦汉政治制度研究》，周道济，台北：台湾商务印书馆，1968。

　　《秦汉农民战争史料汇编》，安作璋，北京：中华书局，1982。

　　《秦汉史论集》，高敏，郑州：中州书画社，1982。

　　《秦汉封建食邑赐爵制》，柳春藩，沈阳：辽宁人民出版社，1983。

　　《秦汉管制史稿》上・下，安作璋、熊铁基，齐鲁书社，1984～1985。

　　《秦汉问题研究》，张传玺，北京大学出版社，1985。

　　《秦汉史》，孙毓棠主编，北京：中国大百科全书出版社，1986。

　　《秦汉史论稿》，邢义田，台北：东大图书公司，1987。

　　《秦汉史》，林剑鸣，上海人民出版社，1989。

《秦汉史》，田昌五、安作璋，北京：人民出版社，1993。

『秦漢帝国へのアプローチ』鶴間和幸、山川出版社、1996。

［汉史］

《汉史初探》，安作璋，上海：学习生活出版社，1955。

《汉史论集》，张维华，济南：齐鲁书社，1980。

《汉王国与侯国之演变》，王恢，台北："编译馆中华丛书编审委员会"，1982。

［新史］

《新莽全史》，沈展如，台北：正中书局，1977。

［后汉史］

『後漢政治史の研究』狩野直禎、同朋舎出版、1993。

『後漢時代の政治と社会』東晋次、名古屋大学出版社、1995。

『後漢国家の支配と儒教』渡邊義浩、雄山閣出版、1995。

二　国家构造、统治制度

『中国中世社会と共同体』谷川道雄、国書刊行会、1976。

『中国古代中世史研究』宇都宮清吉、創文社、1977。

《西汉太守刺史表》，严耕望，台北：凤凰出版社，1978。

『秦漢帝国史研究』好並隆司、未来社、1978。

『上代日本対外関係の研究』栗原朋信、吉川弘文社、1978。

『中国古代農民反乱の研究』木村正雄、東京大学出版社、

1979。

『中国古代の「家」と国家』尾形勇、岩波書店、1979。

『漢長安城と阡陌・県郷亭里制度』古賀登、雄山閣、1980。

《军功爵制试探》，朱绍侯，上海人民出版社，1980。

『中国古代国家と東アジア世界』西嶋定生、東京大学出版社、1983。

『中国古代帝国成立史研究』、李成珪、ソウル、一潮閣、1984。

『古代国家の形成と衣服制』武田佐知子、吉川弘文館、1984。

《秦汉仕进制度》，黄留珠，西北大学出版社，1985。

『漢代官吏登用制度の研究』福井重雅、創文社、1988。

《秦汉军事制度史》，熊铁基，南宁：广西人民出版社，1990。

『中国古代国家論集』楠山修作、私家本、1990。

《秦汉魏晋时探微》，田余庆，北京：中华书局，1993。

《中国皇帝》，白钢，天津人民出版社，1993。

『新版・中国古代社会と国家』増淵龍夫、岩波書店、1996。

三　社会与经济

《两汉和西域等地的经济文化交流》，陈竺同，上海人民出版社，1957。

『中国農業史研究』天野元之助、御茶の水書房、1961、『再版』1979。

《中国古代农业机械发明史》，刘仙洲，科学出版社，1963。

秦汉帝国：中国古代帝国之兴亡

Loewe, Michael; Imperial China, George Allen & Unwin Ltd. London, 1966.

Loewe, Michael; Crisis and Conflict Han China, 104 B. C. to A. D. 9, George Allen & Unwin Ltd. London, 1974.

Bodde, Derk; Festivals in Classical China. New year and other Annual Observances during the Han Dynasty 206 B. C. ~ A. D. 220, Princeton University Press, The Chinese University of Hongkong, 1974.

《西汉货币史初稿》，宋叙五，香港中文大学，1971。

《中国刑法史研究》楠山修作、私家本、1976。

『中国古代史論集』楠山修作、私家本、1976。

《中国古代农业技术史》，吴枫、张亮采，沈阳：辽宁人民出版社，1976。

《中国古代农业水利史研究》，黄耀能，台北：台湾六国出版社，1978。

『東西文化交流史』伊瀬仙太郎、雄山閣、1975。

『均田制の研究』堀敏一、岩波書店、1975。

『中国民衆叛乱史』1（漢・唐）、谷川道雄・森正夫編、平凡社、東洋文庫、1978。

『中国古代織物史研究』上・下、佐藤武敏、風間書房、1978。

《西安历史述略》，武伯纶，西安：陕西人民出版社，1979。

《中国古代农民革命史》1，田昌五，上海人民出版社，1979。

《西汉与西域关系史》，安作璋，济南：齐鲁书社，1979。

《中国农书考》，王毓瑚，北京：农业出版社，1979。

《中国造纸技术史稿》，潘吉星，北京：文物出版社，1979（『中国製紙技術史』佐藤武敏訳、平凡社、1980）。

《中国古代农民战争史》1，孙达人，西安：陕西人民出版社，1980。

《两汉经济史料论丛》，陈直，西安：陕西人民出版社，1980。

《汉代婚姻制度》，刘增贵，台北：华西出版社，1980。

《中国古代城市论集》，马先醒，台北：简牍社，1980。

『中国帝陵起源と変遷』楊寛、西嶋定生監訳、学生社、1981。

『中国古代の社会と経済』西嶋定生、東京大学出版社、1981。

《中国手工业商业发展史》，童书业编著，齐鲁学社，1981。

《秦汉农民战争史料汇编》，安作璋编，中华书局，1981。

《西汉长安》，刘运勇，北京：中华书局，1981。

『中国古代的世界秩序研究』、金翰奎、ソウル、一潮閣、1982。

『秦漢法制史の研究』大庭脩、創文社、1982。

『六朝貴族制社会の研究』川勝義雄、岩波書店、1982。

『中国古代の城』五井直弘、研文出版、1983。

《中国古代商业史》第一册·第二册，吴慧，中国商业出版社，1983。

『中国古代の商工業と専売制』影山剛、東京大学出版社、1984。

『日本歴史の国際環境』西嶋定生、東京大学出版社、1985。

《中国古代陵寝制度史研究》，杨宽，上海古籍出版社，1985。

《秦汉官制史稿》上·下，安作璋、熊铁基，济南：齐鲁书社，1985。

《秦汉社会文明》，林剑鸣等，西安：西北大学出版社，1985。

秦汉帝国：中国古代帝国之兴亡

《秦都咸阳》，王学理，西安：陕西人民出版社，1985。

《秦汉魏晋南北朝土地制度研究》，高敏，郑州：中州古籍出版社，1986。

《秦汉货币史稿》，钱剑夫，武汉：湖北人民出版社，1986。

『中国古代社会論』渡辺信一郎、青木書店、1986。

『中国古代の身分制』堀敏一、汲古書院、1987。

『中国都城の起源と発展』楊寛・西嶋定生監訳、学生社、1987。

《秦汉法制史论史》（中文），堀毅，法律出版社，1988。

『戦国秦漢史研究Ⅰ』越智重明、中国書店、1988。

《秦汉赋役制度》，黄今言，南昌：江西教育出版社，1988。

《汉代婚姻形态》，彭卫，西安：三秦出版社，1988。

《秦汉文献研究》，吴树平，济南：齐鲁书社，1988。

『漢三国両晋南朝の田制と税制』藤家禮之助、東海大学出版社、1989。

《秦汉经济思想史》，上海社会科学院经济研究所经济思想史研究室，北京：新华书店，1989。

《西汉财政官制史稿》，罗庆康，河南大学出版社，1989。

《两汉社会经济发展史初初探》，曾延伟，北京：中国社会科学出版社，1989。

『中国古代農業技術史研究』米田賢次郎、同朋舎、1989。

《中国人口发展史》，葛剑雄，福州：福建人民出版社，1991。

《汉代物质文明资料图说》，孙机，北京：文物出版社，1991。

『中国の城郭都市』愛宕元、中公新書、1991。

『中国貨幣史研究』加藤繁、東洋文庫、1991。

《中国古代社会》，何兹全，郑州：河南人民出版社，1991。

『中国からみた古代日本』王仲殊、西嶋定生監訳、学生社、1992。

『中国古代の生活史』林巳奈夫、吉川弘文館、1992。

《汉唐文化史》，熊铁基，长沙：湖南出版社，1992。

『戦国秦漢史研究2』越智重明、中国書店、1993。

《中国古代都城制度史研究》，杨宽，上海古籍出版社，1993。

『中国水利史研究論攷』好並隆司、岡山大学文学部、1993。

《汉代社会性质研究》，杨生民，北京师范学院出版社，1993。

『秦漢財政収入研究』山田勝芳、汲古書院、1993。

『邪馬台国と倭国』西嶋定生、吉川弘文館、1994。

『王莽の賖貸法と六筦制およびその経済的背景—汉代中国の法定金属货币・货币経済事情・高利贷付・兼併等をめぐる诸问题一』影山剛、私家版、1994。

『中国史を学ぶということ』西嶋定生、吉川弘文館、1995。

『古代中国の刑罰』冨谷至、中公新書、1995。

《中国历代考古学论丛》，徐苹芳，台北：允晨文化，1995。

《曹操袁绍黄巾》，方诗铭，上海社会科学院出版社，1995。

四　思想与学术

《汉代学术史略》（别名《秦汉的方士与儒生》），顾颉刚，1935，（『中国古代の学術と政治』小倉芳彦他訳、大修館書店、1978）。

『道教史の研究』大淵忍爾、岡山大学共済会、1964。

『予言と革命』安居香山、探求社、1976。

『緯書の成立とその展開』安居香山、国書刊行会、1979。

《两汉思想史》卷一～三，徐复观，台北：台湾学生书局，1979。

《秦汉新道家略论稿》，熊铁基，上海人民出版社，1984，

《汉代思想史》，金春峰，北京：中国社会科学出版社，1987。

『中国の神秘思想』安居香山、平河出版社、1988。

『劉向「列女伝」研究』下見隆雄、東海大学出版社、1989。

《两汉思想史》，祝瑞开，上海古籍出版社，1989。

『商君書研究』好並隆司、渓水社、1992。

『重修緯書集成』（卷一上・下 易、卷二 書・中候、卷三 詩・礼・楽、卷四上・下 春秋、卷五 孝経・論語、卷 河図・洛書、全六巻八冊）中村璋八・安居香山編、明徳出版社、1971～1992。

《纬书集成》上・下，上海古籍出版社编，1994。

『中国古代国家の思想構造』渡辺信一郎、校倉書房、1994。

『儒教成立史の研究』坂野長八、岩波書店、1995。

『中国の科学思想』川原秀城、創文社、1996。

『中国古代紀年の研究——天文と暦の検討から——』平勢隆郎、東京大学東洋文化研究所、汲古書院、1996。

五　传记

[始皇帝・吕不韦]

《秦始皇》，杨宽，上海人民出版社，1957。

『秦の始皇帝 その評価』、中国通信社・東方書店編、東方書

店、1975。

《秦始皇资料选编》，李梓编，北京：中华书局，1976。

《秦始皇帝传》，马非百，南京：江苏古籍出版社，1985（非叙事性著作，为史料的集录、分类、编撰。旧著《秦始皇帝集传》）

《秦始皇帝》，吴梓林、郭兴文，西安：西北大学出版社，1986。

『秦の始皇帝』籾山明、白帝社、1994。

《秦始皇大传》，郭志坤，三联书房，1989。

《吕不韦传》，林剑鸣，人民出版社，1995。

［刘邦］

《刘邦评传》，安作璋、孟祥才，济南：齐鲁书社，1988。

［司马迁］

『司馬遷——史記の成立——』大島利一、清水書院、1972。

『史記を読む』宮崎市定、岩波文庫、1996。

『史記——司馬遷の世界——』加地伸行、講談社現代新書、1978。

《司马迁评传》，肖黎，长春：吉林文史出版社，1986。

『史記を語る』宮崎市定、岩波文庫、1996。

［武帝・李陵］

《汉武帝传》，林旅芝，香港：三育图书文具公司，1975。

《论汉武帝》，张维华，上海人民出版社，1957。

『漢の武帝』影山剛、教育者、1979。

《汉武帝评传》，罗义俊，上海人民出版社，1988。

『ゴビに生きた男たち——李陵と蘇武』冨谷至、白帝社、1994。

[桑弘羊]

《桑弘羊年谱订补》，马元才（＝马非百），郑州：中州书画社，1982。

《桑弘羊研究》，吴慧，济南：齐鲁书社，1981。

[王莽]

《王莽》，李鼎芳，上海人民出版社，1957。

六　《史记》《汉书》《后汉书》及其他

《司马迁所见书考》，金德建，上海人民出版社，1963。

《史记会注考证订补》，施之勉，台北：华冈出版有限公司，1976（1810 页的长篇巨著）。

《史记新证》，陈直，天津人民出版社，1979。

《史记会注考证驳议》，鲁实先，长沙：岳麓书社，1968。

《史记论稿》，吴汝煜，南京：江苏教育出版社，1986。

《史记注释》（四册），王利器主编，三秦出版社，1988。

《史记索引》，李晓光等，北京：中国广播电视出版社，1989。

《史记辞典》，仓修良主编，山东教育出版社，1991。

『史記十表に見る司馬遷の歴史観』伊藤徳男、平河出版社、

1994。

『史記正義の研究』水澤利忠編、汲古書院、1994。

『新編史記東周年表』平勢隆郎、東京大学東洋文化研究所、東京大学出版社、1995。

《汉书窥管》，杨树达，上海古籍出版社，1984。

《汉书古今人表疏证》，王利器等，济南：齐鲁书社，1988。

『漢書五行志』吉川忠夫・冨谷至訳注、平凡社、東洋文庫、1986。

『漢書郊祀志』狩野直禎・西脇常記訳注平凡社、東洋文庫、1987。

『漢書食貨・地理・溝洫志』永田英正・梅原郁訳注、平凡社、東洋文庫、1988。

《后汉书集解补》全四册，施之勉，台北：中国文化大学出版社，1982。

《后汉书辞典》，张舜徽主编，济南：山东教育出版社，1994。

《稿本后汉书疏记》，戴蕃豫，北京：书目文献出版社，1995。

《后汉纪校注》，周天游，天津古籍出版社，1987。

《七家后汉书》，周天游（校），石家庄：河北人民出版社，1987。

《东观汉记校注》上・下，吴树平，郑州：中州古籍出版社，1987。

『騎馬民族史——正史北狄伝』内田吟風・田村石造訳注、平凡社、東洋文庫、1971。

七　《盐铁论》及其他

《盐铁论校注》，王利器，《盐铁论校注（增订本）》上·下，天津古籍出版社，1983，《盐铁论校注（定本）》上·下，北京：中华书局，1992。

《盐铁论简注》，马非百，北京：中华书局，1984。

《盐铁论析论与校补》，林平和，台北：文史哲出版社，1984。

『塩鉄論索引』北海道中国哲学会、東豊書店、1988。

《盐铁论逐字索引》，香港中文大学中国文化研究所商务印书馆，1994。

『論衡——漢代の異端思想』大滝一雄訳注、平凡社、東洋文庫、1965。

『荆楚歳時記』守屋美都雄訳注、平凡社、東洋文庫、1978。

《四民月令辑释》，缪启愉、万国鼎，北京：农业出版社，1981。

『四民月令——漢代の歳時と農事』渡部武訳注、平凡社、東洋文庫、1981。

八　考古学发现及金石文

［一般］

『漢代の美術』大阪市立美術館、平凡社、1975。

《文物考古工作三十年（1949～1979）》，中国社会科学院考古研究所编，北京文物出版社，1979（同関野雄監訳、平凡社、

1981）。

《汉代考古学概论》，王仲殊，北京：中华书局，1984。

[皇帝陵]

《中国历代雕塑秦始皇陵俑塑群》，秦始皇兵马俑博物馆等，西安：陕西人民出版社，1983。

『秦始皇陵兵馬俑』，陕西始皇陵秦俑坑考古発掘隊等、平凡社、1983。

《西汉十一陵》，刘庆柱、李毓芳，西安：陕西人民出版社，1987。（訳書『前漢皇帝陵の研究』米村多加士訳、学生社、1987。）

《中国历代皇帝陵墓》，罗哲文，外文出版社，1989。（『中国歴代の皇帝陵』杉山市平訳、徳間書店、1993。）

《秦始皇陵兵马俑研究》，袁仲一，北京：文物出版社，1990。

《秦始皇帝陵兵马俑辞典》，袁仲一编，北京：文汇出版社，1994。

『秦始皇帝の謎』岳南（朱建栄監訳）、講談社現代新書、1994。

《秦陵铜车马与车马文化》，张仲立，西安：陕西人民教育出版社，1994。

《秦始皇帝陵研究》，王学理，上海人民出版社，1994。

『始皇帝を掘る』樋口隆康、学生社、1996。

[居延旧简]

『東洋学研究—居延漢簡篇』森鹿三、同朋舎、1975。

《居延汉简研究》，陈直，天津古籍出版社，1986。

秦汉帝国：中国古代帝国之兴亡

『居延漢簡研究』永田英正、同朋舎、1989。

《居延汉简通论》，薛英群，兰州：甘肃教育出版社，1991。

［居延新简］

《居延汉简释文校合》上·下，谢桂华、李均明、朱国照，北京文物出版社，1990。

《居延新简——甲渠候官与第四燧》，甘肃省文物考古研究所等，北京：文物出版社，1990。

《居延新简》全二册，甘肃省文物考古研究所等，中华书局，1994。

［新旧·居延汉简·其他］

『漢簡研究』大庭脩、同朋舎、1992。

『漢簡研究の現状と展望』大庭脩編、関西大学出版部、1994。

《新莽简辑证》，饶宗颐、李均明，台北：新文丰，1995。

［云梦秦简］

《睡虎地秦墓竹简》（一函七册），《睡虎地秦墓竹简》整理小组，北京文物出版社，1977。

《睡虎地秦墓竹简》，《睡虎地秦墓竹简》整理小组，北京：文物出版社，1978。

《云梦秦简初探》，高敏，郑州：河南人民出版社，1979。

《云梦睡虎地秦墓》，《睡虎地秦墓竹简》编写组，北京：文物出版社，1981。

《云梦秦简研究》，中华书局编辑部，北京：中华书局，1981。

《云梦秦简日书研究》，饶宗颐、曾宪通，香港中文大学出版社，1982。

《睡虎地秦简刑律研究》，傅荣珂，台北：商鼎文化出版社，1992。

《睡虎地秦简研究》，徐富昌，台北：文史哲出版社，1993。

《睡虎地秦简日书研究》，刘乐贤，台北：文津出版社，1994。

《睡虎地秦简论考》，吴福助，台北：文津出版社，1994。

［其他出土的相关文献史料］

《银雀山汉墓竹简》一，北京：文物出版社，1975。

《银雀山汉简释文》，吴九龙，北京：文物出版社，1985。

『中国古代を掘る』杉本憲司、中公新書、1986。

《老子·经法·战国纵横家》，马王堆汉墓帛书整理小组，北京：文物出版社。

［汉墓］

《望都二号汉墓》，河北省文化局文物工作队，北京：文物出版社，1959。

《长沙马王堆Ⅰ号汉墓》，湖南省博物馆等，北京：文物出版社，1975。

《满城汉墓》，北京：文物出版社，1978。

《马王堆汉墓发掘报告》上·下，中国社会科学院考古研究所，北京：文物出版社，1980。

《马王堆汉墓帛书》全三册，国家文物局古文献研究室，北京：文物出版社，1980。

《广州汉墓》上·下，中国社会科学院考古学研究所等，北京：文物出版社，1981。

《马王堆汉墓》，何介钧、帐维明，北京：文物出版社，1982。

《江陵凤凰山一六八号汉墓西汉古尸研究》，湖北省西汉古尸研究小组，北京：文物出版社，1982。

《北京大葆台汉墓》，大葆台汉墓发掘组，北京：文物出版社，1989。

《西汉南越王墓》上・下，广州市文物管理委员会等，北京：文物出版社，1991。

《南越王墓玉器》，广州西汉南越王墓博物馆等，香港大业公司，1991。

《马王堆汉墓文物》，湖南省博物馆，长沙：湖南出版社，1992。

《中国汉阳陵彩俑》，陕西省考古研究所汉阳考古队，西安：陕西旅游出版社，1992。

『馬王堆漢墓帛書五行篇研究』池田知久、汲古書院、1983。

『馬王堆帛書 戦国縦横家書』工藤元男・早苗良雄・藤田勝久訳注、朋友書店、1993。

《密县打虎亭汉墓》，河南省文物研究所，北京：文物出版社，1993。

《上孙家寨汉晋墓》，青海省文物考古研究所，北京：文物出版社，1993。

［金石文］

《秦汉碑述》，袁维春撰，北京：工艺美术出版社，1990。

『漢代石刻集成』図版・釈文篇・本文篇、永田英正編、同朋舎、1994。

［玺印］

《中华五千年文物集刊玺印篇》，袁旃主编，台北：同编辑委员会，1985。

《秦汉南北朝官印征存》，罗福颐，北京：文物出版社，1987。

《中华五千年文物集刊玺印篇》，简松村主编，台北：同编辑委员会，1990。

《秦汉魏晋南北朝官印研究》，王人聪、叶其峰，香港中文大学文物馆，1990。

《两汉官印汇考》，孙慰祖主编，上海书画出版社、香港大业公司，1993。

［画像石·壁画］

《江苏徐州汉画像石》，江苏省文物管理委员会，北京：文物出版社，1959。

《汉唐壁画》，外文出版社，北京，1974。

《和林格尔汉墓壁画》，内蒙古自治区博物馆文物工作队，北京：文物出版社，1978。

《山东画像石研究》，李发林，徐州：齐鲁书社，1982。

《徐州汉画像石》，徐州市博物馆，南京：江苏美术出版社，1985。

《河南汉代画像石》，周到等，上海：人民美术出版社，1985。

《汉代画像石研究》，南阳汉代画像石学术讨论会办公室，北京：文物出版社，1987。

『漢代の神神』林巳奈夫、臨川書店、1989。

《南阳两汉画像石》，王建中·闪修山，北京：文物出版社，

1990。

　　『画像が語る中国の古代』渡部武、平凡社、1991。

　　《西安交通大学西汉壁画墓》，陕西省考古研究所等，西安：交通大学出版社，1991。

　　《河南新郑汉代画像砖》，薛文燦、刘松根，上海：书画出版社，1993。

　　『中国漢代画像石の研究』信立祥、同成社、1996。

［其他］

　　《中国古代度量衡图集》，国家计量总局等，北京文物出版社，1984。

　　《周秦汉瓦当》，徐锡台等，北京文物出版社，1988。

　　《西汉京师仓》，陕西省考古研究所，北京：文物出版社，1990。

　　《四川彭山汉代崖墓》，南京博物馆，北京：文物出版社，1991。

　　《中国历代度量衡考》，丘光明，北京：科学出版社，1992。

九　研究论文、研究动向

　　《汉史文献类目》，马先醒编，台北简牍社，1976。

　　『秦漢思想研究文献目録』坂出祥伸、関西大学出版社、1978。

　　『漢代研究文献目録——邦文篇』早苗良雄編、朋友書店、1979。

《中国考古学文献类目（1949～1966）》，中国社会科学院考古研究所图书资料室编，北京：三联书店，1979。

《中国史学论文索引》第一编（1900～1937），中国社会科学院历史研究所、北京大学历史系编；第二编（1937～1949），中国社会科学院历史研究所编，三联书店香港分店，1980；第三编，中国社会科学院历史研究所编；全三册，北京：中华书局，1995。

《七十六年史学书目》（1900～1975），中国社会科学院历史研究所资料室编，北京：中国社会科学出版社，1981。

《论古代中国》（1965～1980日文文献目录），周迅编，北京书目文献出版社，1983。

《战国秦汉史论文索引》，北京大学出版社，1983。

《史学论文分类索引》，周迅等，北京：书目文献出版社，1990。

《战国秦汉史论著索引续编》，北京大学出版社，1992。

『居延漢簡索引』関西大学東西学術研究所、関西大学出版部、1995。

十　历史地理、交通

《中国史稿地图集》上册，郭沫若主编，上海地图出版社，1979。

《中国地理图集》，陈正祥，香港天地图书，1980。

《中国历史地图集》第二册（秦·西汉·东汉时期），谭其骧主编，上海地图出版社，1982。

《西汉人口地理》，葛剑雄，北京：人民出版社，1986。

《西汉政区地理》，周振鹤，北京：人民出版社，1987。

《汉晋文化地理》，卢云，西安：陕西人民出版社，1991。

《秦汉交通史稿》，王子今，北京：中共中央党校出版社，1994。

《中国都城历史图集》第二集，叶骁军，兰州大学出版社，1986。

《中国古代地图集（战国——元）》，黄盛璋等，北京：中国图书进出口总公司，1990。

《中国文物地图集》国家文物局 北京：中国地图出版社，1991（河南分册），1993（吉林分册）。

十一　年表

《中国历代天灾人祸表》（暨南大学版1939影印），陈高佣等，上海书店，1986。

《中国古代天象记录总集》，北京天文台，南京：江苏科学技术出版社，1988。

《中国古代农业技术史图谱》，陈文华，北京：农业出版社，1991。

《中国古代重大自然灾害和异常年表总集》，宋正海主编，广州：广东教育出版社，1992。

『中国災害史年表』佐藤武敏、国書刊行会、1993。

年　表

西历	年号	中国	日本及中国周边诸民族	世界
前259		嬴政（始皇帝）出生。	日本处于弥生时代。	前264，罗马与迦太基之间爆发第一次布诺战争。
前247		秦庄襄王亡，嬴政继秦王位，郑国渠动工。		前247，这一时期安息国独立。
前246	始皇帝元			
前238	九	嫪毐之乱，吕不韦失势，李斯登场，发布、撤销逐客令。		前232，孔雀王朝的阿育王亡。
前221	二六	天下统一。称皇帝，实行全国郡县制，统一度量衡、文字。		
前220	二七	始皇帝首次巡幸。		
前219	二八	始皇帝第二次巡幸，举行泰山封禅仪式。徐市前往东方仙岛寻找不死仙药。		

·571·

续表

西历	年号	中国	日本及中国周边诸民族	世界
前218	二九	始皇帝第三次巡幸。		
前215	三二	始皇帝第四次巡幸。将军蒙恬控制黄河以南的鄂尔多斯地区。		
前214	三三	在南越设桂林、南海、象郡等地区。筑万里长城。		
前213	三四	发布焚书令。		
前212	三五	发生坑儒事件。阿房宫、骊山陵的营建启动。		
前210	三七	始皇帝第五次巡幸。七月，亡于沙台。胡亥即位。		
前209	二世皇帝元	七月，陈涉、吴广起义。九月，刘邦、项羽等叛乱，各地起义爆发。		
前208	二	六月，项羽立熊心为楚怀王。九月秦军败于定陶、巨鹿。	冒顿单于统一匈奴	
前207	（三世公子婴）三	二月，李斯受刑。八月，赵高弑杀胡亥。九月，公子婴刺杀赵高。		

续表

西历	年号	中国	日本及中国周边诸民族	世界
前206	高祖元	十月,刘邦进入关中,公子婴降于刘邦。十二月,项羽入咸阳,杀公子婴。一月,项羽分封十八王,刘邦称汉王。		
前205	二	十月,项羽弒杀楚义帝,楚汉之争爆发。		
前202	五	十二月,项羽乌江败亡。二月,汉王刘邦登帝位,定都长安。	前200,高祖出兵匈奴,于平城被围。前196,封赵佗为南越王。前195,卫满建卫氏朝鲜。	前202,罗马与迦太基之间爆发布木马战争。
前198	九	令地方豪族移居长安。		
前196	一一	韩王信、梁王彭越、淮南王英布等被诛。		
前195	一二	五月高祖亡。惠帝(刘盈)即位。吕后毒杀赵如意。		
前194	惠帝元	相国萧何亡。		
前193	二	曹参亡。长安城竣工。		
前190	五	惠帝亡。		
前188	七			
前187	少帝刘恭元	吕后临朝承制。		

续表

西历	年号	中国	日本及中国周边诸民族	世界
前183	少帝刘弘元		前187，南越脱离汉。	
前180	四	吕后病亡，周勃、陈平等诛杀吕氏一族。文帝（代王刘恒）即位。		前184，孔雀王朝灭亡。
前179	文帝元		前179，南越废帝号。	
前177	三	文帝于鄂尔多斯讨伐匈奴右贤王。济北王刘兴居居叛乱。	前176，匈奴冒顿单于向汉送交和议国书。	
前174	六	淮南王刘长被废。	前174，匈奴冒顿单于亡，其子即位为老上单于。	
前168	一二	减免田租，一三年起全免。贾谊亡。		
前157	六	文帝亡。景帝（刘启）即位。	前162，汉与匈奴达成和议。	
前156	景帝元	恢复田租，税率为三十分之一。		
前154	三	吴楚七国之乱爆发。晁错被处死。太尉周亚夫平定叛乱。	前160，匈奴军臣单于立。	
前141	后三	景帝亡。武帝（刘彻）即位。		前146，迦太基灭亡。
前140	武帝建元元	这一年前后，张骞出使西域。	前137，南越王赵佗亡，其孙赵胡继承王位。	
前136	五	史学界认为这一年首置五经博士。		

续表

西历	年号	中国	日本及中国周边诸民族	世界
前133	元光二	马邑之围，围剿军臣单于的计划失败。		
前129	六	将军卫青第一次征战匈奴。		前129，大月氏入侵巴克特里亚。
前128	元朔元	卫子夫被立为皇后，卫青第二次征战匈奴。		
前127	二	卫青第三次征战匈奴，控制鄂尔多斯。		
前126	三	张汤任廷尉，公孙弘任御史大夫。张骞由西域返回。		
前124	五	卫青第四次征战匈奴，全胜，晋升为大将军。		
前123	六	卫青与将军霍去病一起起第五次、第六次对匈奴战争。		
前121	元狩二	霍去病春夏两次出征匈奴。浑邪王降汉，汉廷于河西设置四郡。		
前120	三	铸造三铢钱。张汤任御史大夫。		
前119	四	卫青、霍去病出击匈奴。张骞再次出使西域。盐铁专卖制，算缗钱的征收启动，制定五铢钱。		

续表

西历	年号	中国	日本及中国周边诸民族	世界
前115	元鼎二	桑弘羊出任大农丞，实施均输法。		前132—前123，格拉古兄弟出任罗马保民官。
前113	四	武帝首次巡幸。于汾阴设置后土祠。货币铸造权归属中央。		
前112	五	武帝第二次巡幸。于甘泉设置太一祠。武帝发兵南越。	前119，匈奴将大本营转移至漠北。这一时期西域之路开通。	
前110	元封元	武帝第三次巡幸。举行泰山封禅大典。桑弘羊主持推行准平法。	前111，南越国灭亡。	
前108	三	攻杀朝鲜王卫右渠，设置乐浪、玄菟、临屯、真番四郡。	前110，东越灭亡。前110，滇国成为汉的外藩。夜郎国、滇国	
前106	五	首次设置州刺史。		
前104	太初元	重定历法，改革官制。李广利出征大宛，战败。董仲舒亡。		
前102	三	李广利再次出征大宛，翌年春得汗血马凯旋。		
前100	天汉元	桑弘羊任大司农。苏武被匈奴扣留。		

续表

西历	年号	中国	日本及中国周边诸民族	世界
前99	二	李广利率兵讨伐匈奴（对匈奴战争再次爆发）。李陵投降匈奴，司马迁遭受宫刑。	前108，卫氏朝鲜灭亡。	
前97	四	李广利再次进击匈奴。	前100，匈奴且鞮侯单于立。	
前96	太始元	这一时期司马迁著成《史记》。		
前91	征和二	七月，发生巫蛊之乱，皇太子刘据及其妻儿被杀。		
前90	三	李广利出击匈奴，败降。		
前87	后元二	二月，武帝亡。末子刘弗陵（昭帝）即位，由霍光、金日磾、上官桀辅佐。燕王刘旦谋反。		
前86	昭帝元元	这一时期，赵过主持实施代田法。		
前81	六	召集贤良、文学，召开盐铁会议。		
前80	元凤元	燕王刘旦再度谋反。上官桀、桑弘羊被诛，霍光政权确立。		
前78	三	弘进谏昭帝禅让，被诛。		

续表

西历	年号	中国	日本及中国周边诸民族	世界
前74	元平元	四月，昭帝亡。昌邑王刘贺即位，不久被废。七月，宣帝（刘询）即位。		
前73	宣帝本始元		前82，废除朝鲜的临屯、真番二郡。	
前68	地节二	霍光病逝，宣帝亲政开始。		
前67	三	立刘奭为皇太子，剥夺霍氏兵权。	前77，傅介子刺杀楼兰王，改其国名为鄯善国。	
前66	四	霍氏一族被诛。		
前61	神爵元	赵充国攻破先零羌，屯田于金城。		
前51	甘露三	召开石渠阁会议，校订五经异本。	前67，郑吉出征，降服车师国。	
前49	黄龙元	十二月，宣帝亡。元帝（刘奭）即位。		
前48	元帝初元元	贡禹任谏大夫。	前60，虚闾权渠单于亡，匈奴分裂。同年，首置西域都护。	
前47	二	中书令石显掌握实权。		
前40	永光四	审议韦玄成等提出的改革宗庙方案，废除郡国庙。	前51，正月，呼韩邪单于来朝。	
前33	竟宁元	元帝亡。成帝（刘骜）即位，王凤任大司马大将军。		
前32	成帝建始元	丞相匡衡建议改革郊祀制度，翌年，郊祀地点移至都城南北方。		

续表

西历	年号	中国	日本及中国周边诸民族	世界
前 27	河平二	王凤异母弟五人于同日被封为诸侯。		
前 22	阳朔三	王莽被录为黄门郎。		
前 16	永始元	王莽被封为新都侯。		
前 8	绥和元	王莽任大司马。		
前 7	二	成帝暴毙。哀帝（刘欣）即位，颁布限田法。		
前 6	哀帝建平元	王莽下野，王氏一族失势。		
前 5	二	夏贺良进献《包元太平经》。		
前 1	元寿二	哀帝亡，王莽重任大司马，平帝（刘衎）即位，元后临朝称制。		前 31，爆发亚克兴角海战。
1	平帝元始元	王莽总揽朝政，被封为安汉公，二年改革礼制，学制。		
4	四	王莽制定郊祀明堂祀天子七庙制度，被封为宰衡。		
5	五	十二月，王莽毒杀平帝，立孺子婴为皇太子，自号为假皇帝。		

续表

西历	年号	中国	日本及中国周边诸民族	世界
6	（孺子婴）居摄元	四月，刘崇起兵讨伐王莽，败亡。		
7	二	九月，翟义起兵讨伐王莽，败亡。王莽实施货币制度改革。		
9	王莽始建国元	王莽称帝，改国号为新，改革官制、田制、货币制度。		
10	二	施行六筦，五均制度，再次更改货币制度。十二月，出兵匈奴。		
12	四	王莽派兵攻杀高句丽骀。		
14	天凤元	货币制度再次发生变化。		6，犹太成为罗马直辖省。
17	四	爆发吕母起义。		
18	五	樊崇、力子都起义。	9，印绶交换之际，汉与周边国家关系恶化。	
20	地皇元	爆发绿林军起义。		
21	二	绿林军大败王莽军队。	13，西域诸国叛乱。	

续表

西历	年号	中国	日本及中国周边诸民族	世界
22	三	四月，樊崇等人于成昌大破王莽军，从此樊崇军改称为赤眉军。绿林军分为下江兵和新市兵。七月，平林起兵。十月，刘缤、刘秀、邓晨等人举兵，与平林兵、新市兵会合。十一月，刘缤等攻败于王莽军，与下江兵会合。		
23	更始帝更始元	二月，刘玄登帝位。六月，更始帝迁都宛。刘秀于昆阳击溃王莽军。赤眉军归顺更始帝。		
24	二	二月，更始帝下令迁都长安。五月，刘秀诛杀王郎，于河北自立。秋，赤眉军与青犊等军队在射犬大聚召开会议，麾军直指长安。		
25	光武帝 建武元	三月，赤眉军击破更始军大军。四月，蜀公孙述登天子位。六月，刘秀（光武帝）于鄗城称帝。赤眉军进入长安。九月，赤眉军降服赤眉军。光武帝定都洛阳。十月，更始帝降服赤眉军。十二月，赤眉军缢杀更始帝。		

续表

西历	年号	中国	日本及中国周边诸民族	世界
26	二	一月，光武帝将诸功臣封为列侯，在城南设置郊兆。九月，赤眉军于杜陵被延岑大败。十一月，光武帝遣冯异平定关中。		
27	三	一月，赤眉军在撤回山东的途中投降光武帝。		
29	五	光武帝大军击破富平、获索集团，最终平定农民起义。		
30	六	光武帝减轻田租，定税率为三十税一，废郡都尉一职，废除郡兵。	25，王调于乐浪郡自立。	
31	七	光武帝大战隗嚣。		
33	九	隗嚣病亡。		
34	一〇	光武帝定隗嚣控制的陇西地区。先零羌侵入金城，陇西。		
35	一一	马援率军讨伐先零羌，使其迁徙至天水、右扶风，陇西。		

续表

西历	年号	中国	日本及中国周边诸民族	世界
36	一二	光武帝派兵攻杀公孙述，平定蜀地。天下统一。		
39	一五	普查耕地数量，户籍。		
40	一六	恢复五铢钱制度。	30，光武帝封王遵为乐浪太守，派兵攻杀王调。	
56	中元元	光武帝于泰山举行封禅大典。	32，高句丽来朝进贡，恢复王号。	
57	二	于洛阳设方丘。二月，光武帝亡。明帝（刘庄）即位。		32，耶稣受难。
58	明帝永平元			
70	一三	楚王刘英疑狱。		
73	一六	派遣班超出使西域。		
75	一八	明帝亡。章帝（刘炟）即位。		
76	章帝建初元		40，征侧、征贰姊妹于越南起兵叛乱。	
79	四	召开白虎观会议。	43，征侧、征贰战亡。	
87	章帝元	羌族拥立唐唐为首领，于陇西蜂拥而起。		
88	二	章帝亡。和帝（刘肇）即位。		

续表

西历	年号	中国	日本及中国周边诸民族	世界
89	和帝永元元	窦宪率军出击匈奴。	48，匈奴分裂为南北匈奴，南匈奴的日逐王比降汉。 49，乌桓归顺东汉。 57，倭奴国王遣使朝汉。	
91	三	班超任西域都护。这一时期王充著述《论衡》。	73—74，天山南北道诸国归顺东汉。	64，尼禄命人纵火焚烧罗马。
97	九	班超派遣甘英出使大秦。	75，西域诸国再次叛离。	
101	一三	东汉讨伐送唐领统的羌族，令投降后的羌族人迁徙至内郡。		
105	元兴元	蔡伦制纸进献皇帝。和帝亡。		
107	安帝永初元	内迁后羌族人发生叛乱，阻断了西域通道。西域都护府废止。		
113	七	马贤率兵讨伐羌族，元初二年，任护羌校尉。		
121	建光元	许慎进献《说文解字》。		
124	延光三	此年至四年之间，班勇成功招降西域诸国，讨伐北匈奴。		

续表

西历	年号	中国	日本及中国周边诸民族	世界
125	少帝　永建元	三月，安帝亡。少帝即位。同年十月，顺帝（刘保）即位。	105,高句丽开始入侵辽东地区。107,大月氏进入南道地区。倭国王帅升等来汉朝贡。	105,图拉真皇帝登基。
126	顺帝　永建元	马贤攻破陇西羌族。	109,鲜卑、乌桓、南匈奴联合军入汉侵寇。	
140	永和五	羌族联合军入侵三辅。		
142	汉安元	汉军降服乌桓。		
144	建康元	顺帝亡。冲帝（刘炳）即位。	146,高句丽势力进入辽东地区。	144,贵霜帝国迦腻色伽登基。

西汉时代地图

匈奴

楼兰
蒲昌海
敦煌
玉门关

居延汉简
居延泽
弱水
居延

始皇帝陵兵马俑坑

冥泽
酒泉
张掖
休屠
武威

武威东汉墓

仙海（青海）

（星宿海）

羌

五原
朔方
河水
上郡
三水
金城
安定
北地
泾水
洛水
天水
陇西
陈仓
雍
栎阳
华山
临洮
武都
渭水
南郑
长安
西汉水
汉中

氐

雅鲁藏布江

绳水（金沙江）

若水

汶山
沫水
广汉
沈黎
蜀（成都）
巴郡
越巂
犍为
延江水

江水

祥柯

晋宁石寨山西汉墓

伊洛瓦底江

怒江

滇

夜郎
豚水

益州

合浦西汉墓

领方
郁林

国 都
主要国・郡名
其他要地

0   600km

湄公河

黄冷
九真
交趾
无切
儋耳
日南

- ◉ 国　都
- ○ 主要国・郡名
- ● 其他要地

鲜卑　　　　　　　夫余

乌桓　　　　　　　沃沮

大辽水

云中　平城　　　辽西　辽东　玄菟

满城西汉墓

代郡　上谷

雁门　　　　　右北平　　高句丽

西河　　　　　　　　　　（鸭绿江）

　　　　　广阳（蓟）

中山　常山　涿郡　　　　乐浪　临屯

太原（晋阳）　　　　河水　渤海

赵（邯郸）　　　　大葆台西汉墓　　　　韩

上党（壶）　　　淄川（剧）　东莱

汾阴　　魏（邺）　　齐（临淄）　北海　胶东（即墨）

河东　东郡（濮阳）

河内　　　　鲁　泰山　琅邪

弘农　河南（洛阳）　　山阳（昌邑）　　沂南东汉墓

函谷关　荥阳　　济阴（定陶）　东海

颍川　鸿沟　陈留

武关　　　　沛　楚（彭城）

南阳（宛）　汝南　　　　睢水

汉水　邓　新野　淮阴　广陵

襄阳　　　九江　　　　江水

夷陵　　江夏　六安　乌江　会稽（吴）

郢　卢江（舒）

郢（江陵）　　　　丹阳　钱塘

武陵　　　　彭蠡泽　　赣水　回浦

沅水　长沙　云梦泽　　　　　　云梦秦墓

（洞庭湖）

湘水　　豫章（南昌）

零陵　　　　　闽

桂阳

苍梧（广信）

郁水（西江）　南海（番禺）

朱卢　　　　　　南越王墓　　　　马王堆西汉墓

合浦

珠崖

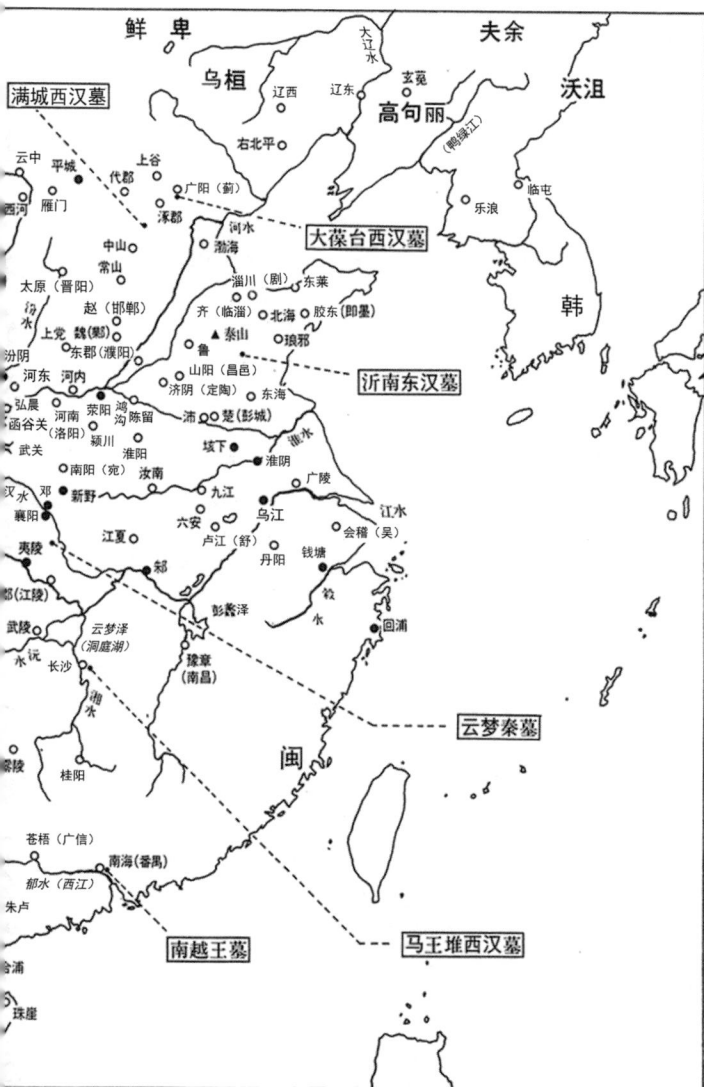

图118　西汉时代地图

索　引

图书在版编目（CIP）数据

秦汉帝国：中国古代帝国之兴亡／（日）西嶋定生
著；顾姗姗译. -- 北京：社会科学文献出版社，
2017.4（2025.10 重印）
　ISBN 978 - 7 - 5097 - 9592 - 7

　I. ①秦…　II. ①西… ②顾…　III. ①中国历史 - 研
究 - 秦汉时代　IV. ①K232. 07

中国版本图书馆 CIP 数据核字（2016）第 196650 号

秦汉帝国：中国古代帝国之兴亡

著　　者／〔日〕西嶋定生
译　　者／顾姗姗

出 版 人／冀祥德
项目统筹／冯立君　董风云
责任编辑／张　龙　冯立君　沈　艺
责任印制／岳　阳

出　　版／社会科学文献出版社・大众学术出版中心（010）59367151
　　　　　地址：北京市北三环中路甲 29 号院华龙大厦　邮编：100029
　　　　　网址：www. ssap. com. cn
发　　行／社会科学文献出版社（010）59367028
印　　装／北京盛通印刷股份有限公司

规　　格／开本：889mm × 1194mm　1/32
　　　　　印张：19　字数：350 千字
版　　次／2017 年 4 月第 1 版　2025 年 10 月第 8 次印刷
书　　号／ISBN 978 - 7 - 5097 - 9592 - 7
著作权合同
登记号　　／图字 01 - 2014 - 5203 号
定　　价／89.00 元

读者服务电话：4008918866